탈북난민의 위기적 경험과 외상 Trauma

탈북난민의 위기적 경험과 외상

2010년 1월 11일 초판 1쇄 인쇄
2010년 1월 18일 초판 1쇄 발행

지은이 엄태완
펴낸이 박재규
펴낸곳 경남대학교 출판부

주소 경남 마산시 월영동 449
전화 055-243-2330
팩스 055-249-2073
전자우편 ko10@kyungnam.ac.kr

등록번호 ISBN 978-89-8421-305-0-03330

값 18,000원

본 저서는 2010년도 경남대학교 학술연구장려금 지원에 의하여 이루어졌음.

탈북난민의
위기적 경험과 외상

엄태완 지음

경남대학교 출판부

머리말

이 책을 마무리하는 단계에 있던 2009년 12월 미국에서 한 탈북난민을 만났다. 난민 자격을 취득하여 미국에서 생활한 지 1년이 조금 넘은 사람이었다. 낯선 땅에서 그와 대화를 나누며 '고향에 대해서', '남북에 대해서', '조국에 대해서', '나에 대해서', '가족에 대해서', '인간에 대해서' 무엇인지는 알아차릴 수 없는 뜨거움이 일어남을 느꼈다. 원래부터 소속되어 있던 경계를 벗어난다는 것은 누구에게나 두려움이다. 자신이 태어나서 살던 고향을 떠나서 낯선 문화, 민족 또는 국가로 이주하는 것은 쉬운 일이 아니다. 이 과정이 자신의 결정이 아니라 어쩔 수 없는 상황이거나, 다시 고향을 자유롭게 방문할 수 없다면 평생 동안 고통과 상처를 가지고 살게 될 것이다. 이 미국의 탈북난민도 어떤 한과 아픔을 가지고 살아갈지 헤아릴 수 없다.

다음은 20년 전에 아프가니스탄을 탈출한 후 난민지위를 획득하여 런던에 거주하고 있는 이주민이 현재 자신의 불안정한 정체성을 시로 표현한 내용이다Alcock, 2003.

나는 어디에 속해 있나요

내가 지나온 다리는
완전히 부서져서 보이지 않네
희망도 사라지고
내가 가야 할 길도 없어지고
나를 사랑한 사람도 찾을 수가 없네

여기 새롭게 끼워 맞춰야 할 나의 조각들은
전혀 헛바퀴만 돌고 있구나
나는 강 저편의 기억만 붙잡고 있네
마치 어린 아이가 인형을 놓을 수 없는 것처럼
그 기억 파편만 잡고 있네

이 시는 어디에도 소속감을 느끼지 못하고 과거와 연결된 현재의 자신을 발견하지 못하는 혼란과 절망을 이야기하고 있다. 소속감과 정체감을 상실한 사람이 겪는 고통은 말할 수 없이 크다. 아동・청소년의 경우에는 학교라는 제도권에 소속이 되기를 강요당하면서 현실을 회피하거나 주류문화를 거부할 수 있는 여건도 되지 않는다. 이러한 상황에 적응하지 못하는 아동・청소년들은 약물이나 알코올 남용 또는 비행과 정신적인 문제를 표출하게 된다. 성인이나 노인의 경우에도 심각한 위기상황을 겪으면서 사회문화에 적응하지 못하는 경우가 많다. 새로운 환경으로 이주하기까지의 험난한 경험과 낯선 환경에서의 재적응은 신체적, 심리적 그리고 사회적 문제를 지속하게 한다. 즉 다른 국가 또는 민족 간 이동은 심각한 위기에 직면하게 되고, 개인차가 있기는 하지만 일생동안 삶에 영향을 미치게 된다.

전 세계적으로 민족이나 국가의 경계를 넘어 다른 장소로 이주하면서 사회문화적 변화와 적응과정에서 위기를 경험하고 있는 사람들이 많다. 멀리 살펴볼 것이 아니라 우리 이웃들 중에도 있다. 바로 북한이라는 고향을 떠나서 남한의 새로운 사회와 문화 속에서 살고 있는 북한이탈주민여기서는 법률적 용어를 사용함들이다. 이들은 2009년 12월 현재 1만 8천명 이상이 거주하고 있으며, 전국적인 집단 거주지를 중심으로 남한주민들과 일상생활을 함께 하고 있다.

지금까지 많은 연구와 현장의 이야기들을 통해서 북한이탈주민들의 어려움과 위기를 간접적으로 확인하고 있다. 이들은 남한주민들과 많은 공통성을 가지고 있지만 개인적, 사회적, 문화적으로 다른 경험들도 상당수 지니고 있다. 이러한 차이가 남북주민들의 통합을 가로막는 요인으로 작용하기도 하고, 서로 간에 오해를 불러일으키기도 한다. 그 중에서도 개인적 차이가 있기는 하지만, 이들은 남한의 보통사람들이 제대로 이해할 수 없는 특별한 사건들을 보고 듣고 체험한 사람들이다.

북한이탈주민들은 고향을 떠나면서부터 엄청난 충격적 사건들을 직간접으로 경험하게 된다. 그러한 내용들을 보면, 가족의 죽음, 감옥에서의 고문, 신체적 폭행, 성폭행, 생사를 건 탈출, 제 3국에서의 체포 불안과 공포, 치료받지 못하는 심각한 신체질병, 극단적인 배고픔 등과 같은 소위 말하는 외상trauma을 가지고 있다. 다음은 현재 남한에서 살고 있는 북한이탈주민이 북한을 탈출하다가 붙잡힌 후 감옥생활을 회고한 내용이다.

> "그곳은북한감옥 완전 사람의 뿌리를 뽑는 거죠. 잠도 안 재우고... 그리고 아침 5시에 기상시키고 밤 11시에 잠재우는데 기상해가지고 잠 잘 때까지 무릎을 꿇고 머리를 딱 숙이고 편하게 앉지도 못하는 거 있죠. 무릎을 꿇게 하고 머리를 딱 숙이니까 목 부분하고 관절이 다 나가거든요. 6개월이 아니고... 그러니까 6개월을 못 견디고 시체가 되서 다 나가야 되는 거지요. 죽어서 나가는 곳이거든요. 그러니까 건강하고 튼튼한 사람도 거기에 감옥에 일단 들어갔다 하면 '시체 되어야 나오는 곳이다' 이런 인식이 사람들이 많이 있거든요. 그 냉방에 불도 안 때는데 북한이 또 겨울에 얼마나 춥습니까. 그러니까 거기서 못 견디고 다 죽어서 나가는 거지요. 배고프고 춥고 막 얼어 죽고 굶어죽고 그 다음에 스트레스... 그 정신적인 스트레스... 그러니까 왠만 해서 오직 살아야 된다 하는 강인한 생각이 없으면 진짜 거기서 못 견디고 이리(죽어) 나오거든요"

충격적 경험들은 시간이 지나면서 과거의 기억과 이미지가 되고 의식의 저편에서 사라지게 된다. 그러나 위의 북한이탈주민 사례와 같이, 개인의 생존 자체를 위협한 사건들은 시간과 공간에 관계없이 오랜 기간 동안, 어쩌면 평생을 떠나지 않고 그 사람 전체에 남아 있게 된다. 마치 알코올 중독자의 모든 삶이 술과 관련되어 있는 것과 마찬가지로 외상을 경험한 북한이탈주민들도 그 체험의 굴레에서 벗어나지 못할 수 있다. 이는 개인의 일상과 대인관계 그리고 직업에도 영향을 미치어서 부적응자로 낙인찍힐 수도 있다. 이들은 일상생활에서 심각한 정신적 고통을 겪으면서 수면 중에도 악몽을 꾸며 엄청난 시달림 속에서 생활하게 된다. 다음은 북한이탈주민들이 이러한 내용들을 회고한 부분이다.

> "한 3년까지는 북한에 있는 꿈을 계속 꾸대요. 아... 괴롭더라고요... 아침에 일어나면 기분이... 내 요(남한) 와 있는데... 와 빨리 한국가야 되는데 갈라하는데 안 가지거든예... 누가 또 따라오고...". "한국에 오자마자 한 3-4년은 불면증에 시달려가지고 TV를 보면서 아무리 잠자 볼려고 별에 별 그걸 다 해도 잠이 안 오는 거죠. 그리고 어떤 때는 술 한 잔 마시면서 해도... 수면제를 먹어봐도 잠이 안 오고 밤새 그냥 새벽 6시까지...". "그게(불면) 8년은 가더라구요(중략). 아침에 눈뜨고 밤새도록 눈만 감으면 악몽에 시달리거든요. 철조망에서 막 빠져 나올라고 하는... 뭐 깊은 구렁텅이에서 이리 헤메고 저리 헤메고... 이게 꿈이야 생시야". "잠은 정말 힘듭니다. 그게... TV를 보고 있어도 그 TV를 보고 있는 것이 아니고 북한의 생활이 그 TV 속에 나오고 있습니다". "그러면서 체력적으로 한계가 오고, 병원에 가도 병명도 없어요(중략). 기가 빠져나가고, 온몸에 피가 다 빠져나가는 그런 느낌을 많이 받는다든가(중략). 기가 너무 빠져 아침에 눈을 떠가지고 일어나는 과정이 하여튼 2시간이 걸릴 정도로 못 일어나는 거 있죠(본문 중에서)".

그러나 이들과의 접촉을 통하여 북한이탈주민들은 모든 사람 속에 내재되어 있는 창조적 힘이 있으며, 시간의 경과와 의미 있는 일들을 서서히 하면서 인간 본래의 모습을 회복한다는 사실을 알게 되었다. 또한 북한이탈주민들이 체험한 충격적 사건의 문제를 해결하기 위해서 개인 내부적인 접근도 필요하며, 이들이 사회적으로 연결되고 관계하는 것의 중요성도 확인하였다. 이러한 상황에 처한 북한이탈주민들은 자신을 올바르게 알기 위해서 노력해야 되며, 남한주민들도 이들의 특성을 이해하며 기다려주고 지지하는 과정이 필요한 것이다. 덧붙여서 북한이탈주민들의 정신적 충격의 문제는 사회정책과 시스템을 통해서 지원한다면 더욱 바람직하다는 사실을 외국의 이주민과 난민의 제도를 통하여 확인할 수 있었다.

이 책은 이러한 과정을 보다 체계적으로 정리하기 위해서 저자의 지난 7년간의 연구를 바탕으로 하였다. 북한이탈주민들이 경험하는 심리적이고 정신적인 위기의 세부내용을 탐색하고 외상에 대한 기본 이해를 통해서 남한 사회에서 필요한 체계적 원조과정을 제시하였다. 또한 외상과 관련된 양적이고 질적인 연구를 통하여 북한이탈주민들의 특수성을 확인하였으며, 실제적으로 외상을 경험한 이들에게 어떻게 접근해야 할지를 구체화하였다. 북한이탈주민들이 이주 과정에서 경험한 외상에 대한 이론적 접근이 부족하여 난민refugees과 이주민immigrants의 연구를 근거로 새롭게 재해석한 부분들도 많이 있다. 이 책을 조심스럽게 세상에 내놓으면서 과연 얼마나 북한이탈주민들의 삶에 기여할 수 있을지, 연구자와 실천가들에게는 어떤 의미가 있을지 두려움이 앞선다. 그럼에도 불구하고 이 책을 마무리하면서 국가 및 민족 간 이동의 과정에서 고통을 경험하는 난민이나 북한이탈주민들의 연구물 속에서 창해일속滄海一粟이 되기를 소망해 본다.

이 책은 많은 분들의 도움으로 가능하였다. 먼저, 삶의 위기의 순간마다 든든한 지원자가 되어 주셨으며, 인생의 이정표를 만들어주신 부산대학교 김기태 교수님과 최중옥 교수님의 은혜를 잊을 수가 없다. 저자의 지난날을 반추해 볼 때 얼마나 많은 애정과 힘을 남모르게 주셨는지를 감히 가늠할 방법이 없다. 오직 감사함을 지니고 있을 뿐이다. 그리고 이 책은 북한이탈주민들을 직접 만나서 보고 듣고 체험한 내용이 상당부분 포함되어 있다. 따라서 지루한 설문지를 마다하지 않으시고 장시간 동안 자신의 어려움과 고통을 풀어내 주신 200여 명의 북한이탈주민들에게 진심으로 감사를 드린다. 저자를 믿고 모든 이야기를 진지하게 표현해 주시고, 갈 때마다 반갑게 맞이해 주심에 다시 한 번 고마운 마음을 전합니다.

북한이탈주민에 대한 연구주제를 제시해 주신 부산대학교의 이기영 교수님께 깊은 감사를 드립니다. 아마도 이기영 교수님을 만나지 못했다면 이 책은 나오지 못하였을 것이다. 출판을 흔쾌히 허락해 주신 경남대학교 출판국장이신 김정대 교수님과 출판과정에서 모든 수고를 아끼지 않으신 언론출판국의 김미숙 선생님 그리고 사회복지학과 석사과정의 강명진 군과 최정순 선생에게도 고마움을 전합니다. 또한 북한과 통일문제에서 국제적인 권위자이시며 통일부장관을 역임하신 경남대학교 박재규 총장님의 관심에 감사를 드립니다.

마지막으로 언제나 절대적 지지를 보내 주는 가족들이 이 모든 과정을 함께 하였음을 고백합니다. 평생을 한 길로 살아오신 부모님과 일곱 따님을 곱게 키우신 장모님께 이 책을 바칩니다. 인류애를 깨닫게 해준 첫째 아들 상탁이와 삶의 의미를 전해준 둘째 현탁이를 통해서 영감을 얻었음을 밝힌다. 지난날의 고단함에도 '家貧思賢妻'의 이미지를 보여준 아내와 이 책의 완성된 기쁨을 같이 하고 싶다.

2010년 1월 경남대 연구실에서

엄태완 올림

차례

머리말

제1장 _ 탈북난민의 경험

1. 탈북난민과 난민 • 17
   1) 개념적 이해 ········ 18
   2) 이주과정 ········ 24
2. 문화적 경험 • 34
   1) 문화의 의미 ········ 34
   2) 문화이동의 역사 ········ 36
   3) 문화적응 ········ 38
3. 가족 및 사회경제적 경험 • 46
   1) 가족 경험 ········ 46
   2) 사회경제적 경험 ········ 49
4. 심리정신적 경험 • 51
   1) 전반적 상황 ········ 52
   2) 소수자의 경험 ········ 55

제2장 _ 탈북난민의 위기

1. 위기의 이해 • 61
   1) 위기의 의미 ········ 62
   2) 위기의 결과 ········ 64
2. 이주와 심리정신적 위기 • 66
   1) 심리사회적 위기 ········ 67
   2) 정신적 위기 ········ 73

3. 전생애 발달과 심리정신적 위기 • 75
1) 영유아기의 위기 ········ 77
2) 아동・청소년기의 위기 ········ 79
3) 성인・노년기의 위기 ········ 90

제3장 _ 탈북난민 외상의 기본 이해

1. 외상의 의미와 과정 • 107
1) 외상의 의미 ········ 108
2) 외상의 과정 ········ 111

2. 외상적 사건의 결과 • 116
1) 일차적 증상 ········ 116
2) 이차적 증상 ········ 120

3. 외상적 상실 • 120
1) 고향의 의미와 상실 ········ 121
2) 상실의 심리적 역동 ········ 124
3) 의미부여와 회복 ········ 129

4. 외상의 대처 • 132
1) 사회경제적 지위와 고용 ········ 132
2) 사회적 지지, 적응 및 원조 요청방법 ········ 133
3) 외상치유의 구성요소: HPRT ········ 135

제4장 _ 탈북난민의 외상적 체험과 일상생활

1. 전개 과정 • 141

2. 외상과 현상학 • 142
1) 현상학적 연구방법 ········ 142

2) 외상의 현상학적 접근 144
3) 연구참여자와 방법 147

3. 외상적 의미의 지속과 일상생활 • 151
1) 삶과 죽음의 경계에서의 몸부림 152
2) 살아남음과 살아가는 것의 차이 159
3) 외상과 일상적 삶의 관련성 169

제5장 _ 탈북난민의 외상 및 스트레스의 경로와 완충요인

1. 전체구조 • 181
1) 구조화 과정 182
2) 조사대상 및 분석방법 184

2. 관계 변인 • 186
1) 외상적 경험 186
2) 스트레스 188
3) 무망감 190
4) 우울 194
5) 사회적 문제해결 능력 196
6) 사회적 지지 199

3. 결과의 차이, 비교 그리고 관련성 • 201
1) 인구사회학적 특성에 따른 차이 201
2) 탈북난민, 저소득주민, 일반주민의 정신적 위기 비교 213
3) 변인 간 관계구조 218

4. 정신적 위기 개입전략 • 225
1) 정착단계별 심리사회적 지원프로그램 227
2) 남한사회의 문제대처를 위한 능력강화 233
3) 사회적 지지망의 구축 238

제6장 _ 탈북난민 외상과 정신보건서비스

1. 지역사회 정신보건서비스 • 245
1) 욕구사정 ········ 246
2) 정책 및 프로그램 옹호 ········ 246
3) 정책 및 프로그램 계획 ········ 250
4) 정신건강 교육 ········ 253

2. 정신보건서비스 실천전략 • 254
1) 서비스 원칙과 단계 ········ 254
2) 거시적 실천 ········ 260
3) 중범위적 실천 ········ 261
4) 미시적 실천 ········ 267

3. 정신보건서비스 전달체계 • 282
1) 전달체계의 유형 ········ 283
2) 이론적 전달체계 ········ 285
3) 실제적 전달체계 ········ 290

제7장 _ 탈북난민의 외상 개입모델

1. 멀티레벨 모델(MLM) • 307
1) 과정 ········ 308
2) 사례연구 ········ 310

2. 다문화 정신건강 사업단(TPO) • 325
1) 개요 ········ 325
2) 개입단계 ········ 327

3. 탈북난민모델 • 332
1) 전제조건 ········ 332
2) 포괄적(전체적) 모델 ········ 334
3) 지역사회중심 모델 ········ 338

제8장 _ 탈북난민 외상의 회복

1. 회복의 힘 • 345
1) 접근 방법 346
2) 심리내적 및 사회적 관계의 힘 348
3) 일상의 유지를 위하여 370

2. 외상의 임상적 회복과정 • 374
1) 치유를 위한 관계형성 375
2) 안정화 383
3) 재구성과 애도 392
4) 삶의 의미와 관계회복 396

제 1 장

탈북난민의 경험

Traumatic Experiences of North Korean Refugees

1 _ 탈북난민과 난민

2 _ 문화적 경험

3 _ 가족 및 사회경제적 경험

4 _ 심리정신적 경험

1 _ 탈북난민과 난민
- 개념적 이해
- 이주과정

2 _ 문화적 경험
- 문화의 의미
- 문화이동의 역사
- 문화적응

3 _ 가족 및 사회경제적 경험
- 가족 경험
- 사회경제적 경험

4 _ 심리정신적 경험
- 전반적 상황
- 소수자의 경험

제1장

탈북난민의 경험

1. 탈북난민과 난민

북한을 탈출하여 남한에서 일상생활을 하고 있는 사람들을 어떻게 불러야 할 것인지에 대한 논란이 많다. 일반적으로 북한이탈주민, 새터민, 북한이주민, 탈북자 등의 용어로 지칭되고 있다. 그러나 당사자들은 한국에 사는 보통 사람들로 받아들여지기를 원하고 있으며, 특별한 집단으로 구별되는 것을 상당히 못마땅해 하는 분위기이다. 따라서 탈북난민이라는 용어의 선택을 다른 남한사람들과 구분하기 위한 도구가 아니다. 왜 기존에 사용되는 용어를 선택하지 않고 탈북난민이라는 의미가 필요했는지를 설명하려고 한다.[1]

1. 연구자들은 법률적 용어인 '북한이탈주민'이나 정부의 공모에 의해서 확정된 '새터민'으로 명명하고 있으며, 일부 학자들 중에는 '북한이주민'이 더욱 바람직하다는 견해도 있다. 남

1) 개념적 이해

인간은 일생을 살면서 위기적 상황에 직면하게 되고 이에 따른 대처를 해야 한다. 개인의 균형 상태를 파괴하는 위기는 병리적인 문제를 발생시킬 수도 있고, 성장의 기회를 만들기도 한다. 그러나 개인의 균형을 심각하게 파괴한다거나 재적응이 어려운 정도의 위기상황에서 적절한 개인적·사회적 대처가 이루어지지 않는다면 성장이나 회복을 기대할 수는 없을 것이다. 이러한 위기는 개인적 영역과 사회구조적 영역에서 발생할 수 있는데, 최근 한국의 경우에 사회구조적 측면에서 위기적 상황에 노출되어 고통 받고 있는 대상으로 '탈북난민'이 있다.

탈북난민과 같은 이주민은 이주의 국가적 경계를 기반으로 크게 국내 이주민domestic/internal migrants과 국제 이주민international migrants으로 나눌 수 있다. 전자는 한 국가 내에서의 도농都農, 도시 재개발 및 댐건설 등으로 인한 이주민을 예로 들 수 있고, 후자인 국제 이주민은 다양한 배경의 이민자, 난민, 망명자, 이주노동자 등을 예로 꼽을 수 있다. 이주민의 유형은 이주 의사의 자발성, 이주 기간 등에 따라 다양하게 나누어진다이기영 외, 2009.

이민은 자발적인 요인으로 이동을 하지만 난민은 비자발적인 요인에 의한 강제적 인구이동인 경우가 대부분이다. UN의 2005년 보고에 의하면, 전 세계 이주민 수는 약 1억 9,100만 명전 세계 인구의 2.9%이며 아시아에는 5,300만 명인구의 1.4%이 거주하는 것으로 알려져 있다법무부, 2008. 또한 2007년 말 기준으로 전 세계에는 1,600만 명의 난민 혹은 망명 신청자asylum seekers와 1,200

한의 일반인들은 '탈북자'라는 용어를 주로 사용하고 있다. 그러나 북한에서 남한으로 이주한 사람들은 이러한 명칭으로 분류되어서 남한사람들과 구분하는 것에 대한 부담감을 가지고 있다. 특별한 명칭으로 주목받는 것이 아니라 모두 똑같은 평범한 남한사람으로 대우받으면서 살아가기를 원하고 있다.

만 명의 무국적자들stateless persons이 존재한다UNHCR, 2008. 최근에는 전쟁과 분쟁을 겪고 있는 이라크, 아프가니스탄, 소말리아 등의 국가 출신의 난민들이 망명을 신청하는 숫자가 크게 늘어나고 있다.[2]

국제 이주민의 대표적 성격을 가지는 이민자와 난민은 인구의 이동이라는 측면에서 공통점을 갖지만, 개념적으로 큰 차이가 있다. 자국에 도움이 된다고 판단되는 양질의 이민자는 전 세계 어느 국가에서도 환영 받지만, 난민 유입엔 어느 국가라도 상당히 소극적인 자세를 취하는 것이 국제적 현실이다. 이민자란 개인이 항구적 또는 장기간에 걸쳐 자기 나라를 떠나 다른 나라의 영토에 이주하는 사람을 말한다. 따라서 이러한 이민은 주로 경제적 동인에 의한 자발적 이민이기 때문에 국제사회에서 문제로 부각되지는 않는다유정석, 2005.

이에 비해 1951년의 제네바 협정에 따르면, 난민이란 인종, 종교, 국적, 정치적 의견, 특정 사회집단에의 귀속 이유로 박해를 받는 자, 또는 박해의 공포 때문에 자기 국적국을 떠나 있는 자로서 국적국의 보호를 받을 수 없거나 그런 공포로 인해 국적국의 보호를 받을 수 없는 자로 규정하고 있다 국회인권포럼, 2005. 이를 좀 더 자세하게 설명하면 난민이란 인종, 종교, 국적, 특정 사회집단의 구성원 신분 또는 정치적 의견을 이유로 박해를 받을 우려가 있다는 충분한 근거가 있는 공포로 인하여 자신의 국적국 밖에 있는 자로서 국적국의 보호를 받을 수 없거나, 또는 그러한 공포로 인하여 국적국의 보호를 받는 것을 원하지 아니하는 자 및 이들 사건의 결과로서 상주 국

2. 한국의 경우에 난민신청자가 1994년 처음으로 난민신청을 접수한 이후 현재까지 1,951명(2008년 5월)이 신청하였으며, 신청국가별로는 네팔 374명, 중국 302명, 미얀마 192명 등으로 아시아 1,133명, 아프리카 752명으로 전체의 96.6%를 차지하고 있다. 또한 난민신청자 심사현황을 보면, 난민인정자 76명, 인도적 체류허가자 55명, 난민불인정자 359명, 철회 등 233명이며, 나머지 1,228명은 심사대기 중이다. 한국의 난민인정률은 15.5%(미국 37.3%, 영국 17.1%, 프랑스 10.2%, 독일 6.8%, 일본 6.2%)를 나타내었다(법무부, 2008).

가 밖에 있는 무국적자로서 종전의 상주 국가로 돌아갈 수 없거나, 또는 그러한 공포로 인하여 종전의 상주 국가로 돌아가는 것을 원하지 아니하는 자로 규정하고 있다 국회인권포럼, 2005.

남한에 거주하는 탈북난민의 경우에 위에 근거한 난민에 해당하는 지는 실제적이고 정치적인 논란이 있다. 즉 한국의 경우에 탈북난민을 난민으로 인정할 것인지의 문제는 보다 복잡한 정치적, 사회적 논의와 합의가 필요한 문제이다. 현재까지는 탈북난민들이 한국에서 난민으로 인정받고 있지는 않다. 따라서 북한을 탈출하여 남한에 정착하고 있는 사람들의 법률적 용어는 '북한이탈주민'이며, 통일부의 공모에 의한 공식적 용어는 '새터민'이고, 일반인들과 연구자들은 '북한이탈주민', '새터민', '탈북자', '북한이주민', '탈북이주민' 등으로 언급하고 있다. 그러나 이 글에서 '탈북난민'이란 용어를 굳이 사용하는 이유를 다음의 두 사례에서 찾고자 한다. 첫 번째 사례는 미국에 이주한 캄보디아 초등학생 난민의 수기이다.

표 1-1 _ 캄보디아 초등학생 난민의 에세이(essay)

캄보디아를 떠나는 것은 매우 어려운 일이었다. 사람들이 열심히 일을 했지만 기본적인 음식도 부족하였다. 폴포트 Pol Pot 정권은 많은 사람을 죽였다. 나는 아주 어렸을 때 캄보디아에서 행복한 기억이 떠오른다. 그것은 할아버지와 할머니가 옷을 만드는 것을 도와드린 일이다. 나는 즐겁게 놀고 싱싱한 과일을 먹으며 유적지에 갔던 것을 기억한다. 그리고 나는 많은 슬픈 일들을 경험했는데, 그것을 이야기 하겠다.

나의 부모형제들과 조부모는 폴포트 정권에서 살 수가 없어서 고향을 떠나 기차를 타고 가서 그 다음부터는 숲속을 걷기 시작했다. 얼마 후에 우리는 폴포트의 군인들에게 붙잡혔다. 그 때 나는 결코 잊을 수 없는 끔찍한 경험을 했다. 그들은 나의 어머니와 아버지를 나무에 묶었다. 어머니는 임신 중이었지만 많이 야위어 있었다. 그들은 어머니의 배를 칼로 갈라서 태아를 꺼내서 죽이고 어머니도 칼로 죽였다. 그때 어머니는 비명을 연속적으로 질렀다. 시간이 많이 지났어도 책상에 앉아 있으면 어머니의 비명 소리는 여전히 계속 들린다. 그들은 아버지의 머리에 총을 쏘아 죽였다. 그들은 할아버지와 할머니를 비롯하여 다른 사람들을 구덩이를 파고 그 속에 몰아넣었다. 그리고 거기에 수류탄을 던졌고 모든 사람들은 형체를 알아볼 수 없을 정도로 처참하게 죽었다. 그들은 나와 숙모를 도망갈 수 있도록 기회를 주고 나서 총을 쏘고 수류탄을 던졌다. 그들은 나의 발가락에 총을 쏘고 등 뒤에 수류탄을 던졌다. 나는 심각한 부상을 당하였다. 그때 베트남 사람들이 와서 도와주었으며, 베트남인 의사가 텐트로 만든 병원에 데려가서 치료해 주었다. 나는 점점 회복이 되었다. 나는 1981년 6월 25일 미국에 왔다.

출처 : Kemp and Rasbridge(2004). p.39.

두 번째는 현재 남한의 초등학교에 다니는 탈북난민의 사례이다. 현재 14세2008년인 그는 중학교에 다녀야 할 나이이지만 아직 초등학교 5학년에 다니고 있다. 남한으로 이주한지 2년이 지났으며 학업을 따라가는 것을 힘들어 하고 있다. 앞서 남한으로 이주한 어머니가 고생 끝에 탈북 시켜서 지금은 함께 살고 있다.

표 1-2 _ 탈북난민 초등학생의 사례

탈북난민 초등학생의 이름은 이현중가명이다. 현중이가 5세 때에 어머니현재 동거하고 있는는 경제적 문제로 중국으로 탈북하였고, 7세까지 아버지와 살다가 헤어져서 1년 동안에 친척집에 기거하다가 쫓겨나서 거리에서 잠을 자거나 3-4일 이상 굶기도 하고, 도둑질이나 구걸도 하면서 생활하였다. 현중이는 북한의 구호소에 계속 잡혔지만 밥을 너무 조금 주어 배가 고파서 계속 탈출하였다. 거리를 방황하다가 걸린 옴으로 전체 피부가 시커멓게 변하면서 8개월 동안 죽을 고생을 혼자서 하였다. 한번은 배가 고파서 누군가 주는 음식을 허겁지겁 먹었는데 식중독에 걸려서 죽을 뻔하였다.

현중이는 10세 때에 남한의 어머니와 연락이 되어서 어른 2명과 탈북을 시도하다가 붙잡혔고 북한의 감옥에서 다섯 달 동안 지냈다. 이후에 현중이는 두만강 쪽으로 가는 기차를 몰래 타고 가다가 떨어졌다. 원래 돈이 없어서 무임승차로 기차를 타고 가다가 승무원을 피해 도망가다가 자주 떨어져서 이번에도 그런가 보다 생각했는데 그게 아니었다. 현중이는 다음과 같이 말했다. '기차에서 떨어진 것이 몇 번이 있거든요. 그래가꼬 또 떨어졌구나 하고 생각했는데 다리를 보니까 다리가 없는 거예요. 부러진 것이 아니고 완전히 슥 잘렸어요. 그래서 그... 피도 많이 흘려가지고, 나는 이제 죽었구나 생각하면서 멍하게 의식이 없어졌어요' 지나가던 군인에게 발견되어 3달 정도 치료를 받고 의족도 없이 다시 떠돌이 생활을 하였다. 탈북 후 5세 때 헤어진 어머니를 12세에 만났는데, 무감각 했으며 어머니만 현중이를 붙잡고 울었다고 했다.

지금도 혼자 있을 때 자꾸 그 당시가 생각이 난다고 했다. '잊으려고 해도... 잊으려고 하거든요. 잊으려고 하는데 그게 쉽게 안 잊혀지니까요...' 남한의 학교에서도 북한에서 왔다고 놀리고, 나이가 많다고 또래에게 왕따를 당했다. 그러나 가장 참을 수 없는 것은 '다리병신'이라고 놀리는 것이었다. 남한 입국초기의 학교 수업시간에는 그냥 칠판만 멍하니 보았다고 했다.

출처: 저자의 2008년 인터뷰 중에서.

이 두 사례는 전혀 다른 지역에서 별개의 양상으로 사건이 진행되었지만, 각 개인은 일상적 삶의 과정을 벗어나서 참혹하고 몸서리치는 일을 경험했다. 일반적으로 뉴스나 이야기로만 들어서 자신과 전혀 별개일 것으로 여기는 사랑하는 사람의 죽음 목격, 죽음을 암시하는 위협, 심각한 신체적

손상, 폭행과 고문 등과 같은 사건을 외상trauma이라고 한다. 이 두 사례는 이러한 공통된 경험을 보여 주고 있다. 외상적 경험은 난민들이 탈출하여 재정착지에 도착하기까지 가장 심각하게 심리적 또는 정신적으로 고통을 주는 사건들이라고 할 수 있다. 지금까지의 연구와 증언들을 종합하면 탈북난민들도 이와 같은 외상 사건을 경험하고 있으며, 이로 인해서 남한사회 정착에 상당한 어려움을 겪고 있는 것으로 나타났다엄태완, 2009a.

표 1-3 _ 국내 탈북난민 입국 현황

구분	'89	'93	'98	'01	'02	'03	'04	'05	'06	'07	'08	합계
남(명)	562	32	235	563	506	469	626	423	509	570	612	5,107
여(명)	45	2	71	480	632	812	1,264	960	1,509	1,974	2,197	9,950
합계(명)	607	34	306	1,043	1,138	1,281	1,894	1,383	2,018	2,544	2,809	15,057
여성비율	7%	6%	23%	46%	55%	63%	67%	69%	75%	78%	78%	66%

출처: 통일부 내부자료(2009).

표 1-4 _ 국내 탈북난민 지역별 거주 현황

지역	서울	경기	인천	부산	경남	충남	대구	경북	충북
인원(명)	4,919	3,560	1,359	695	487	472	435	412	403
지역	대전	광주	강원	전남	전북	울산	제주	계	
인원(명)	404	339	328	325	202	168	95	14,603명	

출처: 통일부내부자료(2009, 사망, 이민자와 주소 미등록, 보호시설수용자는 제외됨.).

본고에서는 대다수의 난민들이 경험하는 심리정신적 위기인 외상적 경험과 탈북난민들이 남한 이주과정에서 겪게 되는 심리적 충격을 비교하고 구체화하여 보다 폭넓은 이해를 도출하려고 한다. 따라서 이와 같은 문제들을 강조하기 위해서 일반적으로 사용하는 '북한이탈주민'이나 '새터민'

이란 용어를 쓰지 않고 '탈북난민'으로 지칭하기로 하였다. 이 글에서 탈북난민은 '북한에서 어떠한 이유이든지 간에 탈출하여 현재 남한에서 일상생활을 유지하고 있는 사람이 일차적 의미이고, 그 중에서 외상과 같은 위기적 사건들을 경험한 개인들'을 말한다. 그러나 탈북난민들의 대부분은 심리정신적 위기 사건을 경험한 사람들이기 때문에 북한을 탈출하여 남한에 이주한 모든 사람들을 의미한다고 볼 수 있다. 탈북난민들의 남한 입국현황은 앞의 표와 같다.

2) 이주 과정

탈북난민들이 남한으로 이주하는 유형과 경로는 몇 가지로 나누어질 수 있다. 북한에 거주하면서 남한의 상황을 파악하고 탈출동기가 부여되어서 처음부터 남한에 정착하기로 결정하고 탈출을 시도하는 유형이 있다. 다음으로는 배고픔 등의 경제적 이유로 중국을 왕래하거나 일시적으로 거주하다가 북한사회를 다시보기 시작하면서 새로운 사회인 남한으로 이주할 결심을 하는 경우이다. 이렇게 남한으로 목적지를 정한 탈북난민들을 몽골경로, 동남아시아 경로 등의 몇 몇 이주경로를 통해서 이주하고 있다. 일반적으로 난민들의 발생과 이동이 이슈화된 계기들을 살펴보고 탈북난민의 이주경로를 통하여 위기적 사건의 경험 과정을 확인해보려고 한다.

(1) 난민의 역사적 맥락

현대사에서 대표적인 대규모 난민으로는 320만 명에 달하는 팔레스타인들이다. 그러나 난민에 관한 이미지를 각인 시켜 준 것은 베트남의 '보트피플'이었다. 당시 베트남의 난민 규모는 약 100만 여명에 이르렀고, 이들은 홍콩에만 23만 여명이 유입되었으며, 대부분은 미국, 캐나다, 호주 그리고 동남아 국가들로 흩어져 살고 있다. 베트남의 '보트피플' 이외에도 이라크를 떠난 난민들이 50만 여명에 이르고, 이란과 파키스탄 등에 남아 있는 230만 명의 아프가니스탄인들이 있으며, 구 유고슬라비아에서 떠도는 350만 명, 르완다의 양대 종족인 '후투'와 '투치' 사이의 비극적인 내전은 300여만 명의 난민을 발생시켰다국회인권포럼, 2005.

국제적 차원에서 난민문제가 부각된 것은 러시아 혁명 직후라고 할 수 있다. 당시 150만 여명의 난민이 발생하자, 1921년 국제연맹은 적극적으로 개입하였다. 이후에 세계 2차 대전의 결과로 유럽에서 대규모 난민이 발생하였다. 이에 따라 1946년 난민국제기구IOR가 1950년 국제난민고등판무관실HCR로 명칭을 바꾸어 난민문제를 다루는 국제기구로 출범하였다. 처음에는 소련과 미국 중심의 냉전 체제에서 공산주의 국가의 난민을 받아들이고, 서유럽 국가에게는 1951년 제네바 협정에서 조인된 사항을 사법적으로 준수하도록 권고하는 수준으로 권한은 매우 미약했다.

1960년대와 70년대에 들어서면서 아프리카의 탈식민지 이후 알제리 독립전쟁이 발발했다. 난민들은 모르코, 튀니지로 피신했고, 이로써 '박해에 대한 공포'라는 이유뿐만 아니라 '전쟁을 피하려는 혹은 다민족공동체 중 한 부류에 대한 집단 폭력을 벗어나려는 이유'로도 난민이 발생하여 더 많은 수의 난민이 생기기 시작하였다유정석, 2005. 대규모 전쟁이 줄어들면서 다민족 국가 내의 인종적, 종교적 갈등이나 소수 민족의 저항으로 인한 무력 충돌이 빈번해지게 되었다. 이에 따라 각국은 난민을 인도적 차원이 아니라 자국의 이익을 고려하여 난민 인정에 대해서 점차 소극적인 자세를 취하였다.

1990년대에는 소비에트 연방의 붕괴와 1991년의 걸프전의 영향으로 이라크 북부 쿠르드족의 대이동이 이루어졌다. 또한 아프리카 대륙의 곳곳에서 수많은 전쟁과 분쟁이 발발하여 난민이 양산되었고, 미국의 아프간 전쟁과 최근의 이라크 전쟁으로 중동 지역의 난민이 급증하게 됐다. 그러나 각국에서는 난민을 자국민으로 동화시키는데 소요되는 정치적, 경제적, 사회적 비용이 크다는 이유로 난민을 받아들이는데 소극적으로 변하게 되었다. 독일의 경우에는 100만 여명의 난민이 있으며, 매년 난민문제를 처리하는 예산이 무려 50억DM약3조원에 이른다유정석, 2005에서 재인용. 이와 같이 난민은 이민과 달리 비자발적 요인에 의해 발생하는 경우가 대부분이고 국제적으로 제대로 보호받고 있지 못한 실정이다. 다수의 난민들은 국경지역이나 방사능 오염지역 등 죽음의 지역으로 내몰리거나 방황하고 있다. 탈북난민들의 경우에도 중국이나 동남아시아 등에서 공포와 불안 속에서 고통스런 삶을 지속하고 있다.

(2) 탈북난민의 이주경로

탈북난민들은 대부분 지형적으로 이동이 쉽고 유사한 문화적 환경을 지닌 두만강 유역을 통해 중국으로 탈출하고 있다. 중국은 영토가 넓고 국경이 길어서 철저하게 탈북난민들을 통제하기란 현실적으로 불가능하다. 따라서 중국 내에 정착하지 못했거나 탈북의 목표지가 남한 또는 제3국인 탈북난민들은 몽골을 비롯하여 중국과 국경을 접한 캄보디아, 베트남, 태국 등 제3국을 이주 경로로 이용하고 있다. 주요 이주경로는 중국→미얀마→태국 루트, 중국→베트남→캄보디아 루트, 중국→몽골 루트가 존재한다문남철, 2004.

북한을 탈출한 탈북난민들이 남한으로 이주하기까지 일시적으로 거주하는 지역과 그 규모 및 이주패턴은 공식적인 조사활동이 이루어지지 않아서 정확하게 파악하기는 어렵다. 주로 민간단체들에 의해서 조사된 내용을 살펴보면, 대부분은 중국에 체류하고 있으며, 국경에서 먼 지역까지 분산되어 있지만 흑룡강성, 요녕성, 길림성의 동북 3성에 집중되어 있다고 추정한다. 또한 동남아시아 지역인 베트남, 캄보디아, 태국, 미얀마 등지에도 분포하고 있으나, 이는 남한으로 이주하기 위해서 일시적으로 경유하는 곳으로 분석하고 있다.

최근에는 탈북난민들이 미국, 캐나다, 일본 등에도 난민자격으로 이주하고 있다. 미국에는 현재2009년 86명이 난민자격으로 정착하고 있으며, 1959년부터 1984년까지 일본에 있던 한국인 9만 3천 340명일본인 6천 731명이 북송된 일본에도 탈북난민이 200여명이 거주하고 있다. 또한 캐나다에도 난민 지위를 받은 탈북난민이 14명이 정착하고 있다통일연구원, 2009. 이들은 북한을 탈출하여 제 3국에서 직접 이주한 경우도 있고, 한국에서 일시적으로 정착하고 있다가 다시 이러한 나라들로 이주한 경우도 소수이지만 존재한다. 중국 등에 일시적으로 거주하고 있는 다수의 탈북난민들은 브로커를 통하여 비용을 지불하면서 몇 몇 루트를 통하여 남한으로 이주하고 있다.

중국→몽골 루트는 탈북난민들이 많이 거주하고 있는 길림성과 흑룡강성에서 지리적으로 가깝고 면적이 넓고 인구밀도가 낮아 국경의 경비가 느슨한 점을 이용하여 내몽고 자치주를 통해 몽고로 이동하는 경로이다. 동남아 루트는 중국의 동북부 지역을 경유하여 중국과 국경을 접한 인도차이나 반도 국가로 이동하여 남한으로 이주하는 경우이다. 이외에도 러시아에 거주하는 탈북난민들은 모스크바나 극동러시아 블라디보스토크에서 밀항선을 타고 남한으로 이주하거나, 중국에 거주하는 탈북난민 중에는 홍콩 등을 통해 이주하기도 한다. 최근에는 이러한 이주 경로가 공개되면서 이동이 어렵게 되자 새로운 방법인 중국 주재 국제기구 및 외교공관을 이용한 이주방법도 나타나게 되었다. 그러나 지금까지 남한에 이주한 탈북난민들의 대다수는 몽골 루트나 동남아 루트를 통해서 입국하고 있다.

▌그림 1-1 _ 탈북난민의 이주유형

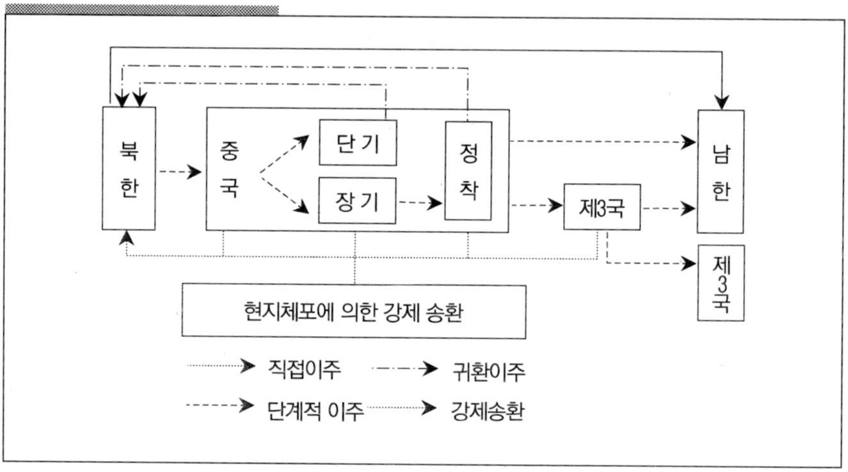

출처: 문남철(2004). p.502.

▌그림 1-2 _ 탈북난민의 국제적 이주경로

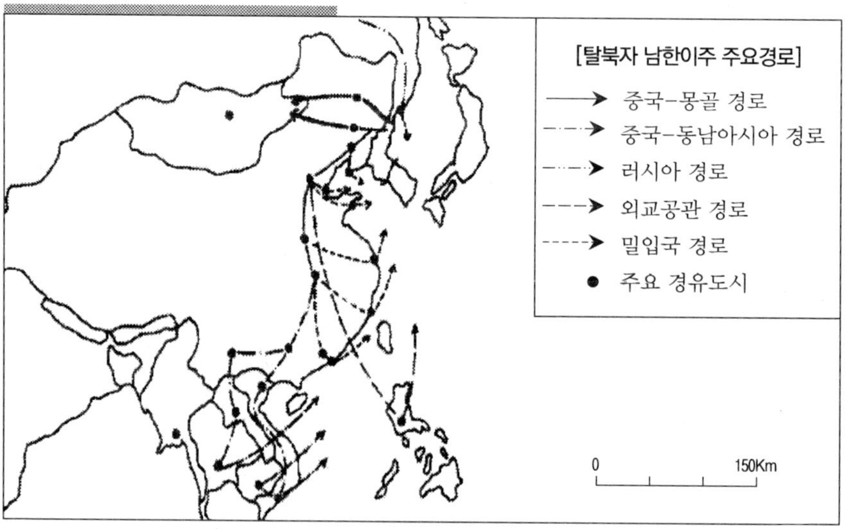

출처: 문남철(2004). p.505.

(3) 이주사례

박명순 여, 가명씨는 경제적인 이유로 북한 탈출을 시도하다가 붙잡혀서 2년 동안 감옥생활을 한 후에 출소하여 그날 밤에 바로 가족들에게도 알리지 않고 두만강을 넘었다. 그리고 중국에서는 인신매매로 팔려가서 자녀를 낳았으며 그 이후에 몽골 루트를 통해서 남한에 이주한 사례이고, 중국에서 낳은 자녀를 데리고 남한으로 이주하였다. 다음은 중국 → 몽골 이주경로에 대한 일부 소개이다.

① 탈출과정에서 투옥 후 재탈출의 상황: 중국 도착 후 원조요청

“긴장이 풀려가지고 그리고 그렇게 먹고 싶었던 밥도 못 먹겠더라고요. 2년을 굶다시피 하니까 안 들어가더라고요. 속에서 안받아가지고 제대로 먹지도 못하면서 그러고 있었는데, 그리고 중국에 친척을 좀 찾으러왔는데 도와달라고 이래 하니까 중국 사람들이 안 도와주더라고요. 자기네는 어떻게 팔아넘겨서 돈을 만들까... 이 중국 사람들은 북한 여자들을 돈으로만 보거든요. 상품으로만 보거든요. 얼마에 넘길지. 그 상품가치를 계산하고 있는 거예요. 그 사람들은. 그때 당시는 몰랐는데.”

② 남한이주 계획중국에서 3년 거주: 탈출 루트의 결정

“그 바로 이렇게 돈이 있었으면 비자 여권을 만들어 가지고 한국비행기 타고 왔을 건데 우리는 돈이 없었거든요. 그러니까 삼국제3국을 걸쳐가지고 와야 되니까 저희들은 그때 오는 통로가 몽골로 왔었거든요. 그 몽골로 오려면 사막지대를 거쳐야 되거든요. 내몽고 자치주부터 그 몽골지역이 사막이라는 걸 그때 처음 알았었거든요.”

③ 탈출과정

“그거는 내몽골 그 자치주까지만 딱 안내를 해주고 여기서부터는 우리

가 나침반하고 어떻게 가야 된다. 이런 걸 대충 설명을 받고 우리가 그때부터는 길을 찾아나서야 되는 거지요. 그러니까 앞이 캄캄한. 그야말로 성공하면은 좋고, 성공 못 하면은 또 다시 잡혀서 북송되어야 되면 그때는 나는 더 할 말이 없고, 완전히 죽어야 되는 그런 상황이었었죠. 그래서 북경에서 기차를 타고 내몽골까지 가서 내몽골부터 중국 쪽에 또 변방지역이니까 중국정부에서 그쪽으로 탈북자들이 많이 넘어간다는 소식을 들었는지 경계가 너무 삼엄했어요. 그러니까 막 애기 아이 업고 여관을 잡고 막 이래하면서도 숨 막히고 가슴 졸이고 신분증 검사할까봐 우리는 증명서고 뭐고 아무것도 없잖아요 신분증 검사하면 바로 들통 날 텐데, 그런 긴장감 때문에."

"나침반 방향 따라 북쪽으로 어디를 어떻게 가면 된다고 알려줬는데 그 방향 따라 가도 밤새도록 길이 안 나오는 거예요. 너무너무 힘들고 마지막에는 다리가 다 늘어나는 줄 알고 감각도 없을 정도로 밤새도록 잠 한숨못자고 걸었거든요. 국경을 빨리 넘으려고 철조망이거든요. 국경선까지 거기까지 철조망 있는 곳까지 빨리 넘어야 되고, 여기서 이제 날이 밝으면 국경경비대에 발각이 되고."

"북한에서는 100리길은 6시간정도 북한사람들은 그 정도로 걸어다니거든요. 10리 20리는 뭐 기본으로 걷고요. 교통 이게 잘 안 됐으니까. 그래서 이정도 가면 되겠다. 알려준 대로 갔는데 길이 안 나타나는 거예요. 그 철조망이 안 나타나는 거예요 그래가지고 그 8월 달에 길을 갔었는데 얼마나 추운지... 더워야 되는데 얼마나 추운지, 길은 안 나타나고 다리가 늘어질 상황으로 얼마나 걸었는지 시간도 모르고 시계도 없었고 아무것도 없었거든요. 나침반뿐이 없었는데 지금 그래가지고 막 하다하다 보니까 우리는 이제 날 밝으면 숨을 때도 없고 꼼짝없이 우리는 죽은 목숨이다."

"완전히 불안한 정도가 아니라 굉장히 예민하고 상황이. 그러고 여기서 또 총에 맞아죽을지 잡혀죽을지 또 물이 떨어지면 목말라 죽을지 아무도 진짜 그런 상황은 사막이 그리 무섭고 겁나다는 걸 그때 처음 알았습니다. 그리고 짐에는 아무것도 없이 물을 한 배낭을 지고 떠나는데 그 물이 벌써 다 바닥이 난거예요 목마르고."

"그래서 누구라 할 것 없이 막 지쳐가지고 쓰러져가지고 우리는 인제 해만 밝으면 죽은 목숨이다. 막 비관을 하면서 누군가가 신이 있다면 우리를 좀 보살펴달라고 제발 좀 살려달라고 막 이러면서 그런데 깜빡 다 잠들어 버렸어요. 잠들었는데 갑자기 그 한여름에 그 더운 무더위에 갑자기 추워지면서 찬바람이 잔등을 치는 거예요. 완전히 긴장하고 절박하고 그때 그 인상은 진짜 말로 표현할 수 없었지요. 그래가지고 막 이러면서 사방을 무슨 구세주를 찾는 것처럼 사방을 둘러봤는데 불과 한 몇 십 미터 앞에 철조망이 보이는 거예요. 밤새도록 찾아서 헤맨 그 철조망이 앞에 보이는 거예요.

그래가지고 서로 아무 말도 없이 막 그쪽으로 해가지고 막 달려가면서 했는데 그 철조망에 전기가 흐르더라구예. 담요를 철조망에 덮어씌우고 그 한 사람씩 한 사람씩 넘어갔거든요. 한 몇 미터를 가니까 또 철조망이 있는 거예요. 그 철조망을 얼핏 듣기로 12개를 넘어야 몽골 땅에 도착, 안심이 된다 하더라고요. 그 철조망을 넘다가 잡히면 무조건 총에 맞아 죽거나 그 다음부터는 생사 확인이 안된다고 하더라고요. 그래서 철조망을 무사히 넘었고 한 몇 개를 넘었는데 중국하고 국경지대에 공터가 있더라고요, 거기서 잡혀도 안된다 하더라고요. 그래 거기를 달려가 가지고 무슨 힘으로 그때 거기를 달려갔는지 모르겠습니다. 힘도 없었고 했는데 완전히 초인간적인 힘으로 달려갔는데 그 몽골 쪽으로 거의 넘어가려고 했는데 중국 쪽에서 그때 다 기상이 되서 우리를 발견한 거죠.

막 중국 쪽에서 개 짖고 등불 켜고 난리가 났어요. 아차! 5분만 늦었어도 다 잡힐 그런 상황이었는데 그때는 이미 몽골 쪽으로 많이 가까워졌거든요. 중국 쪽은 이미 많이 벗어나고 몽골 철조망 쪽으로 가까워졌었거든요. 그래서 몽골국경을 이리이리 넘고 그 다음부터 국경을 딱 넘으니까 사람이고 그림자고 아무것도 완전 사막인거지요.

그 다음부터 눈앞이 캄캄하지요. 다리에 맥이 다 풀려가지고 펄썩 주저앉고 애기들은 배고프다고 울고 기저귀 갈아주면서 거기서...한... 진짜 너무나도 힘이 풀려가지고 긴장감이 풀려가지고 다 쓰러져가 있는데 이제부터 잡힐 위험은 없지만은 이제부터는 또 생사를 확인할 수가 없는 거예요. 물이 떨어지면 사막의 햇빛이 얼마나 강하고 뜨거운지..그리고 풀 한포기며 이리 숨을 데가 없더라고요. 그리고 우리는 멋도 모르고 양산도 준비해가지고 안 갔거든요. 멀리서 망원경으로 보니까 몽골 쪽에 국경경비대가 말 타고 오는 사람들이 보이더라내요. 그러니 완전히 미친 듯이 소리 지르면서 우리 여기 있다고 사람을 일단 만났으니까 반가운거지요."

④ 중간 경유지 도착

"잡아가라고 막 반가워가지고 소리를 지르고 막 고함을 지르고 하니까 우리를 발견하고 우리 쪽으로 오더라고요. 그래서 뭐라 뭐라 물어보는데 우리는 말을 하나도 할 수 없으니까. 아무것도 모른다고 그냥 태극기...국기... 깃발... 우리 길 떠나기 전에 얼핏 연습을 했었거든요. 태극기 이거 그리는 연습을 하고 왔었거든요. 말이라는 거는 그것밖에. 그러면은 대사관에 안내해주겠지 싶어가지고 마당에 길에 태극기를 딱 그리니까 일단은 자기네 병영으로 데리고 가더라고요. 거기서부터 병영까지 4~5시간 걸었을까요. 사막이니까요."

"그러니까 아무것도 알아들어도 못 알아듣는 시늉을 하면서 무조건 태극기를 그리면서 그래 해달라고 막 이래 태극기만 자꾸 가리키는 거 있죠. 벙어리처럼 그래하니까 우리를 감옥에 넣더라고요. 불법으로 국경을 넘어 왔으니까 감옥에 넣었는데 감옥생활을 또 거기서 삼일하고, 나하고 애기들은 그 감옥생활... 그 감옥에 넣었는데 거기에 또 다른 탈북자들이 있더라고요. 우리 전에 그 탈북한, 국경 넘은 사람들이 있더라고요. 거기서 애기 엄마들이 두 명 있었는데, 애기 엄마들은 또 감옥에 못 있게 하고 한 몇 시간 동안 있다가 나오라하더니만 그 생수, 한국 생수하고 라면을 주더라고요. 몽골에서는 애기가 귀하기 때문에 애기들 애기 엄마들은 엄청 귀하게 대접한다 하더라고요."

⑤ 최종 결정단계

"근데 우리는 3일 만에 그 대사관 쪽으로... 한국 쪽으로 연락을 해주더라구요. 그 갓난애기 도움을 받은 거죠. 우리 애들 도움을 받아가지고... 그래가지고 3일 만에 기차타고 도착하니까 직원들이 나와 계시더라구요. 그 직원분들이... 그분들이 나와 계셔가지고 또 길안내를 받아가지고 이런 외국인 숙소 같은 그런 방으로 안내해주고... 거기서 구금생활을 또 13일 동안 했었거든요. 거기서 보름동안 식당, 음식, 물 이런 거 제공해주면서 기초적인 조사가 또 진행 됐어요."

⑥ 남한으로 출발, 그리고 도착

"대사관 직원들이. 그래서 확인을 해본결과 북한사람들 맞으니까 한국 가는 수속을 하는데 며칠 걸려가지고 비행기를 탔죠. 비행기를 타가지고... 난생처음 비행기를 타니까 얼마나 긴장이 되고 무섭고... 또 대성공사에서 한 달 동안 조사과정을 거치고 이래서 한국 땅에 도착하니까. 그 다음에 모든 이게 완전히 가라앉으면서 너무나도 그때는 기운이 없고 그 정신상태가... 하여튼 그 감정을 뭐라고 표현해야 될지 모르겠더라고요."

이와 같이 탈북난민들은 다양한 욕구와 탈출 경로로 남한에 이주하게 된다. 탈북난민들의 현재 삶은 북한, 탈출과정 그리고 남한사회에서의 경험이 상호관련성을 가지고 있다. 탈북난민들이 북한에서 남한으로 이주하면서 발생할 수 있는 독특한 경험들을 살펴보는 것은 이들의 이해를 위해서 도움이 될 것이다.

2. 문화적 경험

남북은 반만년의 문화 공동체를 형성해 왔지만, 현재는 60년 이상 분단 상황에서 문화적 교류가 차단되고 있다. 문화적 차이에서 중요한 언어는 남북이 단일하게 사용한다는 점에서 다른 이주민이나 난민들보다는 문화적응이 수월할 수 있다. 그러나 남북의 사회경제적 시스템의 차이, 교육과 각종 제도 및 정보에서 상당히 다르다는 사실을 확인한다면 탈북난민의 문화적응은 위기임과 동시에 중요한 과제가 된다. 따라서 탈북난민의 경험을 이해하기 위해서는 서로 다른 문화가 접촉하게 되면 일반적으로 어떠한 현상이 발생하는지를 고찰할 필요가 있다.

1) 문화의 의미

문화culture는 일상적으로 흔하게 쓰여 지는 용어이다. 일반적으로 다른 문화를 존중해야 한다는 것은 모든 사람들이 가지고 있는 공통된 생각이지만, 차이나는 문화를 자신이 직접 경험하게 된다면 상황은 크게 달라진다. 문화는 한 개인의 행위와 지각의 기준으로 모든 행위와 의식을 규정하는 보편적 가치 기준의 성격을 가진다전숙자 외, 2009. 즉 문화가 다르다면 가치 판단 기준이 다르다는 것을 의미하기 때문에 이 세계에서 발생하는 사건이나 상황에 대한 의미 부여나 해석의 체계도 달라진다는 것이다. 문화는 한 개인이 사회 적응과 성장 및 발달을 촉진할 목적으로 그 사회내부에서 합의되고 공유하는 것들을 자연적으로 학습한 의미와 행동이라고 할 수 있다.

문화라는 말을 우리는 너무 거창하게 생각하여 고급스럽고 서민 대중과는 동떨어져 있다는 선입견을 가지고 있다. 문화와 동일시하는 의미는 화려한 무대의 오페라, 우아한 발레, 고가의 미술품 등을 떠올리지만 이는 잘못된 것이다. 국어사전에 나와 있는 문화를 정리하면, 문화란 있는 그대로의 자연을 말하는 것이 아니라 우리 생활에 편리하도록 자연을 가공하여 만든 우리의 일상 행동양식이나 생활양식을 말하는 것이다손승길 외, 2009. 한편, 『브리태니커 백과사전』에서는 문화를 '도구의 사용과 더불어 인류의 고유한 특성이며, 문화를 구성하는 요소에는 언어 · 관념 · 신앙 · 관습 · 규범 · 제도 · 기술 · 예술 · 의례 등이 있으며, 문화의 존재와 활용은 인간 고유의 능력, 즉 상징적 사고(언어의 상징화)의 능력에 기인 한다'고 설명하고 있다. 이를 광의적으로 해석하면 우리 삶의 모든 영역은 문화가 관련되어 있다는 기술이다. 따라서 문화는 지극히 일상적인 것이며 삶의 방식이기도 하고, 인간 삶의 현장이 곧 문화 현장이라고 할 수 있다.

문화란 다양하고 복잡하여 그 의미를 쉽게 이해하기도 어려우며, 일정한 가치와 규범으로 작용하여 사람들을 구속하기도 한다. 또한 문화는 한 나라 안에서도 지역, 계층, 연령, 활동 분야에 따라 다른 문화가 존재한다. 한국의 경우에 대표적으로 경상도와 전라도의 문화가 다르며, 10대와 60대의 문화가 다르며, 농촌과 도시의 문화가 다른 것이 예이다. 문화 차이의 범위가 국가나 민족 단위로 바뀌게 되면 그 다름은 엄청나게 크다. 한국과 미국, 한국과 베트남, 한국과 일본의 문화는 국내의 문화 차이와는 비교가 되지 않을 만큼 다를 것이다. 이러한 문화적 차이는 자연 조건이나 언어적 차이, 선천적인 생물학적 차이 등에 기인한 것이다. 따라서 인종, 민족, 국가에 따라 독특한 문화를 가질 수밖에 없음을 알 수 있다.

이주민과 난민들은 새로운 문화접촉의 과정에서 적응의 어려움을 경험할 수 있다. 특히, 비자발적인 난민의 경우에는 자발적인 이주민들보다 새로운 문화에 적응하는 것이 더욱 어려울 수 있다Pumariega, 2005. 난민들은 원문화original culture와 주류문화host culture 중에서 어떤 것을 선택해야 하는지에 관한 정신적 위기와 갈등을 겪을 수 있다. 인간발달의 초기 단계에 있는 어린아이부터 노인에 이르기까지 이전에 경험하지 못한 문화 속에서 생활한다는 것은 심리사회적 위기를 불러일으킬 수 있다. 따라서 탈북난민들은 심리사회적 적응 과업을 수행하면서 새로운 문화적응의 과제도 해결해야 하는 상황에 놓이게 되며, 이는 정신건강과도 밀접히 연관된다. 탈북난민들이 남한에서 경험하는 새로운 문화접촉은 적응의 어려움을 겪게 한다. 탈북난민들은 북한문화와 남한의 주류문화 중에서 어떤 것을 선택해야 하는지에 관하여 위기와 갈등을 경험하게 된다. 탈북난민들도 남한의 새로운 문화에 적응하는 것은 어려운 과정이 될 것이다. 탈북난민에게 남한문화 통합과정은 심리사회적인 위기에 직면하게 되고 이는 남한 적응과 관련이 될 것이다. 탈북난민에게 남한이주는 남한의 사회경제적 체계를 수용해야 하고 다른 풍습, 신념, 생활사건, 정서적·사회적 상황에 대처해야 하는 압박감을 가지게 한다. 따라서 탈북난민들의 남한문화 적응과정에서 나타날 수 있는 심리사회적 문제는 개인에 따라서 심각한 위기상황을 초래할 수 있을 것이다.

2) 문화이동의 역사

서로 다른 문화적 배경을 가진 인구 집단과 집단이 만나게 되는 상황을 문화 접촉cultural encounter이라고 한다. 이는 직접 접촉과 간접 접촉으로 나눌 수 있는데, 직접 접촉은 지리적 이주에 의한 문화의 접촉 혹은 신체의 물리적 이동이나 대면적 만남 등을 의미한다. 예를 들면, 이주노동자, 결혼이민자, 외국인 기관 종사 외국인과 그 가족, 외국 유학생 등이 한국으로 이주 및 정주하는 경우를 말한다. 간접 접촉은 직접적 이동 없이 외국 문헌의 전달, 생활용품의 교류, TV, 라디오, 영화 등 문화적 매체의 교류, 전화, 휴대전화, 인터넷 등 통신수단의 발달에 의한 의사소통 매체를 통한 교류 등으로 이루어지는 것을 포함한다최명민 외, 2009.

또 다른 범주는 문화적으로 다양한 하위집단을 가진 다문화 사회의 구성원들 간에 이루어지는 사회내 접촉within-society contact과 한 사회의 사람이 다른 나라에 일이나 여행, 유학 등의 일정한 목적을 가지고 갔을 때 발생하는 사회간 접촉between-society contact으로 구분된다Bochner, 1982. 사회내 접촉은 보다 나은 삶을 위해서 다른 국가로 이민을 가거나 박해를 피해서 다른 나라에 정착한 난민들이 점차로 지역사회 내에서 소수집단으로 자리 잡고 살면서 급격히 증가하고 있다. 사회 간 접촉도 교통수단이 발달되고 산업이나 교육 등의 세계화로 인하여 크게 늘어나고 있다.

국가 또는 민족 간 이주에 의한 국제적 문화이동의 근대역사는 다음과 같이 다섯 단계로 구분할 수 있다김용찬, 2006. 첫 번째는 1500년부터 1800년까지의 중상주의시기로 경제의 성장과 식민지화의 진행으로 인해 유럽인들의 아메리카, 아프리카, 아시아, 오세아니아지역 등으로의 이주가 현저하게 진행되었다. 두 번째는 19세기 초반부터 시작된 산업화시기로 유럽의 경제발전과 전식민지국가들에서 산업화가 확산되면서 유럽인들의 대규모 이주가 다시 진행되었으며, 대부분의 국제이주는 아르헨티나, 오스트레일리아, 캐나다, 뉴질랜드, 미국 등의 5개국에 집중되었다. 세 번째는 제 1차 세계대전의 발발과 함께 약 40년 동안 유럽인들의 다른 대륙으로의 이주는 급격히 감소했다. 또한 1920년대 경제대공황과 제2차 세계대전은 국제이주의 위축을 가져왔다.

네 번째는 1960년대부터 시작된 탈산업화시기의 이주는 과거 국제이주의 양상과는 상당한 차이를 보여주고 있다. 기존 유럽중심의 국제이주가 세계적인 차원으로 확대되었으며, 이주송출과 이주수용 국가들sending and receiving countries은 유럽지역을 넘어 제3세계 국가들을 포함하면서 더욱 다양화되었다. 구체적으로 전통적인 이주수용국가들 이외에 유럽의 독일, 프랑스, 벨기에 등이 새로운 국제이주의 이주수용국가로 등장했으며, 국제이주는 1970년대 중동지역과 1980년대 괄목할만한 경제성장을 이룩한 동아시아지역으로 까지 확산되었다. 마지막은 탈냉전이 본격화된 1980년대 후반부터 새로운 형태의 국제이주가 본격적으로 성장하기 시작하였다. 이는 불법이주, 망명신청자와 난민의 국제이동, 단기간의 국제이주 등은 새로운 이주유형이 되고 있다.

이와 같이 전 세계적으로 인구이동이 자발적 또는 비자발적인 형태로 이루어지고 있다. 인구이동과 동반하여 문화이동이 나타나며, 이는 문화접촉, 문화충격, 문화적응의 과제들과 맥락을 같이 하게 된다.

3) 문화적응

(1) 개념

문화의 전환은 사회적인 측면 못지않게 심리적 과정이며, 이는 탈북난민들에게 일상생활에 상당한 영향을 미치게 된다. 문화란 언어를 통하여 선택적인 경험들이 인지구조와 행동을 만드는 사고의 사회적 전달체계이며 사회 또는 사회집단에 의해서 공유되며 행동의 지침이 되는 의사소통의 기본 구조이다Hughes, 1993. 문화에 대한 심리 행동적 정의를 보면, 개인적 또는 사회적 적응과 성장 및 발달을 촉진할 목적으로 사회적 상황의 맥락 내에서 공유되고 학습된 의미와 행동이라고 할 수 있다. 따라서 문화는 외적 역할, 활동 방향, 제도 등 또는 내적 가치, 신념, 태도, 성격 등인 표시로 나타나게 된다. 이렇게 공유된 의미와 행동들은 내외적 환경의 변화에 반응하는 과정에서 지속적으로 수정되고 바뀌게 되는 것이다Marsella and Yamada, 2000. 문화적 차이에 대한 인식은 3-4세에 시작하여 8세 정도까지 다양한 요건들에 의해서 문화적 정체감을 발달해 나간다. 성인들은 청소년기에 형성된 문화적 정체감을 가지고 그 문화에서의 성 역할, 결혼, 부모역할, 직업역할을 통하여 더욱 견고히 하게 된다. 성인기이후에 자신의 문화적 정체감을 바탕으로 다음세대에 문화전통을 전달하게 된다Pumariega, 2005.

그러나 다르게 형성된 두 문화 간의 계속적이고, 직접적인 접촉의 결과로 생긴 변화를 문화적응acculturation이라고 한다Redfield et al., 1936. 문화적응이 초기에는 집단수준의 현상으로 제시된 개념이었으나 개인수준의 현상으로서의 심리적 문화적응 개념도 제시하였다Graves, 1967. 집단적 수준의 문화적응은 새로운 문화를 접한 결과 나타난 집단의 문화적 변화를 말하고, 심리적 문화적응은 개인의 심리에 일어나는 변화를 말한다. 그러나 최근에는 문화적응을 두 가지 수준으로 구분하지 않고 일반적으로 사용한다. Berry 1997는 용어를 구분하여 사용하지 않더라도 문화적응에서 집단수준과 개인수준을 혼동하지 않는 것이 중요하다고 하였다. 집단이 문화적응을 해나가는 과정에서 모든 개인의 경험과 참여의 정도가 같은 것은 아니기 때문이다. 탈북난민의 경우에도 개인과 집단적 과정에 모두 관심을 가져야 한다. 탈북난민의 개별적 특성에 따라 차이나는 문화적응 과정을 경험하게 될 것이다.

문화적응은 원칙적으로는 중립적인 용어로서 상호작용을 하는 두 집단 모두에 해당되나, 실제적으로는 어느 한 집단이 다른 집단에 비하여 더 많은 변화를 겪는 경우가 대부분이다Berry, 1990. 문화적응은 탈북난민들 삶의 다양한 영역에서 변화를 가져온다. 난민들의 경우에는 주택상황, 인구밀집 정도 등과 같은 물리적 변화, 생물학적 변화와 함께 정치, 경제, 언어, 종교, 사회제도의 변화, 대인관계와 심리내적인 변화를 포함하게 된다Nwadiora and McAdoo, 1996. 문화적응은 탈북난민들이 새로운 환경에 적응하면서 일어나는 심리와 행동의 필연적 과정이라 할 수 있다. 이주민과 난민의 심리사회적 스트레스와 관련된 문화적응 과정은 다음의 다섯 단계로 진행된다이승종, 1996, 재인용. 첫째 단계는 접촉이전의 단계precontact phase로 실패, 신경증적 욕구, 갈망, 생존의 위협, 빈곤 등과 같은 개인적 · 사회적 요인이 발생한다. 둘째는 접촉기contact phase로 이주 초기의 새로운 스트레스를 직면하게 된다. 그 다음에는 갈등기conflict phase로 정착국의 문화적 압력, 이주 집단 간 갈등이 야기되는 정신건강이 가장 취약한 시기이다. 다음의 위기기crisis phase는 갈등기의 문제가 해결되지 않는 상태로 후회와 좌절, 자살, 공격적 행동, 가정불화, 술과 약물의 탐닉 등이 발생할 수 있다. 마지막의 적응기adaptation phase는 갈등기와 위기기를 넘기면 그 문화에 적응하게 된다는 것이다. 그러나 문화적응이 탈북난민의 일방적인 변화를 의미하는 것이 아니라, 남북의 문화가 서로의 영향을 받아서 둘 다 변화하는 현상이라는 사실로 접근해야 한다.

(2) 과정

다른 문화권으로 이동해서 살게 될 때 겪는 변화의 과정 중에서 가장 널리 알려진 것은 Oberg1960의 문화충격culture shock 이론이다. 이는 정서적 반응을 네 단계로 분류하였다. 첫 번째는 밀월honeymoon 단계로, 새로운 문화와 만나서 황홀, 감탄, 열정을 느끼는 시기이고, 두 번째는 위기 단계로서 좌절, 불안, 분노, 부적절함 등을 느끼는 단계이다. 세 번째는 회복 단계로서 위기를 해결하고 문화를 배워나가는 시기이고, 마지막은 적응 단계로서 새로운 환경을 즐기고 기능적으로 유능해지는 단계이다. 그러나 모든 심리적 반응의 단계와 마찬가지로 모든 난민이나 탈북난민들이 이와 같은 과정을 겪으면서 종국적으로 적응을 하는 것은 아니다. 또한 Ward 등2001은 문화접촉의 결과를 집단수준과 개인수준의 결과로 나누어 분석하였는데 다음과 같다정진경 · 양계민, 2004.

① 집단 수준의 결과

• 학살genocide: 집단수준에서 학살은 접촉하게 된 다른 집단의 구성원들을 죽이는 것이다. 예를 들면 아메리칸 인디언의 사례처럼 밖에서 침입하여 원래 거주자들을 학살하는 경우, 반대로 독일의 나찌에 의한 유태인 대학살과 같이 내부에 있는 사람들이 새로 이주한 사람들을 학살하는 경우도 있다. 현재 탈북난민들에게는 해당되지 않는 결과이다.

• 동화assimilation: 동화는 주로 식민지에 침략국의 문화나 가치 등을 강요하는 경우를 예로 들 수 있다. 많은 국가들은 이민자들이나 이미 존재하는 소수민족에게 주류문화에 동화되도록 하는 정책을 의도적으로 적용해왔다. 그 결과 문화 간 차이가 없어지고 생활방식의 다양성이 줄어들고 많은 고유한 전통들이 사라지는 결과를 낳았다. 동화 정책은 그 이면에 주류문화가 소수문화보다 우월하다는 가치를 내포하고 있다. 탈북난민들의 경우에 남한사회가 의도적이든지 아니든지 간에 남한 문화에 집단적 동화되는 것을 적응으로 생각하고 있다.

• 격리segregation: 이것은 의도적으로 집단을 나누는 것을 말한다. 서로 다른 지역에서 서로 다른 가치와 행동방식을 가지고 사는데 이런 격리를 요구하는 쪽이 다수집단일 수도 있고 소수집단일 수도 있다. 격리는 사실상

현실적으로 유지되기 어려운 환경이다. 탈북난민에 대하여 남한의 소수집단에서 이와 같은 집단적 격리를 요구하는 심리적 현상이 있기도 하다.

• **통합**integration: 통합은 동화와 혼동하여 사용되는 경우가 종종 있으나, 정확히 말하자면 자기 문화의 핵심적 속성을 그대로 유지하면서 동시에 새로운 문화의 중요한 면도 받아들이는 적응을 의미한다. 난민이나 탈북난민에게 바람직한 문화적응의 과정이라고 할 수 있다.

② 개인적 수준

• **통과**passing: 이는 일반적으로 사회경제적 수준이 보다 낮다고 여겨지는 사회에서 높다고 여겨지는 사회로 이주했을 때 나타나는 개인의 태도이다. 본국의 문화를 거부하고 새로운 문화를 받아들이는 것으로써 자신의 민족적 정체감은 상실하게 된다. 또한 소수집단에 속한 사람이 자신의 진짜 정체성을 숨기고 주류집단의 구성원인 척하고 사는 것을 의미한다. Berry 1990는 이를 동화assimilation라고 개념적 정의를 하면서 자신의 고유 전통이나 정체성을 버리고 새로운 사회에 완전히 흡수되는 것이라고 하였다. 모국의 문화는 유지하지 않고 새로운 문화만을 받아들이는 것이다. 탈북난민들의 개인들에게 나타날 수 있는 문화적응 과정이며, 표면적으로 적응을 잘하는 사람이라고 보일 수 있다.

• **국수주의**chauvinism: 이는 새로운 문화를 거부하고 원래 자신의 문화를 과장하는 태도를 말한다. Berry1990는 이를 분리Segregation라고 하면서, 외부 세계나 정착사회 문화에 연결되는 것이 없는 상태에서 자기 고유 집단의 주체성만을 유지하는 것이라고 하였다. 모국의 문화를 유지하면서 새로운 정착국의 문화를 받아들이지 않는 것이다. 탈북난민 중에서도 남한 문화를 통합하고 사회에 적응을 잘 할 수 없는 사람들이 보일 수 있는 유형이다.

• 주변화marginalization: 이는 두 문화 사이에서 망설이고 어느 것도 선택하지 못하며, 두 문화가 서로 양립할 수 없다고 느낄 때 나타나는 현상이다. 자신의 고유 집단 그리고 새로운 정착세계 양쪽과의 관계를 모두 끊은 상태를 말한다. 이러한 태도를 가지는 사람들은 모든 외부 세계에 대한 적대적 태도, 소외상태, 자아정체감 상실 등의 느낌을 가지는 특징이 있다. 따라서 이러한 상태는 다른 유형보다도 적응에서 더 심한 집단적이고 개인적인 혼란과 스트레스를 동반한다Berry, 1997. 북한의 문화를 유지하지도 못하면서 남한의 새로운 문화와 접촉을 하지 못하는 것이다. 탈북난민 노인의 경우에 나타날 수 있는 유형으로 심리적 갈등을 경험하게 된다.

•중재mediating: 이는 두 문화를 모두 받아들여서 성공적으로 통합하는 것을 의미하는데, 이 방법은 개인적 성장과 집단 간 조화에 도움을 줄 수 있는 바람직한 방법이다. Berry1990는 이를 통합integration이라고 하면서, 자신의 고유성도 유지하고 문화적 주체성을 가지면서 동시에 외부 세계새로운 정착사회와도 접촉을 충분히 하는 것이라고 하였다. 모국의 문화도 유지하면서 새로운 정착국의 문화를 동시에 받아들이는 것이다. 또한 문화적응의 새로운 모델인 이중문화biculturalism는 각 개인들의 두 가지 문화에 대한 정체감을 타당하게 인정하는 것이다. 이는 전통적 문화의 가치와 새로운 문화의 유용성을 받아들여 그것들을 통합하도록 하는 것이다. 탈북난민들의 경우에는 개인적으로 문화 중재, 통합, 이중문화의 개념 속에서 문화적응의 과정을 거치는 것이 가장 바람직하다고 볼 수 있다. 그러나 남북으로 분리되기 이전까지 수 천 년 동안 전통문화를 공유하였다는 점에서 다른 난민들과는 다른 차원으로 볼 필요도 있다. 과연 북한의 문화를 유지하고 남한의 문화와 충분히 접촉하여 두 가지 문화에 대한 정체감을 형성하는 것이 어떠한 것인지에 대해서는 좀 더 많은 논의와 연구가 필요할 것으로 보인다.

(3) 결과

고전 인류학이나 사회과학에서 새로운 문화에 가장 효과적이고 안정된 적응은 동화라고 알려져 있다. 이 모델에 의하면, 각 개인들은 원래 문화를 포기하고 새로운 문화를 흡수하는 것을 말한다. 주변화는 문화적응의 반대 개념이고, 새로운 정착지 문화를 거부하고 원래의 문화를 고수하는 것이다. 탈북난민의 경우에도 현실에서는 동화를 가장 안정된 문화적응의 모델이라고 보는 것 같다. 다른 난민과 마찬가지로 탈북난민들도 남한의 문화에 동화하기 위하여 노력하고 있다. 이들 중 일부는 남한의 주류사회로 부터의 고립과 단절감을 보상받기 위하여 경제적·가정적 성공을 거두기 위해서 전력을 다한다. 또 다른 대안은 2세대의 경제적·학업적 성공을 위하여 자신의 희생을 합리화하는 것이다. 이러한 것은 전통적 가치를 버리고 주류문화의 가치를 지나치게 흡수하기 때문에 나타나는 현상이다Pumariega, 2005.

주변화는 탈북난민 노인들에게 더욱 일반적이 될 수 있다. 다른 연령층과 달리 노인들은 발달적·인지적 유연성이 부족하고 동화하는데 중요한 요인들인 새로운 언어, 풍습, 가치, 신념체계를 습득하는데 제한을 가지고 있다. 탈북난민 노인들은 문화 전환에서 훨씬 심각한 도전에 직면할 수 있다. 남한 이주로 인한 생활양식의 변화와 전통적 가치관의 혼란과 더불어 보다 빠르게 문화적응 하는 자녀와 손자로 부터도 소외되기 쉽다. 난민들은 이러한 소외감을 극복하기 위하여 전통적 문화 가치관을 실천할 수 있는 모임에 참석하게 된다. 노인 이주자들에 대한 사회적 지지의 부족은 문화적응 스트레스에 취약성을 가지게 되는 요인이 될 수가 있다Cuellar and Paniagua, 2000.

학교나 사회생활에서 주류문화를 배우거나 직면해야 하는 아동이나 청소년들은 주변화를 선택할 수 있는 상황이 되지 않는다. 그들은 가정에서는 원래의 문화를 지속하는 것을 격려 받지만, 점차로 새로운 문화에 적응해 가는 것이다. 미국의 쿠바 이주민에 대한 연구에서 문화적응을 잘하는 청소년과 잘 하지 못하는 부모들이 공존하는 가정의 청소년들은 행동장애, 물질남용 등의 고위험 상태에 있는 것으로 보고 되었다Szapocnik and Fernandez, 1980. 이주민과 난민 청소년들은 주류문화를 받아들이든지 원래의 문화를 고수하든지 간에 가족이나 주류동료들에는 이방인이 되기 쉽다. 이주민과 난민 청소년 중 수동적인 청소년들은 우울증이나 약물남용의 고위험에 처하거나, 반대로 주류문화에 반대하는 일탈행위나 범죄집단에 가담할 수 있다. 범죄집단은 청소년들에게 소속감, 보호, 규율, 따뜻함 등을 제공하여 지지적 분위기를 느끼게 한다. 이러한 청소년들의 문화적응과 정신건강문제가 밀접한 연관을 가지고 있다Yeh, 2003.

탈북난민에게 문화적응 과정은 인지적 유연성의 부족과 북한에서의 사회문화적 정체감의 고정 상태로 인한 어려움 때문에 상당한 혼란을 겪을 것이다. 남한이주는 새로운 정착지의 사회경제적 체계를 받아들여야 하고, 탈북난민들은 자신의 사회경제적 상황의 변화와 다른 풍습, 신념, 생활사건, 정서적 · 사회적 자원에 대처해야 하는 압박감을 가지게 된다. 탈북난민과 같은 난민들이 문화적응과 스트레스에 대처하는 전략들은 다음과 같이 다섯 가지로 분류될 수 있다Lin et al., 1982. 첫째, 신경증적 주변화양쪽 문화의 요구에 불안하게 대처하는 것, 둘째, 일탈적 주변화양쪽 문화의 규범을 무시하여 고립되는 것, 셋째, 전통화옛 문화의 향수 속으로 철퇴하는 것, 넷째, 극단적 문화적응원래 문화를 완전히 버리는 것, 다섯째, 이중문화배경양쪽 문화의 긍정적 측면을 통합하는 것을 가지는 것이다. 탈북난민들은 이주과정의 심리사회적 위기와 상관없이 남한 정착과정에서 새로운 문화적응의 과제를 부담하게 된다. 이는 탈출과정의 심리정신적 충격으로 인한 불안정과 더불어 부가적인 어려움이 되어서 부정적인 상호연쇄 반응을 일으킬 수 있다.

3. 가족 및 사회경제적 경험

가족과 함께 탈북하여 남한에 정착한 탈북난민들은 급격하게 변화된 환경에 적응해야 한다. 가족의 역동적 모습에 당황해 하거나 소외되는 구성원도 생기게 된다. 그러한 과정에서 가족구성원들은 전혀 다른 사회경제적 체제를 경험하게 되는 것이다.

1) 가족 경험

이주는 개인의 사회문화적 역할체계의 가장 큰 혼란을 일으킬 수 있는 사건중의 하나이다BarYosef, 1980. 이주과정에서는 가족역할과 가족역동에 변화를 불러일으킨다. 이러한 가족역할의 변화는 가족구성원들에게 스트레스를 가중시키며, 가족대처자원과 보호요인에 의해서 다양한 결과를 초래한다. 가족전체가 적응력이 높고 지역사회에서 지지적인 자원을 확보한다면 가족의 구조, 역할, 규칙을 안정적으로 변화시키고 가족기능을 균형 있게 재확립할 수 있을 것이다. 그러나 내외부의 자원이 부족하다면 가족전체는 갈등의 위기상황이 될 수 있을 것이다. 이주민과 난민 가족의 갈등에 관한 연구는 아동학대, 노인학대, 부부폭력을 포함하는 결혼 및 세대 간 문제에 집중적으로 이루어지고 있다Ben-David and Lavee, 1994; Egli et al. 1991; Ying, 1999. 또한 가족구성원들의 생활주기life cycle에 따른 독특한 갈등을 경험할 수도 있다.

탈북난민의 결혼갈등의 가장 흔한 문제는 지위와 힘의 변화를 초래하는 성역할 전환gender role reversal이다. 가부장적인 문화에서 온 탈북난민들은 남성중심의 의사결정구조와 생활패턴을 변화하기 어렵다. 그러나 남한이주 후 여성들의 사회경제적 참여가 증가되지만, 가사는 여전히 여성들의 몫으로 남겨지는 상황에서 갈등이 나타날 수 있다. 여성의 경우에는 사회적응이 남성보다 빠르고 낮은 지위의 직업도 쉽게 찾을 수 있기 때문에 가족의 경제적 측면에 기여하게 된다. 이 경우에는 부부간의 권력이 이동되거나 남성의 역할 상실로 인한 갈등이 나타나게 된다. 또한 부부간의 문화적응 차이에 의해서도 갈등을 일으킬 수 있으며, 남한주민과의 결혼에서도 시간이 흐르면서 문화적 차이는 매력이 아니라 부부갈등의 원인이 될 수도 있다. 다음은 북한을 탈출하여 중국에서 10년 동안 쫓겨 다니는 기간 동안 부부가 일심 단결하여 가족을 유지하다가 한국에 입국하여서는 수년 동안 적응수준의 차이로 갈등을 일으키며 생활하다가 이혼한 사례이다.

"네, 중국에서 진짜 넌덜머리가 나게 고생했지요. 그것도 한 두 해도 아니고 그렇게 오랜 시간을 보내고(중략). 여기 와서 이혼을 했지만은 뭐 특별히 아이 아빠가 나빠서 이혼한 것도 아니고 그니깐 아이 아빠가 정신력이 대단한 사람이었어요. 그 가정이라는 울타리를 어떻게든 유지하려고(중략). 서로가 그렇게 엄청 피나게 노력을 했지요. 그러니깐 그게 너무 지친 거예요. 10년을 그렇게 살다보니까. 그때는 서로가 안쓰러운 거 있잖아요. 내가 이 사람 버리면 이 사람도 힘들 거 같고 애들을 지키고 가정의 울타리를 틈이 없게 만들어야 하는 그런 거 때문에 신을 막 곤두세우고 산거예요. 그래서 여기 오니깐 약간 울타리가 풀리잖아요, 풀리면서 여자들 같은 경우에는 저 같은 경우에는 또 예민하니깐 변화에 좀 반응을 하는 편이예요. 여기 와보니까... 그전에는 막 중국에서 하루하루 살았잖아요. 그렇게 살면 안되는데(중략). 나는 생활적으로 정신상태가 가고, 남자는 간만에 사지가 풀리니까 좀 헤이해지는 거 있잖아요. 그러면서 뭐 고향에서 온 사람들 반갑다고 뭐 내려가면 술도 먹고 그러니까

> 마음에 너무 안드는 거예요. 그러면서 뭐 특별히 밉고 그런 일이 있어서라기보다는 결국 자연스럽게... 10년을 힘들게 살았는데 한번 이렇게 살아보자. 그래서 니가 더 편하다면 이렇게 살아보자 (이혼해서) 뭐 그런식으로" (탈북난민 여).

탈북난민의 경우에 부부 모두 실직 상태에 있다면 함께 머무르는 시간이 증가하게 되어서 다툼이 늘어날 수도 있다. 이전 북한 지역사회에 존재했던 지지적 자원이 사라져서 부부간 문제해결 자원을 상실해서 나타나는 문제도 있다. 이와 같은 결혼갈등은 배우자폭력을 일으킬 수도 있다. 남성들은 경제적, 가족적 지위의 상실과 여성과의 문화적응의 차이에서 오는 열등감과 가족권력의 유지와 통제를 위하여 배우자에게 폭력을 행사할 수 있다. 또한 이주 과정에서 여성들이 대항할 수 없는 상황에서 성폭력을 당했다고 하더라도, 이는 가족 내에서 수치스런 일로 여겨지며 남성들의 폭력이유가 되기도 한다Potocky-Tripodi, 2002. 탈북난민들도 중국이나 동남아시아 등에서 일어난 어쩔 수 없는 성폭력을 당했다고 하더라도 남한생활에서 부부불화의 원인으로 작용할 수 있다.

난민 가족에서 부모와 자녀, 부모와 조부모, 손자와 조부모의 세대 간 갈등은 예외 없이 나타나는 것이다Ying, 1999. 탈북난민들도 세대 간 갈등은 문화적응의 수준에 따른 기대행동의 차이에 기인한다. 탈북난민 가족에서 아동과 청소년들은 남한 언어와 관습을 성인이나 노인들보다 빠르게 습득한다. 이는 역할전환을 가지고 올 수가 있는데 사회적, 문화적 관계에서 아동과 청소년들이 남한체계와의 중개 역할을 할 수가 있다. 성인과 노인들의 역할은 축소되고 문화전승자로서의 권위를 상실하게 될 수도 있다.

2) 사회경제적 경험

탈북난민들은 남북의 차이나는 사회경제적 시스템을 체험하게 된다. 그러나 북한사회도 과거 해방 후 50년간 배급제도와 사회보장제도를 통해 의식주를 비롯한 기본적인 생활을 유지한 틀에서는 크게 벗어나고 있다. 북한에서 경제난 이전까지는 성분이라는 정치적 잣대로 계층이 구분되었지만, 1990년대 중반 이후 북한의 경제적, 정치적 변화는 주민들의 일상생활에 근본적이고 다양한 변화를 초래하였다. 북한 주민들도 생계비를 벌고 생활에 필요한 소비품을 구입하는 기본적인 생계유지 방식이 배급제와 시장 판매상품 구입이라는 시장 의존형으로 변화하고 있다. 이러한 생존방식의 변화는 북한주민들의 의식과 가치체계에도 큰 영향을 미치어서 금전만능주의의 심화를 초래하고 있다조정아 외, 2008.

북한 주민들도 다양한 장사 경험을 통해서 돈의 중요성과 운영 원리를 체득하고 있다. 한 가지 사례를 보면, 1990년대에는 공부를 개별적으로 가르치는 개인지도의 대가로 식량이나 옷 등 생활필수품을 지급하였고 '생각해서 주면 받고' 그랬는데, 2000년대를 넘어오면서는 '배웠으면 일정하게 물질적인 자극을 줘야 되는 것이 도덕적'인 것으로 여겨지게 되었고, 대부분 돈으로 지급하고, 얼마를 준다는 것이 '도시에서 시골까지' 전체적으로 전달되었다이교덕 외, 2007. 북한에서 이전에는 사상성이 강한 사람이 애국자로 불렸는데, 현재는 돈 있는 사람이 애국자로 불린다는 것이다. 북한의 금전만능주의에 대한 심화 정도는 다음의 사례에서 단적으로 보여 준다조정아 외, 2008.

"이제 당원이 아니어서 사람값을 못한다는 이런 의식이 없어졌어요. 오히려 당원이 아니니까 편하고 부담스럽지 않다는 거예요. 돈이 있으면 이제는 살아나는 세상이다. 머저리도 돈만 있으면 용이 된다는 그런 의식이 강하게 되었거든요. 물론 권력이 곧 돈이라고 하지만, 그대로 권력보다도 돈이다. 돈만 있으면 권력도 사고, 재부도 다 누린다는 의식이 확고하게 지배 되었어요" (조정아 외, 2008. p.294).

그러나 이러한 금전만능주의가 한국사회의 체제를 어느 정도 이해한다고 판단할 수만은 없다. 오히려 금전만능주의가 한국에 정착하는 탈북난민들의 사회적응을 왜곡시키고 있다. 다수의 탈북난민들은 일확천금의 생각을 가지고 정착지원금을 노리는 사기꾼들에게 전 재산을 사기당하기도 한다. 다음은 북한과 다른 경제시스템과 남한사회의 인식에 대한 한 탈북난민의 사례이다.

"북한에는 카드가 없잖아요. 카드가 엄청 가짓수가 많으니까. 생김새도 다르고 포인트 뭐 이런 것도 헛갈려 가지고 (중략). 마트에서 물건 고르는 것도 쉽지 않고. 재활용이 되는 것과 안 되는 것도 있고... (중략). 직접적인 무시하는 말도 많이 하죠. '너는 김정일이 시키는 데로 죽으라면 죽고 앉으라면 앉던 사람이잖아. 그래놓고 여기 와서 우리 세금 떵떵 받아먹고 살면서' 고분고분 해야지 라고 말하는 남한 사람들도 있어요" (탈북난민 여).

탈북난민들이 남한의 자본주의체제와 완전히 단절되어 있는 사람들이라고 단언할 필요는 없는 것 같다. 이들은 북한 내에서 존재하고 있는 시장

경제시스템과 중국에서 자본주의를 경험하고 남한으로 이주하고 있다. 오히려 극단적인 금전만능주의에 의해서 남한사회에서 사기 등을 당하는 경우도 다수 발생하고 있다. 따라서 탈북난민들은 남한의 사회경제적 시스템을 제대로 알고 있다고 보기 어려우며, 특히 학력이 낮거나 사회현상에 대한 인식이 뒤쳐진 사람들은 이중적인 고난을 경험할 수 있을 것이다.

또한 탈북난민들은 북한과 제 3국에서 쫓김의 공포, 배신 등으로 편집증적으로 사람과 사회를 의심할 수밖에 없는 처지에 있기도 하다. 따라서 탈북난민들이 남한사회와 경제시스템에서 자신들의 무지와 왜곡에 의해서 사회적, 경제적 어려움을 당한다고 하더라도 이는 자신만 탓하는 것으로 끝나지 않고 남한사회와 사람 모두를 불신하게 되는 요인이 될 것이다. 물론 이 과정에서 탈북난민들은 신체적, 심리적, 정신적, 사회적 고통을 겪게 될 것이라는 사실은 의심할 여지가 없다.

4. 심리정신적 경험

난민들은 돌아갈 곳도 상실하지만 마땅히 환영하면서 받아 주는 나라도 없다는 사실 때문에 심리적인 혼란과 고통이 상당히 크다. 또한 재정착지에서 새로운 삶을 시작한다고 하더라도 탈출 전후의 과정에서 겪은 신체적, 심리적, 정신적인 상처로 인한 고통을 동반하면서 출발한다. 탈북난민들도 북한탈출 전前과 중국이나 동남아시아 등 제 3국에서의 탈출과정에서 심각한 심리적이고 정신적인 충격과 고통을 경험하게 된다. 그리고 이는 남한의 현재 생활에도 지속적으로 영향을 미치게 된다엄태완, 2009a. 탈북난민들의 남한 생활을 다양한 차원에서 이해하고 적응을 위한 방법들을 상호 협력할 필요가 있겠지만, 본고에서는 이와 같은 심리 정신적 위기 경험들을 중심으로 논의하고자 한다. 이는 탈북난민의 여러 가지 모습 중의 일부이겠지만 남북주민들이 동시에 이해하고 대처해 나갈 필요가 있는 부분이며, 동시에 탈북난민의 남한 삶 전체와도 밀접한 관련을 가지는 영역이라 할 수 있다.

1) 전반적 상황

이주민immigrants은 더 나은 삶에 대한 희망에 의해서 이주하였지만, 난민들은 그들의 생존을 보호하고 박해로부터 자유롭기 위해 그들의 고향을 떠나도록 강요받는다. 이 때문에 난민들은 적절한 준비 없이 망설임 속에서 떠나게 되며, 그들의 재정착국에 대한 매우 제한적 지식만 갖고 있다. 이러한 갑작스러운 이동은 이후에 뒤에 남겨진 사랑한 사람들에 대한 후회, 우울 그리고 죄책감을 나타내게 된다Miller and Rasco, 2004. 난민들은 새로운 국가에 도착하더라도 이주 준비가 부족했기 때문에 심각한 문화적 충격culture shock에 직면하게 된다. 또한 언어가 다르고 이전 국가의 직업기술과 능력은 인정받기가 어렵고 안전하지 못한 지역사회에 거주하게 된다. 이들은 결과적으로 낮은 사회경제적 지위를 가지게 되어서 자존감의 손상과 우울증을 나타내게 된다Vignes and Hall, 1979.

그러나 난민들에게 심각한 심리적, 정신적 충격은 이주과정의 외상적traumatic 경험이다. 난민들은 탈출 이전에 이미 전쟁, 기아, 박해 등의 엄청난 위험을 직면하였다. 탈출 과정에서도 고문, 투옥, 가족의 죽음과 강제 이별, 폭행성폭행, 학살의 목격과 같은 심각한 외상을 경험하였다. 또한 난민 수용소에 도착해서도 복잡하고 불결한 환경, 제한된 음식과 자유, 그리고 재정착에 대한 길고 불확실한 기다림에 혼란스럽게 된다Westermeyer, et al., 1989.

탈북난민에게도 북한탈출 결정은 그 자체로도 심리사회적 위기에 직면할 수 있다. 탈출결정 이전에 이미 상당한 정도의 심리사회적 충격과 외상적 상황에 노출되었을 가능성이 있다. 많은 탈북난민들이 탈북 이전부터 탈북의 계기가 되는 기아와 정치적 압박, 중국이나 제3국에서의 불안한 도피생활을 경험했고 사회 문화적 적응이나 외로움, 실업과 같은 정신건강을 위협할 수 있는 삶의 위기를 겪게 된다조영아 외, 2005. 일반적으로 난민들은 익숙한 환경, 가족, 친지 등과 이별하거나 상실하게 되는 상황을 경험하게 된다. 탈북난민들도 북한탈출과정에서 폭행, 가족과의 이별, 죽음의 위협, 극단적 배고픔, 심각한 질병 등의 외상적 경험을 하는 것으로 보고되고 있다엄태완 · 이기영, 2004; 홍창형, 2004. 난민의 경우, 탈출 전前기간과 과정에서의 외상적 경험은 민족말살정책, 고문, 고문목격, 잔학행위를 저지르도록 강요됨, 죽음, 가족구성원의 상실, 강간, 성폭행, 기아, 고국에서의 위험한 탈출, 난민캠프에서의 극단적 고난이다Chung and Bemak, 2002. 탈북난민의 경우에도, 이주캠프에서의 극단적 상황은 경험하지 않지만 탈출 전과 과정에서의 외상적 경험은 난민과 유사점이 상당히 많은 것으로 알려지고 있다.

남한에 이주한 탈북난민들은 연령, 성별 등을 포함하여 다양한 대상들이 포함되어 있다. 특히 아동들은 이주결정을 강요받게 될 가능성이 높고 자신의 정서적 욕구를 스스로 돌보는 정도가 부족하여 정신건강의 취약성 요인이 증가될 가능성이 많다. 난민들이 재정착하는 과정에서 스트레스는 이주 전의 감정과 기억 등과 연관이 되며, 아동과 청소년들이 더욱 많은 영향을 받게 된다Pumariega, 2005. 탈북난민의 경우에도 아동과 청소년들은 이주 전의 경험과 감정들이 남한 재적응 과정에서 지속적으로 영향을 미칠 가능성이 높은 것이다. 여성의 경우에도 이주 전에 성폭력 등 남성과 차별되는 심각한 부정적 · 외상적 경험의 고위험에 노출되어 있을 가능성이 매우 높다. 현재 중국에는 수만 명의 젊은 북한 여성들이 조선족이나 중국인의 동거인 또는 인신매매 등을 경험하여 외상후 스트레스 증후군을 나타내며 입국 정보와 자금의 마련을 위하여 수년간 현지 생활을 경험하고 있다백영옥, 2002.

탈북난민들과 같은 난민들은 재정착에 따른 안도감보다는 수치심, 부끄러움, 죄책감, 분노, 화, 두려움, 슬픔, 상실, 무망감, 좌절감 및 박탈감의 정서가 뒤따를 수 있다. 또한 이들은 재정착국에서 고용, 사회적 지지, 심리적 스트레스와 원조요청 방법의 문제를 동시에 가지게 된다Chung, 2001. 탈북난민들의 경우에도 이들과 유사하게 정착과정의 심리정신적 문제들이 나타나고 있음을 알 수 있다. 엄태완2004의 연구에서 탈북난민들은 남한의 저소득층이나 일반주민보다 스트레스, 무망감, 우울증을 높게 지각하고 있었으며, 탈북난민의 50%이상에서 우울증 진단이 가능하고, 만성복막투석환자와 유사한 우울상태를 나타낸다고 보고하였다. 김연희2006에 의하면 탈북난민의 15%가 임상적 우울증상을 가지고 있으며, 55%의 남성과 27%의 여성에게서 알코올의존증상을 가지고 있는 것으로 보고하였다. 또한 경제적 스트레스와 사회적 소외로 인한 적응스트레스가 우울에 큰 영향을 미치는 것으로 나타났다.

조영아 등2005의 탈북난민에 대한 3년 추적연구에서 우울 수준이 증가했으며, 여성들은 3년 동안 우울 수준의 변화가 거의 없었으나 남성들은 우울 수준이 증가했다. 또한 연령이 높아질수록 우울 수준이 높게 나타났으며, 북한에서의 학업수준이 높을수록 우울수준이 낮은 양상을 보였다. 탈북난민의 우울을 예측하는 변인으로는 남한 내 스트레스 경험, 북한 및 탈북 과정에서의 외상경험, 북한 결혼 경험 및 질병으로 나타났다조영아 외, 2005. 노대균2002의 연구에서는 남한 정착 후 2-3년이 지난 탈북주민의 적응 및 정신건강이 가장 심각하다는 결과를 나타내었다. 이기영 · 엄태완2003의 연구에서도 탈북난민들의 정신건강의 문제가 2-3년을 경과하면서 의미 있는 악화를 초래하였다. 탈북난민들이 남한에 정착하는 기간이 증가해도 정신건강과 사회적 문제해결능력이 향상되지 않았다노대균, 2002; 엄태완, 2004.

탈북난민들은 엄격한 통제사회인 북한에서 탈출준비기간의 불안과 중국 등에서의 탈출기간 동안의 기아와 가족구성원의 상실, 가족・친지의 죽음, 죽음의 위기, 성폭행, 인신매매 등과 같은 외상을 경험하게 된다전우택, 1997b. 개인들에게 파국적인 영향을 주는 외상 사건들은 심리정신적 위기를 일으키는 원인이 될 수 있다. 난민들의 경우에 이주과정과 재정착하는 과정에서 겪는 스트레스와 심리적・정신적 문제에 관한 연구들은 많이 있다 Blair, 2000; Chung, 2001; Young, 2001. 이들 연구에서는 난민들이 이주 이전의 외상, 이주 후의 스트레스 등으로 인하여 주요 우울증과 외상후 스트레스 장애post-traumatic stress disorder와 같은 심각한 정신적 문제를 유발한다고 하고 있다. 탈북난민들에게도 정신병리적 측면에서 외상후 스트레스 장애에 가까운 불안과 우울증상을 보이고 있고전우택, 1997a; 한인영, 2001, 남한이라는 이질적인 환경에서 북한이탈주민들이 경험하는 무력감, 좌절감은 그들의 삶을 위축시키고 심리적 갈등과 스트레스를 일으킬 수 있다이소래, 1997; 전우택, 1999. 이와 같이 탈북난민과 난민은 유사한 심리정신적 위기에서 삶의 과정을 진행하고 있다고 볼 수 있다.

2) 소수자의 경험

정신건강의 문제에서 일차적으로 고려되는 우울은 청소년과 성인, 중년기 및 노년기에서 남성보다 여성의 발생 빈도가 높은 것으로 알려져 있다김정선・신경림, 2004; 신희석, 2002. 또한 우울은 정신장애 중에서 여성에게 발생 빈도가 높아서 청소년과 성인의 경우에 여성이 남성보다 2배정도 흔하다 박경, 2003. 난민들의 경우에, 여성들은 강간과 성폭행으로 심각한 정신건강장애의 고위험 집단이고, 재정착 과정에서 심리적 위험에 직면할 수 있다Chung and Bemak, 2002. 특히 난민여성들 중에서 성학대나 강간을 당한 여성, 남편을 잃은 여성, 자녀들을 잃은 여성을 고위험집단으로 분류하였다[Chung, 2001].

난민들의 심리적 문제에 있어서 남녀의 차이를 연구한 Chung과 Bemak[2002]은 미국에 거주하는 베트남[359명], 캄보디아[300명], 라오스[300명]의 난민여성에 관한 연구에서 다수의 외상 사건, 자신에 의한 이주결정, 짧은 난민 캠프생활, 낮은 수입, 많은 나이 등이 디스트레스 예측인자로 조사되었다. 또한 디스트레스 수준에서 성차는 처음에 그들의 재정착국에 도착했을 때가 아니라 재정착과 문화적응의 기간에 출현하는 것이었다. 정신건강의 측면에서 회복율에서도 남성은 상당한 회복을 보여 주지만, 여성난민의 심리적 상태는 여전히 변화되지 않은 채 남아있게 된다. 이것은 이주전 문화의 성차와 문화적응 과업에 기인한 것이다[Rumbaut, 1990].

이주난민 여성의 적응 어려움은 고용, 사회적 지지, 생존자로서의 죄책감, 문화적응에 따른 스트레스, 심리학적 디스트레스와 증상표출[symptom expression], 원조를 구하는 방법이라고 하였다[Chung, 2001]. 미국에 거주하는 358명[남자 191명, 여자 167명]의 베트남 난민 대학생에 관한 연구에서 여자 대학생들이 문화적응 정도는 높았지만 스트레스는 훨씬 심각한 것으로 나타났다. 따라서 정신건강문제의 개입에서도 성차를 중요시하여야 하며, 여성난민들의 심리적 어려움은 독립, 전통적 성역할의 변화를 가지는 가족관계, 가족역동의 변화, 고용상황과 같은 문제들이 중요한 역할을 할 것이다[Chung et al., 2000]. 또한 독신, 별거, 이혼, 그리고 미망인[widow]과 같은 스트레스 고위험집단을 모니터 해야 하고 정신건강 개입의 주목표로 삼아야 한다[Young, 2001].

한편, 이민자의 경우에는 남성이 여성보다 스트레스가 높고 적응이 어렵다는 연구가 있다. Baider 등[1996]이 이스라엘의 러시아 이민자들에 대한 연구에서 남편의 심리적 스트레스가 아내보다 훨씬 더 높았다는 보고와 함께 남편집단의 스트레스 주원인은 경제적 상황이었고, 아내집단은 사회적 지위인 것으로 보고하였다.

탈북난민에 관한 연구에서는 정착 초기에는 탈북 남성이 여성보다 우울 수준이 낮지만 정착 후 남한생활에서는 탈북 남성이 여성보다 우울감에 더 취약했다조영아 외, 2005. 이는 상대적으로 남존여비 사상이 강하고 남성들이 사회적 우대와 이익이 주어지는 북한사회에 익숙한 탈북 남성들이 남한사회에서 여성에 비해 사회적 지위의 하락을 더 많이 경험하고, 남성 정체감의 중요한 요소를 형성하는 경제적 능력이 손상됨을 더 많이 느끼면서 더 큰 좌절감을 느끼는 것으로 본다조영아 외, 2005. 이는 김현아와 전명남2003의 연구나 한인영2001의 연구에서 탈북남성이 탈북여성보다 우울수준이 높다는 연구와 유사하게 나타났다. 일반적인 난민이나 이주민의 연구결과와는 다른 양상을 나타내고 있다.

정착초기에 탈북난민 여성의 가치관은 남성보다 더 혼란한 것으로 나타났지만, 3년이 지난 후에는 남성의 가치관 혼란은 더 심해졌으나 여성들은 가치관의 혼란이 줄어든 것으로 나타났다정병호 외, 2006. 그러나 탈북난민 여성들은 남녀역할 변화, 남한남성과의 결혼 문제 등의 부부문제와 자녀교육의 부담과 남한 교육상황의 이해 부족, 직장생활의 어려움과 같은 문제들로 스트레스를 경험하고 있다정병호 외, 2006. 또한 탈북과정의 정신적 충격과 후유증, 함께 오지 못한 가족에 대한 죄책감, 남한생활의 위축감과 신분 노출의 문제로 고통 받고 있다.

이는 탈북여성들이 탈출과정에서는 심각한 외상을 경험하는 등 정신건강의 문제에 남성들보다 심각하게 노출되지만, 남한사회 적응과정에서는 오히려 남성들보다 스트레스에 대처하는 능력이 높다고 볼 수도 있다. 그러나 이는 아직까지 탈북난민 여성에 대한 자세한 조사와 연구가 이루지지 않아서 나타난 결과이기도 하다. 탈북 여성들이 중국이나 제 3국에서 성폭행 등의 외상 경험이 심각한 수준이라는 사실들이 질적, 양적연구를 통해서 나타나고 있기 때문이다. 이러한 문제들은 비밀이 보장되고 장기간의 관계형성을 통해서 개입하고 치료하여야 할 것이다.

탈북난민 아동의 경우에, 탈출 전 기간은 탈북 부모와 어린이들에게 굶주림, 이로 인한 신체상해, 가족해체, 부모와의 이별과 같은 사건들을 겪는 시기였다. 특히 식량난으로 인한 어린이들의 발육과 성장상태는 앞으로의 삶에서 기능적, 사회 정서적 장애를 가져올 가능성을 배제하기 어렵다이부미, 2003. 중국에서의 긴장된 삶의 연속과 남한적응초기의 긴장과 공포의 과거 기억으로 새로운 삶의 방식을 익히는데 어려움을 겪고 있다이부미, 2003. 아동의 학교생활에서는 공부에 대한 강박관념, 자존심과 도벽, 공격성이 특징적으로 나타난다정병호 외, 2006.

탈북난민 청소년들은 학력격차, 친구사귀기의 어려움, 대학진학의 환상과 같은 사회문화적 어려움과 불안과 공격성, 외상적 경험의 고통으로 어려움을 겪고 있다정진경 외, 2004. 성인과 마찬가지로 남북한 문화적 가치관의 차이로 인한 심리적 혼란과 갈등을 보이고 있다. 남한에서는 민주주의 이데올로기 하에서 자유, 경쟁, 사유재산, 자아실현, 사생활 존중 등의 가치를 강조한다면, 북한에서는 공산, 사회주의적 이데올로기 하에서 평등, 협동, 공유, 집단이익 등의 가치를 강조한다정진경 외, 2004. 다른 난민 청소년들과 마찬가지로 탈북난민 청소년들도 남한사회에 부적응하게 된다면 도피수단으로 물질을 남용하거나, 공격성의 분출과 정서적 지지를 위하여 폭력 또는 비행집단에 가담하게 될 것이다.

제 2 장

탈북난민의 위기

Traumatic Experiences of North Korean Refugees

1 _ 위기의 이해

2 _ 이주와 심리정신적 위기

3 _ 전생애 발달과 심리정신적 위기

1 _ 위기의 이해

- 위기의 의미
- 위기의 결과

2 _ 이주와 심리정신적 위기

- 심리사회적 위기
- 정신적 위기

3 _ 전생애 발달과 심리정신적 위기

- 영유아기의 위기
- 아동 · 청소년의 위기
- 성인 · 노년기의 위기

제2장

탈북난민의 위기

1. 위기의 이해

인간의 일생은 위기의 연속이라고 할 수 있다. 어떤 경우에는 정상적이고 모든 사람들이 경험하는 보편적인 위기일 수도 있고, 또 다른 경우에는 일부 사람들만 경험하는 특별한 상황으로 나타날 수 있다. 전자의 경우에는 인간발달의 과정에 따라 각 단계마다 수행해야 하는 과업을 달성할 때 나타나는 것이며, 후자의 경우에는 교통사고나 산업재해와 같은 일상생활과 관련 있는 사건부터 다른 사람에 의한 고문, 협박, 죽음 위협, 폭행이나 사랑하는 사람이나 대상의 상실과 같은 경우에 이르기까지 다양하다. 난민과 탈북난민들은 이러한 발달과정상의 위기와 상황적 위기를 동시에 경험하는 이중적 어려움으로 고통을 받고 있다. 일반적으로 개인의 위기가 무엇을 의미하는지와 위기에 따른 결과들은 어떻게 나타나는지를 우선 살펴보고자 한다.

1) 위기의 의미

개인적 위기는 부정적 생활사건 가운데 어느 한 사건이나 연속된 상황을 말한다. 예를 들면, 삶을 살면서 일반적으로 경험하지 않는 화재, 홍수, 지진, 구타, 고문 그리고 성폭행 등과 같이 생명에 위협을 줄 수 있는 사건들이 위기 상황이다. 또한 모든 사람은 삶을 살아가는 동안에 심리적 충격을 경험할 수 있다. 심리적 위기는 자기 스스로 또는 중요한 타자와의 관계 상실이나, 상실의 위협, 급진적인 변화를 의미하는 것이다Goldenberg, 1983. 그러나 스트레스나 외상의 응급상황 그 자체가 위기를 구성하는 것이 아니라 욕구충족과 안정 또는 개인의 실존을 위협하는 것이라고 지각하였을 때 위기가 되는 것이다Caplan, 1964.

이성교제를 하려는 청소년은 자신의 얼굴에 생기는 여드름으로 위기를 맞이할 수도 있다. 이는 개인적 위기가 단순히 특별한 하나 또는 그 이상의 복합적인 상황에 의해서 규정되기 보다는 효과적으로 대처해 나갈 수 있는 개인의 능력과 사건에 대한 자신의 지각에 의해 규정된다는 것이다. 즉 동일한 상황에서도 각 개인이 느끼는 위기의 정도는 다르다는 사실이다.

개인에게 어떤 상황이 위기를 촉발시킬지의 여부는 개인의 한계치threshold와 관련이 있다. 개인이 대처할 수 있는 한계능력을 0에서 100까지의 범위로 추정하여 예를 들 수 있다. 어떤 개인이 일상생활의 스트레스가 50이고, 그의 한계능력이 70이라면 다른 위기를 조절할 수 있는 20의 여분이 있다. 그러나 20이상의 위기가 그에게 지속적으로 발생하게 된다면 당황스럽고 혼란스러운 상태에 직면하게 될 것이다. 개인적인 한계능력이 낮다면 위기 발생은 보다 쉽게 나타나게 되고 심각성도 높아지게 된다. 위기 상황에서 개인의 한계능력 대처능력을 감소시키는 요인들은 다음과 같다김기태, 2003: 62-63.

① **급성의 병**: 생명에 위협을 가하는 심각한 질병부터 시작하여 두통이나 바이러스 감염 등과 같은 일시적인 병에 이르기까지 범위가 넓다.

② **만성질환**: 신체적 건강문제가 만성적인 상황에서는 자살하려는 생각이 급격하게 증가할 수 있다.

③ **건강의 퇴화**악화: 노화나 기타 질병으로 이전에 적절하게 수행했던 만큼 행동하지 못할 경우에 신체적 무능력으로 상실감을 가진다.

④ **기아**: 식량이 부족한 시기에 개인들은 다양한 자극에 적절하게 대처하지 못한다.

⑤ **분노**: 사람들이 분노할 때에 그들은 문제해결능력을 상실한다. 그들은 충동 통제를 상실하거나 일반적으로 무시 할 수 있는 자극에 대해 과잉 반응할 수 있다.

⑥ **피로**: 피로도 분노와 마찬가지로 문제해결전략과 충동 통제력을 약화시킨다.

⑦ **고독**: 타인으로부터 고립되었다고 생각할 때 개인과 관련된 대처능력은 떨어진다.

⑧ **주요한 상실**: 사망, 이혼 또는 별거로 인한 상실을 경험한 사람들은 자신의 선택권이 감소된다고 느끼거나 주위의 일에 대한 흥미가 떨어진다.

⑨ **빈약한 문제해결능력**: 어떤 사람들은 손상된 문제해결능력을 가지고 있을 수 있다. 이러한 결핍은 심한 위기 상황에 놓일 때까지는 명백하지 않을 수도 있다.

⑩ **물질남용**: 알코올 등의 물질남용은 두 가지 유형의 문제 원인이 될 수 있다. 물질남용이 급성인 경우에는 판단력을 흐리게 만들며, 만성인 경우에는 손상이 더욱 일반화되고 자살 가능성도 높인다.

⑪ **만성적 고통**: 만성적 고통은 개인으로 하여금 고통을 끝내기 위한 방법으로서 자살을 고려하는 원인이 되기도 한다. 따라서 위기상황의 다

른 대처전략을 고안해 내는 능력은 떨어질 수밖에 없다.

⑫ **빈약한 충동 통제력**: 기질적 원인이 있을 수도 있으며, 양극성 정동장애와 경계성, 반사회적 혹은 히스테리성 성격장애가 있을 경우에 충동 통제에 결함이 있을 수 있다.

⑬ **새로운 생활환경**: 직업, 결혼상태, 가정 혹은 가족지위의 변화 등은 취약 요인이 되는 스트레스 요인들이다.

이와 같이 유사한 상황에서 발생하는 위기라도 개인에 따라서 다양한 형태의 반응을 보인다는 것을 알 수 있다. 위기는 일시적인 불균형 상태를 동반하지만 성장의 잠재력도 가지고 있다. 개인의 위기는 긍정적으로 해결하면 자아를 강화하고 대처능력을 향상하여 새로운 삶의 방식을 형성하기도 하지만, 반대로 자기 패배적이거나 역기능적인 행동과 증상들로 고통을 받거나 부정적 생활패턴을 유지하는 원인이 되기도 한다. 이 글에서 위기란 일반적으로 사용하는 개인의 위기를 말하는 것이며, 여러 가지 상황에서 발생한 사건들로 인한 개인 내적영역에서 나타나는 위기 상태를 일컫는다.

2) 위기의 결과

위기는 개인에 따라 다양한 반응을 보인다. 위기는 개인의 습관적인 문제해결의 방법으로는 해결할 수 없는 특수한 상황으로 다음과 같은 특성을 가지고 있다[Slaiku, 1990: 15-17]. 첫째, 위기는 일시적인 특성을 가지고 있다는 것이다. 대부분의 개인들에게 위기는 즉각적이며 순간적이고 일시적이다. 그러나 다른 사람들에게 위기는 수년간 혼란을 일으켜서 장기적이고 만성화되거나 하나의 생활양식이 될 수도 있고, 심하면 외상후 스트레스 장애가 지속될 수 있다. 또 다른 사람들은 어떤 자극을 위험한 상황으로 인지하는 소질(소인)을 가지고 있다. 이들은 사소한 자극에도 심리적 상처를 입거나 많은 생활 사건들을 위기상황으로 보기도 한다. 따라서 이러한 개인들은 하나의 위기가 존재하는 것이 아니라 일생을 통하여 자신이 인지하는 위기에 대하여 '소규모 전투'를 지속적으로 치르게 된다.

둘째는 혼란upset에 대한 개인의 반응을 설명한다. 혼란은 위기에 대한 가장 공통적인 반응인 불안과 우울을 포함하여 광범위한 개념이다. 가장 심각한 반응은 해리나 단기 반응성 정신병brief reactive psychoses이 나타날 수 있다. 해리는 인지적예컨대, 정신적 혼동, 행동적예컨대, 무작위적 혹은 불특정한 방식으로 행동하는 것, 정서적정서적인 불안정인 것이다. 만일 한 개인의 균형이 파괴되고 어떤 형태의 불안이 나타나면 인지적 융통성은 저하되고 문제해결에 어려움이 있으며, 이에 따른 대처 전략으로서 회피나 부정이 사용된다. 위기에서 습관적 대처는 개인을 당황하게 만들고 현재 문제를 해결하는데 적절하지 않는 것이 된다.

셋째는 위기의 결과에 대한 잠재성이다. 건강, 재산 혹은 사랑하는 사람의 상실이나 죽음은 상당히 긍정적이거나 부정적 결과를 가져 올 수 있는 사건들이다. 부정적인 결과는 자존심의 상실, 타인에 대한 존경의 상실 또는 문화적인 맥락에서 체면의 상실을 포함한다. 반대로 새로운 경험을 위한 기회, 다시 출발하는 것 또는 새로운 기술과 행동을 획득하는 것과 같은 긍정적인 결과를 가져올 수도 있다.

일반적으로 사람들은 위기상황을 해결하는데 필요한 자원이 부족하다고 느끼면 그것에 압도당할 수 있다. 또한 그러한 상황을 극복할 수 있는 개인적 자원들도 활용하지 못할 수 있다. 이들을 도울 수 있는 가족이나 친지 그리고 지역사회의 지지와 사회관계망이 있다면 위기를 보다 쉽게 해결해 나갈 수 있을 것이다. 그러나 어떤 상황이 위기가 되며, 왜 똑같은 상황이 어떤 때는 위기가 되고 다른 때는 위기가 되지 않는지를 개인에 따라 명백히 규명하기는 어렵다.

개인의 내적 위기 중에서 보다 심각한 심리적 충격을 외상trauma이라고 한다. 난민이나 탈북난민들이 탈출과정에 경험하는 사랑하는 사람의 죽음 목격, 신체적 상해 또는 심각한 질병, 기아, 고문, 성폭행, 강요된 고문, 사랑하는 사람과의 강제적 이별, 시체 목격 등이 외상 사건이다. 일반적으로 외상 사건을 경험하는 대부분의 사람들은 다양한 반응을 하게 된다. 기억에 대한 침습적 재경험, 악몽, 환각 재현flashback, 정서적인 무감각 및 기억에 대한 회피, 과잉 각성 및 불안, 해리 상태나 심각하게 단절된 감정 등이 이러한 반응에 포함된다. 이러한 반응은 정상적인 반응으로 상당 기간 지속되다가 점차적으로 감소하기 시작한다. 그러나 어떤 사람들은 시간이 지나도 감소하지 않는 심각한 고통과 외상을 경험하기도 한다이승환, 2004. 또한 Hoff 1995: 18-19의 위기이론에 의하면, 외상과 같은 충격적 경험은 개인적, 사회적, 문화적 차이에 의해서 다양한 과정을 거치면서 회복과 성장의 긍정적 해결로 이어질 수도 있지만, 정신적 혼란과 타인 폭행, 자기파괴 그리고 물질중독의 부정적 상황으로 진행될 수 있다고 하였다. 따라서 탈북난민의 외상 경험은 개인적, 사회적, 문화적 차원에서 어떠한 대처를 하느냐에 따라 다양한 결과를 만들어낼 수 있다. 탈북난민들의 개인적 노력과 사회적 지지와 지원 그리고 문화적 차원에서 포괄적 접근이 이루어져야 탈북과정에서 경험한 외상으로부터 보다 자유롭게 일상적 삶을 살 수 있을 것이다.

2. 이주와 심리정신적 위기

이주는 자의든지 타의적이든지 간에 대부분의 사람들에게 환경적·문화적 원인에 의하여 심리정신적 위기를 유발한다. 이러한 상황에 있는 난민들은 희망의 상실, 빈곤, 가족책임의 부담감, 취약계층으로 전락, 주택,

고용, 실업, 언어, 사회경제적 지위 및 가족, 결혼, 성역할의 급격한 변화 등으로 정신건강의 문제에 직면할 수 있다. 이 과정에서 난민들이 겪게 되는 심리정신적 위기의 문제는 슬픔, 소외와 외로움, 자존심 손상, 불안, 신체화, 편집증, 죄책감, 우울, 외상후 스트레스 장애, 물질남용 등과 관련이 될 수 있다엄태완, 2006; 전우택, 2000; Kemp and Rasbridge, 2004; Potocky- Tripodi, 2002.

1) 심리사회적 위기

탈북난민들은 난민과 마찬가지로 탈출 전과 과정 및 남한적응 과정에서 겪게 되는 심리사회적 위기는 슬픔, 소외와 외로움, 자존심 손상, 우울, 불안, 신체화, 편집증, 죄책감 등과 관련이 될 수 있다엄태완, 2007a. 슬픔은 탈북난민들이 경험한 수많은 상실감에 대한 가장 흔한 정서적 반응이 될 수가 있다. 탈북난민들은 가족과 친구와 같은 자연적 지지체계를 일부 또는 전부를 상실하고 새롭게 시작하기 때문에 소외와 외로움도 클 것이다. 남한주민들의 차별, 직업의 하향 이동, 사회경제적 지위의 하락, 문화적인 당황 등에서 탈북난민들은 자존심의 상처를 입을 수 있다. 또한 탈북난민들의 경우에 심리적 문제를 적절하게 해결하지 못해서 신체화 하는 경향도 나타나게 될 것이다. 이러한 신체화 장애는 관절염, 위장장애, 두통, 알레르기, 호흡기 장애, 성기능 장애 등이 될 수가 있다.

북한과 탈출과정에서 박해를 많이 받아 온 탈북난민의 경우에는 사회체계, 공공단체 및 권위적 인물과의 관계에서 편집증을 보일 수 있다. 이는 배우자에 대한 병적 질투와 망상과 신체적 학대와 폭력을 불러일으킬 수 있다. 탈북난민들은 북한에 남겨진 가족이나 탈출과정에서의 외상에 의해서 끊임없는 죄책감에 시달릴 수 있다. 북한에 남겨진 가족들이 탈북난민들의 어려움을 모른 채 비현실적이고 과도한 요구를 할 수도 있다. 이 남겨진 가족들의 요구를 충족시켜주지 못하는 것에 대한 죄책감을 느낄 수도 있다.

(1) 슬픔grief

슬픔은 난민들이 경험하는 수많은 상실감에 대한 가장 흔한 정서적 반응이다. 이들은 더 나은 삶을 살기 위해서 새로운 나라로 왔지만 재정착국에서의 스트레스는 슬픈 감정을 유발하게 된다. Arredondo-Dowd1981는 난민들이 경험하는 슬픔의 3단계 모델을 제시하였다.

1단계의 애도 과정grieving process에서 난민들은 무감각, 쇼크, 불신을 경험한다. 난민들은 친한 사람들과 환경을 더 이상 볼 수 없으며 실제로 작별을 했는지를 제대로 파악하지 못한다. 이러한 감정은 새로운 환경에 대한 이질감으로 인하여 커진다. 이주는 이들로 하여금 마이너리티가 되었다는 확신과 역할을 상실하며 압도당한 느낌을 가지게 한다. 이주난민들이 가졌던 처음의 열정은 고난과 실망으로 인하여 서서히 경감하게 된다.

2단계의 증상표출symptomatic 과정에서는 고통, 절망, 혼란감을 호소하게 된다. 정서적 상실감을 경험한 사람들은 향수병을 가지게 되며, 고국에 대해서는 이상화된 정서 또는 갈망을 표현하게 된다. 전치displacement, 투사, 반동형성과 같은 심리적 방어기제는 스트레스가 높은 상황에서 더욱 빈번히 사용하게 된다. 난민들의 혼란과 당황 및 외로움으로 인한 분노감은 또 다른 가족에게 향하거나 내면화되기 쉽다.

3단계의 희망·긍정 과정에서는 자신의 삶을 재조직하고 새로운 출발과 관계를 맺게 된다. 난민들에게 새로운 직장, 친구들, 집과 자동차와 같은 성취물들은 자극제가 될 수 있다. 또한 이들은 새로운 생활을 받아들이고 재정착국과의 동일시가 높아지게 된다. 본질적으로 난민들은 자기 자신의 상실에 대한 슬픔은 없어지는 것 같지만 그 기간이 어느 정도인지, 완전히 사라지는지에 관해서는 불확실하다. 난민들의 상실감이나 슬픔은 수년에 걸쳐서 반복적으로 나타날 수도 있으며, 사랑하는 사람의 죽음을 경험하였거나 부모나 형제들이 다른 나라에 있거나 고국에 남겨져 있는 경우에는 평생토록 숨겨진 고통을 가지게 된다.

(2) 소외와 외로움alienation and loneliness

난민들은 가족과 친구와 같은 자연적 지지체계의 일부 또는 전부를 상실하고 새롭게 시작하게 된다. 가족전체가 이주하였다고 할지라도 이주과정의 스트레스 등으로 인하여 가족체계는 이주전과 똑같은 지지를 가족구성원들에게 제공하지 못할 수 있다. 난민들은 자신들에게 적대적일 수도 있는 낯선 땅에 있는 것이다. 그들에게 적대감이 없다고 할지라도 언어적 · 문화적 차이는 새로운 친구들을 사귀는데 중요한 장애물이 될 수 있다.

어떤 난민들의 경우에 친구는 아동기부터 시작하여 오랜 기간 사귀었을 때 가능하다는 문화에서 생활해 왔을 수 있다. 이들의 경우에는 성인기에 시작된 새로운 관계는 공식적인 관계에 머무를 가능성이 높고, 지역사회의 주민들과 친밀한 교감을 나누는 것은 오랜 시간이 필요할 수 있다. 또한 다음과 같은 미묘한 장벽들이 발생할 수도 있다. 열대지역 나라는 대부분의 시간을 외부에서 보내기 때문에 자발적으로 혼자 있는 경우가 드물다. 그러나 유럽이나 북아메리카는 다르기 때문에 새로운 사회기술을 습득해야 하고 혼자서 시간을 보내는 방법들을 강구해야 한다Potocky-Tripodi, 2002.

난민들이 지역사회에서 살면서 일을 할지라도 반드시 사회적 지지가 뒤따르는 것은 아니다. 때때로 이들에게 유일한 모임은 같은 처지의 난민 집단에 국한될 수도 있다. 같은 나라의 난민들 사이에서도 성격차이, 사회경제적 차이, 정치적 견해차이 등으로 모두 친구가 될 수는 없다. 예를 들면 재정착국에서 적응을 잘하고 상실과 변화에 대처를 유능하게 하는 사람들은 적응에 어려움을 겪는 동료 난민들을 이해하지 못하거나 심지어 비난할 수도 있다. 이 모든 것은 난민의 소외감과 외로움을 증가시킬 것이다.

(3) 자존심self-esteem의 손상

난민들은 자존심에 손상을 입을 수 있다Ben-Porath, 1991. 첫째 이유는 직업에서의 하향 이동이다. 대다수 난민들은 고국에서의 직업보다는 더 낮은 직업지위를 가지게 된다. 예를 들면 의사와 기술자들도 일상적 육체노동을 할 수도 있다. 주요한 이유는 언어장벽이며, 전문가 자격증 획득의 어려움, 경쟁적인 자본주의 상황에 익숙하지 못함, 외국인을 고용하는 것에 대한 고용주의 편견 등이다.

두 번째 이유는 성역할과 세대 간 역할의 변화이다. 대다수 난민들은 남성중심의 문화에서 살아 왔다. 그러나 이주 후 여성들은 남성들보다 더 빨리 평등주의 사상을 받아들이고 직업을 가지게 되며, 가족의 유일한 수입원이 될 수도 있다Ben-Porath, 1991. 따라서 많은 경우에 남성들은 가부장적 위치를 상실하게 되고 이는 낮은 자존심을 가지게 만든다. 부가적으로 자녀들은 그들의 부모들보다 더 빨리 주류문화에 동화하고 언어를 습득하게 된다. 따라서 자녀들이 그들의 부모에게 언어를 가르치거나 문화를 전달하게 된다. 이러한 경우에 부모들의 자존심은 낮아지게 된다.

세 번째는 문화적 규칙을 이해하지 못해서 오는 당황이나 조롱당하는 느낌에서 오는 자존심 손상이다Ben-Porath, 1991. 이는 사회적 소수자 지위를 획득하는 것에 서 오는 자존심 손상이다. 고국에서는 사회적 소수자가 아니더라도 재정착국에서는 단지 이주자라는 이유로 사회적 소수자가 된다. 심지어는 재정착국 사람들과 피부색이 다르다면 '눈에 두드러지는' 사회적 소수자가 되는 것이다. 난민들이 경험하는 사회적 소수자 지위와 그에 따른 차별은 자존심이 낮아지는 이유가 되는 것이다.

(4) 죄책감guilt

전쟁이나 폭력의 상황에서 탈출한 난민들은 생존 죄책감으로 고통 받는다. 다른 많은 사람들이 죽거나 다친 상황에서 자신이 왜 살아남았는지에 대한 답 없는 질문을 계속한다Potocky-Tripodi, 2002. 또한 자신이 생존하려고 했던 많은 행동들과 생존하지 못한 사람들에게 한 자신의 행동에 대하여 지속적으로 죄책감을 가질 수 있다. 고문을 경험한 난민들은 고문 하에서 발설하도록 강요된 정보와 사람들에 대한 죄책감, 탈출하기 위해서 또는 고문자의 강요에 의해서 수행된 폭력에 대한 죄책감을 가진다.

난민들은 이주 전, 이주과정, 재정착 과정에서의 외상적 경험도 죄책감을 일으키는 원인이 될 수 있다. 이들은 고국에 남겨진 가족들에게 죄책감을 가진다. 고국에 남겨진 가족들은 난민들의 어려움을 모른 채 비현실적이고 과도한 요구를 할 수도 있다. 이들은 남겨진 가족들의 요구를 충족시켜주지 못하는 것에 대한 죄책감도 느끼게 된다.

(5) 편집증paranoia

고국에서 박해를 많이 받아 온 난민들의 경우에는 사회체계, 공공단체 및 권위적 인물과의 관계에서 편집증을 보일 수 있다. 또한 난민들은 재정착국의 주민들이 보이는 적대감과 같은 스트레스 때문에 편집증에 취약성을 가질 수 있다. 난민들의 사회적 고립과 같은 재정착 스트레스와 저하된 자존심은 배우자의 부정에 대한 병적 질투와 망상의처증, 의부증을 가지게 되며, 이는 신체적 학대와 가정폭력을 일으키게 한다. 편집증을 소유한 사람의 반응은 일시적 감정에서 정신병적 망상까지 다양한 범위에서 존재한다. 따라서 전문가들은 심각한 정신분열병으로 오진하지 않도록 주의를 기울여야 한다. 어떤 측면에서 난민들이 가지는 어느 정도의 불신은 새로운 곳의 적응에 도움이 되기도 한다.

(6) 신체화 somatization

난민들의 신체화 이유는 표현하는 것을 자제하는 문화적 규범, 건강에서 마음과 신체를 구별하지 못하는 것, 서구의 정신건강 및 정신건강케어의 개념에 익숙하지 못한 것, 표현을 어렵게 하는 언어장벽 등이라고 할 수 있다Bemark et al., 2003. 또한 부끄러움과 정신건강 문제와 관련된 낙인이 신체화를 일으키는 원인이 될 수 있다. 신체화는 다양하게 나타날 수 있으며 심각한 손상을 가져올 수 있다. 흔한 신체화 장애[3]는 관절염, 위장장애, 두통, 알레르기, 호흡기 장애와 성기능 장애 등이다. 난민들의 신체화 장애는 정신건강 치료를 받기 시작하면 대부분 사라지게 된다.

(7) 불안anxiety

불안은 모든 정신건강 문제의 근원이 되며, 난민들의 경우에도 가장 흔히 호소하는 문제이다. 불안은 외상적 경험을 한 난민들이 때때로 공황이나 공포증의 형태로 나타내거나, 불법적인 이주자들은 지속적이고 일상적인 불안을 경험하게 된다. 또한 이들의 불안이 신체화 장애로 나타나기도 한다.

(8) 기타 위기

난민들은 새로운 대처기술, 행동과 의사소통 패턴을 학습하는 것뿐만 아니라 이주과정의 부적절한 행동을 버리는 것도 수행하여야 한다. 난민들이 이주과정에서 자신의 생존을 위하여 받아들였던 행동은 재정착국에서 병

---

3. 신체화 장애somatization disorder에는 긴장성 두통, 편두통, 협심증, 고혈압, 관상동맥질환, 기관지천식, 위·십이지장 궤양, 궤양성 대장염, 과민성대장증후군, 류마티스성 관절염, 신경성 피부염, 암, 월경통 등 각종 신체증상과 신체질환을 망라한다. 신체화 장애는 특정 스트레스가 특정 질병을 일으킨다는 특정 원인론과 일반적인 스트레스나 불안이 질병의 원인이 된다는 일반 원인론이 있다신경정신의학, 2005.

리적, 반사회적인 문제로 취급받을 수 있다. 예를 들면, 난민들이 탈출과정에서 고문, 강간, 죽음과 학대를 목격하거나 경험하였다면 극단적 상황에서 생존한 사람들의 전형적인 행동인 무감각으로 삶을 살아갈 수 있다. Chung[2001]은 난민들이 이주과정에서 고문이나 강제 집행을 피하는 방법으로 배운 불평 없이 순종하며, 어리석고, 혼란스럽고, 바보 같고, 아무 것도 듣지 못하는 것처럼 행동하거나, 자신의 진실된 감정을 말하거나 보여주는 것을 두려워하게 된다고 하였다.

난민들이 이러한 생존전략을 재정착국에서 고수한다면 부적절한 행동으로 분류되어 이방인 취급을 받게 될 수도 있다. 또한 난민들은 신체적·심리적으로 위험한 상황에서도 강력한 방어를 사용하여 고통스런 상황에 대한 무감동의 반응을 보일 수도 있을 것이다. 이주과정에서 자신들의 거주 장소, 직업, 지역사회 선택 등에서 의사결정 참여의 부적절성과 통제감 상실을 느끼고, 이 과정에서 고국이나 재정착국에 대한 반감을 가질 수 있다[Bemark, et al., 2003]. 난민들이 경험하는 이러한 통제감 상실과 스트레스를 해소하지 못한다면 심각한 정신건강의 문제에 직면하게 될 것이다.

2) 정신적 위기

우울과 외상후 스트레스 장애는 난민들과 마찬가지로 탈북난민들의 가장 흔한 정신건강의 위기 중 하나이다. 또한 탈북난민들이 남한사회에 부적응하게 될 때는 알코올 등과 같은 물질남용에 빠지기 쉽다.

(1) 우울[depression]

우울은 난민들에게 가장 흔한 정신건강의 문제이다. 앞서 언급된 슬픔, 외로움과 손상된 자존심은 우울의 고위험 요인들이다. 난민들이 가지는 우울은 그 자체가 다양한 증상들을 가지고 있다. 흔하게 정서적, 심리적 호소보다는 신체적 증상을 호소하는 경우가 많다. 따라서 일반병원의 의사들이 우울의 신체화 문제를 이해하고 난민들에게 접근할 수 있도록 해야 한다. 우울은 적응을 어렵게 할뿐만 아니라 자살사고 및 자살행동과 밀접한 연관을 가지고 있다[Lebret et al., 2006].

Blair[2000]은 미국의 캄보디아 난민의 연구에서 이주 이전의 외상, 이주후의 스트레스, 현재의 스트레스들로 인하여 주요 우울증을 유발한다고 하고 있다. 또한 미국의 동남아시아 난민들에 관한 연구에서 이주 전후에 일어났던 스트레스들로 인하여 심각한 정신적 문제를 가진다고 하였고 이들 동남아시아 난민들의 40%는 우울증을 가지고 있다고 했다[Nicholso, 1997]. Keyes[2000]는 현재까지 난민들의 정신건강에 관한 12개의 양적 연구들을 조사했는데, 이들 연구 모두에서 난민들은 부정적 정신건강상태를 보여 주었고, 그 대표적인 것이 우울증이라고 하였다. 우울은 난민들이 경험하는 가장 일반적이고 심각한 정신건강의 문제라고 할 수 있다.

(2) 외상후 스트레스 장애

외상후 스트레스 장애는 우울과 함께 난민들에게 가장 빈번하게 발생할 수 있는 정신건강상의 문제이다. 난민들은 이주 전, 이주과정의 외상적 경험에 의한 외상후 스트레스 장애로 어려움을 겪을 수 있다[Blair, 2000; Keyes, 2000]. DSM-Ⅳ[APA, 1994]에 의하면 외상후 스트레스 장애의 증상은 다음과 같다. 정동장애[무기력, 절망, 슬픔], 신체화 문제[의욕이 없음, 아픔, 고통, 흥미의 결여], 외상적 사건의 침투와 과민반응[반복적인 사고, 악몽, 깜짝 놀람, 긴장], 외상과 관련된 활동, 장소, 사람에 대한 회피와 분리[기억력 상실, 외상에 의한 불면, 정동의 둔마, 무관심, 정신운동지체, 집중곤란], 그리고 마지막으로 사회적 고립이다. 이는 외상후 스트레스 장애가 일상적 사회생활에 심각한 곤란을 가져다 줄 수 있음을 나타내는 것이다. 외상후 스트레스 장애는 직접적 진단기준을 충족시키는 일차적 증상과 진단기준을 형성하는데 많은 영향을 미치지 않는 이차적 증상으로 분류할 수 있다.

(3) 물질남용substance abuse 4

난민들의 물질남용은 탈출전 국가, 성, 연령, 사회경제적 상태 등에 따라 다르다. 일반적으로 난민들은 다음의 두 가지 상황에 의해서 물질남용의 고위험에 처하게 된다Potocky-Tripodi, 2002. 첫째는 새로운 나라의 물질사용 규칙에 따르는 것을 포함한 동화 과정assimilation process에서 과도한 물질을 사용할 수 있다. 둘째는 이주과정의 스트레스를 경감하기 위해서 물질을 사용하는 경우이다. 난민들은 동화가 증가 될수록 물질사용이 많아지고, 이주 2세대들이 1세대보다 물질사용이 빈번하게 된다. 난민들의 물질남용은 재정착국의 일반주민들과는 다르게 개입해야 한다. 이러한 차이는 문화적 영향, 가족구조, 사회적 네트워크 및 경제적 상황 등과 관련이 있다. 특히 난민 청소년들이 물질남용의 고위험 그룹에 속한다고 할 수 있다.

3. 전생애 발달과 심리정신적 위기

인간은 전 생애를 통하여 신체적 및 심리적으로 성장하고 발달한다. 인간의 성장과 발달이라는 것이 종래에는 아동기와 청소년기의 상승적 변화만을 지칭하였으나, 현재는 출생에서 사망에 이르기까지 전 생애로 확대된

---

4. 물질관련장애substance-related disorders는 '물질사용장애'와 '물질로 유발된 장애'의 두 유형으로 나누어진다. 물질사용장애는 물질의존substance dependence과 물질남용substance abuse으로 나눠고, 일반적으로 물질남용이 물질의존보다 심각성의 정도가 낮다고 할 수 있다. 그러나 물질남용의 경우에 신체적 문제와 함께 일상 또는 사회생활에 문제를 일으키고 지속될 경우에는 물질의존으로 진전될 수 있다. 가장 대표적인 물질의 종류는 알코올이며, 난민의 경우에도 마찬가지라고 할 수 있다.

변화를 포함하고 있다. 모든 인간은 생애주기별 발달단계에서 달성해야 할 과업이 있으며, 이는 이후의 생애과정에 영향을 미치게 된다. 즉 각 단계에서 요구되는 발달과업을 적절히 수행하지 못할 경우에는 신체적, 사회적, 심리적 및 정신적인 성장과 발달에 어려움을 겪을 수 있다.

탈북난민들은 특정한 단계에서 비정상적인 발달과정을 경험할 가능성이 높다. 탈북난민들의 이러한 상황은 심리정신적 위기와 재적응의 어려움을 가져오는 요인이 될 수 있다. 특히 탈북난민들의 생애주기별 발달과정에서 경험하는 혼란은 새로운 문화에 적응해야 하는 것이다. 기존의 발달과정에서 학습하거나 체득하지 못한 새로운 문화적 과업은 심리정신적 위기를 불러일으킬 수 있다. 탈북난민들은 보편적인 발달 과업을 수행해야함과 동시에 새로운 문화 속에서 이전의 발달을 수정하거나 전면적으로 재구축해야 하는 상황도 만나게 된다. 이러한 모든 과정에서 탈북난민들은 심리정신적 어려움을 겪을 수 있다.

인간은 전생애를 통해서 발달하게 되는데, 탈북난민의 경우에도 예외는 아니다. 인간발달 이론은 고대 그리스의 플라톤Platon BC 428~BC 347?의 이원론과 아리스토텔레스Aristotelēs BC 384~BC 322의 일원론까지 거슬러 갈 수 있지만, 인간발달을 체계화한 이론은 프로이드의 정신분석이라고 할 수 있다. 프로이드는 심리성적 이론을 통하여 5세 이전까지의 발달을 가장 중요하게 생각하였다. 그러나 그는 이것이 이후의 발달과 단절을 말하는 것이 아니라 성인이 된 후에도 지속적으로 어린 시절의 영향으로부터 벗어날 수 없다고 하였다. 또 다른 정신역동적 발달이론은 에릭슨의 심리사회적 이론과 말러의 분리·개별화 이론 등이 있으며, 인지발달은 피아제의 이론으로 발달을 설명하고 있다. 그 외에도 게젤의 성숙이론, 행동주의 이론, 인본주의 이론, 보울비의 애착이론, 콜버그의 도덕발달이론, 설리반의 대인관계이론,

융의 분석심리 등에서 전생애 발달의 과정들을 제시하였다.

이러한 발달의 과정에서 탈북난민들은 사회문화적 환경이 급변하는 상황을 만나게 되고, 이는 어린아이부터 노인에 이르기까지 피할 수 없는 위기적 발달과업에 직면하게 된다. 모든 위기가 성장과 실패의 전환점이 되는 것과 마찬가지로 탈북난민들도 새로운 사회문화로의 이동은 발달과정의 변화 계기로 작용할 수 있다. 이 과정에서 어린아이부터 노인에 이르기까지 심리정신적 위기를 경험하게 되는데 개인에 따라서는 심각한 신경정신증을 보이게 된다.

1) 영유아기의 위기

새로운 사회문화를 가진 지역으로의 이주는 아동, 청소년, 성인, 노인 등 생애주기별로 다양한 대처와 문제를 나타내게 된다. 따라서 탈북난민들의 전생애의 발달과정의 위기를 이해하는 것은 중요하다. 영유아기 탈북난민의 경우에는 신체적, 심리적인 발달이 역동적으로 이루어지는 시기이므로 새로운 사회문화적 환경이 부정적으로 작용하지 않도록 세심한 배려가 필요하다. 다음은 100일 된 쌍둥이와 함께 탈출을 시도하여 성공한 탈북자의 사례이다.

> 상황이 쉽지가 않을뿐더러 우리가 오기 전에 몽골 사막에서 10살 12살 된 애가 사막에서 죽었답니다. 그 과정에… 그 정도로 태양빛이 너무나도 진짜 어른들도 힘들고 숨 막히고 너무 힘들거든요. 그게… 근데 거기를 내가 쌍둥이를 그것도 쌍둥이를 100일 된 거를 안고 왔으니까… 지금 보통 그게 아니고… 한국에 와서도 애도 떼어놓고 조사를 진행하는 거지예. 우리 애들 모유를 먹였었거든요. 그 모유 먹이는 애들 완전

히 우유 먹이면서 조사를 하고, 애를 못 안게 하고 완전히 따로 떼어 놓고 하니까, 나도 고통스럽고 애들은 애들대로 불안감에 휩싸이고, 애들이 그 오는 과정에 그 갓난쟁이들이 2Kg가 빠졌거든요. 몸무게가. 완전히 그때부터 지금 살이 안 찌는 게 아직까지 체질이 완전히 요래 마른체형으로 이래 크더라구예" (탈북난민 여).

이 시기의 탈북난민에게 중요한 것은 어머니와의 애착관계 형성이다. 애착이란 부모 또는 자신을 돌보는 양육자에게 느끼는 강한 감정적 유대관계로서, 수유과정과 편안한 보살핌을 통해 아이와 어머니의 기본적인 신뢰감이 형성된다. 탈북난민들의 경우에, 탈출과정 또는 중국이나 동남아시아에서는 어머니의 생존조차도 보장받지 못하면서 아이와 관계해야 한다. 또한 이들은 정착초기에 사회경제적으로 어려운 시기에 자녀를 양육해야 한다. 이러한 상황에서는 어머니와 떨어져 있는 시간이 많아지고 생활 또는 적응 스트레스로 인하여 어머니의 양육이 방임되고 애착이 원만하게 형성되지 못하여 정서적인 문제나 신체 발육의 지연이 나타날 수 있다.

심각한 경우에는 분리불안이 표출되거나 부모와의 접촉을 회피하는 경우도 발생한다. 생후 1년이 지나면서 사회성이 발달하기 시작하여 자아의식이 발달하며 어머니로부터 독립하고자 하는 시기로 반항적 성격이 나타나며 자기주장이 강해진다. 이렇게 아이가 자신의 욕구를 충족시키기 위해서 시간과 장소를 가리지 않고 떼를 쓰는 시기에 부모는 안정되게 보살펴주어야 한다. 그러나 이러한 욕구불만을 자연스럽게 충족시켜줄 수 있는 부모의 상황이 되지 않게 된다면 애착형성에 문제를 가지게 된다. 탈북난민들이 재정착하기까지의 탈출과정이 장기간이었다면 영아기 아이들을 위한 애착증진프로그램과 부모교육프로그램을 실시하여 영아기에 발생할 수 있는 정신건강의 문제를 예방하도록 해야 할 것이다.

한편, 영아기 탈북난민은 이동과정이나 불안정한 상황에서 뇌손상을 일으킬 수 있는 물리적 타격, 감염, 영양부족 등으로 중추신경에 손상을 입을 수 있다. 특히 태아기와 생후 1, 2년 사이에는 뇌신경계가 급성장하는 시기이므로 뇌손상을 입기 쉽다. 뇌손상으로 인한 정신지체의 문제가 탈북난민들의 경우에 다른 사람들보다 많으며 다른 중복장애를 동반하기도 한다. 영아기의 또 다른 문제들은 분노발작과 식욕부진이 있다. 분노발작의 경우에 기질적 원인인지 환경적 원인에 기인하는지를 사정하여 조기개입을 하는 것이 필요하다. 식욕부진의 경우에는 필요한 칼로리의 부족, 부모의 정서적 문제 등으로 발생하는 경우가 많으므로 탈북난민 부모교육과 일상적 생활을 가능하게 하는 물질적 원조도 중요하다.

2) 아동 · 청소년기의 위기

(1) 아동의 위기

탈북난민 아동의 정신적 위기는 영유아기의 발달의 연장선상에서 나타나게 되지만 다른 문화와 환경에서 생활하는 어려움으로 발생하는 경우도 흔하다. 탈북난민 아동의 경우에, 탈출 기간은 굶주림, 신체상해, 가족해체, 부모와의 이별과 같은 사건들을 겪는 시기였다. 특히 식량난으로 인한 어린이들의 발육과 성장상태는 앞으로의 삶에서 기능적, 사회적, 정서적 장애를 가져올 가능성을 배제하기 어렵다이부미, 2003. 탈북난민 아동들은 중국에서의 긴장된 삶의 연속과 남한적응초기의 긴장과 공포의 과거기억으로 새로운 삶의 방식을 익히는데 어려움을 겪고 있다. 아동의 학교생활에서는 공부에 대한 강박관념, 자존심과 도벽, 공격성이 나타나기도 한다정병호 외, 2006. 다음은 탈북하기 전에 북한에서의 일화를 소개하는 아동 사례이다.

"(7-8세부터 북한에서 떠돌이 생활을 함) 예 한번은 죽을 뻔 한 적도 있었어요. 그렇게 한 시장에 살고 있었는데 거기서 맨날 먹지를 못 한거예요. 그래서 거의 다 죽어갔는데... 죽어갔는데... 어떤 외국 사람이랑 거래를 하는 사람이 있었어요. 그 사람이 와서 떡을 사줬어요. 떡을 사줬는데 그날에 한 조금 먹고 그 다음날에 이렇게 보니까 굳어진 거예요. 하지만 배고파가지고 그냥 먹었는데 언쳐 가지고 막 배 엄청 아팠거든요. 그런데 그때 그 사람들이 도와줘가꼬... 한국에 와서도 가끔씩 생각나요. 가끔... 특히 혼자 있을 때, 북한에서 죽을고비들이 잊으려고 해도... 잊으려고 하거든요. 잊으려고 하는데 그게 쉽게 안 잊히니까"

(탈북난민 아동).

다음은 아동기 탈북난민에게 나타날 수 있는 심리정신적 위기의 내용들이다.

[학교공포증]

탈북난민 아동뿐만 아니라 초등학교 어린이들에게 흔히 나타나는 문제이다. 이는 아동이 학교에 가지 않고 집에 있거나 다른 곳으로 도피하는 상태이다. 본인은 학교에 가지 않으면 안 됨을 인지하고 있으면서도 가지 못하는 일종의 강박상태에 빠져 있는 것이다. 학교를 거절하는 이유는 여러 가지가 있지만, 탈북난민의 경우에는 학습장애, 왕따, 격리불안 등이 원인으로 작용할 수 있다. 신경증이나 인격장애의 형태로 파악하여 개입하는 것도 필요하지만 학교환경의 차원에서도 살펴보는 것이 더욱 중요하다. 학교공포증은 복통, 두통 등의 신체적 증상이 동반될 수 있으며, 교사에 대한 불평과 불만, 학업에 대한 염증, 교통수단의 불편, 또래의 조롱 등을 지속적으로 호소할 수 있다.

[적응장애]

아동의 적응장애는 주로 가정에서 일어나는 여러 가지 문제에 직접적으로 영향을 받게 된다. 특히 부모의 불화, 이혼, 가족의 죽음, 이주 등의 문제들로 명백한 정신적·사회적 스트레스를 받고, 이런 환경적 변화가 일어난 지 수개월 안에 아동이 정서상 혹은 행동상의 장애를 보일 때 적응장애라고 한다. 그 증상으로 가장 흔한 것은 우울, 불안 등의 정서적 증상이나 일시적 과잉운동 중 공격성의 증가, 파괴성 증가 등의 행동장애이다신경정신의학, 2005. 두통, 복통 등의 정신적, 신체적 증상을 동반하는 경우가 많다. 탈북난민 아동의 경우에는 이주과정과 제 3국에서의 고통스런 삶과 가족의 죽음, 부모이혼 등을 경험할 수 있기 때문에 정착과정에서 적응장애를 일으킬 가능성이 높다. 이러한 경우에 현재 행동에만 관심을 보일 것이 아니라 과거 아동이 경험했던 다양한 상황들에 대한 이해가 선행되어야 할 것이다.

[정동장애]

탈북난민 아동들은 일시적으로 있을 수 있는 정서의 불안이나 공포 외에도 일부에서는 성인의 신경증적 장애와 같이 불안이나 공포, 강박, 우울을 나타낼 수 있다. 탈북난민 아동의 경우에는 사랑하는 사람을 상하였을 경우에 공포, 불안, 우울의 문제를 가질 가능성이 높다. 또한 실부모 중 한 명이상이 우울증을 가질 경우에 아동도 우울을 경험할 가능성이 높아진다. 아동기의 우울은 성인의 경우처럼 명백한 우울이나 무망, 죄악감의 심리적 증상들과 식욕부진, 체중감소, 수면장애 등 명확한 생리정신적 증상들보다는 과잉운동이라든지 파괴성, 공격성 그리고 신체적 증상 혹은 비행, 성적의 저하, 교우관계의 악화 등으로 나타난다. 이를 은폐된 우울이라고도 하는데 진정한 우울이라고 할 수 있는지는 논란이 있다.

[행동장애]

아동의 행동장애는 반복적이며 지속적으로 다른 사람의 권리를 침해하고 사회적인 규범이나 규칙을 무시하고 남에게 해를 끼치는 행동을 되풀이 하는 것을 말한다민성길, 2006. 이는 비사회적 공격성, 사회화 결핍증 등의 환경과 관계에서 지속적으로 실패하고 위축되어 있는 양상으로 나타난다. 행동장애의 문제는 다양한 심리사회적 원인들과 결부되어 있기 때문에 결과론적으로 접근해서는 안 된다. 탈북난민 초등학생들은 거짓말, 도벽, 상호관계 단절의 문제를 보일 수 있다.

거짓말은 권위로부터 처벌을 피하고자 할 때, 타인의 주의를 끌고자 하는 경우 등에서 나타날 수 있다. 탈북난민 초등학생의 거짓말의 형태가 어떠한 것이든지 간에 거짓말 이면에 있는 참된 이유를 파악해서 문제해결을 시도해야 한다. 권위에 도전하고 관심을 끌고자 하는 거짓말은 애정 결핍 때문인 경우가 많기 때문에 보다 많은 관심과 애정을 보여주여야 한다. 일반적인 도벽이 자신의 욕구나 행동을 조절하는 능력이 부족해서 나타나는 반면에, 탈북난민 아동들의 경우에는 분노, 좌절, 심신의 허약함과 관련되어 있을 수 있다. 또래관계에 문제가 있는 아동은 다른 아동과의 상호작용에서 갈등, 공격적 행동과 같은 부정적인 사회적 행동이나 산만한 행동을 보이며, 미성숙한 사회적·인지적 놀이를 할 수도 있다. 탈북난민 아동의 경우에 부적절한 또래관계는 우울과 같은 내현화의 문제를 보이거나, 공격성과 갈등 조장과 같은 외현화된 문제행동을 보이게 된다. 또래관계의 부적절이 심리적인 영향이 많은지, 환경적인 차원의 고려요인들이 더 큰지를 정확하게 사정하는 것이 필요하다.

(2) 청소년의 위기

청소년기는 사춘기에 시작하여 성인기의 시작과 함께 끝이 나는 아동기와 성인기 사이의 과도기에 해당한다. 청소년기는 신체적 변화적응문제,

부모와의 갈등, 심리적 독립문제, 자아주체성의 확립문제, 친구관계 및 또래집단문제, 이성 등의 문제들이 나타날 수 있다. 이러한 문제들은 적응장애, 불안장애, 우울장애 등 심리정신적 문제를 야기할 수 있다. 탈북난민 청소년들의 경우에는 이러한 청소년기의 특징적 발달과제와 함께 사회문화적인 환경의 급격한 변화도 경험하게 된다. 물론 청소년기에 다른 문화권에 이주한 경우와 탈북난민 2세대로서 청소년기를 경험하는가는 차원이 다를 수 있다. 그러나 두 경우 모두 탈북난민 청소년들은 적응의 문제와 자기정체감 형성에서 어려움을 겪으며 정신적인 문제를 보이기도 한다. 탈북난민 청소년들의 경우에는 알코올 및 약물남용, 품행장애, 자살, 기타 정신장애외상후 스트레스 장애, 우울, 불안, 정신분열병 등의 심리정신적 위기에 직면할 수 있다.

탈북난민 청소년들은 학교나 사회생활에서 주류문화를 배우거나 직면해야 하기 때문에 주변화를 선택할 수 있는 상황이 되지 않는다. 어떤 경우에 가정에서는 원래의 문화를 지속하는 것을 격려 받지만, 사회생활에서는 새로운 문화에 적응하는 것을 격려 받을 수 있다. 또한 탈북난민 청소년들은 학력격차, 친구사귀기의 어려움, 대학진학의 환상과 같은 사회문화적 어려움과 불안과 공격성, 외상적 경험의 고통으로 어려움을 겪고 있다정진경 외, 2004. 성인과 마찬가지로 남북한 사회문화적인 가치관의 차이로 인한 심리적 혼란과 갈등을 보이고 있다. 남한에서는 민주주의 이데올로기 하에서 자유, 경쟁, 사유재산, 자아실현, 사생활 존중 등의 가치를 강조한다면, 북한에서는 공산, 사회주의적 이데올로기 하에서 평등, 협동, 공유, 집단이익 등의 가치를 강조한다정진경 외, 2004. 이는 초기 적응에서 심리적인 문제를 유발하게 되는 요인이 되기도 한다. 다른 이주 청소년들과 마찬가지로 탈북난민 청소년들도 남한사회에 부적응하게 된다면 도피수단으로 물질을 남용하거나, 공격성의 분출과 정서적 지지를 위하여 폭력 또는 비행집단에 가담하게 될 것이다. 다음은 한국의 중고등학교 생활의 어려움을 보여주는 탈북난민의 사례이다.

"나는 아주마이 어른이 되서 그 가서 같이 휩쓸리면서 이러면 괜찮은데. 아이는 사춘기 한참 사춘기 때 와 가지고 우리 큰딸이 내 사실 가슴 아프더라구요. 울며 학교 안 가겠다는거 내 보내 놨고 회사 가거든요. 그래 그런 우는 거 보내놓고 영 마음이 아픈기라요... 한 3년 동안 울며 다녔어요. 학교 안 가겠다고, 야... 정말 그거는 말도 못합니다. 정말 내가 회사 댕기지 야 자녀 울고 불고 학교 안 가려고 하지요. 마 가슴이 아프더라구요. 그러면 마 내색은 안하고 여기가 가슴을 두드리며. 학교 어떻게 하든지 보냈거든요, 감싸주면 학교 못가는 거 어떻게 하겠어요. 그래 그래 가지고 가슴 아파도 욕하며 욕 했죠. 자꾸 학교 못 간다면 안 간다면... 그래 가지고 앞에서는 모질게 해도 뒤에 가서는 가슴 아프고 그래 우리 딸이 지금에 와서는 고마움을 압니다이렇게 중고등학교를 마치고 모 대학에 입학함. 다 어머니 덕이라면서 이제 압니다.

또래 아이들이 지금 학교 안다니는 게 많습니다. 요 주변에 사회복지관에서도 뭐 자랑으로 마 우리 큰 애를 이야기합니다. 얘 또래들 지금 학교 안다니는 아이들이 많습니다. 야 혼자 지금 고스란히 졸업하고 고스란히 학교 앞 까지 간 게 야 하나입니다. 다른 또래들은 다 졸업 못해서... 그 부모들이 가만히 두니깐 아들이 마 그다음에 안 댕기는 기지요. 내가 저래 놓아 두며는 마 그것도 집에서 놀 판이지 놀지. 그런데 내가 마 저쪽 아이북에 있는 동생도 못 데리고 왔는데 얘 하나라도 바로 건져야겠다 싶어 가지고. 내 진짜 자 자녀를 모질게 굴었어요. 중학교 댕길 때 마 진짜 마 욕을 울면서 못가겠다는 것을 막 욕을 해 가지고 학교 떠 보내고 막 그랬는데... 이제 나중에 와서는 이럽니다. '내 이거 엄마 덕이라면서 엄마 덕 잊지 않을게' 라면서 감사해서 달라붙어 가지고."

① 알코올 및 약물남용

청소년기의 알코올 및 약물남용의 원인은 충분히 밝혀지지는 않았으나,

개인적 · 가정적 · 학교 또는 또래집단 · 사회환경적인 요인들이 복합적으로 작용하고 있다.

표 2-1 _ 청소년 알코올 중독 자가진단

번호	내 용	그런적 없다	별로 그런적 없다	가끔 그러는 편이다	자주 그러는 편이다	매우 자주 그러는 편이다
1	술 때문에 시험공부를 못 한 적이 있다.					
2	술이 늘었다는 생각을 한 적 있다.					
3	술을 줄여야겠다고 생각한 적 있다.					
4	술 때문에 학교생활에 문제가 생긴 적이 있다.					
5	술 마시고 음주운전(오토바이)을 하거나 그 차안에 같이 탄 적이 있다.					
6	술 마신 다음날 숙취를 없애기 위해 술을 마신적 있다.					
7	술 마시고 한 행동이 생각이 안 난 적이 있다.					
8	술 마시고 몸을 가누지 못한 적이 있다.					
9	술을 마시고 탈이 나서 약을 사 먹거나 치료를 받은 적이 있다.					
10	술 마시고 난 후 토한 적이 있다.					
11	술 마시느라 해야 할 일을 못한 적이 있다.					
12	술 마시고 싶을 때 못 마셔서 우울해진 적이 있다.					
13	술 마시기 시작하면 그만 마시라고 해도 그럴 수 없었던 적이 있다.					
14	술 마시고 난 후 남을 놀리거나 괴롭힌 적이 있다.					
15	술 마시고 난 행동 때문에 친구나 가족으로부터 비난받은 적이 있다.					
16	술 마시고 물건을 부순 적이 있다.					
17	술김에 폭력, 폭언 등을 포함한 나쁜 짓을 한적이 있다.					

* 그런 적 없다(0점), 별로 그런 적 없다(1점), 가끔 그러는 편이다(2점), 자주 그러는 편이다(3점), 매우 자주 그러는 편이다(4점), 10점 이상이면 문제성 음주임.

출처: 구미알코올상담센터 내부자료(http://www.gmalcohol.or.kr/).

이주난민 청소년의 약물남용의 원인도 구체적으로 밝혀지고 있지 않으며, 정착지의 사회문화적응과 관련이 높은 것으로 알려져 있다Szapocnik and Fernandez, 1980. 따라서 탈북난민의 약물문제도 복잡한 원인으로 설명될 수 있을 것이다. 일반적으로 가족구성원 중에서 우울, 알코올 남용 등의 문제가 있을 경우에 청소년들은 분노, 공포, 외로움, 우울, 불안과 같은 정서적 어려움이 알코올과 약물을 남용하게 만드는 중요한 위험요인이 된다. 그러나 탈북난민 청소년들은 또래집단에 소속감을 가지지 못할 경우에 지지집단과의 관계를 형성할 목적으로 알코올 및 약물을 사용하기도 한다.

청소년기의 알코올 및 약물남용은 한번 사용하기 시작하면 자꾸 사용하고 싶은 충동을 느끼고 의존성, 사용할 때마다 양을 늘리지 않으면 효과가 없으며 내성, 사용을 중지하면 온몸이 견디기 힘든 이상을 일으키며 금단, 개인에게 한정되지 않고 사회에도 해를 끼치는 물질을 의학적 상식, 법규, 사회적 관심으로부터 일탈하여 쾌락을 추구하기 위하여 약물을 사용하거나 과잉으로 사용하는 행위를 말한다나동석 외, 2008. 따라서 탈북난민 청소년들의 알코올 및 약물남용은 가정, 학교, 지역사회에서 적응에 심각한 문제를 일으키게 되는 요인이 되는 것이다. 또한 약물의존으로 진행될 경우에는 중단하는 것이 어려우며 전 생애에 영향을 미치게 된다.

② 품행장애

품행장애conduct disorder는 18세 이전에 보이는 반사회적 행동으로 자신보다는 다른 사람이 더 고통스러워하는 것이다. 기본적인 양상은 공격적으로 약자를 괴롭히고, 신체적 공격, 어른들에게 폭언과 반항적, 적대적 행동을 한다. 또한 학교에 결석하고 성적 비행, 흡연, 알코올 등 물질남용이 일찍 시작되며, 어른의 인내심을 시험하는 듯한 행동을 해서 화나게 만든다나동석 외, 2008. 다른 품행장애 문제를 가진 사람과 마찬가지로 탈북난민 청소년의 경우에도 사회적 애착관계를 형성하지 못하여 학교에서 친구가 없고, 고독하게 지낼 수 있다. 겉으로 강하고 거친듯하나 열등감이 많고 자신의 해동에 대한 죄책감이나 후회가 거의 없고 문제를 남의 탓으로 돌리는 경우가 많다. 품행장애의 원인은 생물학적 요인도 크게 작용한다고 알려져 있으나 심리사회적 요인도 복합적으로 작용하는 것으로 보고되고 있다. 탈북난민 청소년의 경우에는 이주과정의 문제와 정착과정에서의 가정환경 등도 원인으로 세심하게 고려하여야 할 것이다.

표 2-2 _ 품행장애의 진단기준

A. 다른 사람의 기본권리나 나이에 적합한 사회기준이나 규율을 위해하는 행동양상이 반복적이고 지속적으로 있으며, 다음 항목 중 3개(또는 3개 이상)가 지난 12개월간 있으면서, 최소한 한 항목은 지난 6개월 동안에 나타난다.

• 사람과 동물에 대한 공격

① 자주 다른 사람을 못살게 굴거나 협박하거나 겁을 준다.
② 싸움을 자주 건다.
③ 다른 사람에게 심한 신체손상을 줄 수 있는 무기를 사용한다.
(예: 곤봉, 벽돌, 깨진병, 칼)
④ 사람에게 신체적으로 잔인하게 대한다.
⑤ 동물에게 잔인하게 대한다.
⑥ 피해자와 맞대면하여 눈앞에서 도둑질을 한다
(예: 노상강탈, 지갑 날치기, 강도)
⑦ 다른 사람에게 강제로 성행위를 하게 한다.

• 재산 파괴

⑧ 심각한 파괴를 일으킬 작정으로 고의로 불을 지른다.
⑨ 다른 사람의 재산을 고의로 파괴한다.

• 사기 또는 절도

⑩ 다른 사람의 집, 건물 또는 자동차를 파괴한다.

⑪ 재산이나 애정을 취하거나 의무를 피하려고 자주 거짓말을 한다.
⑫ 피해자와 마주치지 않고 사소한 것이 아닌 물건을 훔친다(예: 부수거나, 무단침입이 없는 절도, 문서위조).

• 중대한 규칙위반
⑬ 부모가 금지하는데도 자주 외박을 하여, 이는 13세 이전부터 시작하였다.
⑭ 부모나 대리부모와 같은 집에 살면서 최소 한두 번 이상 가출, 외박을 한다(또는 한 번 가출하였으나 장기간 귀가하지 않음).
⑮ 무단결석을 자주 하며, 이는 13세 이전부터 시작하였다.

B. 행동장애가 사회, 학업 또는 작업기능에 중대한 지장을 초래한다.

C. 18세 이상이면 반사회적 인격장애의 진단기준에 맞지 않아야 한다.

출처: APA(DSM-Ⅳ, 1994). pp.90-91.

③ 자살

자살과 관련된 문제들은 청소년의 정신건강은 물론이고 그들 가족전체에게도 심각한 영향을 미친다는 점에서 중요하다. 자살은 전 연령층에서 질병에 의한 원인을 제외하고 가장 높은 사망 원인이 되고 있다. 청소년의 경우에도 사망 원인 가운데 상위를 차지하고 있는 것으로 나타나서 심각한 사회문제로 인식되고 있다. 청소년 자살은 폭력, 정학, 퇴학, 물질남용, 중독, 성적학대, 불안, 두려움, 외로움, 부끄러움, 우울과 같은 외현화되거나 내재화된 행동문제들 중에 가장 치명적인 사건이라고 할 수 있다이경진·조성호, 2004.

탈북난민 청소년의 경우에도 문화적응 스트레스, 자기 정체감에 대한 혼란, 미래에 대한 불확실성, 새로운 사회에서의 성공가능성의 회의가 일반적으로 성장하는 과정에서 겪는 어려움으로 자살이라는 단어를 떠올릴 수 있다. 또한 자살이 모든 문제의 해결책으로 간주되거나 자살시도 방법이 치명적이라면 심각성은 증대된다. 탈북난민을 비롯하여 청소년의 자살의 고위험 특성은 다음과 같다김태련 외, 2004; Kaplan and Sadock, 1998.

표 2-3 _ 청소년 자살 특징

- 식사와 수면습관의 변화가 있고 외모에 대해 평소와 달리 신경을 쓰지 않으며 뚜렷한 성격의 변화가 온다.
- 사전 계획이 없이 충동적이며 자살을 미화하는 경향이 있다.
- 친구와 함께하는 동반자살을 한다.
- 친구, 가족, 그리고 일상적인 활동을 멀리한다.
- 주요우울장애, 조증, 정신병적 증상을 가졌고 지속적인 권태감, 집중력 저하 또는 학업 성적의 저하가 있다.
- 독립성 결여와 부모와 심한 갈등관계 유지한다.
- 자기 파괴적인 성향이 높고 모방 자살이 흔하다.
- 가치관의 혼란이 있고 내재화 된 대상에 대한 적대감을 표출한다.
- 의미 있는 관계에서의 결핍 현상의 증상을 보이고 즐거운 활동에 대한 흥미를 상실한다.
- 특별하게 높은 위험률을 갖는 청소년은 기분장애와 약물과 알코올 남용 등 물질남용, 공격적인 행동을 했던 청소년이었다.
- 기분장애가 없이 공격성, 폭력적, 충동적인 청소년은 가족의 갈등 중에서 자살하기 쉽고, 복통, 두통, 피로 등 정서와 관련되어 나타나는 신체증상을 자주 호소한다.
- 남자보다 여자에서 우울증이 있는 경우 더욱 심각한 자살의 위험 요소이다.

④ 기타 정신장애

이주과정에서 외상적 사건을 경험할 수 있는 탈북난민 청소년의 경우에는 특히 외상후 스트레스 장애의 징후들을 살펴보아야 한다. 전반적인 불안증상과 더불어 그 당시 사건이 자꾸 떠오르고, 악몽을 꾸게 되며 자극을 피하고 사건을 기억나게 하는 활동을 피하며, 멍하게 행동한다. 또한 부모나 기타 사랑하는 사람을 상실하였을 경우에는 상실에 대한 반응과 감정을 밖으로 분출하지 못하고 자신에게 극단적으로 향해질 때는 우울증이 발생할 수 있다.

우울증에 걸린 청소년은 학업에 대한 집중곤란, 흥미 상실로 인해 성적이 떨어지며 심한 경우 학업을 포기하고 등교거부를 하는 등 전반적 사회생활에 대한 위축과 의욕상실을 보인다. 매사에 부정적이고 반항적이 되어 가족과 잦은 마찰을 빚게 되고, 심한 경우는 가출을 해서 알코올 등의 약물 남용과 비행을 저지르기도 한다. 매사에 즐거움을 못 느끼고 의욕상실, 무력감, 절망감을 경험하며, 행동이 느려지고 수면장애, 식욕장애를 보이며 체중의 감소가 있다. 죄책감, 허무, 처벌에 대한 망상이나 환각을 경험하기도 한다민성길, 2006.

또한 청소년기 후반에 정신분열병이 초발 되는 시기이므로 망상, 환각, 혼란된 언어와 행동을 보인다면 전문가와 상담이 필요하다. 탈북난민 청소년들이 외상과 심각한 스트레스를 경험하였다고 모두 정신분열병과 같은 심각한 정신적 문제를 가지는 것은 아니다. 그러나 취약성을 가진 청소년이 극단적 스트레스를 경험한다면 발병가능성은 높아질 수 있다. 따라서 탈북난민 청소년들 중에서 정신적 고통을 호소하는 경우에는 다양한 차원에서 개입이 이루어져야 할 것이다.

3) 성인 · 노년기의 위기

탈북난민 성인과 노인들에게 가장 빈번한 심리정신적 위기는 외상후 스트레스 장애, 우울, 알코올중독 그리고 노년기와 관련 있는 정신적 문제들이라고 할 수 있다엄태완, 2007b. 탈북난민들의 물리적, 문화적 환경의 변화와 스트레스는 정신건강에 취약성을 가진 사람들에게는 더욱 치명적 문제를 일으킬 수 있다.

(1) 외상후 스트레스 장애

탈북난민 중에서 심한 정신적 외상을 갖고 사는 사람들은 가장 흔한 양상으로 자신의 정서 상태를 깨닫거나 표현하지 못하는 상태인 감정표현 불능증alexithymia을 가질 수 있다. 만약 정신적 외상이 어린 시절에 있었다면 그 결과로 정서발달의 마비가 오게 되지만, 성인기에 있었다면 정서적 퇴행이 나타난다민성길, 2006; 신경정신의학, 2005. 이렇게 되면 외상의 생존자들은 내적 정서적 상황을 신호로 사용하지 못하고 정신신체증상을 경험하게 된다. 또한 스트레스에 적합하게 자신들을 적응하지 못한다.

① 임상양상

외상후 스트레스 장애의 주된 임상양상은 사건의 고통적 재경험 회피와 정서적 마비 양상 그리고 어느 정도 지속되는 과민반응이다. 사건발생 후 몇 달 내지 몇 년이 지나도 안 나타날 수 있다. 정신의학적 검사상 죄책감, 거부감 및 굴욕감의 느낌을 표현하거나 해리상태나 공황발작을 묘사하기도 한다. 특징적 양상은 정신적 무감각, 외상의 재경험, 증가된 자율계 각성이 나타나고, 외상은 반복되는 고통스럽고, 강제적인 회상, 백일몽, 악몽에서 재경험 되어 진다. 정신적 무감각이나 감정적 마비도 외부세계에 대한 감소된 반응, 다른 사람들과 분리되어진다는 느낌, 일상활동에서 흥미의 상실, 친근감・동정심・성적인 흥미 같은 감정을 느낄 수 없는 양상으로 나타난다. 과도한 자동적 각성의 증상은 과도한 행동과 흥분성, 과장된 놀람 반응, 주의집중의 곤란, 수면 이상 등을 포함한다신경정신의학, 2005.

② 경과

외상후 스트레스 장애는 외상 후 어느 정도 시일이 지난 후 나타난다. 짧게는 1주일에서 길게는 30년까지도 발병이 지연될 수 있다. 증상은 시간에 따라 변동되며, 스트레스 하에서 가장 강하게 나타난다. 약 30%가 완전 회복되고 40%가 경한 증상이 지속되며, 20%가 중증의 증상을 갖고 있고 10%가 변하지 않거나 더욱 악화된다민성길, 2006. 좋은 예후는 증상의 급작스런 발현, 증상기간이 6개월 이하로 짧거나 병전에 기능이 좋거나 안전한 사회보장제도, 다른 정신적, 의학적 또는 물질남용과 관련 장애가 없을 때 예견할 수 있다. 경과는 3단계로 나누어 볼 수 있다민성길, 2006; 신경정신과학, 1997.

1단계는 외상에 대한 반응과 관련된다. 민감하지 않는 사람은 외상 후 즉시 증상의 교감성 반응의 분출을 경험하나 그것이 오래 계속되지는 않는다. 소질을 가진 사람은 기저에 높은 수준의 불안을 가지고 있고 외상에 과대하게 반응하며 외상이 연이을 것이란 것에 강박적으로 집착한다. 만약 증상이 4-6주간 지속되면 환자는 2단계 또는 급성 외상후 스트레스 장애에 들어간다. 절망감과 조절불능, 자율신경계의 증가된 각성, 외상의 회상, 신체증상 등이 일어난다. 모든 것이 외상을 중심으로 재배치되며 생활방식과 인격 및 사회기능에 뒤따르는 변화가 일어난다. 공포적 회피, 경악반응, 분노, 폭발 등이 나타난다. 3단계에서는 무기력, 타락, 의기소침을 동반한 만성적인 장애가 발달한다. 이 시기에는 약물 남용, 가족관계의 장애, 실업은 물론 신체증상, 만성적 불안, 우울이 흔한 동반장애이다.

탈북난민의 외상적 사건은 사회보장제도의 접근 용이성에 따라 발병, 증상의 정도 그리고 이 장애의 기간이 영향 받을 수 있다. 일반적으로 사회보장제도가 잘 정립된 사회에서는 이 장애가 잘 안 생기거나, 또는 발생하더라도 심한 경로를 밟지는 않는다. 따라서 외상적 사건을 경험한 탈북난민들의 경우에 사회보장제도의 접근성을 높이는 전략이 필요하다.

③ 개입

외상후 스트레스 장애는 불안장애의 한 형태이며 개입방법도 유사하다.

그래서 외상후 스트레스 장애에 대한 가장 효과적 개입은 심리치료적인 방법이다. 불안장애에 대한 개입과 마찬가지로 외상후 스트레스 장애에 대한 효과적 개입은 불안유발상황을 노출하는 것이다. 부가적으로 외상후 스트레스 장애에 효과적인 개입방법은 외상과 관련된 기억과 감정에 초점을 맞추고, 낙인과 비난을 피하게 하고, 외상 반응에 관한 정보를 제공하고, 불안을 관리하는 것과 같은 개인 내부적 자원들과 직업, 가족, 사회적 지지와 같은 외부 자원을 강화하고, 개선할 수 있다는 희망을 유지하는 것 등이다 Vonk and Yegidis, 1998.

외상후 스트레스 장애 치료의 기본적인 목표는 증상을 경감하고, 더욱 만족스러운 생활을 가능케 하며, 클라이언트가 그들의 상황을 더 잘 이해할 수 있게 돕고, 더 폭넓은 사회적 지지체계를 구축하게 하는 것이다. 탈북난민의 외상 경험이후에 신속한 개입은 만성적인 외상후 스트레스 증상을 예방할 수 있다. 따라서 이주 직후에 예방개입의 프로그램이 중요하며, 이는 사회적 지지의 확대, 외상 디브리핑, 스트레스 감소훈련 등이 될 수 있다Keane, et al., 1992. 탈북난민들의 외상후 스트레스 장애에 개입하는 치료자는 그들이 이야기 하는 공포스럽고 비인간적인 문제에 대한 역전이countertransference 에도 유의해야 한다. 탈북난민들의 이야기에 지나치게 압도되어 그들을 영웅시 하거나, 지나친 집중으로 인하여 치료자가 외상후 스트레스 증상을 경험할 수도 있다. 따라서 치료자들이 적절히 대처할 수 있는 방법을 인식하고 강구해야만 한다.

(2) 우울

우울증이란 가장 흔한 정신장애 중 하나로 사람이 살아가면서 일상의 삶에 대하여 흥미를 느끼지 못하고 절망하는 즉, 사는 맛을 알지 못하게 되는 문제이다. 실제로 적어도 성인 10명 중 1명은 일생 동안 한번 이상 우울증을 경험한다고 하며, 어떤 연구에 의하면 일생 동안에 우울증에 걸릴 확률이 30%에 달한다신경정신과학, 1997. 우울증의 원인은 아직 충분히 밝혀지지 않았지만, 탈북난민과 같이 생활에서 스트레스 경험이 높은 경우에 발병률이 높은 것으로 알려져 있다.

① 임상양상

우울증의 기본 증상은 우울 기분과 흥미나 즐거움의 상실이지만 정신상태의 검사에서 정신운동지연이 가장 흔히 나타나며, 외견상 구부정한 자세로 스스로 움직이지 않고, 눈을 밑으로 깔고, 시선을 피하는 특징을 갖는다 민성길, 2006; 신경정신의학, 2005).

• 정서장애: 우울증을 가진 사람은 우울 기분을 기본 증상으로 상당히 오랜 기간 지속되고 일상생활 전반에 걸쳐 영향을 준다. 그러므로 이들은 우울하다, 희망이 없다, 기운이 없다, 또는 무가치하다고 느끼고, 정신적 고통을 받는다고 표현하며, 때로는 울음조차도 나오지 않는다고 호소한다. 또한 대부분 불안을 경험하는데 이것은 두려움, 공포, 위험에 대한 내적 고통이다. 이런 불안은 발한, 심계 항진, 빈맥, 속이 거북함 같은 자율 신경계 증상을 나타낸다.

• 사고장애: 우울증을 가진 사람의 사고는 자신이나 세상에 대한 부정적 견해를 갖는다. 가벼운 우울증일 경우 상실, 죄책감, 자살이나 죽음에 대한 계속적인 생각을 한다. 그러나 좀 더 심한 경우 건강염려증, 신체망상뿐만 아니라 빈곤망상, 허무망상, 죄책망상 또는 피해망상까지 나타날 수 있다.

• 욕동 및 행동장애: 흥미나 즐거움의 상실 뿐 아니라 생활 전반에 걸쳐 의욕 상실을 나타내면서, 이전에 흥미를 가졌던 활동이나 가족, 친구들과의 관계를 멀리 할 뿐만 아니라 에너지 저하로 하던 업무를 끝내 마치지 못하고, 학교생활이나 직장생활을 제대로 못하며 새로운 일을 시작조차 하지

못한다. 또한 자살생각이나 자살시도를 하기도 한다. 우울증이 심할 경우에는 충동적이거나 폭력적 방법으로 자살을 시도할 동기나 기력이 없다. 따라서 우울증이 회복되기 시작함에 따라 자살을 시도하고 계획하는데 필요한 에너지를 다시 얻으므로 자살 위험도가 증가한다.

• **지각장애**: 심각한 중증 우울증을 제외하고는 환각이 나타나지는 않는다. 주로 착각에 의한 판단 착오가 발생하게 된다.

• **신체증상**: 우울 기분에 수반하여 흔히 나타나는 신체 증상들 중 하나가 수면장애로 환자의 80%에서 호소한다. 그 양상으로는 새벽에 일찍 깨고, 밤 동안에 자주 깨며, 이러한 문제들에 대하여 밤새도록 골똘히 생각한다. 대부분 식욕이나 체중 감소가 나타나지만 비정상적으로 식욕, 체중, 수면이 증가하는 경우가 나타나기도 한다. 그 외 월경불순이나 성욕 감퇴가 나타나 남자의 경우 흔히 성불능이 된다. 다른 신체 증상들은 두통, 요통, 근육통, 오심, 구토, 변비, 호흡곤란, 과호흡, 흉통 등을 호소한다.

표 2-4 _ 주요우울증 삽화의 진단기준

A. 다음 증상 가운데 다섯 개(또는 그 이상) 증상이 연속 2주 기간 동안 지속되며, 이러한 상태가 이전 기능으로부터의 변화를 나타내는 경우: 위의 증상 가운데 하나는 (1) 우울기분이거나, (2) 흥미나 즐거움의 상실이어야 한다.

① 하루의 대부분, 그리고 거의 매일 지속되는 우울한 기분이 주관적인 보고슬프거나 공허하다고 느낀다나 객관적인 관찰울 것처럼 보인다에서 드러난다.

주의: 명백한 일반적인 의학적 상태나 기분과 조화되지 않는 망상이나 환각으로 인한 증상이 포함되지 않는다.

② 모든 또는 거의 모든 일상활동에 대한 흥미나 즐거움이 하루의 대부분 또는 거의 매일 같이 뚜렷하게 저하되어 있을 경우주관적인 설명이나 타인에 의한 관찰에서 드러난다.

③ 체중조절을 하고 있지 않은 상태예: 1개월 동안 체중 5% 이상의 변화에서 의미 있는

체중감소나 체중 증가, 거의 매일 나타나는 식욕 감소나 증가가 있을 때. 주의: 소아의 경우 체중증가가 기대치에 미달되는 경우 주의할 것

④ 거의 매일 나타나는 불면이나 과다수면

⑤ 거의 매일 나타나는 정신운동성 초조나 지체주관적인 좌불안석 또는 처진 느낌이 타인에 의해서도 관찰 가능하다

⑥ 거의 매일의 피로나 활력 상실

⑦ 거의 매일 무가치감 또는 과도하거나 부적절한 죄책감을 느낌망상적일 수도 있는 단순한 병이 있다는데 대한 자책이나 죄책감이 아님

⑧ 거의 매일 나타나는 사고력이나 집중력의 감소, 또는 우유부단함주관적인 호소나 관찰에서

⑨ 반복되는 죽음에 대한 생각단지 죽음에 대한 두려움뿐만 아니라, 특정한 계획 없이 반복되는 자살생각 또는 자살기도나 자살 수행에 대한 특정 계획

B. 증상이 혼재성 삽화의 기준을 충족시키지 않는다.

C. 증상이 사회적·직업적 기타 중요한 기능 영역에서 임상적으로 심각한 고통이나 장해를 일으킨다.

D. 증상이 물질예: 약물남용, 투약이나 일반적인 의학적 상태예: 갑상선기능저하증의 직접적인 생리적 효과로 인한 것이 아니다.

E. 증상이 사별에 의해 잘 설명되지 않는다. 즉, 사랑하는 사람의 상실 후에 증상이 2개월 이상 지속되거나, 현저한 기능 장해, 무가치함에 대한 병적 집착, 자살생각, 정신증적 증상이나 정신성 운동 지체가 특징적으로 나타날 경우에만 이 장애의 진단이 내려진다.

출처: APA(DSM-Ⅳ, 1994). p.327.

② 경과

우울증은 발병 전에 뚜렷한 우울 증상이 나타난다고 한다. 그러므로 초기 우울 증상을 조기에 발견하여 치료하는 것이 중요하다. 정신병적 우울은 약물치료가 필요하고 그렇지 않은 경우에는 상담으로 상당한 효과를 거둘 수 있다. 우울증의 좋은 예후를 예측할 수 있는 심리사회적 요인들은 청

소년기에 신뢰할 수 있는 친구 관계, 안정된 가족 기능, 발병 전 5년간 안정된 사회적 기능 등이며, 그 외 동반된 정신장애, 인격 장애 등이 없고, 한번 이상 입원하지 않았거나 나이가 들어 발병한 경우이다.

③ 개입

탈북난민의 심각한 정신병적 우울증은 약물치료가 동반되어야 하며, 지지적 상담은 기본적으로 효과를 보일 수 있다. 탈북난민의 우울은 이주 스트레스를 개인적 탄력성resiliency과 일차적 예방노력이 효과적으로 대처하지 못할 때 발생한다. 이러한 우울증은 일반적으로 신체화 경향을 보이는 경우가 많다. 일반적으로 탈북난민과 같은 이주난민의 우울증에 대한 가장 효과적인 개입방법은 일반인에게 효과가 입증된 인지행동 개입이다. 부가적으로 우울증에는 대인관계 개입이 효과적으로 알려져 있다. 인지행동 개입과 대인관계 개입은 개인과 집단 모두 가능하다Dulmus and Wodarski, 1998.

인지행동 개입이 효과적이기 위해서는 문화적, 언어적 문제가 해결되어야 가능하다. 탈북난민의 우울증에 대한 인지행동개입은 표적 증상의 설정, 적극적 · 지시적, 구체화, 정신신체적인 전체주의 관점, 문화적인 중립, 개인적 욕구에 대처, 통찰중심 개입보다 언어적 어려움이 적다는 등의 유용성이 있다. 대인관계에 문제를 가지는 단계는 ①슬픔, ②가족, 친구 또는 동료들과의 대인관계 갈등, ③역할 변화, ④외로움, 사회적 고립과 같은 대인관계 결함의 과정을 거친다Egli et al. 1991. 탈북난민들에 관하여 대인관계 개입을 통한 연구는 거의 없지만 위에서 열거한 네 가지 범위의 과정을 잘 이해하고 활용할 때는 유용한 개입방법이라고 할 수 있다.

(3) 알코올중독

탈북난민의 알코올중독도 심각하게 고려되어야 할 심리정신적 위기의 문제이다. DSM에서는 알코올 관련 장애를 알코올 사용장애alcohol use disorder와 알코올 유발성 장애alcohol induced disorder로 구분하고 있다. 알코올 사용장애는 알코올 의존과 알코올 남용으로 구분된다. 알코올 섭취량, 빈도, 그리고 양식에서 국가와 문화권마다 현저한 차이를 보인다. 미국성인 중 약 90% 정도가 일생에 한 번은 알코올을 사용한 경험이 있으며, 약 50%가 일생에 한 번은 알코올을 남용하고, 약 8%는 알코올의존을 경험한다고 한다신경정신과학, 1997. 아시아 문화권에서는 알코올 관련장애의 전체 유병률이 비교적 낮고, 여성에 비해 남성의 비율이 높다. 일반적으로 낮은 교육 수준, 실직, 낮은 사회경제적 상태는 알코올 관련장애와 연관이 있는 것으로 알려져 있다. 탈북난민들의 경우에도 사회문화적인 영향으로 인하여 알코올을 포함한 물질남용과 의존이 심각한 것으로 알려져 있다.

① 알코올 사용장애

알코올 사용장애는 알코올 남용alcohol abuse과 알코올 의존alcohol dependence로 구분하고 있다민성길, 2006; 신경정신과학, 1997; 양옥경, 2006.

• **알코올 남용**: 건강에 장해를 일으킬 정도의 복용 양상으로서, 신체적 또는 정신적인 것일 수도 있다. 알코올 남용에 대한 DSM-Ⅳ의 진단지침은 임상적으로 중요한 장애나 고통을 일으킬 수 있는 부적응적인 알코올 사용 양상을 보이며, 지난 12개월 내에 다음의 4개 항목 중 1개 이상이 나타나고 알코올 의존의 진단지침에 해당되지 않아야 한다.

첫째, 반복해서 알코올을 사용한 결과로 직장, 학교 및 가정에서의 중요한 역할이나 의무를 수행하지 못한다. 즉, 알코올 사용과 관련되어 반복 결근을 하거나 작업성적이 좋지 못하다. 학생들은 알코올 사용과 연관되어 결석·정학·퇴학을 당할 수도 있고, 부모들은 중독으로 인해 자녀를 돌보지 않고 집안일을 등한시 할 수도 있다. 둘째, 신체적으로 해를 주는 상황에서 반복해서 알코올을 사용한다. 즉, 알코올 사용으로 인해 장애를 일으킨 상황에서 자동차 운전을 하거나 기계조작을 한다. 셋째, 반복해서 알코올 사용과 연관된 법적 문제를 야기한다. 즉, 알코올 사용과 연관된 탈선된 행동을 해서 체포된 경험이 있다. 넷째, 알코올의 효과로 인해 사회적 또는 대인 관계적 문제들이 지속적으로 반복적으로 야기되거나 악화됨에도 불구하고 계속 알코올을 사용하여 중독된 결과로 인해 배우자와 다투거나 신체적으로 싸움을 한다.

• **알코올 의존**: 음주가 그 어떤 행동보다도 높은 가치를 지닌 사람에서 보여주는 일련의 생리적, 행태적, 인지적 현상으로서 알코올을 복용하고 싶은 강력하고 압도적인 욕구가 특징이다. 알코올 의존에 대한 DSM-Ⅳ의 진단지침은 임상적으로 중요한 장애나 고통을 일으킬 수 있는 부적응적인 알코올 사용 양상을 보여주고, 지나간 12개월 내에 다음 7개 항목 중 3개 이상 보여줄 경우이다.

첫째, 내성이 있다내성은 중독이나 원하는 효과를 얻기 위해서 아주 많은 양의 알코올이 요구되거나 동일 용량의 알코올을 계속 사용할 경우에 그 효과가 현저히 감소하는 것을 말한다. 둘째, 금단증상이 있으며, 알코올이 금단증상을 완화시키거나 피할 수 있게 해준다. 셋째, 원래 의도했던 것보다 알코올을 대량 사용하거나 또는 장기간 사용한다. 넷째, 알코올 사용을 중단하거나 조절하려고 계속 노력하지만 뜻대로 안된다. 다섯째, 알코올을 구하기 위하여 많은 시간을 보낸다. 여러 의사를 찾게 되고 알코올을 구하려 장거리 운전을 하고, 음주를 위해 알코올의 효과를 다시 얻기 위해서 많은 시간을 보낸다. 여섯째, 알코올의 사용 때문에 중요한 사회적, 직업적 및 여가활동을 포기하거나 감소한다. 일곱째, 알코올 사용으로 인해 지속적 및 반복적으로 육체적, 정신적인 문제가 생기거나 악화된다는 사실을 알면서도 계속 음주를 한다.

② 알코올로 유발된 장애(나동석 외, 2008; 민성길, 2006; 신경정신의학, 2005; 양옥경, 2006).

• **급성 알코올 중독:** 알코올 음주로 인해 의식 수준이나, 인지 능력, 지각, 정동 및 행태 또는 기타 정신 생리적 기능 및 반응의 장애를 초래하는 일시적 상태를 급성 중독이라고 한다.

• **금단 상태:** 알코올을 반복적으로 장기간 고용량으로 복용한 후에 완전히 또는 어느 정도 중단했을 때 생기는 증상군을 금단 상태(withdrawal state)라고 한다. 알코올 금단에 대한 DSM-Ⅳ 진단 기준을 보면 지속적으로 과량의 알코올을 복용하다 중단 혹은 감소한 후 몇 시간 혹은 며칠 이내에 자율신경 기능 항진(발한 혹은 맥박 수 100회 이상 증가), 진전 증가, 불면증, 오심 및 구토, 일시적인 환각(환시, 환청, 환촉) 또는 착각, 정신운동성 초조증, 불안증, 전신성 발작 등 8항목 중 2가지 이상 나타날 때 진단한다.

• **알코올로 인한 정신병적 장애:** 정신병적 장애는 음주 중이거나 그 직후에 대개 나타나며, 특히 환청이 흔하지만 대개 여러 종류의 지각장애로 나타나는 생생한 환각, 잘못된 지각, 편집성 또는 피해적 성질의 망상이나 관계망상, 흥분이나 혼미와 같은 정신 운동성장애 그리고 심한 공포에서 황홀까지 이르는 비정상적인 정동 등으로 특징 지워지는 일련의 정신병적인 현상을 보여준다. 일반적으로 한 달 이내에 회복되고, 6개월 이내에는 완전히 회복된다.

• **알코올로 인한 기억장애:** 오랜 기간 과음을 하다 기억장애 증후군이 생긴 경우이다. 만성적으로 최근 기억에 현저한 장애가 있으며, 시간 감각과 사건의 순서를 기억하는 능력의 장애가 있다. 이는 새로운 것을 학습하는 능력에 문제가 있기 때문이다.

③ 경과

알코올 문제를 가진 사람들은 다양한 원인에 의해서 결과도 다르게 나타난다. 일반적으로 가장 심각한 알코올 의존으로 가는 단계는 다음과 같다나동석 외, 2008.

• **알코올 중독 전 단계**prealcoholic phase: 알코올을 통해 고민을 해결하고, 마음을 진정시키고, 스트레스와 불안감의 일시적인 대응을 위해 음주를 효과적인 수단으로 하는 단계이다. 술자리가 잦아지고 양과 횟수가 증가하면서 자주 폭음을 한다. 내성이 생기기 시작하지만 음주행위에 대해 자기조절능력이 가능하다.

• **알코올 중독 전구단계**prodromal phase: 술을 이용하여 기분의 변화를 일으키는 단계로 유쾌함이나 기분전환을 위해 술을 사용하면 틀림없다고 터득한 후 시작이 되며 술이 필요해서 마시는 단계이다. 음주에 대해 비난이나 질문을 받게 되고, 덜 마시도록 압박을 받으며 금주하려는 노력을 하게 되고 술 문제를 감추려고 부정기제를 사용하기도 한다. 술에 취해 일시적인 의식상실이 나타나게 되면 전구단계로 이행되는 것이 분명해진다.

• **위기 단계**crucial phase: 사회적 압박감에서 회피하기 위하여 음주를 하며, 술이외의 다른 문제는 점차 흥미를 잃어가면서 음주가 일상생활의 중심이 되고, 술 문제로 인하여 사회적 압력이나 직장문제에 곤란을 초래하게 된다. 음주조절능력이 상실되어 가족이나 친구들을 회피하고 자기과장적인 행동을 하며, 성격변화도 점점 심해져 안절부절못하고 화를 잘 내며, 공격적이고 무책임하고 신경과민과 우울감이 흔하게 나타나게 되어 점점 더 자기혐오, 죄책감, 혼돈, 분노를 느끼고 자존감이 매우 낮아지는 상태이다.

• **만성적 중독단계**chronic phase: 만성적인 단계의 알코올중독자는 밤에 수면 후 경험되는 금단의 불편감을 완화시키기 위해 아침부터 술을 마시게 된다. 막연한 두려움과 강박적인 음주로 인해 사회의 가장 밑바닥에서 기능을 하게 되며, 신체적, 정서적, 사회적, 영적인 모든 영역에서 황폐화가 일어난다.

결국 알코올중독자의 내성은 떨어지고 몇 잔의 술로 혼미상태에 빠지게 되어 마지막 결과는 뇌손상이나 알코올성 정신병, 죽음에 이르게 된다.

④ 개입

모든 치료에서와 마찬가지로 사정assesment이 중요한데, 탈북난민들의 경우에는 북한에서 허용되는 알코올과 다른 약물의 규범을 아는 것이 필요하다. 탈북난민들의 불안, 우울, 외상후 스트레스 장애 등의 정신건강의 문제가 알코올 남용과 연관되어 있을 가능성도 크다. 이 부분에 대한 정확한 사정이 필요하며, 일단 알코올 남용의 문제가 정확하다면 일반적인 중독개입 프로그램으로 개입하여야 할 것이다. 탈북난민들의 알코올 남용의 개입에서 가족의 역할도 중요하며, 청소년, 여성, 노인 등에 따라 차이나는 개입이 이루어져야 한다.

(4) 노년기 심리정신적 문제

노년기에 가장 흔한 심리정신적 문제는 우울, 인지, 공포, 알코올성 장애이며, 그 외에 자살과 약물로 인한 정신증상도 흔하다. 노년기의 정신장애의 유발인자로는 사회적 역할의 상실, 자발성의 상실, 친구, 친지의 죽음, 건강의 약화, 고립, 경제적 압박, 인지기능의 저하 등이 있다. 탈북난민 노인의 경우에는 위에서 열거한 요인이외에도 문화적응 스트레스를 다른 연령층보다도 더욱 심각하게 직면할 수 있다. 노인들은 새로운 문화를 학습하거나 융통성 있게 대처할 수 있는 인지능력이 떨어지기 때문에 스트레스를 높게 경험할 수 있다.

① 우울증

우울은 노인들 중에서 약 15% 정도 나타난다신경정신의학, 2005. 특히 혼자가 되거나 만성적인 내과 질환을 앓게 될 때 우울증이 발생되기 쉽고, 노년기에 발병된 우울증은 재발률이 높다. 노년기 우울증의 흔한 징후와 증상은 에너지와 집중력의 저하, 이른 새벽이나 밤중에 자주 깨는 수면장애, 식욕 저하, 체중 감소나 신체증상 등이다. 노인들은 훨씬 더 신체증상을 호소하고 강조하기 때문에 젊은 사람들에게서 나타나는 증상과 다르다. 탈북난민 노인들 중에도 우울증의 증상으로 신체증상을 호소하는 경우가 많으며 우울이 치료되면 신체증상은 자연히 없어진다.

② 망상장애

망상장애의 발병연령은 대개 40-55세이지만 노년기에도 언제든지 발병할 수 있다. 감시당하고, 쫓기고, 독살 당한다는 피해망상이 가장 흔하며, 상상의 박해자에게 폭력을 휘두를 수 있고, 자신이 죽을병에 걸렸다고 생각하는 신체망상도 흔하다민성길, 2006. 망상은 치매, 알코올 장애, 정신분열병, 우울증, 양극성 장애 등에서도 나타날 수 있으므로 감별하는 것이 필요하다. 탈북난민 노인들의 경우에 배우자의 죽음, 사회적 고립, 경제적 곤란, 치명적인 내과 질환 등의 신체적 · 심리적 스트레스가 있을 때 일어나기 쉽다.

③ 신체형장애

노년기에 나타나는 신체형장애는 내과적 질환과 유사한 신체적 증상을 가지므로 중요하다. 노인의 80% 이상이 관절염이나 심혈관계 질환 같은 만성질병을 한 가지 이상 호소한다신경정신과학, 1997. 탈북난민 노인들과 같이 의료 접근성이 낮고 문화와 언어적인 이질감이 있는 경우에는 내과질환인지 신체증상인지를 구분하기가 어려울 수 있다.

④ 알코올과 다른 물질사용장애

약 10% 정도 노인이 술이나 그 밖의 수면제, 신경안정제, 마약에 중독되어 있고, 니코틴이나 카페인, 진통제 등도 흔히 남용된다민성길, 2006. 알코올

의존은 이혼이나 사별 및 독신인 남자의 경우가 많다. 또한 노인들은 만성적인 불안을 경감시키거나 수면장애 때문에 신경안정제를 남용할 때가 많고, 노인에서 보게 되는 갑작스런 섬망은 알코올 금단에 의한 경우가 흔하다. 탈북난민 노인들의 경우에도 이주과정에서 사랑하는 사람을 상실했거나, 독신으로 살아가면서 외롭고, 경제적으로 어려운 상황에 있을 때 알코올이나 다른 물질을 남용할 가능성은 높아진다.

제 3 장

탈북난민 외상의 기본 이해

Traumatic Experiences of North Korean Refugees

1 _ 외상의 의미와 과정

2 _ 외상적 사건의 결과

3 _ 외상적 상실

4 _ 외상의 대처

1 _ 외상의 의미와 과정
- 외상의 의미
- 외상의 과정

2 _ 외상적 사건의 결과
- 일차적 증상
- 이차적 증상

3 _ 외상적 상실
- 고향의 의미와 상실
- 상실의 심리적 역동
- 의미부여와 회복

4 _ 외상의 대처
- 사회경제적 지위와 고용
- 사회적 지지, 적응 및 원조 요청방법
- 외상치유의 구성요소: HPRT

제3장

탈북난민 외상의 기본 이해

1. 외상의 의미와 과정

1장과 2장에서 탈북난민들은 북한에서의 생활, 탈출과정 그리고 남한에 정착하는 과정에서 다양한 경험과 어려움을 겪게 된다는 것을 알 수 있었다. 그러한 과정에서 탈북난민들은 외상과 같은 심리적으로 충격적인 사건들을 많이 경험하게 된다. 이렇게 탈북난민들이 경험하는 외상적 사건들은 남한의 일상생활에 지속적으로 영향을 미치기 때문에 중요한 관심 영역이다엄태완, 2009a. 탈북난민들이 경험하는 외상은 다양하며, 그것이 각 개인에게 미치는 영향도 다르게 나타난다. 외상 사건이 개인에게 미치는 영향에서 차이가 나는 이유를 살펴보고 탈북난민들이 경험하는 외상 과정들을 확인해 보려고 한다.

1) 외상의 의미

개인이 외상적 사건에 노출되었다는 것은 다음의 두 가지 상황을 의미한다 APA, 1994. 첫째는 실제적이거나 위협적인 죽음 또는 심한 상해를 수반했던 사건, 혹은 자신이나 다른 사람의 신체적 안녕을 위협하는 사건을 경험하거나 목격한 경우이다. 둘째는 이러한 사건으로 강렬한 공포, 무기력 혹은 전율을 느끼는 경우이다. 외상적 사건으로는 전쟁의 경험, 붕괴된 건물에 갇힘, 신체적으로 치명적인 교통사고, 신체 절단, 성폭력, 고문, 심각한 구타, 사랑하는 사람의 죽음 목격, 생사를 넘나드는 기아상태 등이라고 할 수 있다.

이러한 외상은 처음에 충격, 공포 또는 일어난 일이 실제가 아니거나 비현실적이라고 느낄 수도 있다. 마치 자신의 정신이 몸을 떠난 것 같은 무감각을 느끼거나 심지어 외상 사건의 전체 또는 일부를 기억하지 못할 수도 있다. 이와 같은 외상 사건에 대한 개인들의 반응은 상당한 차이를 나타내게 되며, 다음과 같이 3가지 수준에서 외상후 스트레스 장애와 같은 정신적 문제로 진행되기도 하고 성장 또는 회복의 요인으로 작용하게 된다오수성 외, 2009: 19-24.

[외상사건 전 요인]

① 심각하고 불행한 생활 사건이나 외상 혹은 방임, 정서적 학대, 성적 학대, 신체적 학대 또는 학대를 목격하는 것을 포함한 아동기의 피해에 노출된 적이 있음
② 단순히 상황적인 것만이 아닌 뇌의 화학 작용에 영향을 미치는 초기의 우울이나 불안
③ 비효율적인 대처 기술
④ 정신질환 병력, 어린 시절에 경험한 여러 가지 분리 경험, 경제적 문제들 또는 가족 폭력을 포함한 가족의 불안정성
⑤ 반사회적이거나 범죄 행위와 관련된 가족력

⑥ 초기의 물질남용
⑦ 아동기 때부터 나타난 가출, 학교 정학, 학업 부진, 청소년 비행, 싸움, 무단결석 등으로 표현되는 권위와의 갈등
⑧ 곤경에 처했을 때 도움을 받을 수 있는 사회적 지지의 결여
⑨ 사람, 물건, 집 등에 대한 초기의 복합적인 상실
⑩ 여성이 남성보다 PTSD 발병율은 2배 높음
⑪ 25세 미만의 젊은 사람
⑫ 외상에 취약한 유전적 요인

[외상사건 요인]

① 외상 사건의 지리적 근접성
② 외상 사건에 대한 노출 수준이 클수록
③ 개인이 느끼는 사건의 의미가 클수록
④ 연령이 어릴수록
⑤ 복합적인 외상을 경험할수록
⑥ 외상의 지속기간이 길수록
⑦ 계속 외상이 지속될 것 같은 위협 상황 (예, 전쟁)
⑧ 사람이 고의적으로 저지른 외상 사건에 연루되는 경우
⑨ 가해자나 목격자로서 잔학 행위아주 잔혹하고 충격적인 행위에 참여한 경우 (예, 고의적으로 여성이나 어린이들을 살해하는 상황)

[사건 후 요인]

① 유익한 사회적 지지의 결여
② 발생했던 사건과 관련해 아무것도 할 수 없는 무기력한 상태
③ 자기 자신을 돌보지 않으면서 자기 연민에 빠져 있는 상태
④ 능동적이기 보다 수동적인 상태될 대로 되라는 식의 태도

⑤ 고통으로 인해 삶의 의미를 상실한 경우

⑥ 급성 스트레스 장애Acute Stress Disorder가 발생한 경우급성 스트레스 장애는 외상을 경험하는 사람들 중 일부에서만 발생함

표 3-1 _ 급성 스트레스 장애

A. 예외적으로 위험하거나 재해적인 성격을 띤 스트레스 사건이나 상황에 노출되어야 한다.

B. 고통스러운 외상 사건을 경험하는 동안이나 그 이후에 다음의 해리(의식에서 지워지거나 멍해짐) 증상들 중 3가지 또는 그 이상이 나타난다.

① 마비, 현실과 유리된 느낌 또는 정서 반응이 사라짐

② 주변에 대한 인식이 흐려짐

③ 현실감 상실derealization: 세상이 실제적이지 않다고 느끼거나 자신이 환경과 유리되거나 환경의 일부분이 아니라고 느끼고, 이전에는 친밀했던 장소들에 대해서도 생경함을 경험함

④ 이인증depersonalization: 자기가 신체와 분리된 경험이나 '두 장소에 있는' 느낌을 동반한 자신의 신체, 정체성 또는 자기에 대한 혼란된 지각을 보임

⑤ 해리성 기억상실증a type of dissociation amnesia: 자신에게 일어났던 일의 한 가지 또는 그 이상의 중요한 측면들을 기억하지 못함

C. 다음과 같은 방식들로 외상 사건을 지속적으로 재경험한다. 즉, 되풀이되는 심상, 생각, 꿈, 착각, 환각 또는 플래시백flashbacks, 외상 경험이 생생하게 되살아남을 보이거나, 사건을 회상시키는 것에 노출되었을 때 고통을 느끼는 경우가 이에 해당한다.

D. 외상을 회상시키는 모든 자극생각, 장소, 사람 등을 지속적으로 회피한다.

E. 불안 증상과 각성의 증가가 현저하다예를 들면, 수면문제, 과민성, 집중력 저하, 깜짝 놀라는 반응의 증가, 안절부절 못함.

F. 사회적, 직업적 또는 다른 영역에서 원활한 업무를 수행하는데 혼란을 경험한다.

G. 이와 같은 상태가 적어도 이틀간, 최대 4주간 지속되며, 외상 사건이 일어난 지 4주 이내에 발생해야 한다.

출처: APA(DSM-Ⅳ, 1994). pp.431-432.

⑦ 신체적 각성고혈압, 깜짝 놀라는 반응 등을 포함한 외상 사건 동안 혹은 그 직후의 즉각적인 반응과 회피 또는 마비 증상들을 보이는 경우

따라서 탈북난민의 외상에 대한 이해와 개입은 좋은 관계를 형성하여 통찰력 있는 사정을 할 때 가능하다고 할 수 있다. 단지 현재의 증상이나 상황을 가지고 탈북난민의 외상을 제대로 이해하기 어려우며, 그들 자신이 가지고 있는 대처능력과 자원 그리고 각각의 경험들을 충분히 반영할 수 있어야 한다. 이러한 과정으로 진행하기 위한 간편한 방법은 존재하지 않으며, 오랜 기간 탈북난민을 진심으로 이해하려는 마음으로 접근하는 것이 필요할 것이다.

2) 외상의 과정

인간은 자신이 전혀 예상하지 못한 충격적 경험을 하게 되면 신체와 정신은 그것을 감당하지 못한다. 이와 같은 경우는 주로 사망, 치명적 질병이나 장애와 관련되는 것으로 외상이라고 부른다. 탈북난민들은 주로 남한으로 이주하기 이전의 탈북과정에서 이러한 외상을 경험하게 된다. 탈북난민들의 외상은 친지의 사망, 극단적 기아, 심각한 신체적 질병, 감옥에서의 고문 등이다엄태완, 2009a. 이러한 죽음의 공포는 전쟁 군인의 심리적 진행 연구를 통해서 이해의 폭을 넓힐 수 있다. Shaw1987에 의하면, 전쟁터의 군인은 자신의 죽음과 부상을 부인하기 위해서 세 가지 방어적 기법을 사용한다고 하였다. 첫째, 자신에게는 어떤 총알이나 폭탄도 떨어지지 않고 다른 사람이나 장소에서 다른 누군가가 죽는다는 완벽한 인간적 신화를 쓰게 된다. 둘째, 그들은 보다 전능한 누군가가 자신을 보호할 것이라는 신화를 가지는데, 이는 신비한 능력을 지닌 지휘관이 자신을 보호할 것이라는 망상을 가진다. 마지막은 집단적 신화로서 자신들의 군대는 막강하여 반드시

그들을 보호할 것이라는 믿음이다. 이러한 위기에 처한 군인들의 심리적 현상을 '안전에 대한 착각'으로 개념화 하였다Shaw, 1987.

그러나 이러한 두려움을 자신 밖의 일로 떼어놓는 일은 오래 갈 수가 없다. 자신의 가까운 곳에서 다른 사람이 부상을 당하거나, 지휘관이 사망하거나, 자신이 속한 군대가 패배할 수도 있다. 이러한 상황이 되면 이전의 안전착각 현상은 점점 사라지고 내부적 위험을 의식적으로 깨닫고 철저하게 무기력해지나 극단적 불안을 경험할 수 있다. 그 다음에는 적들이 나를 죽이려 할 것이고, 나는 죽을 것이라고 생각한다. 어떠한 방법도 없이 기적이 일어나기를 기다릴 수밖에 없게 된다정문용, 2004. 탈북난민의 경우에도 탈출과정에서 이와 같은 무기력 상황에서 간절히 기도하는 장면을 볼 수 있다. 다음은 북한감옥에서 고문과 기아를 경험한 한 탈북난민의 회고내용이다.

> "저는 오직 살아야한다. 그러니까 배고픔도 못 느끼겠고요. 추운 것도 못 느끼겠고요. 그러니까 오직 여기서 죽으면 안 되는데 우리 언니들 우리 형부들 우리 사촌들 친척들 내 때문에 우리 가문에 오점을 남기면 안 되는데, 내가 탈북을 하더라도 가족들은 무사하게 하고 내가 넘어가야지 내 하나 편해지려고 가족들 죽이며는 나는 진짜 여기서 죽으면 안 되는데, 나가서 죽는 것보다 못하다. 오직 그런 생각뿐이 안했거든요. 그러면서 그때는 북한에서 하나님이 무엇인지 부처님이 무엇인지도 모르는데 그냥 한순간에 학~ '나는 살고 싶습니다.'하는 막... 그런 의지 하려는 그런 기도가 막 나오더라고요. 기도라기보다는 막 간절한 막 그런게 나오더라고요." (탈북난민 여)

그러나 이러한 기도와 같은 반응은 인간으로서의 자신이 가지는 한계와 취약성을 인식하게 될 때는 무망감hopelessness으로 발전하게 된다. 지금까지 자신이 생각하였던 삶의 방식과 확신이 사라지게 될 때 점차로 불안이 증가하게 되며, 그것을 억제하지 못하게 된다면 불안에 압도당하게 된다. 탈북난민의 경우에도 탈북과정에서 가족이나 친지의 죽음을 목격하거나 북한 감옥에서 동료들이 견디지 못하고 사망하는 경우에 불안은 극에 달하게 된다. 다음은 이러한 무망감을 극복하고 북한의 감옥에서 희망을 가지고 끝까지 살아남은 사람의 이야기이다.

> "항상 감옥에서 갇혀가지고 나오려고 고생하는 그런 악몽이라던가, 그리고 몸이 안 좋아가지고 거기서 환경이 안 좋고 더럽고 이렇다 보니까, 그 각종 이런 벼룩이 빈대 모기 뭐 이런 거 독이 많이 퍼진, 그 벌레들 자체가 독이 많아요. 습하고 냉한 곳에 더러운 곳에서 서식하다보니까 한번 물렸다 하면은 얼마나 온몸이... 그런데다가 잡지도 않고 막 가만히 앉아있으면 옷에 벼룩이가 몽땅 들어가 가지고 두두두두두 내 몸이 몸이 아니거든요. 그러니까 말 그대로 그 사람들이 고문을 안 해도 나는 고문을 당하고 있는 거예요. 그 벼룩들한테. 신기한 거는 벼룩들이 얼굴만은 안 물더라고요. 요 귀부터 시작해서 요 온몸을 물어가지고 하여튼 내 살이 이렇게까지 돌아오기가 한 3년은 걸렸습니다. 피부가 이렇게 돌아오기까지가. 3년이 걸렸고 하여튼 참 지금도 생각하면은 어떻게 거기서 견디고 버텼을까! 사람들은 그 상황을 견디지 못하고... 그러면서 나올 때 간수들이 그러더라고요. 거기서 그렇게 견딘2년 동안 감옥생활 사람은 역사상 내가 처음이랍니다." (탈북난민 여)

탈북난민 여성들의 경우에는 성폭력으로 인한 심각한 외상을 경험하게 된다. 다음은 한 탈북난민 여성이 전하는 간접 사례이다.

"성폭력 이야기는 많이 들었어요. 감옥생활하면서도 많이 들었고, 하여튼 진짠가 거짓말인가 할 정도로 잔혹한 일을 당한사람들이 많구요. 또 어떤 하나원에 있을 때 어떤 애들은 C나라에서 치를 떠는 애들이 많더라구요. 그 정도로 많이 당하고 그러니까 결국에는 성적으로 많이 당하고 성폭력 같은 거 많이 당하고 원하지 않는데 하여튼 얼굴이 조금 반반하고 괜찮은 애들은 조금 상품가치를 느끼고 팔아먹고, 그래도 팔려가면 괜찮은... 행운이고 팔리지를 않고 이런 술집이나 윤락가로 그런데로 팔아버리고 자기네가 이용을 하면은... 그리고 돈도 안주고 자기 몸을 팔아서 몸을 팔게 하고 강압적으로 본인이...

북한사람들은 북한에서 순수하게 살다가 갑자기 이래하면은 참 그게 힘들거든요. 죽음보다 더 힘든 그런... 성적으로 이리 당하는거는 너무 고통인데 그렇게 안하면은 위협을 하니까, 북한에 보낸다거나 공화국에 고발을 한다. 이런 완전히 최악의 약점을 가지고 북한사람들을 위협을 하고 협박을 하면서 자기네 돈벌이로 생각을 하는 거죠. 그래가지고 그렇게 돈을 벌게 해가지고 그 돈을 다 빼앗아간다 아닙니까. 일부분만... 생활할 수 있는 일부분만주고. 다 자기네가 빼앗아가고. 그렇게 해서 또 돈을 벌게 하고 또 자기네는 자기네대로 언제든지 그 여자들을 마음대로 농락을 하고 그러니까 그런 걸 너무나도 견디기 힘든거지요.

북한에서 이제 잘 아무것도 모르는 상황에서 그 정신적인 충격에서 쉽게 못벗어 나더라구요. 한국에 와도 그 충격에 쉽게 벗어나지... 못잊지요... 그러니까 그런게 생활의 연장이 되지요. 보통 결혼한 기혼자들은 그런데 안 팔려가거든요. 거의 결혼한 기혼자라해도 나이가 젊고 이쁘고 금방 결혼한 기혼자는 이용을 하지만은 보통 아가씨들이 그렇게 이용을 많이 당하거든요. 북한사회에서는 아가씨들이 결혼 전에 연애하고 남자하고 같이 동침을 한다던가 이런 거는 거의 없거든요. 보통 북한사회에도 특별한 애들이 있어서 간혹 한 두 명은 있을라나 거의 우리 때까지만 해도 결혼 전에 남자하고 손잡으면 애기생기는 줄 알고 막 기겁을 하고 그 정도로...

그런 상황에서 C 나라에서 그런 성폭행을 당하면은 정신적인 충격이,.. 너무나도 충격이 예 평생 정신적인 충격이고 그 충격에서 벗어 못나고 계속 그게 생활의 연장이 되더라구요. 그게 어느덧 생활의 습관이 되버린거 있죠. 포기하고... 자포자기 한 상태가 되어 버리죠. 북한에서는 한 남자한테 정조를 줘야 되고 순결을 줘야 되고, 북한사회에서는 그렇게 생각하고 살았는데 C 나라에 와서 이미 그런 걸 다 빼앗겨버렸으니까 이제는 포기해가지고 그런 생각조차도 안하는 거 있죠. 그냥 내 편하게 즐기면서...

그러는 경우도 있고 또 팔려갔는데 같이 살던 남자가 돈 주고 이 북한여자를 샀잖아요, 데리고 살다가 이 여자가 마음에 안 들었다 하면은 또다시 자기가 돈을 받고 또 다른데 팔아넘기는 거 있죠. 그 팔아넘기는 과정에 말을 안 듣는다 던가 우리도 인간인데 여기저기 팔리면 얼마나 기분이 안 좋겠습니까? 그래도 내 의사표현을 마음대로 할 수가 없는 거예요. 의사표현을 마음대로 했다가는 거기서 무슨 또 일을 당할지 모르거든요.

최고약점은 북한에 넘기는 거... 넘긴다. 또 어떤 애들은 북한에 잡혀 가는 게 더 낫다. 제발 나를 예~ 그 상황이 너무 견디기 힘드니까 나를 제발 고발해서 북한에 넘겨 달라. 이렇게 요구하면은 뭐... 어떤 저 지방에는... 농촌에 가면은 홀 애비촌이라는게 있거든요. 그 동네전체가 장가를 못가가지고 여자가 너무너무 귀해가지고 그런 동네에 팔아넘기는 거 있죠. 북한에 넘기지도 않고 말 안 들으면 그게 완전 최악의 고문이거든요. 그 동네에 팔려가면 한남자의 여자가 되는 게 아니고 그 동네의 여자가 되야 되거든요. 윤락가 가는 거보다 더 한심한 경우거든요. 거기서는요.

그런 곳으로 가는 여자들이 간혹 있다 하더라구요. 그래 말을 들었는데... 거기서 막 이래하다 보면은 동네에서 막 오늘밤은 이 남자하고 자고 내일 밤은 다른 남자하고... 그 동네에서 사는 거지죠. 그 동네의 여자가 되는 거지요. 그래가지고 예를 들어서 임신이 됐다 하면은 오늘밤 이

집에서 애를 낳다 하면은 이집애가 되는 거지요. 누구애인지도 모르고... 그렇게 하다가 못견뎌가지고 도망을 쳤다 하면은 손발을 딱딱 잘라놓는 답니다. 잘라가 도망을 못치게 발자르고 손을 잘라가지고 돼지우리 같은데... 집에도 안 있게 하고 이런데 철창 속에 가둬가지고 거기서 그 짓거리를 한다고 합니다. 그런 경우가 있다고 들었거든요. 그러면서 진짜 그거는 말로 들을 때는 그렇지만은 너무너무 우리는 가슴이 아파가지고 치를 벌벌벌 떨거든요. 그런 C 나라에서 그런 수모를 많이 겪고 이래하니까" (탈북난민 여)

2. 외상적 사건의 결과

탈북난민들은 외상 사건을 경험하고 남한으로 이주한 이후로 오랜 기간 동안 다양한 어려움을 경험하게 된다. 외상 사건으로 인한 주요 증상은 일차적 증상과 이차적 증상으로 구분된다김순진 · 김환, 2000; 오수성 외, 2009; Herman, 1997.

1) 일차적 증상

일차적 증상은 '외상적 사건의 재경험', '지속적인 회피와 마비', '각성 수준의 증가'로 구분할 수 있다. 외상적 사건의 재경험은 반복적이고 침투적인 회상외상적 사건들이 의도하지 않았는데도 자꾸 떠오르며, 이때 강렬한 불안과 공포에서 호흡곤란, 혈압상승, 심계항진과 자신이 미쳐버리거나 죽을 것 같은 느낌, 반복되는 괴로운 꿈과 악몽수년에서 수십 년 동안에 실제 경험된 악몽, 그 상황에서 일어날 수 있었던 악몽, 원래 경험과 다르지만 불가능하지 않은 악몽, 현실과 완전 유리된 악몽, 외상적 사건이 재발하고 있는 것처럼 행동하거나 느낌이러한 경우 통합적인 기능인 의식, 기억, 정체감, 환경에 대한 지각의 붕괴를 동반하는 해리적 반응과 과거경험에 대한 생생한 재체험 플래시백 경험, 상징적 단서에 노출되었을 때의 심리적 고통원래의 외상적 사건과 비슷하거나 상징적으로 나타내는 사건을 경험하게 될 때 고통이 심해짐, 생리적 재반응경험한 외상적 사건과 유사한 상황에서 당시의 불안정한 생리반응이 나타남 등이다.

"꿈에서 악몽을 꾸게 되죠. 그다음에 아침에 눈뜨고 밤새도록 눈만 감으면 악몽에 시달리거든요. 철조망에서 막 빠져 나올라고 하는 막 그런 거. 뭐 깊은 구렁텅이에서 이리 헤어져 나오려는 그런 꿈을 많이 꾸거든요. 그러니까 악몽이지요. 사방이 철조망에 시달리고 이랬는데 거기서 나오려고 발버둥치다가 눈을 뜨면은 '아 이게 꿈이야 생시야.' 눈을 뜨면 이게 한국집인거 있죠. 그러니까 꿈속에서는 너무나도 그게 긴장하고 절박한 그게 꿈속에서 계속되는 거... 그래서 눈을 뜨면 이게 꿈인가 생시인가 하는 이런 상황이 몇 년 동안 지속되고 눈을 떠도 자리를 박차고 일어서야 되는데 못 일어 서겠더라구요. 기가 너무 빠져.. 꿈을 꾸는 동안 너무 기가 빠졌는지 눈을 떠가지고 일어나는 과정이 하여튼 2시간이 걸릴 정도로 못 일어 나는거 있죠." (탈북난민 여).

지속적인 회피와 마비는 회피행동회피는 외상과 관련되는 생각, 느낌, 대화뿐 아니라 외상이 회상될 만한 장소와 행동 및 사람들에게까지 적용됨. 불안을 감소하기 위해서 생각을 멈추지만 심하면 모든 사고, 지각, 감정, 언어반응을 멈추는 심리적 마비, 심인성 기억상실외상적 사건의 여러 측면을 기억하지 못하는 것, 주요 활동에의 흥미 감소예전에 참여했던 활동들에 대해 흥미를 상실, 타인으로부터 소원해지거나 분리되는 느낌대인관계에서 타인과 정서적으로 가깝게 지내는 것의 어려움을 경험하며 생존자로서 고통과 슬픔을 표현해야 한다는 사회적 압력 등으로 이질감과 고립감 느낌, 정서 범위의 축소극단적인 상황에서 기쁨, 슬픔, 증오, 공포 등의 감정을 느끼면서 살아가기가 너무 힘들었으며, 차라리 아무런 감정 없이 살아가는 것이 더 용이함, 미래가 단축된 느낌철학적 비관주의, 짧은 인생, 미래의 또 다른 재앙, 결혼이나 자식을 갖는 것 포기, 직업이 없을 것으로 생각 등이다.

"그러면서 체력적으로 그게 한계가 오게 되죠. 겉은 멀쩡합니다. 겉보기에는 멀쩡하고 병원가도 병명이 없어요. 근데 하여튼 기가 빠져가지고 한의원에 가면 맥이 안 잡힌다네요. 팔십 먹은 노인네들보다 더 맥이 안 잡히고 피검사를 해보면 피가 빵빵하게 알이 차야 되는데 펑펑 구멍이 뚫려져 있고 그렇다 하더라고요. 그러면서 하여튼, 기운이 기가 빠졌다고 할까예. 너무 이제 체력이 긴장 하는걸 그런 걸 많이 겪다보니까 기가 빠져가지고 조금만 이런 일을 겪게 되면 온몸에 피가 다 빠져나가는 그런 듯한 느낌을 많이 받는다던가 하여튼 기운이 없고 그러니까 애들도 돌봐야 되고 이랬는데 너무 체력이 안 따라주니까... 한 순전히 악으로 버티다가 애들이 한 5살 정도 되니까. 그때 그전까지는 그래도 누구 돌봐줄 사람이 없었으니까 내가 아니면 이 애들 돌봐줄 그 손길이 없으니까 그래도 견디고 버티고 했었는데 그래하면서도 일을 하면서 버텼는데 5살 정도 되니까 애들이 어느 정도 스스로 활동하게 되니까 그때 완전히 체력이 완전히 소모가 되더라구요." (탈북난민 여)

"원래 나는 사람 막~ 끌어들이기를 좋아했어요. 그래서 촌에 와서는 김치도 이렇게 많이 해서 막 봉지 내서 집집마다 막 노나 주고 옷도 막 주고... 그만큼 내 것을 주어야 다른 사람도 나한테 돌려 준다 뭐 이런 생각으로... 사람 끌길 좋아하는데 이젠 싫어해요... 싫어요. 싫어요. 그거가 싫어요. 그러니까 막 이렇게 회사생활하기도 싫고 무리 속에 들기도 싫고." (탈북난민 여)

각성수준의 증가는 수면곤란가장 일반적이며 땀에 흠뻑 젖어 깨거나 함, 적대감 및 분노의 폭발이유 없는 화냄, 권위나 주변 비지지자에 대한 분노, 집중곤란기억손상, 집중력 곤란, 과제처리의 어려움, 과경계 및 과민 상태외부세계에 항상 경계심과 긴장과 의심하며 심하면 편집증으로 발전, 과장된 놀람반응갑작스런 일상사건에 대한 과장된 놀람 등이다.

"불면증에, 한 3~4년 동안 불면증에 시달렸었죠. 한국에 오자마자... 와가지고... 불면증에 시달려가지고 TV를 보면서 아무리 잠자 보려고 별에 별 그걸 다 해도 잠이 안 오는 거죠. 그리고 어떤 때는 술 한 잔 마시면서 자려고 해도 잠이 안 오고 수면제를 먹어봐도 그래도 잠도 안 오고, 밤새 그냥 새벽 6시까지... 조금 눈이 좀 피로하다 싶으면 시계 보면 새벽6시고 그래 가지고 본 상태로는 한 3~4년을 견딘 것 같습니다. 불면증이 오래됐었거든요." (탈북난민 여)

"그 당분간 진짜로... 과거에 느꼈던... 저한테는 완전히 있다아닙니까... 악으로 조금만 누가 뭐라 해도 짜증나고예 확...마 나가기 싫고 성질이 있다 아닙니까... 완전... 누가 뭐라 해도 고마운 것도 모르고 고마울 수도 없었고예.. 잘해도 반갑지고 않고 제가... 느끼기예 북한사람들 처음 오면 대부분 딱 그렇습니까. 고마운거를 못 느끼거든예 그러니까 그런게... 과거에는 느꼈던게 지 좋을 대로... 과거에는 겪었던게 그게 한으로 남아가지고." (탈북난민 남)

"배신... 배신감... 그러니까 뭐... 우리 예를 들어서 뭐 이런 물이라도 주면 여기 사람이 고맙습니다 하고 몇 번이고 인사를 하고예 그때 후에라도 '너무 잘먹었습니다' 하고 그래 하거든예 그래하는데 그 배신감이라는게 있다 아닙니까... 아 진짜... 뼈저리게 몸에 배겼으니까는... 하루아침에 안 빠지거든예 그러니까 고마운 거를 처음에 못 느낍니다." (탈북난민 여)

2) 이차적 증상

이차적 증상은 우울활력감퇴, 무희망, 무가치감, 피로감, 식욕 및 성욕상실 등, 불안긴장, 신경쇠약, 두려움, 심장의 두근거림, 이유 없는 두려움, 충동적 행동갑작스런 여행, 무단결석, 생활 스타일 변화, 거주지 변화, 물질남용증상의 경감을 위함, 특히 탈북난민들과 이주난민들의 경우에 두드러지게 나타남, 신체화 증상긴장감, 탈진, 근육통증, 두통, 알레르기 증상, 위염 등, 시간감각에서의 변화시간 경과의 잘못된 지각, 시간적 순서의 혼란, 예언력이 있다는 느낌극도의 무기력 상황에서 통제력 회복의 목적으로 영적 능력, 꿈의 예언력 믿음, 자아기능의 변화비융통적성격, 과거 발달단계로 퇴행, 침투적 사고와 느낌, 이미지 피하기 위한 과도한 방어, 생존자 죄의식왜 나만 살아 남았는가, 그들의 파멸은 내 책임, 이주난민들과 탈북난민들에게 나타나는 공통적 현상, 기타 이차적 증상적응문제, 손상된 대인관계, 현저한 성적 하락, 생활방식의 변화, 강렬한 불신감, 배신감 등이다.

> "모든 것이 작은 딸북에 있는 위주였어요. 내가 우리 큰 딸같이 탈북하여 남한에 이주해서 동거하고 있음 보고도 그러지 나 못살아도 작은 애 계산하고 산다. 우리 둘째 언제 데리고 올지는 몰라도 꼭 데리고 오겠다 싶어 가지고, 내가 자꾸 계산 하면서 무슨 책상을 써도 이거 둘째가 오면 같이 써야 한다. 뭐 집구조도 내 마 다 그거 계산 하면서 살았어요."
>
> (탈북난민 여)

3. 외상적 상실

탈북난민들은 수많은 외상적 상실을 경험하게 된다. 사랑하는 가족을 잃거나 소중하게 생각하는 물건을 두고 올 수도 있다. 그러나 탈북난민들의 가장 보편적인 상실 중의 하나는 고향의 상실이다.

1) 고향의 의미와 상실

(1) 고향의 의미

인간의 감각과 기억은 고향의 환경에 영향을 받는다. 모든 사람들은 어렸을 때 경험한 비 소리, 바람, 공기의 촉감과 같은 자연환경이 정서적 안정의 기본 바탕으로 자리 잡는다. 또한 그 지역사람들의 목소리톤, 행동과 감정표현 방법, 음악, 음식과 옷 입는 방법을 배우고 평생토록 공감하게 된다. 이러한 것들은 문화라는 이름으로 개인들에게 스펀지처럼 스며들게 된다. Winnicott1971는 문화를 통하여 그 민족 또는 지역의 경험을 다음 세대에 전달하게 되고, 개인의 자아정체감도 초기의 문화적 경험을 통하여 강화되고 형성되는데, 이는 인간 내부의 자동적인 발달과정으로 일어난다고 하였다.

탈북난민들이 새로운 물리적, 문화적 환경인 남한으로 이주하면서 겪는 당황과 혼란감은 신체적, 정신적 질병으로 나타날 수 있다. 또한 정신적으로도 안정되지 못하면서 영원히 남한사회에 제대로 적응하지 못한다고 느낄 수도 있다. 일반적으로 사람들은 자신들의 문화 속에서 사랑한 것의 상실을 애도하는 방법으로 가지고 있다. 그 중에서도 자신이 살던 곳을 잃는다는 것은 가장 치명적 상실 중에 하나이다. 이는 심리적 상실감과 함께 고향의 사람과 익숙한 환경을 동시에 상실하는 것이 되기 때문에 자신의 일부가 분리되는 느낌과 자아정체감을 심각하게 위협하게 되는 요인이 된다. 탈북난민의 경우에는 일반적인 국외 이주민이나 난민과는 차이는 나겠지만 전체적인 과정은 유사할 것이다. 자신의 고향을 상실한다는 것은 심리적 큰 혼란을 가지게 된다. 고향은 개인적, 집단적 정체감을 형성하는 가장 중요한 바탕이기 때문에 난민들은 방향감각을 상실하고 허전함을 지속적으로 가지게 된다Papadopulos, 2002. 탈북난민들도 다른 사회문화 속에서의 당황과 자신들이 돌아갈 곳을 잃어버렸다는 상실감으로 인한 영향은 상당할 것이다. 다음은 고향인 북한을 떠나는 것이 얼마나 어려운 결정인지를 보여주는 사례이다.

> "많은 사람들이 중국에 가서 중국이 좀 괜찮다. 우리도 함 가볼까 이래 해서예가는 사람은 없고 이 사람들은 자기가 완전, 그 극도의 있다 아닙까... 좀 피할수 없는 그 상황이 좀 안되면은예 안 가려고합니다. 이리 말씀 드려서 좀 죄송한데 교수님면접자도요 예를 들어서 여기에 사신 다 아닙니까... 갑자기 서울 가서 살아라하면 좀 불편하시다 아닙니까! 직업이 요 있는데 저 가서 직업이 바로 되겠는지, 적응이 될는지, 고민거리 많다 아닙니까. 또 그 과정북한탈출이 죽고 살고 하는 문제인데. 난중에 잡히면... 그러니께 잡히면 죽겠고... 안 그렇더라도 한국에서 어떤 결과가 초래한다는 걸 담보도 못하거든요. 그러니까 뭐라해야 되노, 그니까 심사숙고 안하고서는... 죽기 아니면 살기다... 뭐 이런게 아니면 정말어려움" (탈북난민 남)

(2) 고향의 상실

인간에게 고향, 문화, 가족 그리고 사회적 지위의 상실은 삶의 의미를 잃어버리도록 한다. 그 과정에서 심리적 혼란과 삶의 목적도 사라지게 된다. 난민이나 탈북난민들은 이러한 외상적 상황에 처할 가능성이 높다. 탈북과정에서 가족을 잃거나 다시는 돌아갈 수 없는 고향의 상실에 대한 참을 수 없는 심리적 고통은 자신의 생존을 위해서 심리적 방어기제를 작용시킨다. 이와 같은 상황에서는 극단적인 분리splitting와 자아 분열을 일으키게 된다 Alcock, 2003. 탈북난민들은 외상의 경험 속에서 살아남더라도 심리적 공허감과 의미 상실이라는 대가를 치루게 된다. 탈북난민들은 이와 같은 상실을 회복하거나 새로운 생명력, 목적, 의미를 되찾는 것이 어렵다고 항상 생각하게 된다. Freud[1920]는 반복적으로 나타나는 강박은 일상적으로 어떤 일을 수행하는데 극단적인 어려움을 가져온다고 하였다.

탈북난민들이 남한에 이주하면서부터는 영원히 그들의 고향을 상실하는 것이다. 그들은 결코 돌아갈 수 없으며, 돌아간다고 하더라도 고향과 자기 자신 모두 과거를 그대로 간직하고 있지는 않다고 생각할 것이다. 탈북난민들의 과거 집착의 반복적 사고에서 벗어나서 현재의 일상생활로 이동하여 미래로 목적의식을 가지고 나아가게 하는 힘은 무엇일까? 아마도 그것은 현실을 인식하고 그대로 받아들이는 작업이 일차적인 과업일 것이다. 모든 것이 완벽한 새로운 출발이 아니라 혼란과 고통을 가진 인간으로서 현실적 삶을 살아가야 한다는 인식이 중요하다고 할 수 있다.

[향수병]

향수병homesickness은 자신이 사랑하고 당연하게 느끼던 오래된 환경의 상실에 대한 반작용이며, 새로운 낯선 환경에 대한 이질감, 변화된 생활방식과 기후 그리고 음식 및 다양하게 부딪히는 생활스트레스에 대한 반작용이기도 하다[Alcock, 2003]. 향수병은 계속되는 슬픔, 수면 장애, 무기력이 나타나며 심지어는 심계항진과 바보가 된 듯한 느낌을 가지게 된다[Fiennes, 2002]. 탈북난민들의 경우에는 이주민들과 달리 현재로선 자신의 고향으로 돌아갈 수 없는 상황이다. 특히 가족도 없이 혼자서 생활하고 있는 경우에는 심리적, 정신적으로 상당한 혼란이나 고통 속에서 살아갈 수밖에 없다. 남한사회에서 제대로 적응하지 못할 경우에는 더 이상 갈 곳이 없다는 심리적 압박감에 시달리게 되고, 이는 신체적, 정신적 문제가 나타나게 될 것이다. 이와 동시에 남한주민들의 탈북난민에 대한 적대감과 차별은 어려움을 더욱 증폭시키게 할 것이다. 고향으로 돌아갈 수 있지만 현실적 여건으로 가지 못하는 것과 전혀 불가능한 상황은 다르다. 탈북난민의 경우에는 후자에 해당하며 이는 더욱 향수병을 불러일으키게 될 수 있다.

2) 상실의 심리적 역동

탈북난민들은 다양한 이유로 남한에 이주하지만, 주로 생존이나 보다 나은 삶을 살 수 있는 방법을 찾기 위해서이다. 외부적 사건에 대한 외상과 마찬가지로 좋은 내적 대상의 상실에 대한 외상의 정신분석적 이론들이 있다. 프로이드는 애도mourning와 우울melancholia을 구별하면서 어떻게 상실 이후에 삶의 목적과 의미를 회복하는지에 대한 과정을 설명하였다. 그는 우울이란 자존감을 상실하고 자신을 가치 없이 생각하고 처벌받기를 원하는 감정으로 설명하였다. 또한 불합리하게 위협받고 있다고 느끼거나 심지어 고통을 즐기거나 드러내놓기를 좋아하는 것처럼 설명하였다. 그러나 애도는 상실로 인해서 고통을 받는 사람들이 나타내는 과정이다. 이들은 사랑하는 사람대개 어머니, 좋은 대상이 자신을 버렸다고 생각한다. 이들은 이전에 좋은 대상과 가졌던 깊은 애착이 거절과 무관심에 의해서 깨져버렸다고 생각한다 Alcock, 2003.

그러나 생존을 위해서 상실한 대상의 사랑을 어느 정도 보존해야 한다. 이러한 고통스런 현실을 피하기 위해서 자신을 전지전능한 사람으로 만들어서 자신을 버리고 떠난 사람과 동일시하여 자신을 비난한다. 자신을 버린 사람에 대한 책임이 자기 자신에 있다고 느낀다. 그러므로 자신을 버리고 떠난 사랑한 사람에 대한 분노와 좌절을 표현하는 대신에 공격성이 자기 자신에게로 향하게 된다. 자기 비난은 사랑한 대상에 대한 비난이 자아로 이동하게 된 것이다. 이는 애착을 유지하기 위해서 사랑하는 사람과의 관계를 포기하는 것이 아니라 공격을 다른 방법으로 하여 이미 떠나간 사랑하는 사람을 이상화하여 다시 보유하게 되는 것이다. 이를 통하여 초기 발달단계의 자기애적 유기abandonment에 의해서 불러일으킨 분노와 미움으로부터 사랑하는 사람을 보호하게 된다Alcock, 2003.

만약 좋은 대상의 사랑을 포기할 수 없거나 심지어 대상 그 자체가 사라지고 없더라도 자기애적 동일시가 일어나게 된다. 그 이후에 증오는 자기학대로 나타나게 되어서 상실의 고통은 가학적인 만족으로 자신의 일부가 된다. 외상 사건으로 인하여 자신을 공격하거나 그것으로 고통을 받는 사람들은 어느 정도 가학적 또는 피학적 상황이 존재한다. 자기학대는 동일시를 통하여 상실한 대상과 계속 관계하고 있다는 믿음을 가지게 한다. 동일시한 자신을 가치 없다고 여기고 사랑한 대상에 대한 증오와 분노는 알 필요가 없게 된다. 이것은 외상으로 인하여 생존이 흔들릴 때 나타나는 극단적인 방어이다. 그러나 상실의 고통이 클 때 이러한 방어는 나타나게 될 것이다. 다음은 이와 같은 과정을 경험하는 난민 여성의 사례이다Alcock, 2003.

북아프리카의 18세 된 소녀는 고국과 가족 그리고 문화의 상실로 고통을 받았지만 더욱 즉각적인 위험 때문에 표면에 드러나지 않았다. 그녀의 불안은 다시 고국에 보내지는 것이었고 편집증과 무가치감은 더욱 그녀를 괴롭혔다. 역설적으로 많은 난민들의 고국은 보고 싶은 장소이기도 하지만 생명을 위협하는 곳이기도 하다. 게다가 이러한 위험은 편집증적 환상이 아니라 긴박한 현실이다. 상담에서 그녀는 영국으로 이주한다면 안전할 것이라고 생각했다면서 얼마나 어렵게 왔는지를 계속해서 울면서 설명하였다. 그녀의 어머니는 어렸을 때 사망했으며 아버지는 대학에서 일했으며 그곳에서 정치적 발언을 하다가 실종된 후 본 적이 없다고 하였다. 다른 형제자매들은 쫓겨났으며, 그녀는 할머니가 숨겨주었고 영국으로 밀입국 할 수 있었다. 그녀는 어떠한 소식도 알려고 하지 않았다.

그녀는 문화가 다른 소녀들과 함께 공동 주택에 거주했다. 그녀는 이방인들과 함께 지내는 것이 어렵다고 생각했으며, 다른 소녀들이 그녀를 적대시한다고 느꼈다. 그녀는 피부 문제로 의사에게 가서 신체적 고통을 호소하였다. 3 주전에 그녀는 신발 끈을 묶다가 그것으로 자신의 목을 맬 수 있다는 상상을 하였다. 그녀는 스스로 자신을 자해할 수 있을지도 모른다는 두려움으로 떨고 있다고 상담가에게 말하였다. 그녀는 개인적 위험이 있으며 가족들이 납치되었던 그 도시로 다시 보내질 가능성 때문에 그 당시에 경험하였던 두려움이 지속되었다. 과거의 외상은 생생하였지만 그것에 대해서 생각하는 것은 너무 큰 고통이었다. 그녀는 기억할 수도 없으며 알기를 원하지도 않는다고 하였다. 이 소녀와 같이 고향이나 문화의 상실은 다른 쇼킹한 사건이나 좌절된 경험이 동반되어 복잡한 양상으로 나타난다[Alcock, 2003].

참을 수 없는 고통을 경험한 사람들은 해리[disassociation]라는 방어를 통하여 생존을 계속하지만 심리적 대가는 크게 치루게 된다. 외부의 외상은 정신을 분리할 수 없지만, 심리내적 외상은 정신을 분리할 수 있다[Kalshed, 1996]. 외상의 외부적 현상은 끝나지만 심리적으로 외상은 계속해서 개인 안에서 상처를 내게 된다. 이 사례에서 그녀의 분노와 공격성은 자신에게 만으로 향하게 된다. 그녀의 악마적 분노 대상은 분리된 자기 자신 안에 존재하여 평생토록 그녀를 괴롭히게 된다.

Winnicott[1971]는 외상 사건이 발생하면 자아의 계속성이 단절되고 존재의 영속성에 의문을 가지게 된다고 하였다. 이는 발달초기의 모자관계로 설명할 수 있다. 심리내면의 좋은 대상[사랑하는 어머니]에 대한 정신적 표상[representation]은 아이를 끊임없이 돌보는 실제적 어머니의 행동에 의해서 유지된다. 어머니가 눈앞에서 사라지고 자신의 욕구를 채워주지 못할 때 아이는 어머니의 존재를 기억하거나 다시 돌아올 것을 생각하는 정신적 능력이 없다. 아이가 사라진 어머니의 존재를 X시간만 기억할 능력이 있다면, 그 이상의 시간동안 부재할 때 어머니의 이미지는 점점 희미해지고 마침내는 사라지게 된다. 이 때 아이는 디스트레스를 경험하게 되지만 어머니가 x+y 시간 이후에 돌아오게 되면 다시 편안해지고 디스트레스는 수선된다. 아이에게 큰 문제는 없다.

그러나 아이가 어머니의 존재를 기억할 수 있는 시간을 지나치게 초과한다면이 시간을 z라 칭함, 즉 x+y+z시간, 아이는 외상을 입게 된다. 어머니가 x+y+z시간 이후에 돌아온다고 하더라도 아이의 외상은 수선되지 않아서 원래 상태로 유지되지 않는다. 이 상황에서 외상은 아이에게 삶의 계속성의 단절을 의미하는 것이다. 이것은 아이가 혼자 남겨져 자신이 소멸된다는 공포로 발생하는 알 수 없는 불안이 반복되거나 자아구조 붕괴의 급성 혼란에서 벗어나기 위해서 초기의 방어기제를 사용하게 된다.

이와 같은 어머니와 관계 단절은 아이에게 정신적 위기를 가지고 온다. 또한 이것은 생존을 위해서 필요한 신뢰를 유지할 수 있는 존재의 영속성을 훼손하는 상황이다. 회복은 초기에 제공된 계속성을 다시 유지하도록 출발하는 것을 의미한다. 이것은 존재의 계속성의 단절을 경험한 어른들에게도 마찬가지로 적용된다Winnicott, 1971.

외상은 개인에게 존재감의 단절 또는 중단을 의미하는 경험이다. 외부의 외상은 개인 전체에 광범위하게 영향을 미치게 된다. 현실을 개인이 통제할 수 없을 때 방어도 마찬가지로 극단적으로 향하게 된다. 이 경우에 마음은 전혀 통제할 수 없는 방향으로 흐르게 되며, 개인은 생존을 위해서 다른 사람들이 미쳤다고 생각하는 방어들을 사용하게 된다Garland, 1998.

칠레에서 이주한 난민학생의 사례이다Alcock, 2003. 수 시간 동안 작은 상자안에 감금되어 있을 때 마치 의식이 그의 신체에서 분리된 것처럼 생각하였다. 이것은 그의 손발에서 발생하는 극심한 통증을 벗어나는 유일한 방법이었다. 또 다른 베트남에서 이주한 학생은 다음과 같이 회상하였다

Alcock, 2003. 낮과 밤의 기온차가 극심한 곳에서 쇠창살로 만든 상자 속에서 여러 날을 갇혀 있었는데, 신체로부터의 해리가 너무 심해서 유체이탈을 경험하기도 하였다. 신체로부터 정신의 분리는 정신병의 증상이다. 그것은 참을 수 없는 신체적, 정신적 고통으로부터 생존하기 위한 자구책이다. 사람들은 외상 사건 이후에 다시 삶을 살아가지만 그 영향은 사라지지 않는다. 이 두 학생들도 자신들이 당한 고문 장면을 떠올릴 수 있는 현실이 발생하게 된다면 또다시 억압된 외상 경험의 문제들이 표면으로 나타나게 될 것이다. 이러한 고문장면을 다시 떠오르게 만든 사람들과 관계할 때 이들은 그 당시의 고문자와 동일시하여 적대시하거나 분노감정을 폭발할 것이다.

비정상적 방어는 생존을 가능하게 할 수 있다. 그러나 극단적 자극 아래에서 정상적인 방어기제는 완전하게 생존을 보장할 수 없다. 외상적 경험은 정상적 삶에 대처하고 초기의 공격성과 두려움을 관리하기 위해서 조직된 방어체계의 단절을 가져온다. 외상적 경험은 개인의 정상적 방어기제에 의해서 잘 관리되던 초기의 두려움과 환상을 다시 일깨우며 현재의 외상적 사건과 합쳐져서 더욱 불안을 증가하게 할 것이다. 외적 사건은 붕괴를 의미하는 마음속 깊은 불안과 만나게 된다. Winnicott1971가 말한 존재의 계속성 단절이 너무 오래되는 것이다. 즉 모자관계에서 나타나는 단절인 x+y+z의 시간이 너무 길어지는 것이다. 시간이 지나도 외상 사건이 사라지는 것이 아니라 개인의 정신 속에 그림자로 남아 있는 것이다. 마치 구름이 태양을 가로 질러서 다니듯이. 외상의 경험은 극복되는 것이 아니라 함께 간직하면서 삶을 사는 것이다.

외상을 경험한 사람들은 그것을 기억하지 않고 회피하려는 극단적 방어를 사용한다. 그러나 회복은 외상 사건을 기억하고 구체적인 과정을 확인하는 것을 의미한다. 외상을 경험한 사람들은 그들의 증상에 대처하는 방법과 외상으로 인한 상실을 애도할 수 있는 방법을 찾아야 한다. 또한 개인적 분노와 공격성을 알고 대처할 수 있어야 한다.

외상적 사건은 초기의 미해결된 고통과 갈등을 재현할 수 있으며, 더욱 복잡하게 만들어서 개인의 회복에 영향을 미칠 수 있다. 외상적 사건에서 회복은 발달초기 의 경험에 의해서 영향을 받을 수 있다. 발달초기에 가치 있고 사랑받는 아이로 기억된 개인들은 회복에 도움이 되는 요인이 된다. 그러나 발달초기에 유기되거나 방임된 아이들은 외상 경험을 통해서 다시 자신이 무가치하다고 느끼거나, 심지어는 자신은 그러한 고통을 당연히 받아야 하는 사람으로 인지할 수도 있다. 이러한 사람들은 즉각적인 문제들에 대처할 수 있는 지지적 개입을 실시해야 한다. 어떤 경우에는 장기적 치료 개입이 필요할 수도 있다.

3) 의미부여와 회복

(1) 의미부여

만약 외상적 사건에 의해서 개인에게 존재의 영속성이 단절된다면 이전으로 그대로 돌아갈 수는 없다. 그러나 인간은 외상으로 인한 혼란을 극복하고 새로운 패턴을 창조할 능력도 가지고 있다. 개인의 모든 경험의 질은 그들의 심리내적 자원들과 자아 능력 그리고 생존을 유지한 경험에 의해서 영향을 받는다. 외상을 경험한 탈북난민들은 악몽과 무기력 등을 경험하지만 개인에 따라 유머와 창조성을 통해서 회복에 이르는 시간과 질은 다를 것이다.

개인이 희망을 마음속에 가질 수 없을 때 구체적 대상object은 매우 유용하다. 난민들은 그들이 고국에서 도망칠 때 중요하다고 생각하는 어떤 구체적인 물건을 가지고 간다. 과거의 사람이나 장소를 상징하는 어떤 대상물은 내재화된 대상표상을 생각나게 하는 의미로 작용하게 된다. 과거를 상징하는 실제적 대상물은 사랑, 희망 혹은 존재감을 부여하는 부적과 같이 중요하게 작용할 수 있다. 난민들은 그들의 가족이나 고국을 상징하는 어떤 것 대상을 지니고 있는 경우가 많다. 다음과 같은 사례들이 있다[Alcock, 2003]. 어떤 한 난민은 어머니의 염주를 항상 가지고 다녔으며, 잠잘 때도 베게 밑에 넣고 잤다. 또 다른 난민은 자신의 사라진 형의 사진을 가지고 있었는데, 이는 그가 사는 동안에 계속해서 기억하고 존중한다는 의미이었다. 또 다른 난민은 고국에서 탈출할 때 출생증명서를 가지고 이주했다. 중앙 아프리카에서 이주한 그의 고국에서 모든 출생이 등록되지는 않지만 이것을 통해서 자신이 존재하고 있다는 것을 증명하는 것이라고 생각하였다. 그것은 그가 생명을 가졌다는 확인이었고 미래가 있다는 느낌을 가지게 만들었다. 또 다른 미혼여성 난민은 작은 향수병을 가지고 왔다. 이 향수병은 그 나라의 문화에서 결혼한 여성이 남편을 유혹할 때 사용하는 것이었다. 그녀는 그것을 언제나 지니고 다녔고 치유 집단에서 유머와 분위기를 고조하는 물건이 되었다. 그녀는 성공적으로 사회에 적응했고 한 남성의 결혼 제안에 대해서 신중하게 생각하고 있다. 심각한 외상에 대한 유일한 치유 방법은 상징적 은유로 서서히 완화시키는 것이다[Kalshed, 1996]. 외상에서 생존한 사람들은 말할 수 없는 것을 말하고 기억속의 이미지에 반응하고 새로운 출발을 위해서 보다 쉽게 어떤 대상물에 의미를 부여한다.

(2) 회복recovery

사람들이 경험하는 외상적 사건은 단지 마음에만 영향을 미치는 것이 아니라 신체에도 부적절하게 작용하며 이를 기억한다. 실제적으로 신체 접촉을 일으키는 마사지massage 치료와 같은 비언어적 개입도 매우 유용한 치유법이다. 외상을 경험한 사람들을 위한 신뢰감 형성은 어머니가 아이에게 하는 것과 같이 안아주고 붙잡아 주는 것과 같은 신체적 반응으로도 재확립할 수 있다. 그러나 신체를 접촉하는 치료는 충분한 사정에 근거하여 신중해야 하는데, 어떤 외상 경험자는 신체 접촉으로 다시 외상을 재 경험 할 수도 있기 때문이다.

이들의 외상 회복을 위해서 외부환경이 변화될 필요도 있다. 이들이 지역사회에 포함되어 있다고 느낄 수 있는 분위기도 중요하다. 비록 모든 것이 낯설고 다르며 자신이 미칠지 모른다는 상황의 새로운 문화에서 친밀하게 자신의 편을 드는 사람과 함께 있다고 생각한다면 자신이 미치지 않고 있다는 사실을 계속해서 상기할 수 있다[Alcock, 2003]. 난민들이 적대적이고 낯선 지역사회에서 그들의 음식과 언어로 말할 수도 없이 고립된다면 외상의 회복은 어려울 수 있다.

만약 지역사회가 탈북난민들을 고립시킨다면 그들은 더욱 편집적인 상황으로 진행될 수 있다. 또한 지역사회가 탈북난민들을 통제한다면 자신의 초자아를 통제하는 느낌을 가지고 죄책감과 무가치감을 드러내게 될 것이다. 심각한 외상을 경험한 탈북난민들은 지역사회의 어느 누구도 믿을 수 없으며 위험한 곳이라는 생각을 하게 된다. 그들은 지역사회 검열과 소문을 두려워한다. 특히 탈북난민들을 적대국가의 사람들로 간주하는 지역사회주민들이 많을 경우에 적대감은 강화될 수 있다. 이러한 적대감은 세대를 거치면서 일종의 문화로 형성되어 있을 가능성이 높다. 탈북난민들의 경우에 남한의 지역사회주민들이 유사한 적대적 문화를 형성하고 있을 가능성이 높다. 이는 외상을 경험한 탈북난민들을 더욱 편집증적으로 만들고 회복을 위한 신뢰감을 재확립하는데 장애물이 될 수 있다.

외상의 영향은 시간이 아무리 지나도 사라지지 않을 것이다. 외상을 경험한 사람들은 저마다 새로운 삶의 의미를 만들며 삶을 살아갈 것이다. 그러한 방법은 외상을 경험한 사람마다 다를 것이다. 그들은 외상에서 새로운 의미를 찾기 위해서 현재에 충실하고 미래를 위해서 일상을 지속할 것이다. 어떤 경우에는 완전히 대처하는 방법을 찾지 못하고 단지 부서진 자아가 충분히 개선되지 않았다는 인식만 할 수도 있다. 그리고 새로운 연결과 새로운 의미를 만들기 위해서 노력할 것이다.

4. 외상의 대처

1) 사회경제적 지위와 고용

외상을 경험하더라도 사회보장이 체계적으로 구축된 나라에서는 외상 후 스트레스 장애와 같은 정신적 문제로 진행되는 확률이 줄어든다. 일반적으로 사회경제적 하위계층으로 이동하게 되면 신체적 건강, 사회적 관계와 지지, 만성 또는 급성 스트레스, 사회적 역할과 생산적 활동의 문제를 통하여 심리적, 사회적, 정신적인 부정적 결과를 초래하게 된다[House, 2001]. 사회경제적 지위와 정신건강의 관계에 관한 연구에서도 인과관계가 실증적으로 입증되지 않았다. 그러나 외상과 같은 정신적 문제에서 사회경제적으로 취약성을 가지는 사람들이 회복으로 가는 과정은 순탄하지 않다.

사회경제적 지위와 정신건강의 관계에 관한 연구들은 크게 3가지 흐름에서 연구되고 있다[BellSouth, 2002]. 첫째는 사회적 원인론Social Causation으로 빈곤한 상태의 지속이 정신건강의 문제를 유발한다는 입장이다. 둘째는 사회적 선택론Social Selection으로 부정적 정신건강이 원인이 되어 낮은 사회경제적 지위로 이동하게 된다는 관점이다. 마지막으로 개인적 성향dispositional이 사회경제적 지위도 낮게 만들고 정신적 문제도 유발하게 된다고 가정하고 있다. 빈곤한 사람들과 정신건강과 같은 부정적 결과와의 관계에 관한 일관된 설명은 아직까지 없다. 빈곤과 정신건강의 관계에서 어떤 변인을 원인으로 보느냐는 사회 환경, 개인의 특성 등에 의해서 달라질 수 있을 것이다.

정신분열병과 같은 정신장애는 사회경제적 지위와 관련성이 있다는 가정 하에 다양한 정책적, 실천적 함의를 찾기 위한 연구들도 있다. 정신장애의 문제를 가진 개인이나 가족이 왜 낮은 사회경제적 지위에 위치하게 되는가에 관한 4가지 가능한 설명들이 있다Eaton et al., 2001: 278. 첫째는 어떤 병인에 의하여 낮은 사회경제적 지위가 정신장애의 위험을 불러일으킨다는 가정이다. 둘째는 원인에 상관없이 낮은 사회경제적 지위가 정신장애의 에피소드 기간을 연장시킨다는 가정이다. 셋째는 정신장애가 사회적인 하향이동을 하게 한다는 가정이고, 마지막으로 정신장애가 원하는 사회경제적 획득을 방해하는 원인이 된다는 가정이다. 4가지의 가정 모두는 정신장애와 낮은 사회경제적 지위와의 관계에 관하여 언급하고 있다.

정신분열병과 같은 심각한 정신장애의 경우에 경제적 문제를 포함한 사회경제적 지위와의 관련성이 지속적으로 제기되고 있다. 또한 심각한 정신장애를 가지지 않은 사회경제적 하위계층에 속하는 사람들의 정신건강 문제도 끊임없는 관심의 대상이 되고 있다. 난민들과 탈북난민들의 경우에는 언어적, 문화적, 교육적인 차이로 인하여 대부분 사회보장제도에 의존하면서 생활하고 있다. 또한 이들이 사회경제적 상위계층으로 이동하기 위해서는 질적으로 향상된 고용이 이루어져야 하지만 실제는 일용직이나 비정규직의 일자리를 확보할 수밖에 없다. 외상으로부터 회복을 위해서는 경제적, 사회적으로 안정된 위치를 확보하는 것이 난민이나 탈북난민에게 매우 중요한 일이다.

2) 사회적 지지, 적응 및 원조 요청방법

(1) 사회적 지지

사회적 지지는 모든 정신건강의 문제에 보호요인으로 작용한다엄태완,

2004. 외상 사건에서도 사회적 지지는 경과와 회복에서 중요한 자원이다. 탈북난민들이 남한에 정착한다는 것은 지역사회 지지의 상실을 의미한다. 또한 확대가족 또는 안정된 가족체계에서 오는 가족 지지도 확보하지 못한다. 외상의 회복에서 일차적으로 중요한 것은 안정되는 것인데, 이러한 기본적 조건을 충족시키지 못하게 되는 것이다. 탈북난민들은 지역사회 지지가 아니라 적대감이나 차별을 경험할 수도 있으며 문화적 고립감과 경제적 책임감으로 정서적 위축을 가져와서 외상의 회복에 어려움을 가질 수 있다.

(2) 적응

난민들은 외국문화에 대한 적응, 정체감, 가치, 행동, 인지, 태도, 감정 등의 변화를 포함하는 독특한 적응 스트레스를 경험하고 있다Berry, 1990. 적응 스트레스는 난민들의 재정착에 의미 있게 작용을 하며, 이는 이주 전후의 외상 사건과 직간접으로 관계가 있다Chung, 2001. 또한 난민들은 재정착 과정에서 경험하는 일상적 스트레스도 적응에 중요한 요인이며 외상 사건에서의 회복에도 영향을 미치게 된다. 외상 사건을 경험한 탈북난민의 경우에도 남한 이주후의 적응 정도가 회복에 중요한 영향인자가 될 것이다.

(3) 원조 요청방법

난민들은 언어적, 문화적인 차이로 심리정신적 문제가 발생해도 원조를 구하는 방법을 잘 몰라서 서비스를 이용하지 못하고 있다Chung, 2001. 특히 정신건강 서비스는 접근방법과 활용도가 사회문화적으로 상당한 차이를 보인다. 탈북난민의 경우에 난민과 달리 언어적 문제는 크게 없지만 남북의 정신건강 서비스 정책과 실천의 방법이 달라서 서비스 접근성에 제약을 가지고 있다. 탈북난민들이 외상으로 인한 외상후 스트레스 장애와 같은 정신적 문제를 예방하거나 치유하기 위해서는 남한의 정신건강 서비스 전달체계에 대한 접근성을 강화시켜야 할 것이다.

3) 외상의 치유과정: HPRT Harvard Program in Refugee Trauma

HPRT는 고문이나 폭행 등을 경험한 난민들의 신체, 정신, 영적인 치유를 위한 유용한 프로그램으로 알려져 있다. HPRT는 외상 사건을 경험한 난민들을 치유하기 위한 임상 개입의 가장 널리 알려져 있으며 효과적인 프로그램으로 알려져 있다. HPRT의 구성요소는 다음과 같다 http://www.hprt-cambridge.org.

(1) 외상 스토리 trauma story

난민들의 경우에는 적어도 하나 이상의 충격적인 경험을 가지고 있다. 난민들의 외상 이야기는 비밀 성폭행과 같은 경우로 드러내기를 어려워하기도 한다. 또한 외상은 밤마다 생지옥과 같은 악몽으로 나타나기도 하며, 새로운 의미와 단서로 매일의 생활에 영향력을 행사하기도 한다. 외상 이야기는 치료의 중심이다. 난민의 외상적 경험에 대한 이야기의 임상 효과는 신체적, 심리적, 정신적 증상을 감소하고 폭력과 고문 생존자에 대한 관심을 강화할 수 있다. 그러나 치료세팅에서는 그들의 이야기를 반복하거나 증명할 수 없으며, 단지 그들의 이야기를 통해서 확인할 뿐이다. 외상 이야기는 환자와 치료자의 관계에서 신뢰를 쌓고 외상의 영향뿐만 아니라 환자의 일상적 생활과의 관계도 확인할 수 있다.

(2) 심리 상태 psychological states

외상을 경험한 난민들은 적어도 4 개의 기본적인 심리 상태를 가지고 감정에 강력한 영향을 미친다. 이러한 심리적 상태에는 굴욕 humiliation, 분노, 복수/증오와 무망감 hopelessness/절망 despair이 포함된다. 심각한 외상을 경험한 난민들은 20년 이상 이러한 심리적 상태를 지속하기도 한다. 이 경우에는 이러한 느낌들을 드러낼 수 있도록 하면서 일상생활과 건강에도 관심을 기울여야 한다. 난민들은 자주 정의에 대한 미해결된 절망과 가해자를 처벌하기 위한 갈망이 일상생활 전체를 뒤덮을 수 있다. 외상 사건과 관련하여 중요하지만 사소하게 취급하는 정서가 굴욕이다. 특히 외부의 폭력에 대한 굴욕감은 수치심, 공포, 분노, 증오로 내재화되고, 분노에 대한 절망은 생존자의 마음과 가슴 속에 점점 자라게 된다. 생존자의 무기력감을 동반한 굴욕은 우울과 절망을 동시에 일으키게 된다. 이러한 감정들은 실제 생활에 영향을 미치는 가족, 친구, 고향의 상실과 같은 일들과 상호관련을 가지게 된다. 외상에 대하여 치료중인 난민들은 사회정의의 이슈에 민감한 반응을 보인다.

(3) 감정적 상태emotional, affect states

HPRT의 치료자들은 난민 자기 자신 문제의 원인과 결과에 대한 통찰력을 달성하도록 도울 뿐만 아니라 폭력이나 고문과 관련된 부정적 정서를 줄이는데도 최선을 다한다. 이러한 감정이 통제되지 않는다면 생존자의 건강과 안녕감에 부정적 영향을 미치게 된다. 심각한 외상후 스트레스 장애와 주요우울장애와 같은 정신병은 난민의 삶과 직접적으로 연관을 가지는 문제이다.

(4) 신체 질환physical illnesses

난민의 고문이나 심각한 폭행은 직간접적으로 의료문제를 수반하게 된다. 일반적으로 심각한 폭력으로 인한 직접적 부상은 두부손상이나 신체장애가 있으며, 여성인 경우에는 성적학대의 결과로 에이즈HIV/HIDS가 포함된다. 또한 간접적으로 생존자들은 우울증과 같은 정신적 문제 그리고 고혈압, 심혈관 질환과 당뇨병이 관련된 질병으로 보고되고 있다.

(5) 안정된 사회복지서비스concrete social services

외상 생존자는 신체적, 사회적 영역에서 파괴되거나 심각한 손상을 입는다. 그들은 재정착 과정에서 가정과 지역사회의 모든 자원들을 상실한 채로 실업률은 매우 높고 농업과 같은 전통적인 일자리가 존재하지 않을 수도 있다. 치료자들은 외상을 경험한 난민들이 그들의 전체 사회를 잃었거나 포기했다는 사실들을 잊지 않아야 한다. 치료자들은 그들에게 생존을 위한 최소한의 필수적인 요건인 음식이나 거주지뿐만 아니라 아동·청소년의 문제와 같은 가족 스트레스에 대해서도 대처해야 한다. 많은 난민들은 부모보다 빠르게 문화적응 하는 자녀들에게 통제력을 상실하게 되는데, 이에 대한 개입도 적절하게 이루어져야 한다. 또한 생존자들이 재정착하는 과정에서 필요한 법적 문제에 대한 대처도 필요하다. 재정착 과정에서의 직장 문제예를 들면 해고 등와 다른 심리적이고 사회적인 도전에 대하여 세밀한 대처가 동시에 이루어져야 한다.

(6) 치료 활동therapeutic activities

HPRT에서는 외상 사건의 생존자들이 적극적으로 자신의 회복에 포함되는 것을 매우 중요하게 고려하고 있다. 생존자의 엄청난 탄력성 resiliency을 발견하면서 치유의 잠재적 가능성인 일, 이타적 행동, 영성을 개발하여야 한다. 이러한 각각의 영역은 최대한 장려되어야 한다. 생존자에 대한 개별서비스는 가족과 지역사회의 범위 내에서 이루어져야 하며, 회복은 전체 사회와 지역사회의 안전한 장소제공에서 극대화된다. 특히 난민들의 능숙한 언어 구사가 의사소통의 범위를 넓히며 새로운 환경에서 임파워먼트 empowerment를 가능하게 한다.

(7) 치료자 – 환자의 관계therapist-patient relationship

난민 생존자와 관여하는 치료자는 모든 영역에서 환자와 밀접하게 관계를 형성해야 한다. 간략하고 명백한 의사소통의 관계는 치료자와 환자 동맹에 중요한 요인이기도 하며 긍정적 결과를 가져오는 필수적 사항이다. 언어와 문화가 다른 난민들은 의료 통역가를 활용해야 하고 이중문화bicultural 배경을 가진 전문가와 파트너십을 구성해야 한다. 외상을 경험한 난민에 대한 치료는 변증법적인 지속 과정이다. 생존자들과 사후관리 시스템을 유지해야 하고, 생존자들은 시스템을 신뢰하지 않고 치료자를 계속 시험할 수 있다는 사실을 명심해야 한다.

제 4 장

탈북난민의 외상적 체험과 일상생활

Traumatic Experiences of North Korean Refugees

1 _ 전개 과정

2 _ 외상과 현상학

3 _ 외상적 의미의 지속과 일상생활

1 _ 전개 과정

2 _ 외상과 현상학
- 현상학적 연구방법
- 외상의 현상학적 접근
- 연구 참여자와 방법

3 _ 외상적 의미의 지속과 일상생활
- 삶과 죽음의 경계에서의 몸부림: 남한이주 과정의 외상
- 살아남음과 살아가는 것의 차이: 남한이주 과정의 외상과 일상적 삶
- 외상과 일상적 삶의 관련성

제4장

탈북난민의 외상적 체험과 일상생활

1. 전개 과정

이 장은 탈북난민들이 체험한 외상의 의미와 본질이 무엇인지를 파악하기 위해서 현상학적 연구방법으로 접근한 내용이다. 탈북난민들의 외상적 경험의 의미가 남한의 일상적 세계와 관련 지워서 어떻게 설명될 수 있는가를 이해하고 분석하려는 시도를 하였다. 남한에서 일상생활을 하는 탈북난민들이 경험한 외상을 그들의 언어를 기반으로 하여 의미를 구하고 해석하는 것이 필요하다. 물론 탈북난민들이 체험하는 충격적 외상의 이해만으로 이들의 경험적 독특성을 전부 파악할 수 있는 것은 아니다. 그러나 인간은 이전까지 경험하지 못한 위기 상황으로의 노출은 독특하고 다양한 대처양식이 나타나고 이는 일상적 생활과도 관련을 가지게 된다Schiraldi, 2000.

이러한 상황 속에 있는 탈북난민들에 대한 연구자들의 관심은 그러한 경험을 있는 그대로 보지 못하고 단지 적응에 문제가 있음에 집중되고 있다.

탈북난민들의 외상적 경험을 정신건강과 같은 병리적 차원으로만 한정한다면 일상생활 세계와의 어떠한 관련성을 확인할 수가 없다. 탈북난민들의 외상적 체험 속에 나타나는 그대로의 경험을 중시하여 어떠한 비판도 하지 않는 자연적 태도만이 그들의 외상적 체험과 관련된 행위의 의도나 동기 등을 통합적으로 이해할 수 있을 것이다. 이에 본 장에서의 현상학적 연구질문은 다음과 같다. "탈북난민의 남한이주 과정의 외상 체험은 무엇을 의미하는가?"

2. 외상과 현상학

1) 현상학적 연구방법

본 연구의 목적은 남한에 정착중인 탈북난민들이 남한 이주 전후의 과정에서 체험한 외상이 이들의 삶에 어떤 의미를 가지고 있는지 그리고 외상적 체험의 본질은 무엇인지를 이해하는 데 있다. 이러한 연구의 목적을 달성하기 위해서 질적인 연구방법 중에서 현상학적 연구방법을 채택하려고 한다.

현상학은 인간생활을 중심으로 한 「현상과 경험의 의미」를 찾으려는 학문이라 할 수 있다. 즉, 무엇인가 경험한 사람들이 겪은 경험의 의미가 일상세계와 관련 지워 어떻게 설명될 수 있는가를 이해하고 해석하려는 학문이다이남인, 2004. 사회과학으로서의 현상학적 기본입장은 관찰대상인 현상을 이해할 때 의미의 복합체인 인간의 행위 의도와 동기 등을 주관적인 전체로 파악하여 통합적으로 해석하여야 한다는 것이다. 탈북난민들이 경험하는 외상적 사건은 단지 객관적으로 존재하는 사실이 아니며 개개인과 구분되어 이해되거나 설명될 수 없는 것이다. 즉, 탈북난민들이 경험한 고문,

폭력, 죽음위협 등과 같은 사건들은 어디까지나 개인적인 상황적 조건이나 정서, 사고, 행동 등과 관련되어 있다는 것이다.

현상학 접근이 제대로 이루지기 위해서는 다음과 같은 두 가지 기본적인 입장을 취해야 한다Spiegelberg, 1975; 홍기형, 1997에서 재인용. 첫째는 현상학적 접근방법은 우리가 실제 체험한 사물과 현상들을 아무런 선입견이나 편견 없이 우리의 의식 속에 나타난 그대로를 직접 탐구하는 것으로부터 시작되어야 한다. 둘째는 현상학은 우리의 의식 속에 나타난 현상들의 구조를 통합적으로 탐구하고 이해하는 것이다. 우리가 의식하고 있는 경험을 들추어 이들 경험이 어떻게 생겨났으며 그것이 의미하는 것은 무엇인가를 통합적으로 이해하여야 된다는 것이다.

한편, 현상학연구에 있어 경험의 의미를 해석하는 부문도 중요하다. 현상학적 연구에서 해석작업이란 연구참여자의 의도나 상황적 요구, 필요, 그리고 그가 살아오고 있는 생활세계를 이해하는 과정적 활동을 말한다. 이러한 작업의 중요한 관건은 연구참여자의 언어적 표현의 근본 의미를 올바르게 묘사해 나가는 것이라고 할 수 있다. 이러한 해석 작업을 위하여 본 연구자도 탈북난민들의 외상적 체험의 입장으로 들어서려는 노력을 가지고 전후관계의 상황을 이해하려고 할 것이다. 탈북난민의 외상적 체험에 관한 해석과정에서 주어진 문제에 대한 정보 수집절차의 타당성과 연구자의 현실감을 직시하여 묘사와 기술이 적절하고 정확한가를 중시하여 연구에 대한 질적 향상 위해 노력을 할 것이다. 다음은 본 연구와 관련된 현상학적 기본이해를 위한 몇 개의 개념들이다.

표 4-1 _ 현상학적 접근의 기본이해

사물 그 자체의 의미	탈북난민들의 외상 경험 자체를 있는 그대로 보아야 한다는 현상학적 관점이다. 외상 사건의 상관 관계와 인과 관계를 목적으로 하지 않고 선입견이나 편견이 제거된 외상 체험 자체를 우선적으로 들추어 본다는 의미이다.
일상생활 세계의 의미	탈북난민들의 외상 경험과 남한에서의 통상적인 일상생활과 관련된 의미 파악을 강조하는 것이다. 외상 경험도 일상적 생활 속에서 개개인에 따라서 부여되는 의미가 다를 수 있다는 사실이다.
이해와 전달을 위한 언어적 기능	탈북난민과 연구자가 상호주관적인 의미를 표현하고 합의하는 수단은 언어이다. 따라서 현상학적 연구에서는 경험을 있는 그대로의 모습으로 평범한 생활언어로 묘사해야 하며, 새로운 언어, 과장되거나 편견된 언어로 의미를 부여하지 않아야 한다.
의식세계의 묘사	탈북난민들이 의도마음의 표현인 의식적 활동에 대한 정확한 묘사가 중요하다. 있는 그대로의 묘사가 현상학적 연구의 핵심이라고 할 수 있다.
판단중지 epoche	현상학적 접근은 주관성의 입장을 취하기 위해서 어떤 사상이나 사물에 대한 관찰에 있어 판단중지가 우선되어야 한다고 본다. 따라서 탈북난민의 위기적 사건인 외상에 대하여 본 연구자의 선지식이나 선입견이 무엇이고, 연구주제에 대해 무엇을 알고 있느냐를 확인하는 필요한 것이다.

2) 외상의 현상학적 접근

탈북난민과 같이 새로운 사회문화를 가진 환경으로 이주하는 과정에 있는 개인들은 다양한 위기에 직면하게 된다. 탈북난민들은 탈출 전, 탈출과정 및 남한사회에서 독특한 위기상황을 경험하고 있다정병호 외, 2006. 탈북난민의 위기 경험 중에서 탈출 전과 과정의 외상적 사건은 남한 적응과정에서의 일상생활과 의미 있게 관련될 수 있는 체험이라고 할 수 있다. 탈북난민들이 경험하는 외상은 독특한 사회 환경으로부터 습득한 학습과 유전적 요인의 내적산물을 포함하여 동료, 가족, 직업, 종교, 지역사회 등의 외적 요인들에 의해서 차별적 결과를 초래할 것이다.

지금까지의 연구에서는 탈북난민들이 외상 경험의 실태백영옥, 2002; 엄태완, 2004; 전우택, 2000; 정병호 외, 2006와 외상후 스트레스 장애와의 관계홍창형, 2004에 대한 수량적 접근이 소수 있으며, 최근에는 외상의 회복에 관한 질적 연구김현경, 2007도 나타나고 있다. 외국의 난민연구에서도 탈출 전前기간과 과정에서의 외상적 경험은 민족말살정책, 고문, 고문목격, 잔학행위를 저지르도록 강요됨, 죽음, 가족구성원의 상실, 강간, 성폭행, 기아, 고국에서의 위험한 탈출, 난민 캠프에서의 극단적 고난 등 이고, 이는 외상후 스트레스 장애와 같은 정신건강의 문제를 초래한다고 하였다Chung and Bemak, 2002. 이러한 연구에서는 이주 과정의 외상에 대한 일반적 사실을 언급하는데 그치고 있다. 외상 사건의 전후관계의 맥락 속에서 어떠한 선입견 없이 들여다보는 자연적 태도를 중시하지는 않고 있다. 이는 외상과 관련된 인간 행위의 의도나 동기 등을 주관적인 전체의 의미로 파악할 수는 없음을 의미한다. 따라서 탈북난민들의 외상적 경험에 대한 차별적인 주관성을 전체적으로 통합하는 데는 경험과학의 차원에서 객관성과 실증성을 강조하는 양적 접근으로는 한계를 가지게 된다.

Chung2001은 고문, 강간, 죽음의 목격과 심각한 학대와 같은 극단적 상황에서 생존한 난민들의 전형적인 행동은 무감각하게 일상적 삶을 살아가는 것이라고 하였다. 이들 난민들은 고문이나 강제 집행을 피하는 방법으로 배운 질문이나 불평 없이 순종하거나, 어리석고, 혼란스럽고, 바보 같고, 아무 것도 듣지 못하는 것처럼 행동하거나, 자신의 진실 된 감정을 말하거나 보여주는 것을 두려워하는 적응양식을 보이게 된다Chung, 2001. 탈북난민들의 경우에도 탈출과정의 외상과 같은 극단적 경험에서의 생존전략이 남한의 재정착과정에서도 지속된다면 부적절한 행동으로 취급되어 주류문화로부터 이방인 취급을 받게 될 것이다. 또한 신체적 · 심리적으로 위험한 상황에서도 강력한 방어를 사용하여 고통스런 상황에 대한 무감동의 반응을 보일 수도 있을 것이다. 이러한 현상의 본질에 대한 접근은 탈북난민들이 의식하고 있는 경험을 들추어 이들 경험이 어떻게 생겨났으며 그것이 의미하는 것은 무엇인가를 통합적으로 이해하여야 가능할 것이다. 이를 위해서는 연구자가 탈북난민과 비슷한 입장으로 들어서려는 노력을 통하여 전후관계의 상황을 이해하려는 시도를 하여야 할 것이다.

외상이라는 사실 그 자체를 이해하게 위해서는 탈북난민들의 의식 속에 무엇이 일어나고 있는가를 그들의 주관적 의미에서 묻기 시작해서 통합적으로 해석하려는 노력도 필요하다. 이는 지금까지 탈북난민의 외상에 관한 초점이 북한에서 탈출준비기간의 불안과 탈출기간 동안의 기아와 가족구성원의 상실, 가족・친지의 죽음, 죽음의 위기, 심리적 또는 신체적 고문, 여성의 성폭행, 강제송환 등과 같은 외상 자체에 머물렀다는 사실이다. 각 개인들의 외상적 사건은 차별적이긴 하지만 지속적으로 일상생활에 영향을 미치게 되며김순진・김환, 2000, 탈북난민의 경우에 탈출과정의 외상적 경험은 남한생활에서 삶을 위협하는 요인으로 작용할 수 있다이부미, 2003; 조영아 외, 2005. 난민들의 경우에도 재정착과정에서 경험한 외상으로 인하여 정신건강의 고위험 집단으로 분류되고 있다Chung and Bemak, 2002; Young, 2001.

이와 같이 탈북난민의 외상적 체험이 가져다주는 부정적 또는 회복이라는 단편적인 사실들에만 관심이 집중되고 있다. 외상을 체험한 탈북난민들을 전체적 맥락에서 이해하고 이 경험이 남한생활에서 의미하는 것이 무엇인지에 대해서는 이해가 부족하다. 탈북난민들이 실제 체험한 경험과 현상들을 아무런 선입견이나 편견 없이 의식 속에 나타난 있는 그대로의 구조를 통합적으로 탐구하고 이해하기 위해서는 현상학적 접근이 필요하다고 하겠다. 탈북난민들이 경험하는 외상적 사건은 단지 객관적으로 존재하는 사실이 아니며 개개인과 구분되어 이해되거나 설명될 수 없다. 즉 탈북난민들이 경험한 고문, 폭력, 죽음위협 등과 같은 사건들은 어디까지나 개인적인 상황적 조건이지만 정서, 사고, 행동 등과 관련되어 있다는 것이다.

3) 연구 참여자와 방법

(1) 연구 참여자

본 연구의 연구 참여자는 탈북난민 중에서 외상을 경험하고 자신들의 의식적인 체험을 적절하게 표현할 수 있는 기준을 충족시키는 사람을 대상으로 수행하였다. 또한 질적 연구에서 표본 추출의 두 가지 기본적인 원리인 적절성과 충분성을 충족시킬 수 있도록 연구 참여자를 선정하였다. 이에 따라서 표본 추출의 적설성을 위해서 북한 탈출 후에 남한에 정착하기까지 중국이나 동남아시아 등에서 1년 이상 생활하고 외상적 체험이 있는 탈북난민들을 대상으로 하였다. 구체적으로 살펴보면, 경남지역의 대표적인 탈북난민 밀접지역에서 성인대상으로 탈북과정의 외상경험 척도강성록, 2000를 활용해서 1차 조사한 결과 15명이 적절한 대상자로 확인되었으나, 심층면담이 부적절하다고 판단된 4명을 제외하고 11명을 대상으로 선정하였다. 1차 연구대상자들의 선정과정에서는 본인들에게 충분한 설명을 한 후에 동의한 사람들만 참여하였다. 또한 1차 연구과정에 참여한 탈북난민들에게도 연구참여 사례비가 제공되었다. 우선적으로 선정된 11명의 탈북난민들을 대상으로 1차 면담을 1시간-1시간 30분 실시한 결과 외상적 체험에 대하여 충분하고 풍부한 설명을 위해서 포화상태에 이를 때까지 자료를 수집하는 것이 어렵다고 판단된 4명을 제외한 7명을 최종 연구 참여자로 선정하였다. 이 과정에서도 연구자의 임의적 판단에 의한 통보가 아니라 연구참여자와 지속적 면담수행의 여부를 세심하게 토의한 후 이루어졌다. 최종적으로 7명남: 3명, 여: 4명의 연구 참여자를 대상으로 심층면담을 수행하여

자료를 수집하였는데, 연구 참여자 별로 최소 2회에서 최고 4회까지 진행되었다. 〈표 4-2〉는 연구 참여자의 일반적 특성과 주요 외상적 체험을 나타내고 있다.

표 4-2 _ 연구 참여자의 일반적 특성과 외상

사례	성별	나이	남한 입국일	제3국 거주기간	주요 외상적 체험
1	남	35	2003	4년	• 죽음위기신체적 질병 • 투옥으로 인한 신체적, 정서적 고문
2	여	45	2002	5년	• 극도의 기아 • 투옥에 의한 신체적, 정신적 고문. • 죽음위기익사 • PTSD로 치료받음남한도착 후.
3	여	34	2001	3년	• 극도의 기아 • 투옥에 의한 고문 • 신체적 질병 • 극한의 공포공안에 대한
4	남	47	2003	3년	• 죽음 위기동사 • 극도의 기아 • 신체적 질병치료 받지 못함의 공포 • 극도의 공포탈출과정 • 중국탈출 중 총상
5	여	40	2003	8년	• 극도의 긴장의 연속7-8년 긴장, 불안 • 가족과 생이별 • 남한에서 PTSD로 정신과 치료경험
6	여	44	2002	3년	• 죽음 위기 • 투옥에 의한 신체적, 정신적 고문 • 극도의 공포, 불안
7	남	47	2004	2년	• 투옥에 의한 심리적 고통 • 죽음 위기 • 극도의 공포탈출과정

(2) 자료수집 및 분석 방법

본 연구에서 자료수집과 분석을 위한 현상학적 연구방법은 생활세계에서 일상의 체험을 통해 인간을 총체적으로 이해하는 것이 가능하다고 주장한 콜라이찌의 방법을 사용하였다.

현상학적 연구방법은 여러 학자들Colaizzi, Giorgi, Spiegelberg, Van Kaam, Van Manen에 의해 제시되고 있는데, 경험에 대한 본질에 집중하고 상호주관성을 통하여 생활세계에서 본질의 의미와 구조를 현상학적 기술로 파악한다는 점에서 서로 유사하다고 볼 수 있다김분한 외, 1999. 그 중 콜라이찌Colaizzi, 1978는 자료수집을 중요하게 생각하고 있으며, 서면화된 자료와 프로토콜을 분석하는 방법에서부터 시작된 네 가지의 자료수집 방법 중에 마지막 두 방법에서는 자료수집과 분석이 동시에 일어난다고 할 수 있다.

표 4-3 _ 분석방법

1단계	연구 현상과 관련된 의미 있는 문장이나 구를 선택하여 의미 있는 진술을 추출해 낸다.
2단계	의미 있는 진술들을 주의 깊게 보면서 중복되는 표현은 배제하고 일반적이고 추상적인 형태로 재진술한다.
3단계	의미 있는 진술과 재진술로부터 의미를 구성한다.
4단계	구성된 의미로부터 주제themes, 주제묶음themes clusters으로 범주화한다.
5단계	지금까지 분석된 자료를 주제에 따라 총체적으로 철저하게 기술한다.
6단계	선행 단계에서 확인된 체험 환상의 공통적인 요소를 통합하여 본질적 구조를 진술한다.

출처: 신경림 외(2004). p.252에서 재인용.

이는 자료 수집 과정의 중요성에 대한 의미부여라고 할 수 있다. 이와 같이 자료 수집과정에 보다 많은 의미를 부여한 콜라이찌의 연구방법이 탈북난민의 독특한 경험인 외상적 체험을 있는 그대로 이해하는데 기여할 것이다. 이를 위해서 탈북난민의 표현을 이끌어내고 공통 요소를 확인하고 현상과 관련이 없는 표현을 제거하고 구조적 가설을 확인하면서 경청하는 과정을 충실히 전개하였다. 또한 자료분석은 자료수집과 밀접한 연관을 가지는 작업이라고 할 수 있다.

콜라이찌의 분석방법은 기술된 내용에서 의미 있는 문장이나 구를 추출하고, 이를 기반으로 일반적이며 추상적인 진술을 만들어 의미를 구성하여 주제 묶음으로 범주화한 후 체험의 본질적 구조를 기술하는 것이다신경림 외, 2004. 이러한 분석과정에 의해서 본 연구의 자료수집과 분석을 실시하였다.

(3) 엄격성 평가방법

본 연구의 평가방법은 린컨과 구바Lincoln and Guba, 1985가 구분한 사실적 가치, 적용성, 일관성, 중립성을 평가기준을 적용하였다. 먼저 사실적 가치는 참여자의 지각과 체험의 진정성을 평가하는 것인데, 본 연구에서는 면담기록내용과 분석결과를 탈북난민과 관계하는 현장 전문가에게 일치성 여부를 확인하는 절차를 수행하였다. 본 연구에서는 연구결과를 탈북난민들에게 재확인하는 작업을 거치지는 않았다. 적용성은 연구결과를 연구상황 이외의 맥락에서 적용될 수 있는 정도를 말하는데, 이를 위해서 탈북난민 연구자와 함께 연구과정과 결과의 실제적이고 이론적인 적용가능성을 탐색하였다. 일관성은 자료의 수집과 분석을 통하여 결과에 일관성이 있는지를 평가하는 기준인데, 본 연구에서는 연구방법을 자세히 기록하여 질적연구 전문가의 직접 참여를 통한 평가로 일관성을 유지하려고 하였다. 마지막으로 중립성은 연구과정과 결과에 있어서 모든 편견으로부터 해방을 의미하는데, 본 연구에서는 연구자의 연구에 대한 선 이해와 가정 등을 확인하고 연구과정 내내 객관성을 유지하기 위한 반성적 고찰을 지속하였다.

또 다른 차원에서 연구자가 가지고 있는정신의료기관 8여년의 임상경험 외상에 대한 선행지식 때문에 현상학적 분석의 판단중지, 차단의 엄격성을 확보하지 못할 수 있다고 판단하였다. 이에 대한 엄밀성 제고방안으로 1차 자료 분석과 2차 자료 분석의 과정에서 질적 연구자 1인교수, 정책분석 연구자 1인 교수 및 탈북난민 연구자 1인교수과의 토론과 조언으로 개인적 주관성을 배제하기 위해서 노력하였다. 그 과정에서 병리적이고 개인내부 지향적인 내용들에 대해서 수정하였으며, 탈북난민들의 외상이 이주과정 뿐만 아니라 북한 생활에서도 외상을 체험할 수 있기 때문에 그 부분을 간과하였다는 사실을 분석과정 내내 심사숙고 하였다이주과정의 외상만을 연구에 포함시킨 이유는 탈북난민들이 북한에서의 생활을 이야기하는 것에 대한 거부감과 왜곡된 표현이 있을 수 있기 때문에 연구디자인 과정에서 제외하였다. 또한 탈북난민들과의 인터뷰에서 초기에는 특별한 질문 없이 참여자들이 하고 싶은 이야기들을 자유스럽게 할 수 있도록 제약하지 않았다. 그리고 연구참여자들의 이야기를 연결하는 과정에서 연구주제로 자연스럽게 이동하였으며, 연구자가 확인하고 싶은 외상만을 언급하도록 하는 유도적인 질문을 지양하기 위해서 노력하였다.

3. 외상적 의미의 지속과 일상생활

탈북난민들의 탈북이후 부터 남한도착까지의 외상과 같은 위기적 사건의 연속적 경험이 현재 삶을 살아가는 개인들에게 어떻게 의미부여 되고 있는지를 구조적으로 기술하였다. 이러한 현상학적 접근은 연구 참여자의 경험을 기술한 텍스트를 반복하여 되돌아가보는 심사숙고의 머무름을 통하여 이루어졌다. 이 과정의 결과, 탈출과정의 외상적 체험 자체에 대한 '삶과 죽음의 경계에서의 몸부림'과 외상과 남한생활의 관련성에 대한 '살아남음과 살아가는 것의 차이'의 본질적 주제를 도출하였다. 이는 '생즉사 사즉생生卽死 死卽生의 결행, '칼끝의 긴장과 공포의 지속', '생존 본능에 충실', '잠재된 극단성의 미해결', '돌아오지 않는 평상심', '축소된 행동반경'과 같은 6개 주제 묶음의 발견으로 이루어졌다.

표 4-4 _ 탈북난민 의 외상적 체험 분석

<table>
<tr><th colspan="2">삶과 죽음의 경계에서의 몸부림
(남한이주 과정의 외상)</th><th rowspan="2">전후 맥락</th><th colspan="2">살아남음과 살아가는 것의 차이
(남한이주 과정의 외상과 일상적 삶)</th></tr>
<tr><th>주제 묶음</th><th>주제</th><th>주제묶음</th><th>주제</th></tr>
<tr><td rowspan="2">생즉사 사즉생의 결행</td><td>· 생과 사를 넘나드는 사고思考의 연속</td><td rowspan="2">인지</td><td rowspan="2">잠재된 극단성의 미해결</td><td>· 특별화의 재발견</td></tr>
<tr><td>· 삶의 포기로 오히려 현실 인식이 강해짐</td><td>· 고마움 모르는 보상 심리의 재발견</td></tr>
<tr><td rowspan="3">칼끝의 긴장과 공포의 지속</td><td>· 일상적 삶과 불안의 동거</td><td rowspan="3">정서</td><td rowspan="3">돌아오지 않는 평상심</td><td>· 변함없는 외상적 정서</td></tr>
<tr><td rowspan="2">· 극단적 긴장 속에서 정서 에너지 지속 사용</td><td>· 솟아나지 않는 생명 에너지</td></tr>
<tr><td>· 응어리가 된 마음의 한</td></tr>
<tr><td rowspan="2">생존본능에 충실</td><td>· 동물적인 방법으로 생명 유지</td><td rowspan="2">행동</td><td rowspan="2">축소된 행동반경</td><td>· 대인관계의 소극성</td></tr>
<tr><td>· 자신만 돌봄</td><td>· 다른 사람환경을 신뢰할 수 없음</td></tr>
</table>

1) 삶과 죽음의 경계에서의 몸부림: 남한이주 과정의 외상

① 생즉사 사즉생生卽死 死卽生의 결행: 인지 재구조화

연구 참여자들은 탈북과정과 중국 및 동남아시아 등의 제 3국에서 극단적 기아, 질병, 투옥으로 인한 신체적 혹은 정서적 고문, 생사를 넘나드는 공포의 지속과 같은 외상사건을 경험한 사람들이었다. 이들이 경험하는 외상사건은 생사의 기로에서 체험하기 때문에 항상 삶과 죽음의 문제와 결부되어 있었다. 인간에게 삶과 죽음의 본능이 공존하기 때문에 연구 참여자들은 생사의 문제에 항상 불안정하게 매달려 있었다. 이는 개체가 죽음을 회피하려는 무한정의 에너지를 소비해야 하는 내적 고통에 직면하게 되고 불안이 극단에 이르러 현실적 판단력에 문제가 생길 수 있는 상황이라 할 수 있었다. 이러한 경우에 이들은 오히려 삶을 포기함으로써 내적 에너지의 소실과 혼란을 최소화시켜 생존적 대처를 가능하게 만들었다. 즉 생즉사 사즉생의 인지적 지각을 하였던 것이다. 연구 참여자는 자신이 '칼날 위에 서 있다'고 생각하는 순간에 지금까지 자신을 감싸고 있던 공포와 불안이 사라졌다고 밝혔다. 또한 위기적 상황에서 '죽음을 각오하고 대처를 하면 살고, 살려고 발버둥 치면 오히려 죽음의 상황에 내몰리게 됨'을 인지하였다. 이러한 인지적 결정은 외상사건의 생존과정에서는 의미 있게 작용할 수 있으나 일상적 생활에서 이분법적 사고나 흑백논리의 사고패턴으로 확장될 경우에는 항상 유용한 방법이 될 수는 없다.

> "그래 열매도 먹고... 막 어떤데 가게 되면... 막... 진짜 멧돼지 털인지 모르겠지만... 이만큼 막... 긴털이... 완전히 센털 있잖아요. 완전히 내리앉은 뼈... 이리 굵은 것들이... 그런것 보면 머리칼 서고 막 이리 무섭지...
> "그래 열매도 먹고... 막 어떤데 가게 되면... 막... 진짜 멧돼지 털인지 모르겠지만... 이만큼 막... 긴털이... 완전히 센털 있잖아요. 완전히 내리 앉은 뼈... 이리 굵은 것들이... 그런것 보면 머리칼 서고 막 이리 무섭지...
> 근데 사람이 내가 칼날 위에 섰잖아요. 내 숨통이 왔다갔다... 하는 판이니까 그런 거 무섭다는 생각이 어느 한순간에 사라지고 산에서 봐도 무서운거 몰라요...."[사례 2] "중국경찰이 차를 가지고 붙들라고 막 따라오는데(중략). 붙들리는 순간에 이제는 잡히면 내가 죽는걸 뻔히 아는데 꼬쟁이를 이렇게 잡고서 나 잡을려면은 나 살은 거 못데려 간다 나 죽은걸 데려가라. 그 공안이 조선족인데 살살 얼르더라고(중략). 근데 내가 방심하는 사이에 내가 붙들렸어요. 붙들렸는데 나는 생각이 거져 조선으로 가는 순간에는 내가 내 목숨을 끊는다 이랬는데 거기서 다행이도, 자네 살려 주겠네 당신 같은 악질은 처음 봤다고, 내 북한사람 많이 잡아봤지만 당신 같은 사람은 못 봤다고."[사례 4] "그 다음에 물에 딱 잠기는데... 잠기는 순간 아차 내가 죽었구나. 죽었구나... 죽는 순간에도 정신이 똑똑하면 산다는데... 내가 다시 잡히더라도 살아야 한다."[사례 6]

연구 참여자들이 외상적 사건의 반복에도 살아남은 이유는 일시적이 아닌 지속적인 삶에의 강한 애착을 유지하는 것이었다. 삶의 위기의 순간에 무작정으로 생에 대하여 포기하는 것이 아니라 끊임없이 생명 유지를 위한 집념이 있었다. 이들은 생을 포기할 수밖에 없는 순간까지도 '삶에 대한 끈을 놓지 않았다'고 하였다. 이는 죽음과 삶의 경계를 벗어난 생존을 향한 처절한 투쟁이라고 할 수 있다.

"운만 좋다고 북한 감옥에서 살아나오는 것은 아니고, 그거보다 산다... 하는 생각으로 해야... 정신만은..."[사례 1] "북한 감옥이요 (중략). 여기로 말하면 짐승도 안 먹는 그런걸 죄수들한테 제공하거든요. 반찬은 아예 없고 염장무... 썩어가지고 시커멓게 변한 (중략). 그런데다가 쌀겨 섞인... 목에 넘길 때 아파가지고 (중략). 완전 사람을 뿌리를 뽑는 거죠. 잠도 안 재우고 아침 5시에 기상해서 밤 11시에 재우는데... 잘 때까지 무릎을 꿇 머리를 숙이고 편하게 앉지도 못하는 (중략). 보위부 감옥에 잡히며는 6개월을 못 가서 시체로 나와야 되는 무서운 곳이거든요. 그러니까 거기서 못 견디고 다 죽어서 나가는 거지요 배고프고 춥고 막 얼어 죽고 굶어 죽고 다음에 스트레스... 그 정신적인 스트레스... (중략) 그러니까 왠만해서 오직 살아야한다는... 살아야 된다는 강인한 생각이 없으면 진짜 거기서 못 견디고 죽어 나오거든요."[사례 3] "뭐 말은 못하지요 막 이불이 없어 고가지고. 막 오줌을 싸면 그게 얼 정도예요. 식량이랑 너무너무 추운 거예요 (중략). 초반에 기대감이 컸었고 후반으로 갈수록 기대감은 사라졌지만 그래도 마지막 끈을 안 놓게 되더라고요. 사람이."[사례 5]

또한 연구 참여자들은 자신이 심리적·신체적으로 지탱할 수 있는 한계를 초과하게 되면서 신에게 구원을 요청하였다. 탈북과정의 위기가 자신의 내외부적인 대처로는 더 이상 감당하기 힘들 때라도 외부 환경에 모든 것을 맡기지 않고 생존에 대한 열망은 결코 포기하지 않았다. 이렇게 강렬한 삶에 대한 애착을 포기할 정도의 순간에는 또 다른 생존의 기회가 찾아왔다는 사실이었다.

> "나는 오직 살아야한다. 그러니까 배고픔도 못 느끼겠구요. 추운 것도 못 느끼겠구요. 그러니까 오직 여기서 죽으면 안되는데(중략). 그러면서 그때는 북한에서 하나님이 무엇인지 부처님이 무엇인지도 모르는데 그냥 엄격결에 학~ '나는 살고 싶습니다' 하는 막 기도라기보다는 막 간절한 막 그런게 나오더라구요."[사례 6]
>
> "무조건 살아야겠다. 무조건 살아야겠다. 무조건 신이 있다면 우리를 좀 보살펴 달라고 제발 좀 살려달라고..."[사례 6]

② 칼끝의 긴장과 공포의 지속: 정서적 불안정

연구 참여자들이 체험한 외상사건은 항상 극도의 긴장을 수반하게 됨을 알 수 있었다. 긴장의 완화 없이 연속되는 긴장과 불안은 이후에 삶의 활동성과 맥락을 같이 할 수 있다. 외상사건이 만든 경직과 불안은 각 개인의 심리와 신체에 영향을 미치게 되고, 이는 심리적, 신체적 혼란과 왜곡에 관련을 맺을 수 있다. 이들이 탈출과정과 제 3국의 체험은 극도의 긴장과 공포심을 유지하게 하는 사건들이었다. 외상 사건을 경험하는 순간의 극단적 긴장은 짧은 순간이지만 이후에 동반되는 불안과 공포의 감정은 오랜 기간 지속된다. 탈출과정에서 경험하게 되는 위기의 순간과 그 상황에 대한 이미지의 지속 반복은 신체적, 심리적 변형에 관계있었다.

> "극도의 극도의... 진짜 최고 극도지 그런건... 가서 아를 일으켜 줄 시간도 없이 막 뛰면서... 빨리 일어나라고... 막 말도 못하고. 그러면 애가 일어나서 막 따라오고..."[사례 2] "완전히 불안한 정도가 아니라 굉장히 예민하고 상황이. 그러고 여기서 또 총에 맞아죽을지 잡혀죽을지 또 물이

떨어지면 목말라 죽을지 아무도 진짜 그런 상황은 사막이 그리 무섭고 겁나다는 걸 그때 처음 알았습니다."[사례 3] "거짓이 아니고 중국에서 3년 동안에 신발은, 신발은 벗고 잔 날이 많은데 바지를 못 벗고 잔 날이 더 많은 거 같습니다. 한시적으로 위험이 닥치고 내가 한번 잡혔을 때는(중략). 그 때 아... 여자하나가 총에 맞고 남자하나가 총에 맞았는데 저는 여기 여기 지금 여기를 이래 나갔댔는데 맞아서..."[사례 4] "뭐 말하자면 아주 그때 나도 제일 우리가 중국생활 제일 힘들었던 것이지. 남들은 다니느라고 힘들었다 그라데(중략). 그게 쭉 우리는 한동네 한집에 앉아가지고 그 칼끝까지 신경 곤두세우고 그 칼끝까지... 그게 더 힘들었던 거 같아요."[사례 5] "내가 중국말도 좀 하잖아요. 근데 그 공안들이 와서 딱 묻거든, 근데 공안 딱 보는 순간 황당해 막 숨 막히고 심장이 뛰잖아요... 그래가지고 아무것도 생각이 안 나는(중략). 공안이 묻는 말에 말이 거꾸로 나오고 중국 수도를 딱 물어보는데 수도도 생각이 안나요."[사례 6]

연구 참여자들은 탈북하여 남한 정착까지의 과정에서 순간적인 위기 상황을 모면하더라도 이후에도 이에 대한 대처가 신체적, 심리적으로 지속됨을 보여 주었다. 제 3국이나 북한에서 한번 붙잡히거나, 투옥으로 인한 고문의 경험이 있는 경우에는 지속적으로 공포심을 가지거나 이에 대처하기 위하여 심리적, 신체적 긴장 상황에 있었다. 이들은 항상 신경을 '칼끝까지 곤두세우고' 살거나, 불안과 공포의 삶 속에서 에너지를 소진하게 된다. 그리고 그 긴장을 해소할 수 있는 시점이나 순간이 되면 개체를 지탱하는 울타리가 일시에 와해되었다.

"강을 넘어가지고 그 다음부터 중국 땅에 도착을 하니까 긴장이 풀려가지고... 그때는 굉장히 악으로 정신적으로 버텨왔었는데 중국 땅에 어느 국경지대에 있는 개인집에 들어서니까 긴장이 탁 풀려가지고 바로 쓰러져..."[사례 3]

③ 생존 본능에 충실: 비이성적 행동

연구 참여자들은 탈출과정에서 이성의 지배를 벗어난 상태에서는 생의 유지를 위한 동물적 본능이 나타났다. 이러한 행동의 반복과 강렬한 인상이 이후의 삶에 어떤 영향을 미칠 수 있다. 한 연구 참여자는 북한을 탈출하여 중국 공안에 쫓기는 위기의 순간에 자녀를 버리고 자신이 먼저 앞장서서 도망간 경우를 회상하였다. 이러한 상황의 설명에서 어른본인이 붙잡히면 모두가 잡히는 결과가 되기 때문이라는 현실적 이유들과 함께 자신의 행동에 대한 합리성을 강조하면서 죄책감과 자존심 손상의 보상을 시도하였다.

"그전에 '아~ 저게 마을 경비군이구나.. 숨어야 겠다' 그 다음에 전기불이 우리를 비추자나요... 그다음에 막 뛰는데 자식이고 뭐고 없더라고... 아니, 어느 한순간에 당황하니까 내부터 막 뛰는거예요(중략). 엄마하면서 막 따라오는데 난 언제 아를 돌볼 시간은 없더라고 내... 돌보고 뭐고 아무튼 그 순간엔 정신은 그저 빠지는기라".[사례 2]

다른 연구 참여자는 기아상태에서 살아남은 이야기를 영웅담으로 포장하여 자신만이 생존에 성공하였음을 보여주었다. 이러한 특별한 상황에서도 생존한 자신이 안정적인 남한 일상에서 어려움을 겪고 있다는 것은 억울하고 설명이 되지 않을 수도 있다. 따라서 이들이 탈출과정과 남한사회에 대한 시간의 경과와 공간을 고려하지 못한다면 사회적 삶의 복잡성을 이해하지 못하고 단기간의 목적 달성이나 행운에 지속적으로 집착할 수도 있다.

"이제는 굶어죽었구나 생각했는데. 토끼를 하나 딱 봤어요. 3일 만에 토끼를 봤는데 꽝꽝 얼었더라고요. 돌 바위를 찾아가지고 돌을 이렇게 해서 쳐서 가죽을 뜯어버리고 꽝꽝 언 것을 돌에 땅땅 쳐대니까 그 살점들이 돌에 박혀서 뚝뚝 떨어져요. 근데 그거 주워 먹고... 그래 죽지 않아 산다 이러고 간게...결국은 살았지요."[사례 4]

연구 참여자들은 감옥에서의 죽음 위기와 탈출과정의 불안과 공포에서 살아날 수 있었던 이유는 본능이라고 직접 표현하였다. '본능'이라고 표현한 이유는 그 과정에서 삶의 방식을 이성적 또는 논리적으로 설명할 수 없기 때문인 것으로 해석된다. 또한 자신의 의지와는 관계없이 생을 유지할 수밖에 없었다는 표현이기도 했다. 삶에 대한 목표와 희망도 없이 살아남는 것이 유일한 의미였다고 할 수 있다. 이는 어떠한 상황에서도 살아남을 수 있다는 막연한 자신감을 심어줄 수 있다. 단지 이러한 자신감이 일상적 삶을 살아가는데 기여하는 하나의 요인이 된다면 의미가 있겠지만, 보편적 삶의 방식을 외면하는 형태를 보일 경우에는 일상생활의 부정적 요인이 될 수도 있다. 또한 본능이라고 할 정도의 극단적이고 임시방편적인 이들의 삶의 대처 방식이 일상적인 삶에서도 통용될 수 있는지는 또 다른 문제이다.

"벼룩이에요. 여름철 빈대하고에 이거는 뭐 지옥도 아니고 완전히 있다 아닙니까. 짐승도 그래 해 놓으면 안 살 겁니다(중략). 설명하면 믿을 사람이 없거든요(중략). 이걸 견디는 힘이라고... 어떻게 보면 그때까지에 사람의 본능이라고 생각합니다." [사례 1] "본능적으로 살아나왔습니다. 그러니까 낮에서는 산에 들어가서 숨어 있고, 숨어 있다가 뭐 풀 뜯어서 공가놓고...이렇게 70일을 산속을 걸었어요."[사례 7]

2) 살아남음과 살아가는 것의 차이: 남한이주 과정의 외상과 일상적 삶

연구 참여자들이 경험한 외상적 사건들은 남한에 정착한 이후의 삶에 지속적으로 관련을 맺고 있음을 보여주었다. 이들이 일상생활에서 보여주는 삶의 방식의 일부분이 외상적 사건 및 대처과정의 경험과 맥락을 같이하고 있었다. 외상적 경험에서 살아남은 이들이 왜 자신들을 특별한 사람으로 의미부여 하는지와 극단적 경험에 대한 분노와 막연한 보상심리를 남한사회나 주민들에게 보이는지에 대한 이유의 일부분을 이해할 수 있었다. 지금까지는 탈북난민이나 남한주민들 모두에서 이러한 부분을 간과하고 겉으로 드러난 부분만을 보았다. 따라서 탈북난민들은 이해할 수 없는 불만과 불평이 많은 사람으로 낙인찍히고 남한주민들과의 의사소통에서 부적절함을 나타내는 존재가 되었다. 이들의 외상적 체험은 정서적인 부분으로도 확대되어 장기간 과도한 신체적·심리적인 긴장과 불안으로 일상생활의 에너지를 확보하는데 어려움을 겪고 있었다. 남한주민들은 이러한 에너지의 부족을 이해하지 못하고 있으며 탈북난민들도 자신들이 보이는 복잡한 현상들을 알지 못하고 있었다. 또한 연구 참여자들의 외상적 체험은 여전히 마음의 응어리로 남겨져 있었다. 이렇게 미해결된 그들의 내재적 한恨은 신체적, 심리적, 사회적 상황을 왜곡하는 요인이 되고 있었다. 이 모든 상황들은 이들이 남한 정착을 제대로 하지 못하는 개인들로 편견을 가지게 만들 수 있는 것이었다. 따라서 지금까지 탈북난민에 대한 선입견인 자존심이 높고 공격적이며, 원조에 대한 고마운 표현이 부족하고 근면성이 떨어지고 대인관계를 원만하게 하지 못한다는 인식윤여상, 2001; 정병호 외, 2006에 대한 재조명이 있어야 한다.

① 잠재된 극단성의 미해결: 외상 사건으로 인한 인지부조화

[특별화의 재발견]

연구 참여자들은 탈북과정과 제 3국에서의 극단적 위기 경험도 극복했으니 혹은 살아남았으므로 '남한생활은 아무 것도 아니다'라는 생각이 있었다. 이러한 사고양식은 남한 생활에서의 어려움에 대처하는 유용한 개인적 자원이 될 수도 있지만, 일상적 사회생활에서는 오히려 단점이 될 수도 있다. 이와 같은 패턴이 경제영역에서도 확장되어 '나는 일확천금의 획득이 가능하다. 왜냐하면 나는 사지에서 살아왔으니까'로 연결하고 있었다. 탈북난민들이 정착금을 사기당하는 일이 많은 것은 남한의 실정을 잘 몰라서이기도 하지만 일정부분 이런 부분도 작용하는 것으로 해석된다. 따라서 탈북난민들의 이와 같은 사고방식을 새로운 정착지의 부적응 문제로만 접근하는 것이 아니라 개별적 특성을 우선적으로 이해할 필요도 있다.

"제가... 저 보고 그러는게 아니고 여기 오신 분들... 보통사람이 아닙니다. 평상시에 또 가만히 있어도예 그... 한계에 치달으면 제일 무서운 사람들이라고 생각하거든예."[사례 1] "그 감옥에서 나올 때 간수들이 그러더라구요. 거기서 그렇게 견딘 사람은 역사상 내가 처음이랍니다... 하하하"[사례 3] "아... 영사관 들어갈 때 제가 또 힘들게 들어갔어요. 여자들 3명 데리고 저혼자 들어가는데... 안에 있는 사람을 때려야 되잖아요 (중략). 근데 그게 잘못 알려 줘가지고, 흐흐 한국 뉴스에 다 나왔습니다. 제가 고춧가루를 뿌리고 들어갔다는 얘기 들었지요. 0000년도 접니다. 예 제가 그랬습니다. 제 뒤에다 여자 3명 세우고 온 사람은 나밖에 없습니다."[사례 4] "처음에 와 가지고 힘들게 살아온 그... 내가 뭐 이러이러한 죽을 경험도 다 했는데 이거는 아무것도 아니다 이래 생각합니다. 이 사회에서... 거기서 온 모든 아들이 그래 생각해가지고, 하루아침에 일확천금을 벌어가지고..."[사례 7]

한 연구 참여자는 자신의 신비하고 특별한 체험을 표현하였다. 이러한 감각적 체험은 이후의 일상생활에서 전체적인 관계를 살펴보는 것이 아니라 자신 중심으로 현실을 파악하도록 영향력을 행사할 수 있다. 이것이 이들로 하여금 현실 적응력을 떨어뜨리고 환경에 대하여 적극적 삶을 살아가는 장애요인으로 작용할 수도 있다. 탈북난민, 남한주민 그리고 관련 전문가들이 공통적으로 이와 같은 체험과 그에 따른 영향력에 대한 이해가 필요하다.

> "이제 우리 모두 다 죽었다고 울부짖으며 (중략), 살려달려고 기도했어요. 이러면서 깜빡 다 잠들어 버렸어요. 잠들었는데 갑자기 한 여름에 그 더운 무더위에 갑자기 추워지면서 찬바람이 잔등을 치는 거예요. 잠을 잘 수 없을 정도로 우리를 깨우는 그런 바람이더라고요. 너무 신기한 일이지요. 나만 그런 줄 알았는데 5명이 동시에 어~ 왜 이렇게 춥냐면서 동시에 정신을 차린거죠. 우리는 다 죽었다면서 완전히 비관하고 있는데 누가 우리를 감싸 안은 그 인상은 진짜 말로 표현할 수 없었어요."[사례 6]

[고마움 모르는 보상심리의 재발견]

연구 참여자들은 생존을 위협했던 외상 사건이 자신에게만 일어나야 하는 이유를 논리적으로 받아들일 수 없었다. 이들은 '왜 자신만이 그러한 상황에 노출되어야 하느냐'에 대한 막연한 분노감과 억울함이 지속되었다. 그리고 외상적 사건에서 살아남음에 대한 보상을 누구에게 어떤 형태라도 보상받아야 한다고 생각하였다. 따라서 구체적으로 어디에서 누구에게 어떤 보상을 받아야 하는지는 모르지만 지금 살고 있는 남한사회로 그 방향을 돌리게 된다. 이는 이들과 직간접으로 관계하는 지역주민, 공공기관, 민간기관 등의 모든 지역사회가 포함된다. 이러한 현상이 확대된다면 탈북난민들 전체가 원조에 대한 '고마움을 모르는 사람'으로 낙인찍히거나 도움을 받는 것에만 익숙해져 있다는 편견을 가지게 할 수 있다. 이는 남북주민 모두에게서 공동체 생활을 유지하는데 장애물로 작용할 수 있다. 이들의 다음과 같은 표현을 통하여 고마움 모르는 현상을 이해할 수 있었다.

> "그게 우리 자체가 원래 고마운 걸 모르는 게 아니고 지났던 너무나도 괴롭게 살았던... 그게 풀려야 하는데 그니까 그걸 못 푸니까 모든 걸 부정적으로 보는 것 같아요."[사례 1] "그 배신감이라는게 있다 아닙니까. 이게 뼈져리게 몸에 배겼으니까. 하루아침에 안 빠집니다. 그러니까 고마운 거를 처음에 못 느낍니다."[사례 4] "과거의 충격이... 고마운 것을 모르고 긍정적으로 생각을 못하게 됩니다."[사례 7]

한 연구 참여자는 모든 위기를 극복하고 한국에 가는 것이 인생의 최종 목표였다고 회상하였다. 따라서 그는 한국 정착 이후의 삶에 대해서는 사전 대책이 필요 없었으며 지식도 갖고 있지 않았다. 한국도착 이후에도 삶이 지속된다는 실존적 책임을 가질 수 있는 여유가 위기상황에서는 없었다. 이러한 준비 부족은 적응의 문제와 관련이 되며 장기적으로 삶의 의미를 찾지 못하고 무희망, 좌절, 고립, 도피적 행동 속에서 방황할 수 있다. 한국행의 성공으로 모든 것을 얻는다고 생각한다면 남한 정착과정에서 그러한 막연한 희망이 현실과 밀접히 관계되어야 한다고 믿을 것이다. 이러한 사실들을 표면적으로만 보게 되는 남한의 전문가들과 일반주민들은 그들을 이해할 수 없게 된다.

> "뭐 혹시나 우리는 행여나 뭐 한국 가는 길이 그때 한국만 오면 뭐 지상천국에 오는 줄 알았지요."[사례 5]

② 돌아오지 않는 평상심: 외상 사건에 지속되는 정서

[변함없는 외상적 정서]

연구 참여자들의 외상적 사건의 체험은 그 순간의 경험으로 끝나는 것이 아니라 개체에 영향을 미친 정도에 따라서 이후의 삶에서도 지속적으로 되살아남을 알 수 있었다. 외상 경험은 유사한 체험에 대한 놀람이나 거부반응도 문제가 되지만 계속되는 악몽도 삶을 힘들게 하였다. 악몽은 그 자체로 끝나는 것이 아니라 불면과도 관계가 되며 이는 일상적 생활에서 문제를 가지게 된다. 이들은 감옥에서의 고통, 탈출과정의 긴장, 남한행의 목적 달성에 대한 초조감 등이 반복적으로 악몽이 되어서 나타났다. 이러한 악몽의 반복은 불면을 가져오게 되고 심리적·정신적 고통을 수반하게 되는 것이다. 이는 남한 일상생활이나 대인관계에 에너지를 집중할 수 없는 탈북난민들의 내적 고통을 말한다.

"한 3년까지는 북한에 있는 꿈을 계속 꾸대요. 아... 괴롭더라고요... 아침에 일어나면 기분이... 내 요 와 있는데... 와 빨리 한국가야 되는데 갈라하는데 안 가지거든예... 누가 또 따라오고..."[사례 1] " 한국에 오자마자 한 3-4년은 불면증에 시달려가지고 TV를 보면서 아무리 잠자보려고 별에 별 그걸 다 해도 잠이 안 오는 거죠. 그리고 어떤 때는 술 한 잔 마시면서 해도.. 수면제를 먹어봐도 잠이 안 오고 밤새 그냥 새벽 6시까지..." [사례 2] "그게 8년은 가더라구요 (중략). 아침에 눈뜨고 밤새도록 눈만 감으면은 악몽에 시달리거든요. 철조망에서 막 빠져 나올라고 하는... 뭐 깊은 "한 3년까지는 북한에 있는 꿈을 계속 꾸대요. 아... 괴롭더라고요... 아침에 일어나면 기분이... 내 요 와 있는데... 와 빨리 한국가야 되는데 갈라는데 안 가지거든예... 누가 또 따라오고..."[사례 1] " 한국에 오자마자 한 3-4년은 불면증에 시달려가지고 TV를 보면서 아무리 잠자보려고 별에 별 그걸 다 해도 잠이 안 오는 거죠. 그리고 어떤 때는 술 한 잔 마시면서 해도.. 수면제를 먹어봐도 잠이 안 오고 밤새 그냥 새벽 6시까지..."[사례 2]

"그게 8년은 가더라구요 (중략). 아침에 눈뜨고 밤새도록 눈만 감으면은 악몽에 시달리거든요. 철조망에서 막 빠져 나올라고 하는… 뭐 깊은 구렁텅이에서 이리 헤메고 저리 헤메고… 이게 꿈이야 생시야."[사례 3] "잠은 정말 힘듭니다. 그게… TV를 보고 있어도 그 TV를 보고 있는 것이 아니고 북한의 생활이 그 TV 속에 나오고 있습니다."[사례 4]

[솟아나지 않는 생명 에너지]

연구 참여자들의 외상적 체험은 개체로 하여금 에너지를 소진하게 만들고 새로운 에너지를 흡수하는 것에 대해서 경직성을 가지게 하였다. 외상사건을 경험한 이들은 남한 정착과정에서 새로운 삶의 에너지가 생성되지 않아서 어려움을 호소하고 있었다. 한 연구 참여자는 '단지 사는 이유가 목숨이 붙어 있으니까 목적 없이 움직인다'고 하였다. 또 다른 연구 참여자는 살아가는 에너지가 완전히 소진되어 '공중에 붕 뜬것 같은 삶'을 설명하며 새로운 활력이 생겨나지 않아서 기본적 일상생활도 어려운 상태를 설명하였다. 또 다른 연구 참여자는 공황장애와 같은 경험, 아침에 눈을 뜨고도 수 시간 동안 일어날 수 없었던 경험을 이야기하였다. 이러한 상태는 보통 수년 동안 지속되는데 이를 해결하기 위한 자가 수단으로 알코올이나 약물을 남용하기도 하였다. 인간에게 에너지의 지속적 소진은 죽음을 생각하게 하여 삶을 포기하는 죽음소망을 가지게 될 수도 있다.

한 연구 참여자는 중국에서 살아남기 위해서 견고하던 부부관계가 남한에 도착해서는 그 울타리가 해체되면서 이혼하게 되었음을 토로하였다[사례 5]. 중국에서 수년 동안 생존을 위해서 부여했던 부부밀착의 에너지가 더 이상 유지되거나 생성되지 않아서 나타난 문제이었다. 이러한 에너지 소진의 경험은 외상 이후에 수년에 걸쳐서 개인에 따라서 다양하게 지속되었다. 이들의 새로운 경험은 자연적인 시간의 경과를 통하여 일상적인 생활로 회복하지 못하는 경우를 발생하게 할 수 있다. 그 과정에서 직간접의 외부환경이 어떠한 역할을 하는가는 이 회복의 과정에 중요하게 작용할 수 있다. 탈북난민들이 새로운 에너지를 생성할 수 있도록 기다려 줄 수 있는 개입전략과 외부 환경의 원조와 지지가 필요함을 알 수 있었다.

> "그러면서 체력적으로 한계가 오고, 병원에 가도 병명도 없어요(중략). 기가 빠져나가고, 온몸에 피가 다 빠져나가는 그런 듯한 느낌을 많이 받는다든가(중략). 기가 너무 빠져 아침에 눈을 떠가지고 일어나는 과정이 하여튼 2시간이 걸릴 정도로 못 일어나는 거 있죠".[사례 3] "죽음에 대한 불안 이런 것도 어쩌면 두 번이나 겪었으니까, 이제는 죽는게 겁이 안 나더라구요(중략). 오히려 죽은면은 속은 편하겠다. 그런 생각은 나죠."
>
> [사례 4] "뭐 기운을 못 차리는 거 있잖아요. 그것도 한 5년이 되니까 이제 좀 낫네요. 처음에 한 3-4년 3-4년 될 때가지는 여름에 걸어 다니지를 못했어요(중략). 그 혹시 모 뭐가 뭔지 항상 어지럽고 막 사람이 막 가라앉는 거 있잖아요. 그게 요즘에도 쫌..."[사례 5] "난 난 지금도... 난 지금도 그래요 그게 습관적인지 내가 너무 고달프다고 생각해서 그런지 난 진짜 죽음이라는게 눈깜짝 새에 깜빡 죽어버린다면 난 이순간 죽어도 행복하겠다."[사례 6]

[응어리가 된 마음의 한]

연구 참여자들의 외상적 체험에 대한 논리적이고 정서적인 미해결은 마음의 악, 짜증, 분노로 남아 있음을 알 수 있었다. 따라서 이들은 마음의 여유를 가지지를 못하고 다른 사람의 배려에도 고마움을 표현하지 못했다. 또한 자신 이외에 타인을 돌볼 여유가 없으며, 탈출과정의 삶을 짐승 같은 야생생활, 유목생활, 배신의 연속으로 기억하고 있었다. 이들에게 이러한 경험은 장기간 마음속에 간직되어 풀리지 않는 응어리로 남아 있었다. 이 마음의 한을 풀어주는 것이 외상을 체험하였던 탈북난민들로 하여금 일상적 삶을 영위하도록 원조하는 하나의 계기가 될 수 있다. 이 풀어 내지 못한 마음의 응어리는 세상에 대한 분노를 지니게 하거나 밖으로 표현하지 못하고 모든 고통을 내면화 할 수도 있다. 이와 같은 악순환의 반복이 남한생활과 대인관계에서 발생한다면 부적응자로 낙인찍힐 가능성은 더욱 높아질 것이다.

"악한... 이 야생짐승처럼.. 어찌 보면 야생이지요 야생생활 하다시피 했으니까 막... 악으로 가득 차 있어요. 모든게 악으로.. 그기 풀려져야 되는데 하루아침에 안 풀리지..."[사례 1] "세상만사 힘들게 사는 거지 나는 툭 떨쳐놓고 여기 와서 그렇잖아요. 그게 습관이 되버려가지고 신경적인 거야 뭐 남하고 나눌 수도 없고. 근데 그게 몸에 베여가지고 혼자 부둥켜 앉고 이러는데 내가 너무 대가지고 한 이삼년 지나도 변화가 없어서..." [사례 5] "하루도 술 안뺀적 없고... 술 먹으면 울고 주로 화풀이 해보고... 빌라에 살았는데 꼭대기에서 죽으려고 내려다보니, 애들이 뒤에서 엄마 부르는 것 같고."[사례 6] "긍정적일 수가 없습니다. 과거에 변화되었던 그게 들어갔다가 빠져야 되는데 안 빠지니까."[사례 7]

또 다른 연구 참여자들은 내재된 마음의 한을 외부로 왜곡되게 표현하기도 하였다. 이는 극단적 상황에서 '죽기 아니면 살기식'의 행동방식과 혼합되어 사회적 문제에 대처하는 수단으로 나타났다. 즉 사회 또는 공동체의 규범 속에서 문제를 해결하려는 것이 아니라 외상 경험이 미해결 된 상태로 짜증, 분노 폭발과 같은 정서적 대처를 주로 하였다. 이들은 삶과 죽음, 적응과 포기, 목적과 방황 사이에서 방향성의 상실과 양극단의 감정과 행동 및 사고 속에서 갈등하였다. 이러한 문제는 시간의 경과와 개인적 인식

능력의 향상으로 왜곡이 수정되기도 하지만, 정착초기 또는 인지하지 못하는 기간 동안의 남한생활은 문제를 초래할 가능성이 높다.

> "진짜로... 과거에 느꼈던... (중략) 악으로 조금만 누가 뭐라해도 짜증나고 확 성질이 나고...누가 뭐라해도 고마운 것도 모르고 제가 느끼기에 북한 사람들 처음 오면 대부분 딱 그렇습니다. 그러니까 그런게... 과거에는 느꼈던게 지 좋을대로... 과거에 겪었던게 그게 한으로 남아가지고."[사례 4] "그게 또 일이 안되면 바로 성질이 나고(중략) 이거 하나 건드리면 경찰이고 뭐고 그냥, 니 죽든지 내죽든지 한번 해봐야 된다는 식으로 진짜 성격도 있다 아닙니까... 되게 이상해지고. 내가 지금 생각해보면 아... 그때 참... 정신적으로 문제가 있는 거처럼."[사례 7]

③ 축소된 행동반경: 외상 사건에서 변화된 행동

연구 참여자들이 경험한 외상 사건은 주로 사람과의 관계에서 형성되었다. 이들의 체험은 감옥에서의 고문, 공안으로 부터의 쫓김, 제 3국에서의 배신으로 인한 고통, 탈출과정의 긴장과 같은 타인이 공포의 중심에 있었다. 이러한 경험은 이후에 다른 사람과 관계를 하는 것 자체를 싫어하거나 어려워하도록 만들었다. 또한 지속적인 배신으로 인한 외상적 체험은 의심증을 나타내게 되고, 이는 생존을 위한 과정에서는 효과적인 기제로 작용할 수 있지만 일상생활에서는 고립을 불러일으킬 수 있는 요인이 될 수도 있다. 이들이 체득한 '우리끼리 살자 타인은 믿을 수 없다'는 태도는 남한문화에 적응하는 시간과 공간을 제약하는 요인으로 작용하게 될 수도 있다. 한 연구 참여자가 '약간의 허점을 보이는 순간에도 생사를 넘나드는 위기상황이었다'는 고백은 매사에 완벽을 추구하도록 만들었다. 완벽성의 추구는 장점도 있지만 경직성과 융통성이 떨어지며 사회생활에서 적극성을 보여주지 못하는 단점도 가지게 된다. 이러한 상황을 통합적으로 이해하지 않는다면 그들의 행동 전체를 부정적으로 해석하게 될 것이다.

> "내가 원래 곁에 사람 두기를 좋아했어요(중략). 지금은 사람 끌기 싫어해요. 싫어요. 싫어요. 그거가 싫어요. 그러니까 막 이렇게 회사생활하기도 싫고 무리 속에 들기도 싫고."[사례 2] "처음에 2년 동안은 한국 사람하고 접촉하는 거를 싫어 했어요(중략). 처음에 2년 동안은 주로 북한사람과만 대상하고..."[사례 4] "웬만하면 완벽을 추구하고 그래요. 약간 허점을 보이면 이상한 일이 생기고 약간만 뭐가 어째도 무서운 일을 당하고 그랬잖아요. 그러니까 그게 너무 지치게 해요."[사례 5]

이들의 대인관계 위축과 고립양상이 거주지 설정에서도 나타났다. 인간과 관련된 위기상황의 경험은 거주지도 중심지가 아닌 주변을 택하게 하고 항상 위기에 대처할 수 있는 곳을 선택하도록 했다.

> "그런데 솔직히 우리가 아는 거는 서울, 부산밖에 모르잖아요. 근데 이상하게 가운데는 가기 싫은 거예요. 그래 해안 쪽으로 가자고.. 일단 지방에 가서 조용한데 가서 왠지 두려움 같은 것이 있더라고요."[사례 6]

외상의 경험에서 벗어나지 못하여 고립을 자처하고 편집증적 사고의 외톨이로 산다면 남한사회 적응에 어려움을 가질 수 있음을 직관하고 있었다. 이들은 다른 사람과 적극적으로 교제하고 충격적 사건에서 벗어나기 위해서 생산적 활동에 참여하는 과정을 통하여 대인관계가 중요함을 시간의 경과를 통하여 확인하였다.

"계속 거기에 머무르지 않으려면 보통 다른 사람들하고... 그 혼합이 되야한다 아닙니까... 여기 사람들하고 같이 어울려야 된다 아닙니까."[사례 1] "충격적인... 일단 그런 걸 빨리 잊기 위해서 계속 일을 많이 했거든요. 사람을 많이 접촉하고."[사례 3]

3) 외상과 일상적 삶의 관련성

본 연구는 남한에 정착한 탈북난민들이 남한이주 과정에서 경험한 외상 사건의 의미와 본질이 무엇인지를 이해하려고 시도하였다. 연구 참여자들이 경험한 신체적・심리적 고문, 기아, 치료받지 못한 심각한 신체적 질병, 투옥 또는 죽음의 공포, 심각한 폭행, 극단적 긴장의 지속 등과 같은 외상은 수년이 지난 현재 상황에서도 그 체험의 연속선상에 있었다. 연구 참여자들이 외상 사건에서 살아남은 과정에서 각인된 이미지와 기억은 수 년 동안 지속되어 현재 삶과 관련을 맺고 있었다. 이를 통하여 본 연구는 '환경 속의 인간'이라는 사회복지실천의 관점을 탈북난민들에게 확장해야 하는 사실을 재확인하였다. 탈북난민들의 삶을 이해하기 위해서 외부로부터 조사된 것을 조합하거나 감정이입을 통해 자신과 동일시한다고 해도 여전히 불완전할 것이다. 탈북난민의 존재는 남한주민들과 함께 같은 환경 세계 내에서 존재한다는 것을 의미하며, 주관과 객관의 이분법을 극복하여야함을 알 수 있었다. 따라서 사회복지실천현장에서는 탈북난민들을 '인간'이라는 사실을 간과하면서 객체화하여 개입・치료 또는 적응시키려는 시도들을 반성할 필요성이 있음을 확인하였다. 본 연구의 분석결과에 대한 논의는 다음과 같다.

그림 4-1 _ 탈북난민의 외상과 일상적 삶

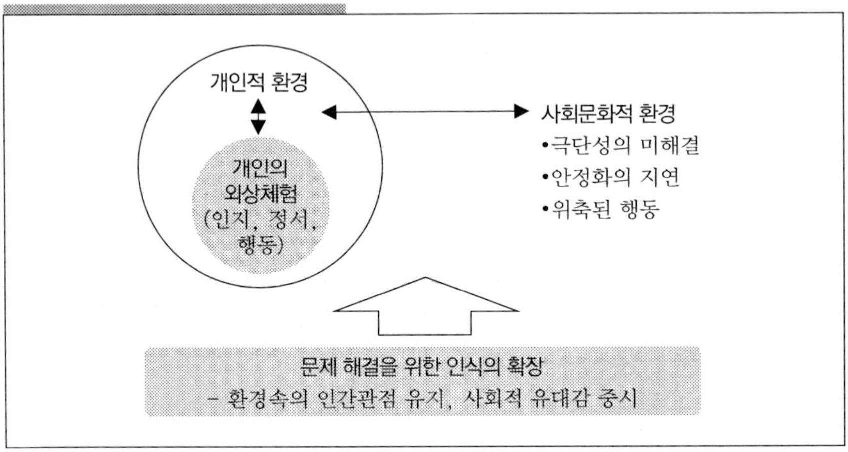

탈북난민들과 유사한 체험을 하는 난민 연구에서도 외상의 실태와 그 결과인 PTSD에 집중되고 있다Keyes, 2000. 극단적인 고통을 경험한 사람들은 심리적 방어를 통해서 삶을 유지하지만 내적인 큰 비용을 치루게 된다Kalshed, 1996. 외상이 표면적으로 종결되었다고 하더라도 심리내면에서의 갈등은 지속된다는 것이다. 본 연구에서 보면 탈북과정의 외상이 내적세계에만 관련을 가지는 것이 아니라 일상생활과의 맥락도 중요함을 알 수 있었다. 연구 참여자들은 외상 사건에서 경험한 분노와 공격성을 자신에게도 향하지만 타인에게도 적대감을 표현하였다. 외상은 존재감을 상실하게 하고 자아의 계속성을 좌절시키기 때문에Winnicott, 1971 외부환경과 관계를 지속하거나 유지하는 개인적 힘을 상실하게 한다. 연구 참여자의 경우에도 남한생활에서 대인관계의 어려움을 호소하였으며, 고립된 생활은 외상의 충격에서 벗어나는 것의 어려움을 보여 주었다.

인간은 외상과 같은 극단적 경험을 하게 되면 자신이 처한 상황에 대한 내적인 분노와 함께 그 체험에 대한 설명을 순차적으로 자신에게 요구하게 된다Alcock, 2003. 이에 대한 객관적인 사실을 확인하지 못하게 된다면 분노의 무차별적이고 비이성적 표출이 나타나게 되고 점차로 그러한 연유를 정리하려는 시도를 하게 된다. 이렇게 자신을 합리화할 수 있는 논리를 개발하지 않으면 불안과 공포를 피할 수가 없다. 본 연구의 참여자들이 겪은 외상의 경우에도 같은 원리가 적용될 수 있기 때문에 이들이 남한사회에서 나타내는 부적절함의 일부를 이해할 수 있었다.

이러한 부적응은 탈북난민들이기에 나타나는 전체성이 아니라 인간의 특별한 경험에서 나타나는 개별적 특성이라는 사실이 중요하다. 연구 참여자들의 외상 사건에서 살아남는 과정에서 겪은 고통과 그 영향은 남한이라는 전혀 다른 공간에서도 지속됨을 알 수 있었다. 이들은 외상으로 인한 심리내적인 정서적 고통의 지속뿐만 아니라 일상생활에서도 부적절한 대처들이 나타났다. 이들은 외상 사건의 연속적 경험을 비이성적이고 비논리적인 방법으로 표출하였는데, 남한주민들과 관계에서 짜증, 분노폭발과 같은 정서적 대처를 하거나 논리적 상황대처가 아니라 목적과 방향이 상실된 양극단의 감정과 행동을 하였다. 또한 자신들의 고통스런 경험의 이유를 객관적으로 파악하거나 보상받을 방법도 없음을 알게 된다. 그러나 남한사회 전체 또는 자신이 관계하고 있는 대인관계에서 외상을 보상받거나 이해받고 싶은 태도가 의식적 또는 무의식 속에 내재되어 있었다.

이는 탈북난민들이 남한사회나 주민들의 원조에 대해서 고마움을 표현하지 않고 당연한 보상심리를 가지는 것처럼 보이게 된다. 또한 연구 참여자들은 자신들의 외상적 경험의 과정을 이해할 수가 없었다. 인간은 논리적으로 설명할 수 없는 사실에 직면하게 되면 불안하게 된다. 그 불안을 회피할 수 있는 방법은 그러한 사실들에 대해서 합리화하거나 부정denial하는 방법을 사용한다. 외상을 경험한 연구 참여자들은 자신들의 상황에 대해서 무의식적으로 합리화하거나 사후가설적 논리로[1] 그 현상들을 설명하였다. 이러한 행동패턴이 반복된다면 사회의 일상적 생활양식과 괴리를 가지게 되어서 사회생활의 보편적 행위에서 벗어나게 될 것이다. 이는 탈북난민의 고립을 초래하게 되고 남한주민들과 합리적이지 않은 상호관계의 양상으로 갈등을 불러일으키게 될 수도 있다. 외상을 경험한 연구 참여자들이 이를 극복하기 위해서는 남한주민들과의 혼합을 강조한 이유가 이를 뒷받침하게 된다.

외상 사건에서의 생존은 성장의 변화와 부정적 측면이 동시에 고려되고 있는데[Schiraldi, 2000] 회복과 성장으로 이어진다고 할지라도 고통은 일정기간의 시간이 지나야 점차로 감소될 것이다. 연구 참여자들도 수년 동안 지속적으로 악몽의 연속, 불면, 무기력감, 의지와 상관없는 외상의 침투, 우울, 이유 없는 분노, 집중곤란 등과 같은 외상후 스트레스 장애의 주요증상들로 고통을 받고 있었다. 또한 이들은 외상적 체험의 고통을 스스로 감내해야 하는 어려움을 동시에 호소하고 있었다. 한 연구 참여자는 '내 절로 아프고 내 절로 다듬고 그래야 되네, 그 과정이 버겁지요[사례 2]'라는 표현으로 자신의 체험을 스스로 다루어 가는 과정의 어려움을 보여주었다. 한편으로 연구 참여자들은 자가치유의 일환으로 자신이 경험한 위기적 사건의 잠재적 동반자인 북한 주민에 대한 연민을 강하게 나타내고 있었다.[2] 이를 통하

---

1. 연구 참여자들에게서도 직접 인용되고 있는데, 예를 들면 "옛날 노인네들이 일단 묘지갔다 돌아올 때 돌아보지 말라하더래요[중략]. 그렇게 딱 돌아보고 싶대요. 어느 한순간에 저도 모르게 딱 돌아섰대요[사례 2]"의 표현이후에 자신의 악몽의 이유와 불면의 원인으로 설명하였다. 또 다른 연구참여자는 "양로원에 열흘인가를 숨어있는데[중략], 그날 아침이 기분이 참 묘하더라구요. 그날 아침 먹는데 기분이 영묘하드라고요[사례 4]"의 표현 이후에 중국 공안이 찾아왔다고 이야기하며 사후가설적 논리를 유지하였다.
2. "그 정신 상태가 세뇌화 되어 가지고[중략], 지금 수 많은 사람들이 굶어 죽고 있는데 지금 쌀도 갖다주고 돈도 갖다주고[중략], 아무리 형제들에게 그 매일 차도 타고 다니고 좀 부풀려서 이야기 해도 모르고, 다 죽어야 합니다[사례 1]". "계속 거기 생각이 사실상 거기 생각이

여 자신이 가지고 있는 체험의 고통과 죄책감의 일부를 해소하려는 것으로 보인다. 이와 같은 자가치유 기간을 기다려 주고, 그들이 보이는 행동을 이해하는 것이 필요하다.

일반적으로 이주난민들은 직업의 하향 이동, 역할 변화, 문화적응의 문제 및 사회소수자의 지위 획득으로 인하여 자존심의 손상을 입는다Ben-Porath, 1991. 이러한 손상은 외부 표현에서는 더욱 자존심을 내세우게 되는데, 탈북난민들의 경우에도 자존심이 강한 것으로 조사되고 있다정병호 외, 2006. 탈북난민들의 자존심과 관련 있는 요인들은 여러 가지가 있겠지만 본 연구의 참여자를 통해서 또 다른 한 가지를 첨가할 수 있을 것으로 보인다. 이들은 외상 상황에서 동물적 본능의 상태로 남겨진 자신을 목격하게 되었다. 극단적 위기의 순간에는 자식에 대한 애착, 타인에 대한 배려, 인간으로서의 의식주 행위 등을 포기하고 오로지 생을 유지하는 것에만 초점을 맞추었다. 연구 참여자들은 남한에서 문화적응의 어려움과 사회소수자의 지위에 대한 열등감이 공존하면서 과거 외상 사건에서 동물적 본능의 노출에 대한 수치심과 혐오감이 심리내면에 축적되었다. 이렇게 내재된 자존심의 손상요인이 외부로 표현될 때는 반동형성으로 더욱 강한 자존심을 내세우는 양상으로 나타났다. 여기에 연구 참여자들에게 확인된 외상 체험에 대한 막연한 보상심리와 에너지의 소진에 의한 지지적 관계에 대한 표현력까지 부족한 채로 외부환경과 관계한다면, 원조제공자의 입장에서는 고마움을 모르는 후안무치厚顔無恥의 사람들로 여겨질 가능성이 높다.

제일 많습니다(중략). 아직도 생각은 없어지는 것이 아니고 그러니깐 지금도 생각은 조금이라도 더 도와주어야 되겠다(중략). 제가 이번에 또 이사람들 중국에서 북한사람을 만나봤지만, 제 주머니돈을 다 털어서 줬어요 사례 4". "제가 다 죽어라 다죽어라 그랬습니다. 그렇게도 머리가 안돌고 어떻게 사냐고 다죽어라고... 나는 이밥에 돼지고기도 먹기 싫어서 안먹는 사람이고... 사례 7".

탈북난민들이 남한주민들과 상호간의 교제가 단절되어 있기 때문에 문제라는 지적들이 있다정병호 외, 2006. 본 연구에서도 연구 참여자들은 사람과 관련하여 위기적 사건을 경험한 경우가 많기 때문에 특히 남한 적응 초기에는 대인관계가 단절되어 있었다. 소극적인 관계형성이 외상적 사건의 배경 탓으로만 돌려질 수는 없지만 관련요인임을 연구 참여자를 통하여 확인할 수 있었다. 외상을 경험한 일부 연구 참여자들은 외부 환경과 에너지를 교환하는 것이 필요함을 스스로 자각하고 있었으며 실제로 타인과의 적극적이고 의도적인 교제를 하였다. 개인들이 심리적 에너지를 극단적으로 내부로 향할 경우에는 우울과 같은 정신건강의 문제를 초래할 수 있다이부영 외, 1983. 따라서 연구 참여자들과 같은 탈북난민들의 정신건강 증진을 위해서는 개인의 에너지를 외부로 향하게 하는 개입방법과[3] 대인관계를 활성화할 수 있는 방법을 모색하는 것이 중요하다.

연구 참여자들의 외상 자체뿐만 아니라 외상의 대처기제도 일상생활에 밀접하게 관련을 가지고 있었다. 이들이 극단적 생존과정에서 유용하였던 대처기제가 남한의 일상적 삶에서는 오히려 부적응을 초래하는 경우도 발생하였다. 탈북과정의 위기적 사건에서는 '죽기살기식'의 대처가 성공적이었다면 이것이 일상적 삶에서 항상 유용한 기제가 되지는 않았다. 한 연구 참여자가 표현하듯이 '깡으로는 절대 안됩니다(중략). 이... 이런 사회는 대인관계가 첫째다 아닙니까. 니는 니고 내는 내고 이래 가르면 절대로 한국사회에서 적응 못해...사례 1'라는 표현의 의미에서도 알 수 있었다.

또한 본 연구의 참여자들은 흑백 논리에 의해서 사물들을 판단하는 경향

---

3. 연구참여자들의 경우에 외상 체험의 내적 고통과 분노에 대한 '화풀이' 또는 '한풀이'가 필요함을 알 수 있다. 화풀이와 한풀이를 통하여 개인의 내적 에너지를 외부로 향할 수 있는 힘을 가질 수 있을 것이다. 화풀이와 한풀이의 방법은 개인적으로 다양하며 신체 활동, 의도적 에너지 표출, 명상 등을 고려할 수 있을 것이다.

을 보여 주었다. 탈북과정의 외상 과정은 죽음 아니면 삶의 선택적 상황을 요구 받는다고 생각하였는데, 이러한 이분법적 사고틀로 인지가 재구성된다면 직장생활을 포함한 사회생활에서 어려움을 가질 수밖에 없다. 사지死地에서의 생존은 남한생활을 손쉽게 생각하여 공간이 다른 곳에서의 적응이 달라야 함을 인식하지 못할 수도 있다. 연구 참여자들은 자신이 다른 사람과 다름을 강조하며 지속적으로 극단적 사고를 하는 경향을 보였다. 이는 외상 사건의 대처에서 '네가 죽든지, 내가 죽든지'의 결단이 재구조화되어 나타난 현상이 아닌가 생각된다. 이러한 인식이 지속된다면 이들은 희망과 좌절, 삶과 죽음, 의미와 무의미를 반복하는 양가적 감정 속에서 불안정한 일상생활을 유지할 수밖에 없다.

연구 참여자의 외상 사건에 대한 대처는 어쩔 수 없는 선택이라고 할 수 있다. 이들의 외상 과정에서 나타난 극적인 결정, 살아남기 위한 임기응변, 의심하고 움츠린 선택 및 긴장 속에서의 공격적 자세 등을 확인할 수 있었다. 이러한 상황적 선택이 외상 사건 당시에는 유용한 생존의 도구가 될 수 있었으나 남한에서의 일상생활에서는 부적절한 관계양식이 될 수 있다. 어떤 측면에서는 이들이 가지는 어느 정도의 불신은 새로운 곳에 정착하는 과정에서 도움이 될 수도 있지만 장기적으로는 사회적 고립을 초래하는 요인이 될 가능성도 있다.

본 연구를 통하여 탈북난민들의 남한이주 과정의 외상 체험은 수년이 경과된 남한생활에서도 관련이 있음을 확인하였다. 이들의 경험은 단지 개인의 정서적인 고통의 지속만이 아니라 남한생활에서의 왜곡된 표현과 대처 및 세상을 보는 관점에도 변화를 가져왔다는 사실이다. 이와 같은 현상들에 대한 상황적 고려를 탈북난민을 비롯하여 이들과 관계를 맺고 있는 모든 남한사람들이 일정부분 이해를 할 필요가 있다. 그렇지 않으면 서로간의 의미 없는 갈등만 불러일으킬 수 있다. 또한 다른 많은 탈북난민들의 특성이라는 사실들도 환경과 인간이 접촉하는 과정에서 발생한 보편적 현상일 수 있음을 고려해야 할 것이다. 연구 참여자들의 외상 체험에 대한 의미와 구조를 파악하면서 부가적인 몇 가지 제언을 하면 다음과 같다.

첫째, 탈북난민들의 외상을 회복할 수 있는 기회를 제공해야 한다. 즉 마음의 한을 풀 수 있는 정책적, 제도적 그리고 실천적 방안과 전략을 마련하여야 한다는 것이다. 탈북난민들은 자신들이 경험한 외상 사건의 발생 원인을 구체적으로 받아들이기 어렵다. 왜, 자신들만이 이러한 체험에 노출될 수밖에 없는지에 대한 이유 없는 분노와 원한이 마음에 쌓이게 된다. 이러한 마음의 한이 풀리지 않는다면 긴장과 불안을 항상 가슴에 품고 다른 사람과 사회를 의식하는 경직되고 왜곡된 인지적 바탕 속에 삶을 유지하게 될 수 있다. 탈북난민들의 외상적 경험으로 인한 정서적 한풀이가 되지 않는다면 남한에서의 일상활동이 갈등 속에서 지속될 수도 있다.

둘째, 남한에서 공동생활을 하고 있는 남한주민들과 탈북난민들에게 상호간의 이해를 위한 교육의 중요성이 절실함을 알 수 있다. 이러한 심리사회적 교육은 탈북난민들 측면에서는 자신들의 대처방식이 외상과 같은 극단적 경험에 기인하여 왜곡되어 나타날 수 있음을 알게 하고, 남한주민들은 이러한 탈북난민의 개별적 독특성을 이해하고 기다려줄 수 있는 관용을 높일 수 있는 것이어야 한다.

셋째, 외상경험이 지속되는 탈북난민에 대한 다양성을 중요하게 생각하는 접근이 필요하다. 연구 참여자들의 경험은 장기와 단기 외상 체험으로 구분될 수 있었다. 장기간의 외상 체험은 탈출과정의 공포, 체포의 불안, 투옥에서의 죽음 위기 등 이었고, 단기의 극단적 체험은 기아, 총상, 사랑하는 사람의 상실, 생사를 건 탈출, 익사 순간 등으로 나타났다. 장기 외상 체험은 연구 참여자들의 신체적, 심리적, 사회적 삶의 방식에 변화를 가져오는 역할을 했으며, 단기 극단적 체험은 그 이미지가 이후에도 영속되면서 개인마다 다양하게 작용하였다. 연구 참여자들의 외상 사건의 양적인 수보다는 질적인 측면에서 개인들에게 어떠한 의미를 부여하는지가 더욱 중요함을 알 수 있었다. 탈북난민의 외상 개입에서는 수량화된 접근보다는 심층 면담을 통하여 개인차를 확인하여야 할 것이다.

넷째, 중국 등 제 3국에서의 탈북난민의 인권 향상에 기여하는 국제적이고 국내적인 전략을 마련하여야 할 것이다. 본 연구의 결과에 의하면 탈북난민들이 탈출과정의 제 3국에서 경험하는 외상적 경험은 그 당시의 일시적 현상으로 그치는 것이 아니라 이후의 삶에 지속적으로 영향을 미친다는 사실이었다. 이는 인간 존엄성에 대한 중요한 도전이라고 할 수 있다.

제 5 장

탈북난민의 외상 및 스트레스의 경로와 완충요인

Traumatic Experiences of North Korean Refugees

1 _ 전체구조

2 _ 관계 변인

3 _ 결과의 차이, 비교 그리고 관련성

4 _ 정신적 위기 개입전략

1 _ 전체구조
- 구조화 과정
- 조사대상 및 분석방법

2 _ 관계 변인
- 외상적 경험
- 스트레스
- 무망감
- 우울
- 사회적 문제해결 능력

3 _ 결과의 차이, 비교 그리고 관련성
- 인구사회학적 특성에 따른 차이
- 탈북난민, 저소득주민, 일반주민의 정신적 위기 비교
- 변인 간 관계구조

4 _ 정신적 위기 개입전략
- 정착단계별 심리사회적 지원프로그램
- 남한사회의 문제대처를 위한 능력강화
- 사회적 지지망의 구축

제5장

탈북난민의 외상 및 스트레스의 경로와 완충요인

1. 전체구조

이 장에서는 탈북난민들의 외상적 경험과 남한생활의 스트레스로 유발될 수 있는 무망감이 매개 작용을 하여 우울증을 발생하는지를 파악하고, 그 과정에서 사회적 문제해결능력과 사회적 지지가 어떠한 역할을 하는지를 파악하고자 한다. 이를 통하여 탈북과정의 외상과 남한생활에서의 스트레스가 일상적 삶에 어떠한 영향을 미치는지를 객관적으로 검토할 것이다. 부가적으로 탈북난민들은 남한에 거주하는 독특한 집단이기 때문에 보다 선명한 이해를 위해서 비교대상이 필요하다. 이러한 이유 때문에 남한의 저소득주민 및 일반주민 집단과의 비교를 통하여 함의를 파악하기로 하였다.

1) 구조화 과정

탈북난민들이 탈출과정에서 외상과 같은 부정적 생활경험을 가지고 남한이주 후에도 지속적인 스트레스의 고통 속에서, 바라는 결과는 빨리 일어나지 않고 지속적으로 부정적인 결과들만 반복되는 현실 속에서 미래에 대한 기대도 부정적이 된다면, 희망의 상실과 비통함을 동반하는 무망감 hopelessness을 가지게 될 가능성은 높아질 것이다. 무망감이란 바라는 결과는 일어나지 않고, 혐오스런 결과가 발생할 것이며, 이러한 상황을 개선시킬 수 있는 것이 아무것도 없다는 기대감으로 정의된다Beck and Steer, 1988. 이러한 무망감을 가진 개인들은 그들에게 바람직한 일이 일어날 것 같지 않고, 그들이 노력하는 일이 결코 성공하지 못할 것 같고, 중요한 목적은 달성될 수 없고, 나쁜 문제들은 결코 해결될 수 없다고 인지하는 것이다Beck and Steer, 1988. 따라서 탈북난민들이 무망감을 내재하고 있을 경우에 남한적응을 위하여 적극적이고 능동적인 생활을 하기에는 상당한 어려움이 있을 것이다.

이론적 고찰을 통하여 탈북난민들이 탈북과정에서의 외상 경험과 남한적응상의 지속적인 스트레스는 개인의 인지취약성에 따라서 무망감을 불러일으키며 그 결과로 우울증을 유발한다는 가설을 세웠다. 또한 사회적 환경과 협상하는 개인의 능력에 초점을 두는 사회적 문제해결능력과 환경의 변화를 강조하는 사회적 지지가 외상 및 스트레스에 의한 무망감과 우울증을 완충조절 할 수 있다는 가능성을 검토하였다. 무망감은 부정적 생활경험을 가지고 있으면서 현재 생활에서 부딪히는 어려움의 인과귀속을 내부적, 안정적 및 총체적으로 인지하기 때문에 발생하며, 그 결과로 우울증을 유발한다Kapci and Cramer, 2000. 무망감은 미래의 결과도 부정적이 되며 자신에 대해서 부족하고 결함이 많다고 인지하여Abela, 1999 생활의 부적응을 심화시키고, 이러한 상황의 지속은 우울증과 같은 정신병을 유발할 수도 있는 것이다.

그러나 무망감은 부정적 생활사건에서 개인이 내부적, 안정적, 총체적인 부정적 귀속을 통하여 발생한다는 것은 많은 연구를 통하여 이미 입증이영호, 1993; Abela, 1999; Hankin et al., 2001; Kapci et al., 2000; Metalsky and Joiner, 1997; Robinson et al., 1995; Tanaka et al., 1998 되었기 때문에 본 연구에서 무망감에 대한 귀속양식은 문헌을 통한 검증만 하였다. 본 연구에서 무망감을 일으키는 부정적 생활경험을 외상적 경험변인으로 파악하였고, 지속되는 생활상의 곤란은 스트레스변인으로 측정하였다. 탈북난민의 외상적 경험은 탈북과정상의 경험을 말하고 남한의 일반주민과 저소득주민의 외상적 경험은 일생의 경험을 측정하도록 되어있다. 스트레스는 탈북난민이 현재 경험하는 생활사적 또는 문화적응적인 모든 것을 포괄하고 있으며, 남한의 일반주민과 저소득주민들도 현재 일상생활에서 경험하는 스트레스가 포괄적으로 포함되어 있다. 이러한 무망감은 심각한 정신건강문제인 우울증을 유발한다는 연구결과들Hankin et al., 2001; Kapci et al., 2000; Metalsky and Joiner, 1997; Robinson et al., 1995에 근거하여 무망감이 우울증을 일으키는 충분조건이라고 가정하였다.

또한 무망감과 우울증을 완충조절 할 수 있는 사회적 요인으로 사회적 문제해결능력, 사회적 지지를 도출하였다. 스트레스와 사회적 요인 간의 완충효과에 관한 연구는 사회적 지지의 효과를 중심으로 이루어져 왔다Cohen and Wills, 1985; Wheaton, 1985. 그러나 최근에는 스트레스와 디스트레스 관계를 완충하는 사회적 지지 이외에 다양한 개인적 자원을 발견하고 있으며, 특히 환경적 자원에는 긍정적인 사회적 유대와 사회적 활동의 참여 등이 포함된다김성경, 2000고 하고 있어서 사회적 문제해결능력변인을 포함시켰다. 생활사건의 스트레스로 인해서 발생할 수 있는 무망감과, 무망감의 지속으로 발생할 수 있는 우울증을 완충조절 하는 사회적 요인으로 사회적 문제해결능력과 사회적 지지변인이 포함된 것이다.

2) 조사대상 및 분석방법

본 연구의 조사대상은 탈북하여 남한에 정착한지 6개월 이상인 탈북난민과 남한의 일반 주민과 저소득 주민기초생활보장법상 수급자 및 차상위계층으로 구성되었다. 전체 조사대상의 연령은 18세 이상의 성년을 대상으로 실시하였다. 왜냐하면 청소년기의 특성상 무망감의 형성이 성인과 다르다는 연구결과Digdon, et al., 1985 때문에 18세 이상의 성인만으로 한정하였다. 또한 남한에 정착한지 6개월 미만인 경우에는 아직까지 생활에 대한 막연한 환상윤여상, 2001이 남아 있으며, 남한사회에서의 자신의 생활에 대하여 정확한 인지를 나타내기에 부적절하리라 생각된다. 따라서 탈북난민의 조사대상은 남한에 정착한지 6개월 이상 된 개인들을 모집단으로 선정하여 표본추출 하였다. 첫 번째 집단인 탈북난민은 남한에 거주한지 최소 6개월 이상을 대상자로 하여 눈덩이 표본추출snowball sampling을 통하여 총 170부의 설문지가 배포되어 137부가 회수되었으며, 문항에 대한 답변이 불성실한 3부를 제외한 134부가 분석에 사용되었다. 두 번째 집단인 저소득 주민은 종합사회복지관과 자활후견기관에 연계되어 있거나 사업에 참여하는 개인들로서 국민기초생활보장법상 수급자이거나 차상위계층으로 한정되었다. 총 290부의 설문지가 배포되어 205부가 회수되었으나, 문항에 대한 답변이 불성실한 30부를 제외한 175부가 분석에 사용되었다. 세 번째 집단인 일반 주민은 회수한 탈북난민의 인구사회학적 변인을 고려하여 전국적으로 총 320부가 배포되어 265부가 회수되었으며 답변이 불성실한 5부를 제외한 총 260부를 분석에 사용하였다.

본 연구는 SPSS Windows, version 10.0과 AMOS 4.0을 이용하여 분석하였다. 본 연구를 수행하는데 있어서 자료의 처리는 다음과 같은 과정을 거쳤다. 회수된 자료 중 무성의한 반응을 보인 응답자는 통계처리에서 제외시켰으며 여기서 사용된 구체적인 실증분석방법은 신뢰도분석Reliability Analysis, 요인분석Factor Anaysis, 빈도분석Frequency Analysis, t-검정t-test, 분산분석One way ANOVA, 상관관계분석Correlation Analysis, 회귀분석Regression Analysis, 경로분석Path Analysis을 활용하여 각각 분석하였다. 이상과 같은 방법을 통한 전체 연구 개념틀은 다음과 같다.

그림 5-1 _ 전체 구조

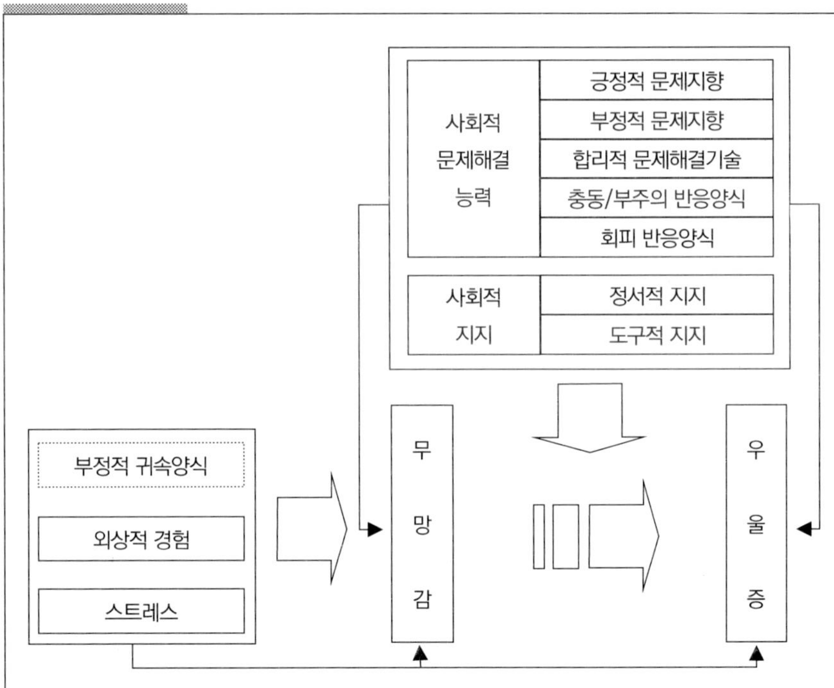

2. 관계 변인

탈북난민에 대한 심리정신적 위기를 구체화하기 위한 변인으로 외상 경험, 스트레스, 무망감, 우울과 같은 위험요인과 이러한 변인들을 보호할 수 있는 개인적 사회관계 요소인 사회적 문제해결능력과 남한주민들과의 관계요소인 사회적 지지를 이론적 검토 과정을 통하여 선택하였다.

1) 외상적 경험

생활 속에서 부딪히게 되는 여러 가지 부정적인 생활경험들이 우울과 불안 같은 정서반응을 유발하게 된다권석만, 1996. 개인들에게 심각한 심리정서적 고통을 가져오는 상황을 Lazarus와 Cohen1977은 다음과 같은 3가지 형태로 나누었다. 첫째, 누구도 통제할 수 없는 천재지변과 같은 사건, 둘째, 일부 사람에 영향을 주는 생활상의 중요한 변화로 부정적 생활사건life events, 셋째, 일상생활의 혼돈, 문제꺼리로서 일상적인 생활을 통해 경험하는 사건daily hassles 등으로 개인에게 영향을 주는 스트레스 사건들을 분류하였다. 본 연구에서는 탈북난민들이 탈북과정에서 겪었던 외상적 경험을 중요한 부정적 생활사건으로 개념화하였다.

부정적 생활사건들은 개인이 상황이나 사건을 지각하는 방법에 따라서 그 사건이 부정적, 긍정적 또는 일상적 사건이 될 수가 있을 것이다. 그러나 어떤 사건들은 매우 외상적성폭력, 잔인한 죽음의 목격, 사랑하는 사람의 상실 등 이기 때문에 이와 같은 사건을 경험한 사람들은 대부분 심리적, 정신적 문제를 겪게 될 것이다. 반면에 이혼, 새로운 곳으로의 이사, 자동차 사고 등의 사건이나 경험들은 개인이 상황을 어떻게 귀속 하느냐에 따라서 문제반응을 야기하기도 하고 야기하지 않을 수도 있다.

탈북난민의 경우에도 엄격한 통제사회인 북한에서 탈출준비기간의 불안과 탈출기간동안의 기아와 가족구성원의 상실, 가족·친지의 죽음, 죽음의 위기 등과 같은 외상을 경험하게 된다전우택, 1997b. 탈북과정에서 중국 내 여성 탈북난민들은 성 매매sex trafficking, 임금착취, 강제송환 등의 신체적 심리적 고난 속에서 생활하고 있다백영옥, 2002. 여성 탈북난민들은 사실혼 관계에서도 법적인 보호를 받지 못하고 있으며, 많은 여성들이 알콜중독자, 도박꾼, 성격파탄자 등에 팔려와 감시, 감금당하고, 구타 폭행, 원치 않는 임신, 강요에 의한 매춘 등으로 정신적·육체적 고통을 당하고 있다좋은 벗들, 1999. 그리고 성 매매의 대상이 되지 않는 여성들은 대부분 현지인들이 꺼려하는 힘든 일을 장시간 하면서도 신분적 취약성으로 임금이 낮거나 착취당하고 있다.

중국에 거주하는 탈북난민의 50%는 배우자 및 친인척에 의탁하고, 40%는 구걸로, 23.5%는 임시노동으로, 1%는 고정된 직업이나 도둑질·매춘으로 생활비용을 마련하는 것으로 나타났다임채완·최영관, 2001 . 또한 탈북난민들은 중국에서 불법입국자로 분류되어 강제송환 되거나, 중국의 구류소나 감옥에서 인권이 유린되는 것으로 나타나고 있으며, 이러한 상황이 두려워 토굴 속이나 산 속에 텐트를 치고 살아가고 있다. 이러한 탈북난민들의 외상적 경험들은 개인의 소질에 크게 관계없이 남한 내의 적응에서 상당한 심리·정신적 영향을 미치게 될 것이다.

[측정도구]

탈북난민의 외상경험 척도는 본 연구자가 윤여상2001의 연구와 전우택1997a, 1999의 연구, 난민의 외상경험에 관한 Blair2000, Chung과 Bemak2002의 연구를 탕으로 하여 Kessler 등1995이 사용한 외상사건 조사표를 활용하여 탈북난민의 실정에 맞게 조합하여 10문항으로 구성하였다. 외상사건 항목은 신체적. 정서적인 고문의 경험,

강요에 의한 타인 위해, 강제이별, 강제이별 목격, 사랑하는 사람의 죽음목격, 성폭행, 죽음위협, 극단적 기아경험, 심각한 질병경험 유무로 구성되어 있다.

2) 스트레스

난민들이 이주과정과 재정착하는 과정에서 겪는 스트레스와 심리적 문제에 관한 연구들Bemak, 2002; Blair, 2000; Chung, 2001; Chung and Keyes, 2000; Nicholso, 1997; Young, 2001은 최근에 활발하게 이루어지고 있다. Blair2000은 미국의 캄보디아 난민의 연구에서 이주 이전의 외상, 이주후의 스트레스, 현재의 스트레스들로 인하여 주요 우울증과 PTSD를 유발한다고 하고 있다. 또한 미국의 동남아시아 난민들에 관한 연구에서 이주 전후에 일어났던 스트레스들로 인하여 심각한 정신적 문제를 가진다고 하였다Nicholso, 1997.

난민들이 재정착하는 과정에서 경험하게 되는 적응의 문제는 고용, 사회적 지지, 생존자로서의 죄책감, 문화적응acculturative 스트레스, 심리적 디스트레스distress와 원조요청 방법 등의 문제를 가지게 된다Chung, 2001. 새로운 나라에 적응하는 초기 욕구들demands과 장시간이 지난 후에 발생하는 욕구사이에는 중요한 차이가 있으며, 그 스트레스 정도는 문화적응 과정에서 변화한다고 하였다Young, 2001. Chung 등2002의 연구에서는 미국에 거주하는 베트남과 캄보디아 난민여성들은 미국에서의 생활기간이 단기간일수록 스트레스의 정도가 증가하였다고 보고하였다. 이주기간이 다른 베트남 난민에 관한 연구에서 심리적 스트레스, 문화적응 정도, 사회적 지지와 만족도가 유의미하게 다르다는 결과를 발표하였다Chung, et al., 2000. 한편 재정착 지역에서 거주한 기간이 2년 이하인 집단과 5년 이상의 집단에 관한 연구에서 2년 이하 집단의 주 스트레스는 이주 스트레스이었지만, 5년 이상 집단의 주

스트레스는 생활사건과 생활스트레스 이었다Young, 2001.

새로운 지역으로의 이주는 많은 스트레스와 심리적·정신적 문제에 직면하게 된다는 보고들Nicholso, 1997; Keyes, 2000; Blair, 2000; Chung and Bemak, 2002은 난민연구에 있어서 적응을 촉진하는 요인보다는 이주의 병리적 결과를 일차적으로 조사한 결과이다. 반면에 Young2001은 스트레스가 주관적 안녕감에 영향을 미치는 개인적, 사회적 중재요인에 관하여 연구함으로써 난민의 적응을 촉진하는 요인을 밝히고자 하였다. 캄보디아 난민의 연구에서는 문화적응 정도가 높고, 사회적 지지도와 생활 만족도가 더 높은 집단이 스트레스가 유의미하게 낮다고 보고하였다Chung, et al., 2000. 엘살바도르 난민의 연구에서 이주 스트레스가 높을수록 생활만족도는 떨어지고, 사회적 지지가 생활사건에서 생활만족도를 중재하는 역할을 하며, 특히 자아존중감이 낮은 개인들은 낮은 스트레스에서는 만족하지만, 생활사건이 증가하면 생활만족도는 떨어지게 된다고 하였다Young, 2001.

따라서 지금까지 연구결과를 종합해 보면, 난민들은 탈출과정과 재정착과정에서 심각한 스트레스로 인한 정신건강상의 문제에 직면해 있으며 이것은 재적응을 어렵게 하는 요인이 되고 있다. 난민들과 유사한 경로와 과정을 거치는 탈북난민의 경우에도 비슷한 문제들이 나타나고 있다. 지금까지 몇몇 연구들을 보면 정착기간이 지속되어도 적응을 하지 못하고 주변인으로 생활한다윤여상, 2001; 전우택 등, 1997. 탈북난민들이 탈출과정에서 외상적 경험과 적응과정에서의 스트레스로 인하여 적극적 사회생활을 하지 못하고 희망이 없는 절망 속에서 생활한다면 개인적·사회적 문제로 표출될 것이다. 탈북난민들이 경험하는 스트레스는 크게 생활과정에서의 스트레스와 이질적 문화에 접촉하면서 겪게 되는 문화적응 스트레스가 될 것이다.

[측정도구]

탈북난민의 스트레스를 측정하기 위해서 PSS를 활용하였다. PSS(Perceived Stress Scales)는 Cohen 등(1983)이 개인생활의 스트레스 지각정도를 측정하기 위해서 고안한 10문항의 도구이다. PSS는 개인의 일상생활에서 건강을 위협하거나 또 다른 대처를 요구하는 스트레스의 전반적인 인지상태를 사정하는 것이다. PSS는 최소 0점에서 최고 40점까지의 점수범위를 가지고 있으며, Cohen 등(1983)의 연구에서는 Cronbach's α 값이 .78로 신뢰도가 확보되었고 타당도도 검증이 되었다. PSS는 본 연구자가 번안하여 사회복지학과 교수와 영문학과 교수의 수정검토를 통하여 북한이탈주민들이 이해하기 쉬운 단어들을 사용하여 재 번안의 과정을 반복하였다.

3) 무망감

무망감을 가진 개인들은 그들에게 바람직한 일이 일어날 것 같지 않고, 그들이 노력하는 일이 결코 성공하지 못할 것 같고, 중요한 목적은 달성될 수 없고, 나쁜 문제들은 결코 해결될 수 없다고 인지하는 것이다(Beck and Steer, 1988). 무망감 이론은 부정적 귀속양식(attributional style)과 부정적 생활사건을 경험한 사람들이 그들이 직면하는 부정적 사건에서 우울 발생적 귀속을 한다는 것이다(Kapic and Cramer, 2000). 무망감에서 오는 부정적 미래사고는 인지취약성이론에 근거하고 개인의 인지 양식이 무망감과 우울증을 불러일으킨다고 하고 있다(O'Connor et al., 2000). 무망감은 우울증과 자살적 사고의 관계를 매개하고, 자살행동을 중재하는 핵심요소로 보고되고 있고(Beck et al., 1993; O'Connor et al., 2000), 경제적 스트레스가 높을수록 취업무망감이 증가하는 것으로 나타났고, 취업무망감이 증가할 수록 신체화, 우울, 불안, 적대감 등의 증상들이 증가하는 것으로 나타났다(유희정 외, 2000).

무망감 이론은 우울증의 원인이 되는 3가지 인지양식(cognitive styles)을 설명함으로써 학습된 무기력 이론을 정교화 하였다Abela, 1999. 첫 번째 인지양식은 학습된 무기력이론과 마찬가지로, 부정적 사건negative event을 내부적, 총체적이고 안정적인 원인으로 귀속하는 경향성이다. 두 번째 인지양식은 부정적 사건이 보다 많은 재난을 가져오는 것으로 보는 경향성이다. 세 번째 인지양식은 부정적 사건의 결과이후에 그 자신이 부족하고 결함이 있다고 보는 경향성이다. 이러한 3가지의 인지양식은 부정적 사건이후에 우울생성적depressogenic 추론을 하여 무망감을 발생시키고 우울증을 유발하게 한다는 것이다. 일단 무망감이 생성되면, 무망감은 우울증의 근접적 충분원인proximal sufficient cause이기 때문에 무망감 우울증hopelessness depression을 피할 수 없게 된다.

이러한 검토를 바탕으로 본 연구에서 사용하는 무망감의 개념을 정리해보면, '심각한 부정적 생활경험을 가지고 있으면서 지속적으로 개인에게 스트레스를 미치는 부정적 생활 속에서 일어나는 일련의 과정들이 개인 내적인 인지취약성으로 인하여, 그 경험들이 미래에도 자신의 전체 생활영역 속에서 지속되고 자신의 힘으로는 아무것도 할 수 없다는 무능력감이 개인의 전반에 걸쳐서 형성되어 우울증과 밀접한 관계를 가지는 인지·정서·행동적 차원의 개인적 특성'이라고 정의할 수 있을 것이다. 이와 같은 무망감 이론은 일반인과 정신장애인을 대상으로 한 조사연구에서 많은 지지를 얻어왔다Beck et al.,1974; Tanaka et al., 1998.

무망감은 소질-스트레스 이론diathesis-stress theory을 바탕으로 설명을 하고 있다. 소질-스트레스 이론은 광의의 스트레스-취약성vulnerability- stress 이론에 근거하고 있으며, 개인이 가지고 있는 소질요인과 환경적인 스트레스 요인이 상호작용하여 정신병리가 발생한다고 가정하는 것이다.

소질-스트레스 이론에 우울증의 무망감 이론을 적용시켜 보면 다음과 같다. 무망감은 우울증에 취약성을 가지는 다음과 같은 3가지 우울생성적 추론양식inferential styles을 가진다Abela and Payne, 2003. 첫째, 부정적 사건을 총체적, 안정적으로 귀속하는 우울생성적 귀속양식이다. 둘째, 현재의 부정적 사건이 앞으로 더 많은 재난을 가져올 것이라고 인지하는 결과에 대한 우울생성적 추론이다. 셋째, 부정적 사건에 대해서 자신이 결함이 많고 부족하다고 인지하는 자기self에 대한 우울생성적 추론이다. 즉, 부정적 사건을 내부적이고 총제적 및 안정적으로 귀속하는 무망감 이론은 부정적 생활사건에서 소질 - 스트레스 요인들에 의해서 무망감을 불러일으키고, 그 결과 우울증이 유발된다는 것이다. 이 이론에 의하면 부정적 귀속 소질 - 부정적인 생활 사건의 연합은 무망감을 발생시켜서 우울증을 불러일으키는 일련의 과정을 거친다는 것이다. 부정적 귀속양식과 부정적 생활 사건을 경험한 개인들은 그들이 직면한 부정적 사건들에 우울생성적 귀속예를 들어 안정적이고 총체적 귀속과 이들 사건들에 높은 중요성을 부과하는 것을 하는 것이다Kapci and Cramer, 2000. 이러한 일련의 인과 과정은 그림 5-2와 같다.

이 이론에 의하면, 각각의 개인들은 서로 다른 귀속 양식나쁜 사건의 원인을 설명하는 습관적 방식을 소유한다는 것이다. 부정적 사건에 대하여 부정적 추론을 작게 하는 사람과 많이 하는 사람이 존재한다는 것이다. 그런 부정적 추론은 무망감을 발생시킬 가능성이 훨씬 높게 한다는 것이다Abela and Payne, 2003. 부정적 추론을 하지 않는 사람보다 부정적 사건의 원인을 내부적, 총체적, 그리고 안정적으로 보는 경향의 개인들은 비관적 귀속 양식을 가진다는 것이다. 반대로 부정적 사건의 원인을 외부적, 특정적, 그리고 불안정적으로 보는 개인들은 낙천적 귀속 양식을 가진다는 것이다. 우울생성적 귀속 양식을 가진 개인들은 부정적 사건이 출현하면 우울생성적 귀속을 하기 때문에 우울해지기 쉽고, 여기에 환경적인 요인의 생활사건들로 인한 스트레스가 개인들에게 지속적으로 영향력을 미치게 된다면 삶이 어렵게 된다는 것이다. 우울생성적 귀속과 심각한 부정적 생활사건의 경험을 가지고 현재의 생활에서도 지속적으로 스트레스를 받는다면 무망감을 일으킬 가능성은 증대되며, 일단 무망감이 발생된다면 무망감은 우울증을 일으키는 근접적 충분원인proximal sufficient cause이기 때문에 우울증은 피할 수 없게 된다는 것이 다Abela and Payne, 2003.

▌그림 5-2 _ 무망감의 전개과정

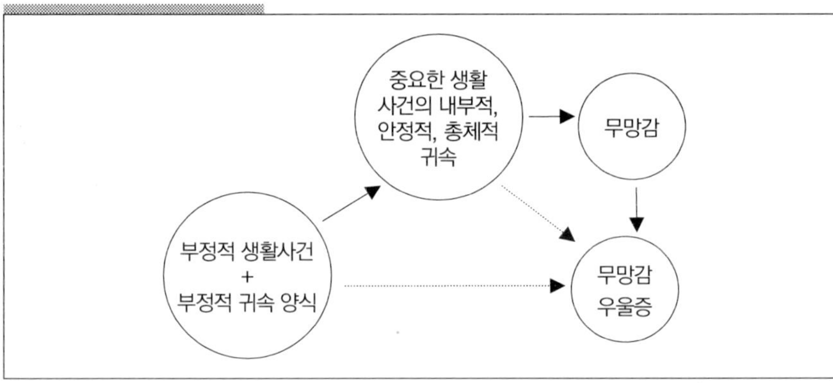

출처: Kapci and Cramer(2000). p.414.

[측정도구]

탈북난민의 무망감을 측정하기 위해서 Beck의 무망감 척도Beck Hopelessness Scale: BHS를 활용하였다. BHS는 개인의 부정적인 미래 기대를 측정하는 자기보고식 도구이다. Beck et al.1974 등이 개발한 것으로 신민섭, 박광배, 오경자, 김중술 등이 번안하고, 이영호1993 등에 의해 신뢰도와 타당도가 검증된 한국어판 Beck의 무망감 척도를 사용하였다. 이는 모두 20개의 참, 거짓문항으로 0에서 20까지의 점수범위이며, 점수가 높을수록 무망감이 심각함을 나타낸다. 20개의 문항 중에서 11개는 부정적무망감을 나타내는으로 구성되어 있고, 나머지9개의 문항은 긍정적희망감을 나타내는인 문항으로 이루어져 있다. 이 척도의 신뢰도는 Beck1974 등에서 내적 일치도가 .93이었고, 한국어판에서는 .83과 .87의 내적 일치도를 보였다.

4) 우울

주요 우울증은 평생유병률이 여성의 경우에 10에서 25%이고, 남성의 경우에 5에서 12%가 되는 심각한 정신건강의 문제이다APA, 1994. 우울증을 연구하는 많은 임상가들은 우울증의 원인을 스트레스-취약성모델로 설명하고, 즉 우울증에 취약한 개인이 스트레스사건을 만날 때 우울증이 발병하게 된다고 가정한다김미혜 외, 2000. 이 모델은 취약성요인을 도입함으로써 스트레스사건요인만 가지고 우울증을 설명하려고 할 때 생기는 여러 문제점을 잘 보완해 주고 있다. 선행연구자들이 우울증에 대한 취약성요인을 밝히는 데 많은 노력을 기울여 왔으며, 우울증적인 자기도식, 역기능적인 태도 및 귀속양식, 성격유형, 자아존중감 등이 취약성 요인으로 가정되어 왔다Robinson, et al., 1995. 또한 우울증에 대한 취약성 요인을 개인내 변인과 개인간 변인으로 나누어 설명하는 경우가 많다. 개인 내 변인은 과거 우울증 병력, 가족병력, 성격 특성, 자아존중감과 같은 변인이고, 개인 간 변인은 사회적 지지, 사회적 문제해결능력과 같은 변인이다김영미 · 김중술, 1992; 이미정, 1993; D'Zurilla and Nezu, 1990. 개인내의 취약성 요인은 강력한 예측변인으로 작용할지는 모르지만 사회적 측면의 개입을 통한 보호인자로서의 기능은 미미할 것이다.

이와 같이 우울증은 단일요인이 아니라 이질적인 특성을 지닌 장애이고, 유전적 취약성, 신경전달물질의 결핍, 또는 강화물에 대한 관심의 상실 등과 같은 다른 요인들도 우울증을 충분히 일으킬 수 있다는 가능성을 인정하면서, 무망감이 충분원인이 되는 우울증의 하위 유형을 무망감 우울증이라고 명명하였다Abramson et al., 1989. 무망감 우울증의 증상은 타인과의 관계에서 반응이 느림, 무감동, 무기력, 정신운동 지체이고Joiner, 2000, 반응성 우울증의 증상과 유사함을 알 수 있다. 이러한 우울증은 무망감을 통해서 중재와 매개된다는 많은 연구결과들이 있다이영호, 1993; Abela, 1999; Hankin et al., 2001; Kapci et al., 2000; Metalsky and Joiner, 1997; Robinson et al., 1995; Tanaka et al., 1998. 또한 무망감은 우울증과 자살 사고의 관계를 매개하고, 자살행동을 촉진하는 핵심요소로 보고되고Beck et al., 1993; Eshun, 1999; O'Connor et al., 2000 있기 때문에 무망감의 종속변인으로 작용을 할 것이다.

[측정도구]

본 연구에서는 자기보고형 우울증 간이 선별검사도구의 하나인 The Center for Epidemiological Studies Depression Scale이하 CES-D의 한국판 척도 를 사용했다. 이 척도는 일반인구집단을 대상으로 우울증후군의 역학적 연구를 하기 위하여 미국 정신보건연구원National Institute of Mental Health에서 1971년에 개발한 도구이다. 20개의 짧은 문항으로 구성된 한국판 CES-D는 자기보고형으로 각 문항에 대하여 지난주에 경험했던 각 증상의 빈도에 따라서 증상의 심각성을 평가하도록 되어있다. 원척도에서는 '우울 정서'와 '긍정적 정서', '대인관계의 문제', '신체적 증상과 행동저하'로 구성되어 있다. 연구대상들에게 지난 일주간 척도의 내용을 몇 번이나 경험했는지를 측정하도록 하며, 각 문항마다 0점에서 3점까지의 점수가 있으며, 총점은 0에서 60점까지 분포하게 된다. 점수가 높을수록 우울 정도가 심함을 나타낸다. 각 항목들은 0점이 거의 드물게1일 이하, 1점이 때로1-2일, 2점이 상당히3-4일, 3점이 대부분5-7일으로 구성되어 있다.

남한에 거주하는 탈북난민들은 유전적 취약성, 생화학적 특성과 강화물에 대한 관심의 상실과 같은 요인으로 인하여 우울증을 보일 수도 있을 것이고, 개인이 지니는 부정적 귀속양식과 더불어 외상적 경험 및 지속적인 부정적 생활사건들로 인한 무망감의 영향으로 우울증이 유발될 수도 있을 것이다. 무망감을 가진 개인들은 현재에도 그들이 노력하는 일이 결코 성공하지 못할 것 같고, 미래에도 나쁜 문제들은 결코 해결될 수 없다고 인지하며 자기 자신을 모든 일에서 결함이 있는 사람으로 보는 것이다Abela, 1999;

Beck and Steer, 1988. 이러한 태도의 지속은 생활의 전반에 영향을 미칠 것이며, 현재의 삶뿐만 아니라 미래에도 긍정적 생활을 못하게 될 가능성이 높다. 따라서 탈북난민들에게 나타나는 무망감을 완화하는 긍정적 요인을 발견하고 개입하는 것은 중요한 일이며, 무망감이 지속되어 나타날 수 있는 우울증을 사전에 예방하는 것은 의미 있는 일이다.

5) 사회적 문제해결능력

탈북난민의 사회적 문제해결능력은 개인과 환경의 상호작용을 증대시켜 사회적 문제를 해결하는 개인적 능력으로서 심리정신적 위기를 완화시킬 수 있는 중요한 변인에 포함되었다. 사회적 문제해결능력은 개인이 자율성을 가지고 타인과 환경에 교류하는 힘이라고 할 수가 있을 것이다. 탈북난민들이 남한사회의 적응에서 무망감과 우울을 가지지 않도록 하는 중요한 요인 중의 하나로 사회적 문제해결능력의 향상으로 간주하였다.

(1) 사회적 문제해결능력의 의미

문제problem라는 개념은 '적응적으로 기능하도록 요구받지만 다양한 장애들로 인해 효과적인 대처를 할 수 없도록 하는 특수한 상황D'Zurilla, 1986' 또는 '개인이 무엇인가를 원하지만 원하는 것을 얻는데 필요한 행위를 모르는 상황오익수, 1991'으로 정의된다. 해결solution은 '주어진 상태와 목적간의 차이를 좁히는 최적의 방법을 찾는 것, 즉 문제시되는 상황의 본질이나 그에 대한 개인의 부정적 정서반응 또는 그것들 모두를 변화시키려고 고안한 모든 대처방안'으로 정의하고 있다D'Zurilla, 1986. 따라서 문제해결이란 '개인의 삶에서 기능적인 적응을 어렵게 하는 경우가 발생하여 적절한 대처를 하지 못하는 상황에서 자기 자신의 내외적 변화를 통하여 긍정적 대처가능성을 높이는 과정'이라고 할 수 있다. 여기에 '사회적'이란 용어를 더하여 사회적 문제해결의 의미는 실제 생활에서 일어나는 문제해결에 더 초점을 맞추고, 사회적 환경에 국한시키는 것이 아니라 사회학습과정과 사회적 기술에 의한 실생활 문제해결에 초점을 둔다는 의미이다.

바람직한 문제해결 기술은 다음과 같은 능력을 가지고 있을 때이다. 즉, 문제가 발생하였을 때 그 문제를 인식할 줄 알고, 문제를 명확하게 정의 내리며, 가능한 다양한 해결책을 고안하고, 결과를 예측하여 단계적으로 효과적인 행동계획을 수립해서 효과적으로 계획을 수행할 줄 아는 능력이다 Mcmurran, et al., 2001. 사회적 문제해결이란 이와 같은 문제해결기술들을 일상생활everyday life에 적용하는 것이다. D'Zurilla1986는 사회적 문제해결을 포괄적 개념으로 이해하여, 개인 내적이고 좁은 의미의 문제해결, 대인간 문제해결, 가족과 같은 작은 집단내의 문제해결, 그리고 더 폭넓은 사회적 이슈와 같은 영역의 문제해결을 포함한다고 하였다. 또한 사회적 문제해결이라는 개념은 대인적 문제해결, 개인적 문제해결이라는 용어와 혼용되어 사용되기도 하였고, 행동과정의 여러 대안들을 확인, 평가한 후 선택하고 수행하는 복잡한 과정이라는 점에서 대처방식 및 의사결정 유형과 비슷한 개념으로 인식되기도 한다허규, 1999. 이것은 각 개인의 문제인식 방법과 해결방법이 다양하기 때문에 나타나지만, 사회적 문제해결이라는 것은 실제 생활에서 일어난다는 점, 즉 사회적 맥락의 중요성을 강조하고 있다는 명백한 차이점을 가진다.

따라서 사회적 문제해결이란 개인이 일상생활에서 마주치는 모든 종류의 문제 상황에 보다 효과적 또는 적응적으로 대처하려는 인지적, 정서적, 행동적 과정D'Zurilla, 1986을 의미하기 때문에 자연적인 사회적 환경 내에서 일어나는 모든 문제해결을 강조하는 것이라고 할 수 있다. 비효과적인 사회적 문제해결은 우울증, 불안, 공격성, 자해self-harm, 자살행동, 물질남용, 정신분열병, 양극성 정동장애 등과 같은 심리적 · 정신적 문제와 밀접한 연관성을 가지게 된다Baker and Williams, 2001; Elliot and Shewchuk, 2003; Ireland, 2001; Spotts et al., 2001; Mcmurran, et al., 2001.

[측정도구]

본 연구에서는 D'Zurilla 등1999이 임상 집단간의 변별력을 높이고 요인구조간의 문제점을 개선하기 위하여 경험적인 자료를 바탕으로 개발한 사회적 문제해결 검사 개정판Social Problem Solving Inventory- Revised: SPSI-R을 사용하였다. SPSI-R은 원래 52개의 Likert 유형의 항목들로 이루어 졌으며 SPSI를 요인분석하여 만들어진 것이다. 본 연구에서는 D'Zurilla 등1999의 척도를 최이순2003이 번안한 것을 토대로 하여 탈북난민들에게 적합한 형태로 수정 보완하여 29문항을 사용하였다.

수정된 척도의 구성타당도를 알아보기 위하여 요인분석을 하였다. 본 연구에서 사용된 5개의 하위 척도는 다음과 같이 구성되어 있다. 긍정적 문제지향은 건설적인 문제해결을 위한 것으로서 문제를 위협으로 보기보다는 하나의 도전으로 인식하여 문제를 해결할 수 있다고 가정하는 것과 관련된 4문항 척도이다. 두 번째 요소인 부정적 문제지향은 문제를 행복에 대한 위협으로 보고, 스스로가 문제를 성공적으로 해결할 수 있는 능력이 없다고 생각하는 것과 관련해서 6문항으로 구성되어 있다. 세 번째의 합리적 해결기술은 건설적 문제해결 차원으로서 효과적인 문제 해결을 위해 합리적이고 신중하며 체계적이고 기술적인 적용과 관련해서 10문항으로 구성되어 있다. 네 번째 요소로서 충동/부주의 반응양식은 역기능적 문제해결 패턴으로서 적극적이기는 하지만 한정적이며 충동적이고 신중하지 못하고 서두르고 불완전한 시도를 하는 것으로 5문항으로 구성되어 있다. 마지막 요소인 회피 반응양식은 역기능적 문제해결 패턴으로서 해결을 미루고 수동적이고 의존적인 특성을 가지며 문제가 생기면 직면하기보다는 문제를 피하고 가능한 오랫동안 문제해결을 미루는 것으로 4문항으로 구성되어 있다.

6) 사회적 지지

사회적 지지의 개념은 Cassel과 Cobb의 이론적 토대 위에서 발전되어 왔다고 할 수 있다. Cassel1976은 사회적 환경은 질병의 원인에 영향을 미치고, 특히 사회적 지지는 스트레스와 관련된 질병에 중요한 역할을 한다고 하였다. 그는 동물연구를 통하여 사회적 환경의 변화는 질병에 대한 저항력을 떨어뜨릴 수 있다고 하였다. 또한 스트레스가 많은 상황에서 중요한 사회적 연대감의 상실은 제한되거나 부적절한 사회적 피드백을 개인은 받을 수 있다. 사회적 환경의 급격한 변화와 같은 기존의 환경과 다른 상황 속에서 개인은 부적절한 사회적 피드백을 경험하게 되고, 이것은 질병의 위험을 증가하게 된다. 그리고 사회적 지지는 스트레스의 결과로 발생하는 질병의 완충buffering기능을 한다Cassel, 1976. 따라서 사회적 지지는 환경적 스트레스원stressor으로 인한 질병을 감소시킬 수 있는 중요한 예방요인이 되는 것이다.

현재 사회적 지지는 Cohen과 Wills1985가 발전시킨 구조structure와 기능function을 포함하는 다차원적 모델로 개념화되고 있다Lin, 1986. 사회적 지지의 구조적 관점은 관계의 존재와 그런 관계구조의 속성에 초점을 맞추지만, 사회적 지지의 기능적 관점은 네트웍의 서비스 또는 관계의 기능에 초점을 맞춘다. 사회적 지지의 기능적 차원은 사회적 구조의 내용 또는 자원을 말하고, 도구적instrumental 지지와 정서적emotional 지지로 구분하고 있다Cohen and Wills, 1985. 도구적 지지는 이동수단 제공, 업무보조, 물질적 공급, 실제적 과업의 원조와 같은 것들을 포함하고, 정서적 지지는 개인들이 사랑받고 보호받고 있다고 느낄 수 있는 친밀감, 애착, 공감, 신뢰, 그리고 관심과 같은 내용들이다Cohen and Wills, 1985; Lin, 1986. 이러한 사회적 지지의 개념은 일치되지 않고 다차원적 측면이 포함되어 있으며 사회적 지지의 다양성에도 불구하고, 사회적 지지의 개념은 구조적 차원과 기능적 차원으로 나뉘어 정의되고 있다.

난민들의 경우에 재정착하는 과정에서 경험하게 되는 적응의 문제는 고용, 죄책감, 원조요청방법, 심리적 디스트레스 등으로 인하여 발생하며, 그 중에서도 사회적 지지의 부족으로 적응에 심각한 문제를 초래한다고 하였다[Chung, 2001]. 또한 새로운 나라에 적응하는 난민의 연구에서는 사회적 지지와 생활 만족도가 더 높은 집단이 스트레스가 유의미하게 낮다고 보고하였다[Chung, et al., 2000]. 엘살바도르 난민의 연구에서는 사회적 지지가 생활사건에서 생활만족도를 중재하는 역할을 한다[Young, 2001]는 연구결과들을 살펴볼 때, 사회적 지지는 무망감과 그 결과로 인한 우울증을 감소시키거나 완화할 수 있는 긍정적 요인으로 작용할 가능성이 매우 크다고 할 수 있다.

[측정도구]

탈북난민들이 주관적으로 지각하는 사회적 지지 수준을 측정하기 위하여 박지원[1985]이 개발한 사회적 지지 척도를 기초로 김인숙[1994]이 수정한 사회적 지지척도[Social Support Scale]를 사용하였다. 이 척도는 정서적지지, 정보적지지, 평가적지지, 그리고 도구적지지 등의 4개 하위 척도의 총 25문항으로 구성되어 있다. 그러나 본 연구에서는 기능적 관점의 사회적 지지가 실질적으로 각 개인의 스트레스를 완화할 수 있는 요인이라고 보았기 때문에 Cohen과 Wills[1985] 등이 분류한 도구적 지지와 정서적 지지의 13문항을 사용하였다.

본 연구에서는 사회적 지지의 관계 존재와 관계구조의 속성에 초점을 맞추는 구조적 관점보다는 네트워크의 서비스 또는 관계의 기능에 관심을 가지는 기능적인 측면을 사회적 지지라고 하였다. 기능적 관점의 사회적 지지가 실질적으로 각 개인의 스트레스를 완화할 수 있는 요인이라고 보았기 때문에 본 연구에서는 Cohen과 Wills1985 등이 분류한 도구적 지지와 정서적 지지를 기준으로 파악하였다. Cohen과 Wills1985는 완충가설에 대한 문헌을 분석하여 사회적 지지에서 기능적 양상을 측정할 때 보다 일관성 있게 나타난다고 하였고, 대조적으로 주효과는 구조적 특성을 사정할 경우에 나타난다고 하였다.

3. 결과의 차이, 비교 그리고 관련성

탈북난민의 외상, 스트레스, 무망감과 우울의 경로를 확인하고 이 과정에서 사회적 문제해결능력과 사회적 지지의 역할을 확인하고자 한다. 먼저, 이들 변수들이 탈북난민의 인구사회학적 요인에 따라 어떠한 차이가 있는지를 알아보고자 한다.

1) 인구사회학적 특성에 따른 차이

표 5-1 _ 인구사회학적 변인

성별, 연령, 직업북한직업과 남한직업, 종교, 학력북한학력과 남한학력, 현재 수입, 결혼여부, 주거형태북한과 남한, 동거자 수, 지지자 수, 남한 정착기간, 북한에서의 사회경제적 지위, 탈출기간 ⇒ t-test, ANOVA를 통한 차이 검증

(1) 외상적 경험의 차이

탈북과정상의 외상적 경험은 남한에서의 소득과 차이가 있었으며, 50만원 미만M=5.2과 50만원 이상-100만원 미만M=4.96과 100만원 이상M=3.84보다

높게 나타났고 통계적으로 유의미한 차이를 보였다. 이는 외상적 경험이 많은 북한이탈주민이 남한에서 저소득 상태를 유지하고 있다는 사실을 보여주는 것이다. 외상적 경험의 증가는 정신적인 문제들로 인하여 일상적 삶에서 능동적이지 못한 결과를 가져오거나 사회적 활동이 위축될 수 있다. 탈북난민의 경우에도 탈북과정에서의 외상적 경험은 지속적인 정신적 고통이 동반되어 능동적인 사회참여를 위축시켜서 남한 사회에서 경제적 참여를 원활하지 않게 만드는 요인이 되었다고 할 수 있다. 탈북난민의 외상적 경험은 남한사회의 경제적 적응과 밀접한 관련성을 가지는 반면에 저소득주민과 일반주민의 외상적 경험은 소득과 관련이 나타나지 않았다.

(2) 스트레스의 차이

탈북난민들은 성별, 연령, 정착기간, 직업유무, 북한직업, 북한지위, 소득, 동거가족의 수, 탈출기간, 지지자의 수에 따른 스트레스는 차이가 없는 것으로 나타났다. 저소득주민의 경우에는 어려움에 처할 때 자신을 지지하는 지지자 수에 따른 일상적 스트레스는 차이가 있으며 통계적으로 유의미하였다. 일반주민의 경우에도 어려움에서 지지하는 사람의 숫자가 많을수록 일상생활에서 지각하는 스트레스는 낮게 나타났다. 이것은 남한의 저소득주민이나 일반주민들은 지지자들에게 정서적 지원을 받는다고 지각하며, 그 수가 많을수록 스트레스에 대처하는 효과적인 자원이 됨을 알 수가 있다. 그러나 탈북난민들은 상대적으로 지지자 수가 적을 뿐만 아니라 진정한 정서적 지원을 받는다고 느끼지 못할 가능성이 많은 것으로 생각된다. 결혼의 유무에서는 기혼$^{M=20.17}$과 미혼$^{M=21.41}$, 기타$^{M=19.29}$가 차이가 나는 것으로 나타났고, 미혼의 탈북난민이 스트레스가 높으며 통계적으로 유의미하였다.

(3) 무망감의 실태와 차이

① 무망감의 실태

조사대상 탈북난민의 무망감의 정도는 〈표 5-2〉와 같다. 조사대상자의 14.9%는 0점에서 3점의 범위에 포함되어 있고, 41.1%는 4점에서 8점의 범위에 포함되어 있으며, 9점 이상은 44%이었다. 이 결과는 Beck과 Steer1988가 분류한 범위인, 0-3점정상범위, 4-8점경도의 무망감, 9-14점중등도 무망감, 15점이상중도 무망감으로 비교하면 다음과 같다. 탈북난민의 14.9%는 정상범위의 무망감 상태에 있고, 41.1%는 경도의 무망감을 가지며, 44%는 중등도의 무망감을 가진다고 할 수 있고, 전체 무망감 평균은 7.78SD=3.72를 나타내었다.

Eshun1999이 가나와 미국대학생의 무망감 비교에서 가나인의 무망감 점수가 2.31SD=2.00이었고, 미국인은 3.24SD=3.44의 점수를 나타낸다고 보고하였다. 이를 탈북난민과 단순 비교하여 보았을 때 탈북난민들은 심각한 무희망 상태인 것으로 보인다. 본 연구의 일반집단의 경우에 무망감 평균점수가 2.75SD=3.78이었고, 저소득집단의 경우에 평균점수가 5.61SD=4.84로 나타났다. 김한우 등2002의 만성 복막투석 환자 95명에 대한 연구에서 무망감의 평균 점수가 11.82SD=5.97로 나타났다. 지속적 혈액투석을 통하여 생명을 연장하는 심각한 질병을 가진 환자집단이 11.82의 점수를 나타내었는데, 탈북난민의 경우에 15%에서 무망감 점수가 11점 이상으로 나타났다. 85% 이상이 경도이상의 무망감을 가지며, 조사대상 탈북난민의 44%가 중등도 이상의 무망감을 지각하고 있다는 점에 주목해야 한다. 왜냐하면 무망감은 우울증과 자살사고와 자살행동을 매개하는 핵심요소로 보고하고O'Connor et al., 2000; Beck et al., 1993 있기 때문이다.

표 5-2 _ 조사대상자의 무망감 정도

범위	북한이탈주민		저소득주민		일반주민	
	빈도(%)	평균(SD)	빈도(%)	평균(SD)	빈도(%)	평균(SD)
(0~3)	20(14.9)		80(45.7)		194(74.7)	
(4~8)	55(41.1)		49(28.1)		46(17.9)	
(9이상)	59(44.0)		51(26.3)		20(7.4)	
전체	134(100)	7.78(3.72)	175(100)	5.61(4.84)	260(100)	2.75(3.78)

저소득주민의 무망감 평균은 〈표 5-2〉에서 보는 바와 같이 5.61$^{SD=4.84}$이었고, 0에서 3점의 정상범위는 45.7%이었다. 일반주민의 평균이 2.75$^{SD=3.78}$인 점과, 0에서 3점의 정상범위가 74.7%인 점과 비교하면 심각한 상황이다. 또한 중등도 이상의 무망감을 보고한 저소득주민도 26.3%가 되었다. 일반주민의 경우에 무망감 평균은 2.75$^{SD=3.78}$이었고, 0에서 3점의 정상범위는 74.7%이었다.

그림 5-4 _ 세 집단 간 무망감의 평균도표

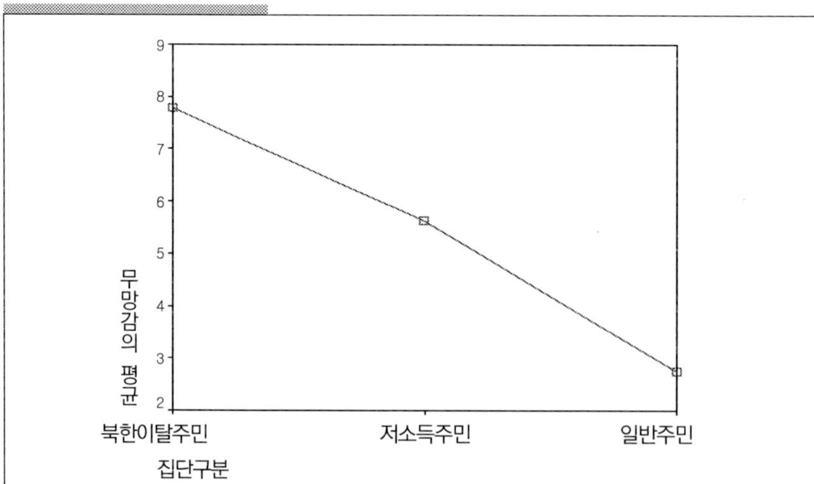

② 무망감의 차이

탈북난민의 일반적 특성에 따른 무망감의 차이에 대해 살펴보면, 정착기간에 따라서는 3년 이상$^{M=9.10}$과 2년-3년 미만$^{M=8.30}$이 1년 미만$^{M=7.84}$과 1년-2년 미만$^{M=6.63}$보다 높게 나타났고, 통계적으로 유의미한 차이를 보였다. 〈그림 5-5〉에서 보는 바와 같이 1년이 지난 시점부터 무망감이 감소하다가 이후에는 지속적으로 무망감이 증가하는 것을 알 수가 있다. 박지영[2002]의 구조업무 종사자에 대한 연구에서 1년 미만의 근무연차를 가진 대원들은 충격과 우울에 대한 취약성이 덜한 반면에 3년 이상의 종사자들은 충격과 우울, 소진 등의 모든 영역에서 취약성을 보인다는 연구결과와 유사하였다. 탈북난민들도 남한이주 초기의 환상과 관심, 그리고 경제적 측면의 지원 등으로 스트레스에 취약성을 적게 드러낼 것이지만, 정착기간이 길어지면서 지속적인 어려움을 겪는다면 무망감을 형성할 가능성이 높아진다는 것을 보여주었다.

북한에서의 직업에 따른 무망감의 차이는 협동농장원$^{M=9.60}$이 노동자$^{M=7.48}$, 기타$^{M=6.96}$, 군인$^{M=6.90}$보다 높게 나타났고, 지위에 따라서는 하위계층$^{M=8.33}$이 중상위 계층$^{M=5.64}$보다 높게 나타났으며 통계적으로 유의미한 차이를 보였다. 북한에서 중상위계층에 속했던 사람들이 남한 적응과정에서 무망감을 비교적 적게 형성하고 있음을 보여주는 것이다. 따라서 북한에서 하위계층에 속했던 사람들에 대한 체계적이고 개별적인 개입이 필요하다. 마지막으로 결혼여부에 따라서는 미혼$^{M=9.00}$이 기혼$^{M=7.25}$과 기타$^{M=6.87}$보다 높게 나타났고, 통계적으로 유의미한 차이를 보였다. 성별과 연령, 직업유무, 학력, 소득, 동거자수, 탈출기간, 지지자수에 따라서는 유의미한 차이를 보이지 않았다.

저소득주민의 경우에는 성별, 연령, 결혼여부, 동거가족의 수에 따른 무망감의 차이는 없었으며, 지지자의 수에 따른 차이는 있었고 통계적으로 유의미하였다. 성별, 연령, 동거가족의 수에 따른 무망감에 차이가 없는 것은 탈북난민과 일치하였다. 그러나 지지자수의 경우에는 탈북난민은 차이가 없었지만, 저소득주민의 경우에는 없음$^{M=7.69}$, 1명$^{M=7.54}$, 2-3명$^{5.02}$과 8명 이상$^{M=1.75}$과는 차이가 나타났으며 통계적으로 유의미하였다. 저소득 주민들은 어려움에서 자신을 지지하는 사람들의 숫자가 많을수록 무망감을 적게 형성하였지만 탈북난민에게는 큰 의미가 없는 것으로 나타났다. 그리고 저소득주민의 무망감 평균은 5.61$^{SD=4.84}$로 정상범위를 벗어났지만, 지지자가 8명 이상인 경우에는 1.75$^{SD=2.05}$로 정상범위에 속했다. 이는 저소득계층이지만 자신을 지지해주는 사람이 많으면 무망감 지각이 낮아진다는 것을 보여주는 것이다.

그림 5-5 _ 탈북난민의 정착기간에 따른 무망감의 차이

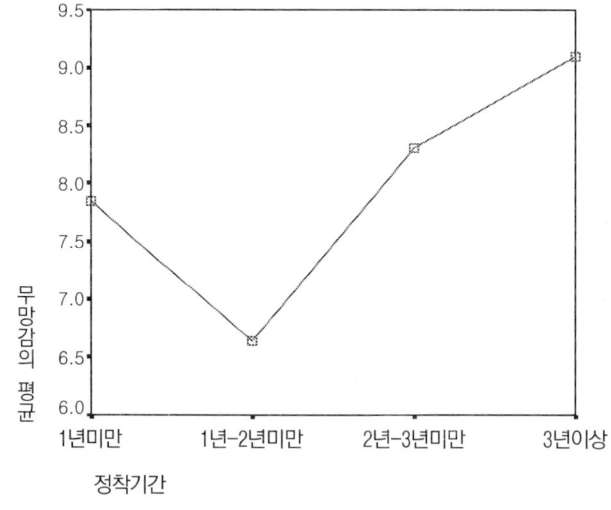

(4) 우울의 실태와 차이

① 우울의 실태

탈북난민들의 CES-D의 평균점은 〈표 5-3〉에서 보는 바와 같이 25.34 SD=6.75로 나타났다. CES-D의 절단점cut-off을 구미에서는 전통적으로 16점으로 하여 우울증상군을 감별하는 적절한 점으로 사용하였고, 일본의 경우에서도 16점을 적절한 절단점으로 받아들이고 있다신승철 외, 1991에서 재인용. 그러나 한국에서 CES-D의 사용에 관한 연구에서는 신승철 등1991의 연구가 24점, 조맹제와 김계희1993의 연구가 주요 우울증 진단을 위해서는 25점, CES-D의 본래 사용목적인 지역사회 역학연구의 일차 선별을 위해서는 20-25%의 양성률을 보이도록 하는 21점을 사용하도록 권하고 있다. 그러나 본 연구에서는 가장 높은 25점을 기준으로 우울증 진단기준으로 삼았을 때도 탈북난민의 51.5%가 우울 진단이 가능하다는 결과를 나타내었다. 김한우 등2002의 만성 복막 투석환자의 CES-D의 평균점이 25.04SD=11.44로 나타나서 본 연구의 대상자인 탈북난민과 유사하였다.

표 5-3 _ 조사대상자의 우울 정도

범위	탈북난민		저소득 주민		일반주민	
	빈도(%)	평균(SD)	빈도(%)	평균(SD)	빈도(%)	평균(SD)
25점 이하	65(48.5)		139(79.4)		234(90.0)	
26점 이상	69(51.5)		36(21.6)		26(10.0)	
전체	134(100)	25.34(6.75)	175(100)	19.09(9.77)	260(100)	13.50(8.40)

저소득주민들의 CES-D의 평균점은 〈표 5-3〉에서 보는바와 같이 19.09 SD=9.77로 나타났다. CES-D의 절단점cut-off을 25점으로 하였을 때 저소득주민의 21.6%가 우울증으로 진단할 수 있는 자기보고를 하였다. 탈북난민의 경우에는 51.5%가 25점의 절단점 기준을 초과하고 있어서 저소득주민보

다 우울이 심각하였다. 일반주민들의 CES-D의 평균점은 〈표 5-2〉에서 보는바와 같이 13.50SD=8.40로 나타났다. 본 연구에서 CES-D의 절단점cut-off을 25점으로 했을 때, 90%의 일반주민들이 25점 이하로 우울에 대한 자기 보고를 하였다. 본 연구의 조사대상자들이 자기 보고한 우울 점수가 25점 이상인 경우는 탈북난민이 51.5%, 저소득주민이 21.6%, 일반주민이 10%를 나타내었다. 지금까지 우리나라에서 우울증으로 진단하는 선별기준 가운데 가장 높은 절단점을 사용하였지만 탈북난민의 50%가 넘는 사람들이 우울증 진단기준에 포함되어 있었다.

그림 5-6 _ 세 집단 간 우울의 평균도표

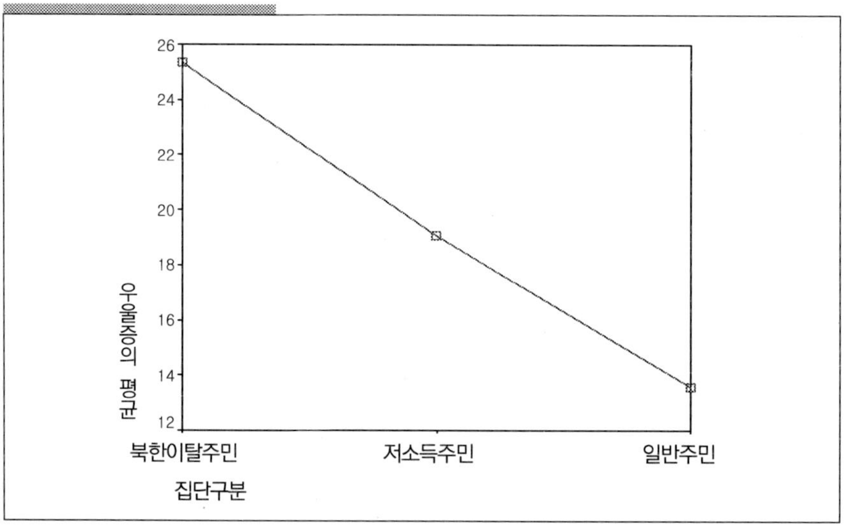

② 우울의 차이

정착기간에 따른 우울은 1년 미만M=26.16, 1년 이상-2년 미만M=23.10, 2년 이상-3년 미만M=24.06, 3년 이상M=29.56에서 차이가 나타났으며 통계적으로 유의미하였다. 이는 탈북난민의 경우에는 정착초기에 우울이 높다가 점차 낮아지다가 2년이 지나서부터는 다시 높아짐을 알 수가 있었다. 이러한 결과는 이주자들이 정신·행동적 장애를 갖게 되는 특정한 기간이 U자형이나 W자형을 나타낸다는 연구결과Furnham and Bochner, 1989와 일치되는 것이었다. 직업유무에 따른 우울은 직업유M=27.01, 직업무M=23.07에 따라서 차이가 나타났으며 통계적으로 유의미하였다. 이는 일반적인 예상과는 벗어나는 것으로서 탈북난민의 경우에는 직업을 가지고 있을수록 오히려 우울이 높다는 것을 보여주는 것이다. 동거가족의 수가 많을수록 우울의 정도가 심각해지는 것으로 나타났다. 이는 가족이 많을수록 오히려 남한생활에 부담으로 작용할 수도 있음을 의미한다. 지지자의 수에 따른 우울은 1명M=21.93, 2-3명M=27.10, 4명 이상M=25.66에서 차이가 나타났으며 통계적으로 유의미하였다.

그림 5-7 _ 탈북난민의 정착기간에 따른 우울의 차이

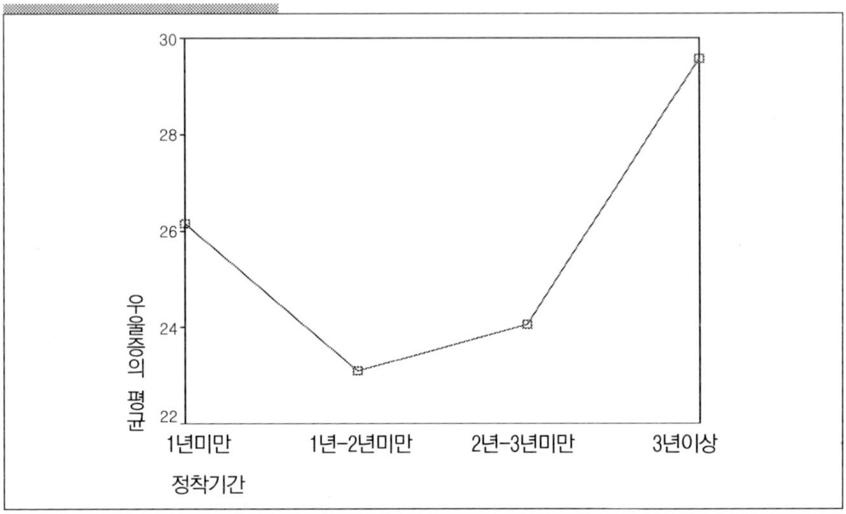

저소득주민의 경우에 지지자의 수에 따른 우울의 차이는 없음$^{M=22.11}$, 1명$^{M=19.63}$, 2-3명$^{M=20.11}$, 4-5명$^{M=17.19}$, 6-7명$^{M=13.09}$, 8명 이상$^{M=10.58}$에서 차이가 나타났으며 통계적으로 유의미하였다. 지지자 없음$^{M=22.11}$과 8명 이상$^{M=10.58}$은 우울 점수에서 상당한 차이가 있었으며 탈북난민의 경우와 유사한 결과를 보여주었다.

(5) 사회적 문제해결능력의 차이

탈북난민의 정착기간에 따른 사회적 문제해결능력은 1년 미만$^{M=89.80}$, 1년 이상-2년 미만$^{M=95.59}$, 2년 이상-3년 미만$^{M=93.56}$, 3년 이상$^{M=88.70}$에서 차이가 있었으며 통계적으로 유의미하였다. 이는 탈북난민들은 남한에 정착하여 2년까지는 남한사회에서 발생하는 문제를 해결하는 능력이 높아진다고 생각하다가 2년이 지나면서 부터는 오히려 그 능력이 감소한다고 지각하는 것을 의미한다. 탈북난민들이 정착초기에는 의욕과 환상으로 남한사회에 적극적으로 참여하려는 의지를 보이며 피상적인 측면에서 사회적 문제들이 해결되어진다고 믿는 시기인 것 같다. 그러나 2년 이상의 정착기간이 지나면서 부터는 경제적 자립 등과 같은 북한체제와 다른 남한의 체제에 적응해야하는 진정한 남한적응의 시기부터는 오히려 문제해결능력이 감소한다고 지각하는 것 같다. 탈북난민들이 지역사회에서 남한주민과 함께 경쟁하고 살아가야 하는 시기가 되면 사회적인 문제해결에 어려움을 느끼고 있다고 보여진다.

북한에서의 사회경제적 지위에 따른 사회적 문제해결능력은 중상위계층$^{M=97.39}$과 하위계층$^{M=91.29}$이 차이가 있었고 통계적으로 유의미하였다. 이것은 북한에서 중상위계층에 속했던 사람들이 남한에서도 더 많은 사회적 문제해결능력을 소유하고 있음을 알 수가 있다. 따라서 북한에서 하위계층에 속한 사람들에 대한 사회적 문제해결능력의 향상을 위한 지원이 더욱 필요함을 알 수가 있었다. 결혼여부에 따른 사회적 문제해결능력은 기혼M=95.60, 미혼M=88.84, 기타M=91.29에서 차이가 있었으며 통계적으로 유의미하였다. 연령에 따른 사회적 문제해결능력에 차이가 없는 것으로 나타나서 탈북난민들의 결혼여부가 사회적 문제해결능력을 가지는데 중요한 요인이 됨을 알 수가 있었다.

또한 탈북난민들의 현재 동거가족의 수에 따른 사회적 문제해결능력은 1명M=89.40, 2명M=94.97, 3명 이상M=95.16이 차이가 있었으며 통계적으로 유의미하였다. 동거가족이 많을수록 사회적 문제에 대한 대처방식을 다양하게 의논하고 협력할 수가 있으며, 이것이 개인적으로 사회적 문제해결능력을 높이는 것이라고 볼 수도 있다. 북한에서의 직업에 따른 사회적 문제해결능력은 통계적으로 유의미하지는 않았지만p=067, 군인M=99.09, 노동자M=92,54, 협동농장원M=89.39, 기타M=93.04가 차이가 있었다. 북한에서 중상위계층으로 분류되는 군인들이 남한사회에서의 사회적 문제해결능력의 정도가 상대적으로 높음을 알 수가 있었다.

그림 5-8 _ 탈북난민의 정착기간과 사회적 문제해결능력의 차이

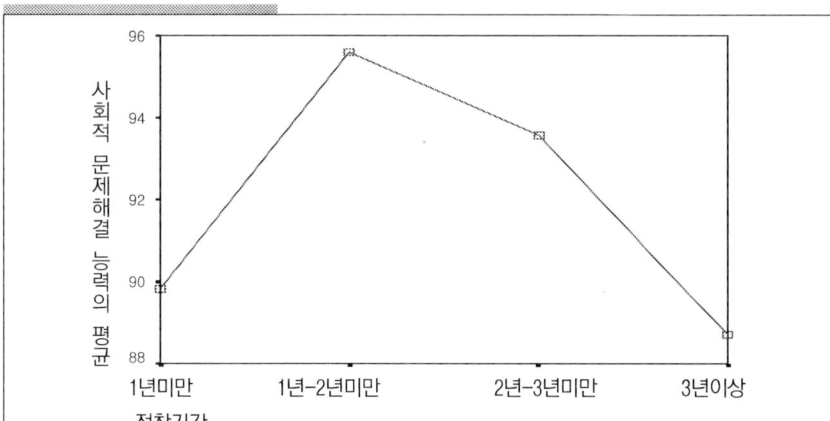

저소득주민의 경우에 지지자의 수에 따른 사회적 문제해결능력은 1명$^{M=97.81}$, 2-3명$^{M=99.85}$, 4-5명$^{M=100.33}$, 6-7명$^{M=97.18}$, 8명 이상$^{M=105.41}$, 없음$^{M=95.76}$이 차이가 있었다. 따라서 저소득주민들은 자신을 지지한다고 지각하는 사람들의 수적 차이에 의하여 사회적 문제해결능력이 달라진다는 것을 알 수가 있었다. 일반주민의 경우는 성별에 따른 사회적 문제해결능력은 남자$^{M=106.01}$와 여자$^{M=101.16}$가 차이가 있었으며 통계적으로 유의미하였다. 이는 탈북난민 및 저소득주민과는 다른 점으로 남한의 일반인들에게 있어서는 남자가 여자에 비하여 사회적 문제해결능력이 높다는 것을 보여주는 것이다. 이러한 점은 탈북난민에서의 남자들이 상대적으로 여성들에 비해서 남한사회에서의 사회적 문제해결능력이 부족하며, 남한사회의 경쟁에서 어려움을 가질 수 있음을 의미한다.

일반주민의 경우, 연령에 따른 사회적 문제해결능력은 30세 미만$^{M=101.18}$, 30세 이상-40세 미만$^{M=103.41}$, 40세 이상-50세 미만$^{M=104.72}$, 50세 이상$^{M=110.45}$은 차이가 있었으며 통계적으로 유의미하였다. 이는 연령이 높을수록 연령이 낮은 집단에 비하여 사회적 문제해결능력이 높음을 알 수가 있었다. 그러나 탈북난민에서는 연령과 사회적 문제해결능력과는 관계가 없음을 알 수가 있었다. 일반주민의 경우, 지지자 수에 따른 사회적 문제해결능력도 3명 이하$^{M=100.86}$, 4-5명$^{M=104.22}$, 6-7명$^{M=102.54}$, 8명 이상$^{M=106.77}$이 차이가 있었으며 통계적으로 유의미하였다. 이것은 저소득주민과 유사한 결과이지만, 탈북난민들은 지지자의 수에 따른 사회적 문제해결능력은 차이가 없는 것으로 나타났다. 이는 탈북난민들과 지지자들 간의 상호 신뢰성이 부족하다든지 등의 질적인 면에 있어서 남한의 일반주민 및 저소득주민과 다르다는 의미일 수도 있다.

(6) 사회적 지지의 차이

탈북난민의 경우에 북한에서의 사회경제적 지위에 따른 사회적 지지의 차이는 중상류계층$^{M=43.85}$과 하류계층$^{M=39.01}$에서 차이가 있었으며 통계적으로 유의미하였다. 이는 탈북난민들 중에서도 중상류계층에 속했던 사람들이 남한에 이주하여 와서도 더 많은 사회적 지지를 받는 것으로 나타난 것이다. 따라서 향후 탈북난민에 대한 개입에서는 북한에서 하류계층에 속했던 사람들에 대한 정서적, 도구적인 사회적 지지를 높여야 할 것이다.

동거가족의 수에 따른 사회적 지지의 차이는 1명$^{M=38.63}$, 2명$^{M=39.62}$, 3명 이상$^{M=43.96}$에서 차이가 났으며 통계적으로 유의미하였다. 또한 지지자 수에 따른 사회적 지지는 1명 이하$^{M=34.12}$, 2-3명$^{M=41.26}$, 4명 이상$^{M=42.07}$에서 차이가 났으며 통계적으로 유의미하였다. 따라서 탈북난민들은 사회적 지지를 지지자의 숫자로 이해하고 있을 수도 있으며 질적인 측면의 의미 있는 상호관계를 통한 사회적응을 향상시키는 것은 부족한 것으로 알 수가 있었다. 탈출기간에 따른 사회적 지지는 1년 미만$^{M=43.21}$, 1-2년 미만$^{M=37.53}$, 2년 이상$^{M=40.53}$으로 나타나 통계적으로 유의미하였다.

2) 탈북난민, 저소득주민, 일반주민의 정신적 위기 비교

탈북난민들이 경험한 외상적 경험, 스트레스, 무망감, 우울증, 사회적 문제해결능력과 사회적 지지의 수준이 어느 정도인지 알아보기 위해서 남한의 저소득주민과 일반주민을 비교하였다.

(1) 외상 경험

집단구분에 따른 외상적 경험에 대해 살펴보면, 탈북난민$^{M=4.69}$이 저소득주민$^{M=1.73}$보다 높게 나타났고, 이는 일반주민$^{M=.90}$보다 높게 나타났으며, 통계적으로 유의미한 차이를 보였다. 이를 통해 탈북난민이 남한의 저소득주민과 일반주민보다 외상적 경험을 많이 하였으며, 남한의 주민들이 일생동안 경험하는 외상적 사건보다 탈북과정에서 탈북난민들이 경험하는 외상이 더 많다는 의미이다.

▌표 5-4 _ 집단구분에 따른 외상적 경험의 차이

구분	N	M	SD	F
탈북난민	134	4.69	1.78	
저소득주민	175	1.73	1.70	260.288***
일반주민	260	.90	1.36	

***p〈.001

(2) 스트레스

집단구분에 따른 스트레스의 차이에 대해 살펴보면, 탈북난민$^{M=20.44}$이 저소득주민$^{M=18.91}$과 일반주민$^{M=16.97}$보다 높게 나타났고, 통계적으로 유의미한 차이를 보였다. 이 결과에서도 앞선 외상적 경험의 결과와 마찬가지로 탈북난민의 스트레스가 남한 주민보다 높다는 것을 알 수 있으며, 남한 주민에서도 저소득주민이 일반주민보다 상대적으로 높게 나타났다.

▌표 5-5 _ 집단구분에 따른 스트레스의 차이

구분	N	M	SD	F
탈북난민	134	20.44	3.37	
저소득주민	175	18.91	4.36	34.573***
일반주민	260	16.97	4.14	

***p〈.001

(3) 무망감

집단구분에 따른 무망감의 차이는 탈북난민$^{M=7.78}$이 저소득주민$^{M=5.62}$보다 높게 나타났고, 이는 다시 일반주민$^{M=2.75}$보다 높게 나타났으며, 통계적으로 유의미한 차이를 보였다. 이를 통해 탈북난민의 무망감이 남한의 주민들보다 높다는 것을 알 수 있고, 남한 주민 중에서 저소득주민의 경우도 일반주민에 비해 무망감을 크게 느끼고 있음을 알 수 있다.

표 5-6 _ 집단구분에 따른 무망감의 차이

구분	N	M	SD	F
탈북난민	134	7.78	3.71	70.852***
저소득주민	175	5.62	4.83	
일반주민	260	2.75	3.77	

***$p<.001$

(4) 우울

집단구분에 따른 우울의 차이에 대해 살펴보면, 탈북난민(M=25.34)이 저소득주민(M=19.09)보다 높게 나타났고, 이는 일반주민(M=13.59)보다 높게 나타났으며 통계적으로 유의미한 차이를 보였다.

표 5-7 _ 집단구분에 따른 우울의 차이

구분	N	M	SD	F
탈북난민	134	25.34	6.75	86.237***
저소득주민	175	19.09	9.76	
일반주민	260	13.59	8.40	

***$p<.001$

(5) 사회적 문제해결능력

집단구분에 따른 사회적 문제해결 능력의 차이에 대해 살펴보면, 일반주민$^{M=103.44}$이 저소득주민$^{M=98.89}$과 탈북난민$^{M=92.51}$보다 높게 나타났다. 탈북난민은 저소득주민이나 일반주민보다 낮은 사회적 문제해결능력을 보여주었고 통계적으로 유의미하였다. 하위변인의 경우에, 긍정적 문제지향에서는 일반주민$^{M=14.93}$이 저소득주민$^{M=14.29}$과 탈북난민$^{M=13.49}$보다 높게 나타났으며 통계적으로 유의미한 차이를 보였다. 탈북난민이 세 집단 중에서 가장 긍정적으로 사회적 문제를 보는 경향이 낮은 것으로 나타났다.

표 5-8 _ 집단구분에 따른 사회적 문제해결능력의 차이

구분		N	M	SD	F
사회적 문제해결능력	탈북난민	134	92.51	10.31	54.779***
	저소득주민	175	98.89	8.37	
	일반주민	260	103.44	10.51	
긍정적 문제지향	탈북난민	134	13.49	2.15	25.289***
	저소득주민	175	14.29	1.90	
	일반주민	260	14.93	1.80	
부정적 문제지향	탈북난민	134	18.39	3.11	10.164***
	저소득주민	175	18.98	2.67	
	일반주민	260	19.85	3.46	
합리적 해결기술	탈북난민	134	32.78	4.36	41.384***
	저소득주민	175	34.19	3.49	
	일반주민	260	36.43	4.03	
충동/부주의 반응양식	탈북난민	134	14.80	2.14	38.641***
	저소득주민	175	16.49	2.79	
	일반주민	260	17.18	2.59	
회피 반응양식	탈북난민	134	13.04	2.55	34.695***
	저소득주민	175	14.93	2.43	
	일반주민	260	15.04	2.23	

***$p<.001$

또한 부정적 문제지향에는 일반주민$^{M=19.85}$이 저소득주민$^{M=18.98}$과 탈북난민$^{M=18.39}$보다 높게 나타났고 통계적으로 유의미한 차이를 보였다. 부정적 문제지향은 사회적 문제에 대하여 스스로 해결하는 능력이 부족하고 불확실성이나 좌절에 대한 인내심, 그리고 지속적인 노력을 적게 하는 성향이다. 이것은 탈북난민들과 저소득주민이 일반주민에 비하여 사회적 문제에 대하여 스스로 해결할 능력이 부족하다는 부정적 정서를 많이 가지고 있다는 사실이다. 합리적 해결기술에 따라서는 일반주민$^{M=36.43}$이 저소득주민$^{M=34.19}$과 탈북난민$^{M=32.78}$보다 높게 나타났고, 통계적으로 유의미한 차이를 보였다. 충동/부주의 반응양식에서는 일반주민$^{M=17.18}$과 저소득주민$^{M=16.49}$이 탈북난민$^{M=14.80}$보다 높게 나타났다. 회피적 반응양식에 따라서는 일반주민$^{M=15.04}$과 저소득 주민$^{M=14.93}$이 탈북난민$^{M=13.04}$보다 높게 나타났으며, 통계적으로 유의미한 차이를 보였다.

(6) 사회적 지지

집단구분에 따른 사회적 지지의 차이를 살펴보면, 사회적 지지 전체는 일반주민$^{M=49.70}$이 저소득주민$^{M=44.32}$보다 높게 나타났고, 이는 다시 탈북난민$^{M=39.93}$보다 높게 나타났으며 통계적으로 유의미한 차이를 보였다. 하위변인의 경우에, 정서적 지지에서는 일반주민$^{M=26.90}$과 저소득 주민$^{M=25.10}$이 탈북난민$^{M=21.71}$보다 높게 나타났고, 통계적으로 유의미한 차이를 보였다. 도구적 지지에서도 일반주민$^{M=22.80}$이 저소득주민$^{M=19.22}$과 탈북난민$^{M=18.22}$보다 유의미하게 높게 나타났다.

표 5-9 _ 집단구분에 따른 사회적 지지의 차이

구분		N	M	SD	F
사회적 지지	탈북난민	134	39.93	7.70	66.743***
	저소득주민	175	44.32	9.34	
	일반주민	260	49.70	7.57	
정서적 지지	탈북난민	134	21.71	4.02	62.113***
	저소득주민	175	25.10	5.18	
	일반주민	260	26.90	3.94	
도구적 지지	탈북난민	134	18.22	4.12	60.557***
	저소득주민	175	19.22	5.06	
	일반주민	260	22.80	4.03	

***p〈.001

3) 변인 간 관계구조

탈북난민들이 경험하는 외상적 경험과 스트레스가 무망감이란 매개변수를 통하여 우울을 유발하는지와 그 과정에서 사회적 문제해결능력과 사회적 지지는 어떤 역할을 하는지를 확인하면서 저소득주민 및 일반주민과 비교하였다.

(1) 측정변인의 경로모형

본 연구에서 변인 간 관계구조를 검증하기 위하여 공분산 구조분석을 실시하였다. 공분산 구조분석은 실증연구모형에서 각 변인들 간의 가설적인 인과관계 경로들의 방향과 강도를 적정 추정치를 통해 동시에 측정하여 산출해 낼 수 있으며, 모형의 전반적 합치도에 대한 정보 및 수정 지수를 제공하여 모형의 합치도를 증진시킬 수 있는 유용성이 있다. 외상적 경험과 스트레스가 무망감을 통해 우울증에 미치는 특성요인과 그 과정에서 사회적 문제해결능력과 사회적 지지의 역할을 분석하기 위하여 본 연구의 전체적 구조모델Overall Model을 검증한 결과는 다음과 같다.

적합도지수GFI: Goodness of Fit Index는 주어진 모형이 전체 자료를 얼마나 잘 설명하는지를 나타내는 지표로서 0.9 이상인 경우 좋은 모형으로 판단할 수 있으며, 조정된 적합도지수AGFI: Adjusted GFI는 자유도에 의해서 GFI를 조정해 준 것을 의미하며 이 또한 0.9 이상인 경우 좋은 모형으로 판단한다. 평균제곱잔차제곱근RMR: Root Mean-Square Residual은 관찰행렬과 추정행렬 사이의 잔차평균으로 0.05~0.08 이하인 경우 적당한 모형으로 판단한다. 표준적합지수NFI: Normed Fit Index는 기초모형과 제안모형의 차이를 기초모형에서 1을 차감한 값의 비율을 표준화시킨 부합치로 0.9보다 크면 모형의 적합도에 만족한다고 할 수 있다.

▌표 5-10 _ 모형의 적합도 판단

구분	적합지수	최적모델	분석결과
절대부합지수	χ^2	0.05이상	265.510
	GFI	1	.924
	AGFI	1	.737
	RMR	0.05이하	.032
증분부합지수	NFI	1	.901
	NNFI	1	.907

전체적인 모형의 적합도를 평가하기 위한 χ^2 통계량, χ^2에 대한 유의확률, GFI, AGFI, RMR, NFI 등의 기준을 이용한 결과 χ^2 = 265.510, p=.000, GFI = .924, AGFI = .737, RMR = .032, NFI = .901, NNFI = .907의 지수를 나타내었다. 본 연구의 결과 AGFI의 경우 지표에서 벗어나기는 하지만 나머지는 무난하게 최적모형의 적합수준에 가까운 수치를 보였다.

전체집단에서 최대우도법Maximum Likelihood을 이용하여 가설로 설정한 경로들의 유의미성을 살펴보았다. 최대우도법은 구조 방정식 모델에서 모수치parameter를 추정하는 가장 보편적인 방법이다. 경로의 유의미성은 C.RCritical Ration로 판단하며, 전체집단의 경우에 〈그림 5-9〉와 같은 경로를 확인하였다. 결과를 설명하면, 외상적 경험과 스트레스는 무망감을 매개변인으로 우울에 영향을 미치었고, 외상적 경험과 스트레스는 우울에 직접적인 영향력도 나타내었다. 또한 스트레스는 사회적 문제해결능력을 낮추고, 사회적 문제해결능력은 우울에 부적으로 작용하였다. 외상적 경험은 사회적 지지를 낮추고, 사회적 지지는 우울을 낮게 지각하게 만들었다. 즉, 스트레스와 외상적 경험의 증가는 무망감을 일으키고, 발생된 무망감은 우울증을 유발할 수 있다는 것이다. 이러한 구조에서 외상적 경험과 스트레스는 사회적 문제해결능력과 사회적 지지의 역할에 영향을 받게 되고, 이것은 우울로 진행되는 과정에서 완충적 작용을 하였다.

그림 5-9 _ 전체집단의 경로분석

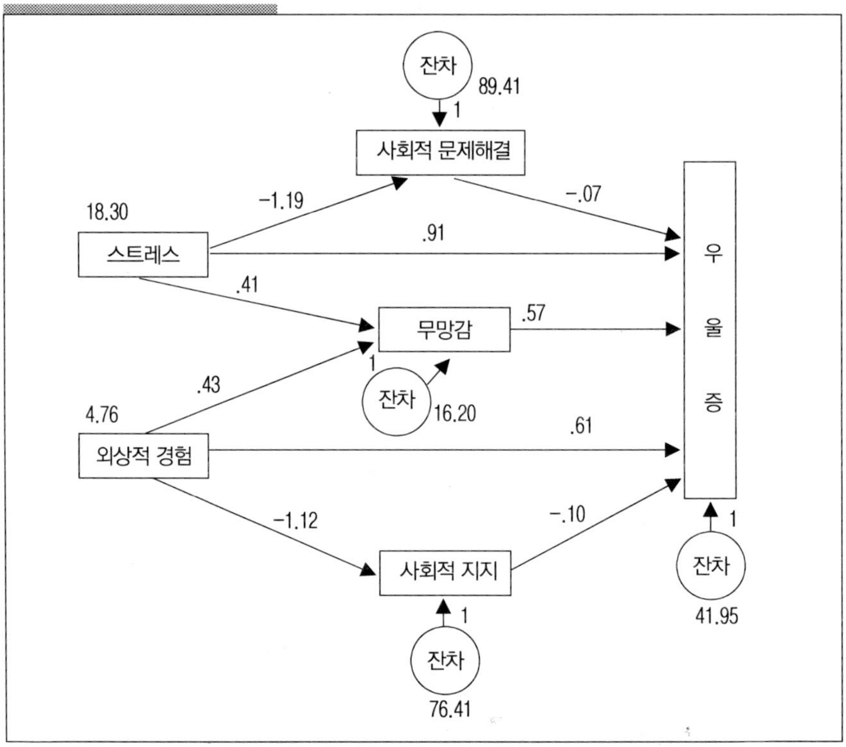

(2) 탈북난민의 변인 간 경로구조

탈북난민의 경우에 스트레스가 무망감에 미치는 영향은 유의미 하였다 E=0.35, T=3.82. 스트레스가 사회적 문제해결능력에 미치는 영향의 경우에도 통계적으로 유의미 하였다E=-0.85, T=-3.32. 또한 무망감이 우울에 미치는 영향 E=0.36, T=2.57과 사회적 문제해결능력이 우울에 미치는 영향E=-0.15, T=-3.01도 통계적으로 유의미하였다. 사회적 지지가 우울에 미치는 영향(E=0.13, T=2.01)과 스트레스가 우울에 미치는 영향(E=0.55, T=3.39)의 경우에도 유의미하였다. 탈북난민의 경우에 스트레스는 사회적 문제해결능력은 낮추고, 사회적 문제해결능력은 우울을 낮아지게 한다는 경로가 확인되었다.

▌그림 5-10 _ 탈북난민의 경로분석

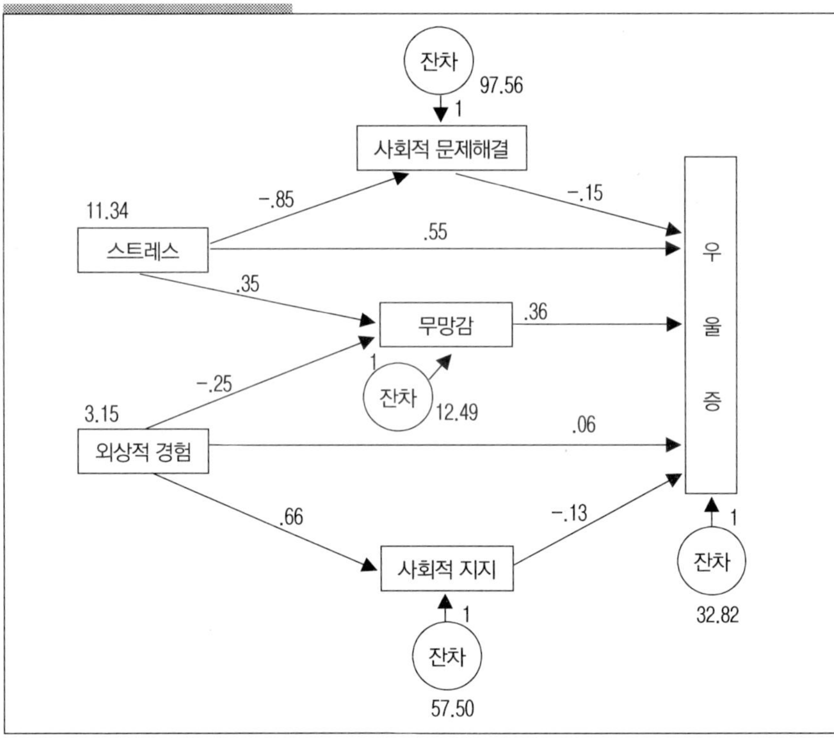

스트레스는 무망감을 높이고, 무망감은 우울의 과정으로 연결된다는 사실을 알게 되었다. 또한 스트레스는 우울에 직접 작용하였으며 사회적 지

지는 오히려 우울을 감소하는 것이 아니라 증가시키는 것으로 나타나서 일반적 이론과는 다른 경로를 보여주었다.

(3) 탈북난민과 저소득주민의 경로비교

저소득주민의 경우에도 최대우도법Maximum Likelihood을 이용하여 경로들의 유의미성을 살펴보았다. 저소득주민의 경우에 스트레스가 무망감에 미치는 영향E=0.33, T=4.10과 스트레스가 사회적 문제해결능력에 미치는 영향E=-0.67, T=-4.93은 통계적으로 유의미하였다.

표 5-11 _ 탈북난민과 저소득주민의 경로계수

집단구분	경로명칭	Estimate	S.E.	C.R.(T)
탈북난민	무망감 ← 외상	-0.246	0.173	-1.426
	무망감 ← 스트레스	0.348	0.091	3.820***
	문제해결 ← 스트레스	-0.846	0.254	-3.324***
	사회지지 ← 외상	0.659	0.370	1.779
	우울증 ← 무망감	0.361	0.141	2.567*
	우울증 ← 문제해결	-0.151	0.050	-3.011**
	우울증 ← 외상	-0.063	0.285	-0.220
	우울증 ← 사회지지	0.132	0.066	2.013*
	우울증 ← 스트레스	0.546	0.161	3.386**
저소득주민	무망감 ← 외상	-0.200	0.205	-0.975
	무망감 ← 스트레스	0.329	0.080	4.100***
	문제해결 ← 스트레스	-0.672	0.136	-4.931***
	사회지지 ← 외상	0.232	0.416	0.559
	우울증 ← 무망감	0.516	0.119	4.336***
	우울증 ← 문제해결	-0.084	0.070	-1.195
	우울증 ← 외상	0.552	0.324	1.706
	우울증 ← 사회지지	-0.085	0.059	-1.442
	우울증 ← 스트레스	1.023	0.140	7.310***

*p<.05 **p<.01 ***p<.001

또한 무망감이 우울증에 미치는 영향$^{E=0.52,\ T=4.34}$과 스트레스가 우울증에 미치는 영향$^{E=1.02,\ T=7.31}$의 경우에도 유의미하였다. 저소득주민도 탈북난민의 경우에서와 마찬가지로 스트레스는 사회적 문제해결능력은 낮추고, 사회적 문제해결능력은 우울을 낮아지게 한다는 경로가 확인되었다. 스트레스는 무망감을 높이고, 무망감은 우울의 과정으로 연결된다는 사실을 알게 되었다. 또한 스트레스는 우울에 직접 작용하여 우울을 높인다는 것을 확인하였다. 그러나 탈북난민과는 달리 사회적 지지가 외상적 경험의 매개변인으로 작용하여 우울에 영향을 나타내지는 않았다. 탈북난민과 저소득주민은 공통적으로 스트레스가 심각해지면 사회적 문제해결능력이 떨어지게 되고, 그 과정에서 우울이 높아지게 되는 것이다. 또한 스트레스가 많을수록 무망감이 증가하게 되고, 이를 통해서 우울이 유발되어 정신건강상태를 악화시키게 되는 것이다. 사회적 문제해결능력은 우울과 같은 정신건강의 문제에 긍정적 요인으로 작용하며, 무망감의 지속은 우울을 유발한다는 것을 경험적으로 검증하였다.

(4) 탈북난민과 일반주민의 경로비교

일반주민의 경우에도 최대우도법$^{Maximum\ Likelihood}$을 이용하여 경로들의 유의미성을 살펴보았다. 일반주민의 경우에 외상적 경험이 무망감에 미치는 영향$^{E=0.46,\ T=2.99}$과 스트레스가 무망감에 미치는 영향$^{E=0.37,\ T=7.42}$의 경우에도 통계적으로 유의미하였다. 스트레스가 사회적 문제해결능력에 미치는 영향$^{E=-1.23,\ T=-8.90}$과 무망감이 우울에 미치는 영향$^{E=0.58,\ T=5.36}$도 유의미하였다. 또한 사회적 지지가 우울에 미치는 영향$^{E=-0.15,\ T=-3.15}$과 스트레스가 우울에 미치는 영향$^{E=0.98,\ T=9.06}$의 경우에도 통계적으로 유의미하였다.

일반주민도 탈북난민의 경우와 마찬가지로 스트레스는 사회적 문제해결능력을 낮추고, 스트레스는 무망감을 높이고, 무망감은 우울의 과정으로 연결된다는 사실을 알게 되었다. 그러나 탈북난민과 달리 일반주민의 경우에는 외상적 경험이 무망감을 매개변인으로 하여 우울에 영향을 미치었다. 사회적 지지는 우울을 낮추는 역할을 하는 것으로 나타났고 이는 통계학적으로 유의미하였는데, 탈북난민의 경우에는 오히려 우울을 높인다는 사실을 앞서 확인하였다. 일반주민의 경우에 외상적 경험과 스트레스가 무망감을 매개변인으로 하여 우울에 영향을 미친다는 것을 확인할 수 있었다. 그러나 탈북난민의 경우에는 스트레스가 무망감을 매개변인으로 하여 우울에 영향을 미치지만 외상적 경험의 경우에는 이 경로가 통계적으로 유의미하지 않았다.

표 5-12 _ 탈북난민과 일반주민의 경로계수

집단구분	경로명칭			Estimate	S.E.	C.R.(T)
탈북난민	무망감	←	외상	-0.246	0.173	-1.426
	무망감	←	스트레스	0.348	0.091	3.820***
	문제해결	←	스트레스	-0.846	0.254	-3.324***
	사회지지	←	외상	0.659	0.370	1.779
	우울증	←	무망감	0.361	0.141	2.567*
	우울증	←	문제해결	-0.151	0.050	-3.011**
	우울증	←	외상	-0.063	0.285	-0.220
	우울증	←	사회지지	0.132	0.066	2.013*
	우울증	←	스트레스	0.546	0.161	3.386**
일반주민	무망감	←	외상	0.456	0.152	2.990**
	무망감	←	스트레스	0.373	0.050	7.420***
	문제해결	←	스트레스	-1.228	0.138	-8.895***
	사회지지	←	외상	-0.581	0.343	-1.696
	우울증	←	무망감	0.583	0.109	5.362***
	우울증	←	문제해결	-0.002	0.040	-0.059
	우울증	←	외상	0.078	0.273	0.287
	우울증	←	사회지지	-0.152	0.048	-3.149**
	우울증	←	스트레스	0.980	0.108	9.059***

*p〈.05 **p〈.01 ***p〈.001

4. 정신적 위기 개입전략

탈북난민들은 새로운 체제와 사회적 환경에 대처하고 적응을 해야 하는 과제에 직면하게 된다. 특히 탈북난민들은 물리적, 사회·경제적, 문화적인 변화를 수용하고 적절히 대처하는 과정에서 심리적 적응, 사회문화적 적응 그리고 정신건강의 문제에 직면하게 될 것이다윤여상, 2001; 전우택 외 1997. 이러한 탈북난민의 문제는 크게 3가지 측면에서 개입이 고려되어야 하는데, 첫째는 경제적인 자립이고, 둘째는 지역사회주민과의 조화로운 생활이고, 셋째는 정신적 위기의 문제해결이라고 할 수가 있을 것이다.

이 3가지의 측면은 상호 유기적으로 연결되어 있기 때문에 어느 한 부분을 따로 떼어내어 생각할 수 없다. 정신적 위기의 문제를 많이 가지고 있을 경우에 경제적 자립을 위한 기본적인 사회적응에 어려움이 있을 뿐만 아니라 직업유지의 가능성도 부족하게 될 것이다. 또한 지역사회에서 주민들과 교류하는 의사소통의 능력이 부족할 때는 이질감을 극복하고 일반주민으로 살아가는데 어려움을 겪게 될 것이다. 다른 측면에서 보면 경제적 자립을 획득하여 직업을 유지하고 사회적 참여와 활동을 하게 된다면 정신건강상의 문제들이 해결되거나 감소하게 될 것이다. 지역사회의 주민으로서의 생활을 적극적으로 수행하게 될 때 남한 사회의 구조를 파악할 수 있게 되고 이를 통한 사회진출은 경제적 자립과 연결될 것이다. 또한 다양한 많은 사람과의 교류는 스트레스를 불러일으킬 수도 있지만 사회적 지지가 동반될 수 있으며 사회적 문제를 해결할 수 있는 능력도 강화되어 심리정신적으로 안정될 수 있을 것이다.

본 연구에서는 외상적 경험을 비롯한 정신건강 관련 변인들이 탈북난민, 저소득주민, 일반주민에서 차이가 있음을 실증하였다. 특히 무망감을 일으키는 요인으로 작용할 수 있는 외상적 경험과 스트레스는 탈북난민이 통계적으로 유의미하게 높았다. 따라서 탈북난민의 무망감은 남한의 저소득주민과 일반주민보다 높았고, 무망감이 매개변인으로 작용하여 유발할 수 있는 우울증도 탈북난민들이 높았다. 그러나 이러한 무망감과 우울증을 완화 조절 할 수 있는 사회적 요인인 사회적 문제해결능력과 사회적 지지는 탈북난민이 저소득주민과 일반주민에 비해서 낮았다.

그림 5-11 _ 탈북난민의 위기대처 과정

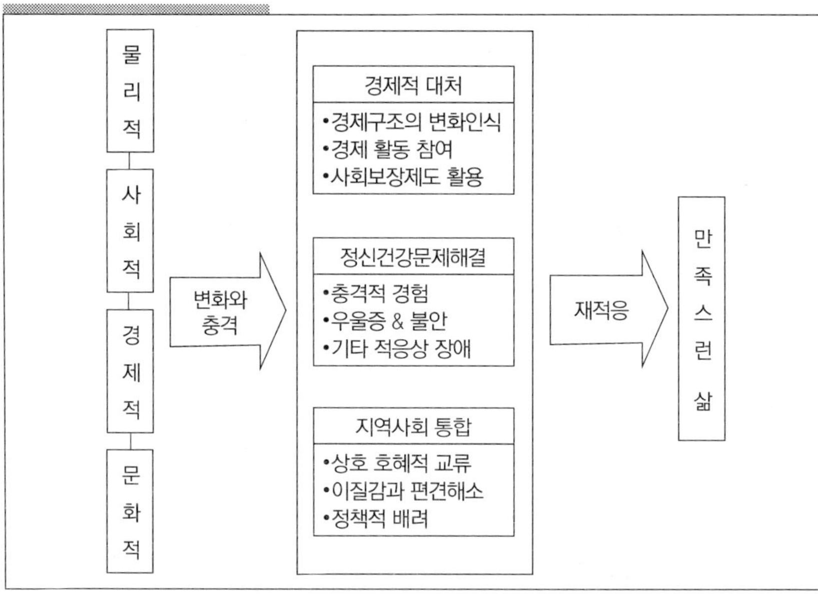

외상적 경험, 스트레스, 사회적 지지와 사회적 문제해결능력이 무망감에 영향을 미친다는 것을 확인하였다. 또한 외상적 경험, 스트레스, 사회적 지지, 사회적 문제해결능력과 무망감은 우울증에 영향력을 미친다는 것을 실증하였다. 이 결과를 바탕으로 외상적 경험과 스트레스는 무망감을 매개변인으로 하여 우울증을 유발하는 경로를 확인하였다. 이 경로에서 무망감과 우울증을 완화조절 할 수 있는 요인이 사회적 문제해결능력과 사회적 지지라는 사실을 경험적으로 검증하였다.

이러한 과정은 탈북난민, 저소득주민, 일반주민들에게서 상당히 유사하게 발견되어 이론적 가정에 대한 믿음을 가지게 되었다. 단지 탈북난민들이 남한의 일반주민들에 비하여 외상적 경험, 스트레스, 무망감, 우울과 같은 정신적 위기는 심각하였지만, 이를 해결하고 감소시킬 수 있는 사회적 요인들인 사회적 문제해결능력과 사회적 지지는 통계적으로 유의미하게 낮았다. 이러한 구체적인 연구결과를 바탕으로 탈북난민들의 심리정신적 위기의 문제를 감소시켜 남한사회에 적응을 향상하도록 원조하는 실천적 개입전략은 다음과 같다.

1) 정착단계별 심리사회적 지원프로그램

탈북난민들의 탈북과정상의 외상적 경험은 남한의 저소득주민과 일반주민들이 일생동안 경험한 외상보다 많았다. 그리고 무망감과 우울이 V자 형태를 띠고 있어서 적응초기의 일시적 호전 이후에 지역사회 정착과정에서는 다르게 나타날 수 있음을 알 수 있었다. 그리고 일상적인 생활상의 문제와 문화적응의 곤란으로 인한 스트레스의 지속적 경험은 무망감과 같은 심리적 문제로 이어짐을 알 수 있다. 이렇게 형성된 무망감을 완화시켜주는 사회적 지원이 없다면 우울과 같은 심각한 정신건강상의 문제로 이어지게 될 것이다. 이와 같은 탈북난민의 정신건강 회복과 유지를 위한 체계적인 개입이 초기에만 집중되어서는 안 되며 다년간 지속적으로 이루어져야 된다는 것을 본 연구를 통하여 확인하였다. 따라서 본 연구의 결과를 바탕으로 탈북난민의 정신적 위기에 대한 심리사회적 개입과정을 5단계로 나누어 제시하고자 한다.

그림 5-12 _ 심리사회적 지원 프로그램의 구조

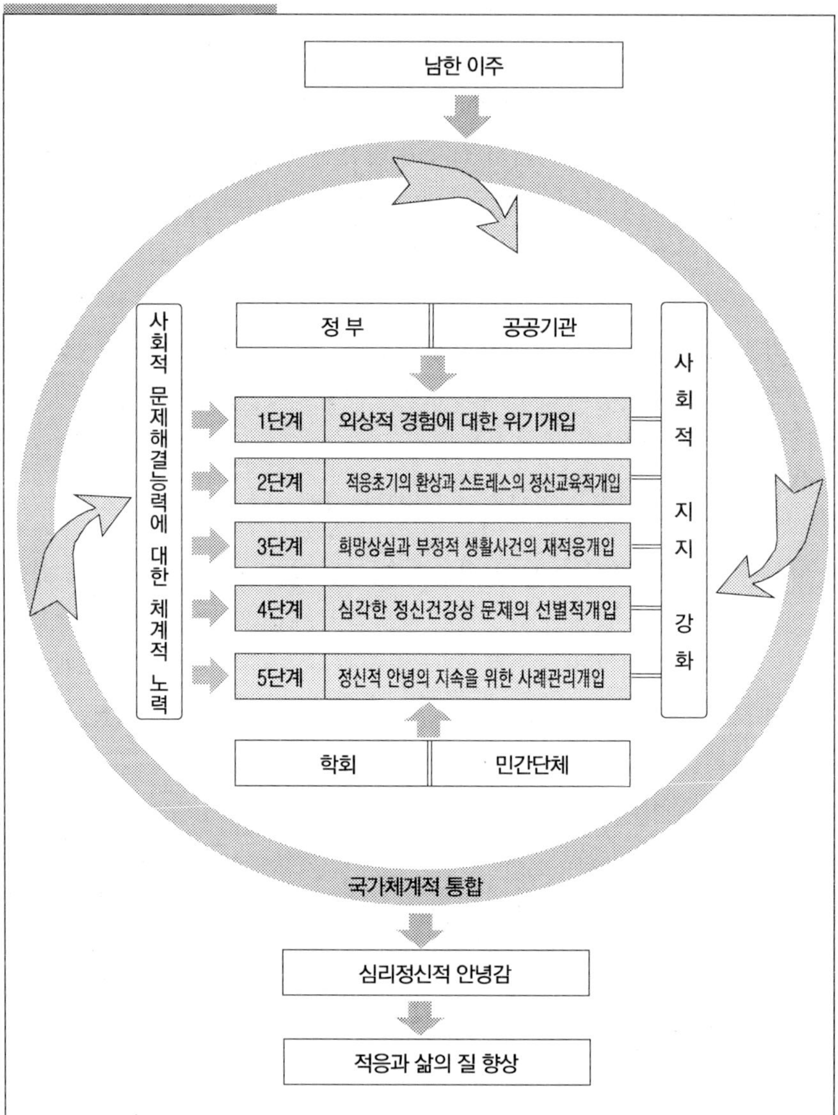

[1단계 : 외상적 경험에 대한 위기개입]

탈북난민들의 본격적인 남한 적응 프로그램의 시작은 1997년 개소한 하나원의 사회적응 프로그램이다. 하나원에서는 심리상담, 생활지도, 사회적응교육, 기초 직업훈련, 사회편입 및 생활안정 지원을 위한 기초적인 사항들을 담당한다. 이곳에서의 프로그램은 실생활과 직접관련이 있는 운전, 자격취득과 취업, 구매활동, 법률 등에 대한 호응도가 높다고 한다. 그러나 하나원에서 다루어야 할 시급하고 중요한 것은 탈북난민들의 충격과 외상적 경험과 같은 정신적 위기에 대한 개입일 것이다. 본 연구를 통하여 탈북과정상의 외상적 경험이 일생동안 남한주민의 외상적 경험보다 많으며, 이것은 심각한 정신건강의 문제로 이어질 수 있음을 확인했기 때문이다. 외상적 경험에 관한 위기개입이 신속히 이루어지지 않을 경우에 심각한 정신건강상의 문제인 외상후 스트레스 장애를 보일 수 있다.

탈북난민들과 탈출과정 등에서 유사한 경험을 하는 난민들에게 가장 심각한 정신건강상의 문제 중에 하나가 외상후 스트레스 장애라는 것이 많은 연구를 통하여 입증되었다. 외상적 경험에 관한 초기의 신속한 개입실패는 외상후 스트레스 장애를 가지게 되기 때문에 탈북난민들의 남한입국초기에 위기개입을 하여 심리적 문제를 완화하여야 할 것이다. 위기 개입은 현장서비스팀, 긴장완화팀, 디브리핑팀, 개별적 개입/자문팀, 추후서비스팀, 지역사회관리팀 등과 같이 분화된 업무영역(박지영, 2002)으로 구분하여 개입하여야 할 것이다. 또한 현재 임상적으로 개입 가능한 실천현장의 인적·물적자원을 활용하여야 할 것이다. 그리고 탈북난민들이 지역사회로 이동하여 거주할 때 다양한 사회복지 관련기관과 연계하여 개별적 개입을 하거나 서비스의 지속성을 확보해야 한다.

[2단계 : 적응초기의 환상과 스트레스에 대한 정신교육적개입]

탈북난민들은 입국 초기에 자신의 능력, 역할에 비해 과도한 기대수준을 가질 수도 있다. 목숨을 건 탈출과정의 성공은 자신을 대단한 존재로 생각하거나, 남한사회에 대한 인식부족으로 과잉기대를 가지고 남한정부와 주민들에 대한 과도한 지원수준의 요구를 갖고 있을 수 있다. 본 연구의 결과에서도 탈북난민들의 정착기간이 1년 미만일 경우에 무망감과 우울이 높았고 2년까지는 점차로 낮아지다가 3년 이후부터는 급격하게 다시 높아졌다. 이것은 무망감과 우울이 V자 형태를 띠고 있어서 적응초기의 막연한 환상은 오히려 정신건강에 좋지 않은 영향을 미칠 수 있음을 알 수가 있다. 탈북난민들이 험난한 탈출과 사명감을 가지고 남한에 입국하여 모든 문제들이 일시에 해결된다고 입국 초기에 믿을 수 있다. 그러나 하나원에서 교육을 받고 지역사회에 거주하는 초기에 이러한 막연한 환상은 오히려 스트레스를 일으키고 정신건강에 좋지 않은 문제를 초래할 수 있다.

적응초기의 스트레스 등으로 인한 정신건강상의 문제를 해결하기 위해서는 스트레스-취약성이론과 체계이론을 근거로 해서 집단교육적, 행동치료적, 의사소통기술훈련의 적용기술을 활용하는 정신교육적 개입이 필요하다고 하겠다. 이러한 개입방법들은 쉽게 사용가능 하여야 하고, 탈북난민들이 접근 가능성이 높아야 하며, 원래의 목적과 취지를 살릴 수 있어야 한다. 개입에서는 새로운 기관을 확보하여 실천하는 것이 바람직하겠으나 시간적, 정치적, 경제적 상황의 복잡성이 있기 때문에 기존의 조직을 활용하는 것도 고려하여야 한다.

[3단계 : 희망상실과 부정적 생활사건에 대한 재적응개입]

초기 적응과정이 지나면 일상적인 삶을 지속적으로 경험하며 살아야 할 것이다. 이 과정에서 탈북난민들은 남한 문화에 적응하는 과정과 일상적 생활에서 스트레스를 경험할 수 있을 것이다. 또한 개인에 따라서 차이는 있겠지만 탈북과정에서 경험한 외상적 경험이 외상후 스트레스장애를 유발할 수도 있을 것이다. 본 연구에서 탈북난민들은 성별, 연령 등과 같은 특성은 스트레스와 무망감, 우울에서 큰 차이가 없었다. 무망감의 경우에는 정착기간이 길수록 점점 높아졌고, 북한에서의 직업에 따라 차이가 있었으며, 북한에서의 사회경제적 위치와 결혼 여부에 따라서도 차이가 있었다. 우울의 경우에는 정착기간, 동거가족의 수, 지지자의 수에 따라 차이가 있었다. 특히 직업이 있는 경우에 통계적으로 유의미하게 없는 경우보다 우울이 높았다는 것에 관심을 가져야 할 것이다. 직업을 가지고 사회생활에 참여하는 경우에 우울이 높다는 것은 일반적인 사항이 아니라 탈북난민들만의 특수한 상황이라고 할 수가 있다. 탈북난민들이 경험하는 일상적인 생활상의 문제와 문화적응의 곤란으로 인한 스트레스와 외상적 경험은 무망감과 우울 같은 심리적・정신적 문제로 이어짐을 알 수 있다.

이 단계에는 탈북난민들이 삶의 희망을 상실하기가 쉽고 부정적 생활사건들로 인하여 심리정신적 곤란을 경험할 가능성이 많다는 사실을 확인하였다. 이 시기는 탈북난민들이 남한사회에 재적응하여야 하는 시기일 것이다. 일반적으로 적용되는 재적응 유형으로 탈북난민에 적용하면 다음과 같이 나눌 수 있을 것이다. 첫째, 성숙형으로 그들 자신을 수용하고 남한사회에 대하여 긍정적 태도를 가질 것이다. 둘째, 탄력형 즉, 흔들리는 의자형으로 남한체제에 조용하게 적응하며 체제의 자유를 즐기는 유형일 것이다. 셋째, 무장형으로 아직 남한사회에 적응이 되지 않아서 과도한 불안과 위기의식에 대한 방어로서 과잉활동을 하게 될 것이다. 넷째, 분노형으로 남한 사회에 적응을 하지 못하고 모든 책임을 부모나 남한 당국이나 주민들에게 돌리고 공격성을 가지게 될 것이다. 다섯째, 자신을 미워하는 유형으로 현재의 문제에 대하여 공격성을 내면화하여 낙담하고 우울해할 것이다.

재적응 과정에서 무장형, 분노형과 자신을 미워하는 유형이 정신건강상의 문제에 노출될 가능성이 많을 것이다. 따라서 이 단계에서는 보다 개별화된 접근이 필요하며 본 연구에서 발견된 정착기간의 정도, 결혼유무, 직업유무, 동거가족의 수, 지지자의 수 등을 고려하여 접근하여야 할 것이다. 탈북난민 간의 지역자조집단, 남한사회에 공헌으로 인한 자부심 고취 등의 실질적 활동으로 재적응 하는 과정에서 겪게 되는 희망의 상실과 부정적 생활사건의 고통들을 해결하도록 하여야 할 것이다.

[4단계 : 심각한 정신건강상의 문제에 대한 선별적 개입]

본 연구에서 스트레스와 외상적 경험과 무망감의 지속은 우울과 같은 심각한 정신건강문제로 이어진다는 것을 발견하였다. 탈북난민들과 유사한 난민의 경우에도 가장 심각한 정신의학적 문제가 우울증과 외상후 스트레스 장애라는 사실이 밝혀졌다. 본 연구에서는 탈북난민에 대한 외상후 스트레스 장애의 정도를 직접 측정하지는 않았다. 그러나 개인차 요인이 있기는 하지만 탈북난민들이 경험한 외상적 경험은 외상후 스트레스 장애를 유발할 가능성이 매우 높을 것이다. 또한 CES-D의 절단점을 최대 25점으로 한다고 할지라도 약 50%의 탈북난민들에서 우울증 진단이 가능한 것으로 본 연구에서 나타났다. 우울증과 외상후 스트레스 장애는 일상생활을 어렵게 하고 자아를 붕괴시켜서 사회활동의 참여를 위축시키는 자기 파괴적 정신건강상의 문제라고 할 수 있다. 이 단계에서는 개인에 따라서 심각한 정신의학적 치료가 필요한 개인들이 발생할 것이다. 우울증과 같은 심각한 정신의학적 문제는 다학제적 치료팀에서 이루어져야 긍정적 결과를 가져올 수 있다. 그러나 이러한 정신의학적 문제를 가진 개인들은 자발성이 부족하며, 특히 탈북난민들과 같이 남한사회의 체제를 잘 숙지하지 못하는 사람들에게는 비자발적인 치료개입이 필요하다.

[5단계 : 정신적 안녕의 지속을 위한 사례관리개입]

탈북난민의 정신건강 회복과 유지를 위한 체계적인 개입이 다년간 지속적으로 이루어져야 된다는 것을 본 연구를 통하여 확인하였다. 왜냐하면 사회적 지지와 사회적 문제해결능력과 같은 사회적 요인이 탈북난민들의 정신건강을 완화하고 조절한다는 것을 발견하였기 때문이다. 따라서 이 경우에는 사례관리case management의 방법으로 접근할 수 있을 것이다.

사례관리는 전통적으로 클라이언트의 욕구 및 문제, 자원, 장애물에 대한 사정assessment을 중요하게 다룬다. 따라서 탈북난민에 대한 사례관리는 크게 두 분야에서 다루는 것이 보다 의미 있는 개입이 될 것이다. 첫째, 지역사회복지관의 사례관리로서 탈북난민들이 일상생활과 문화적응 및 경제적 어려움 등에 따른 심리사회적 개입이다. 이 경우에 사례관리의 사정에서 개입과 점검, 평가에 이르기까지 지역사회복지관의 사회복지사가 수행할 수 있을 것이다. 둘째, 정신보건시설에서의 사례관리로서 탈북난민 중에서 정신의학적 문제를 가지고 있는 개인들에 대한 사례관리이다.

2) 남한사회의 문제대처를 위한 능력강화

본 연구에서 탈북난민은 남한의 저소득 주민과 일반주민에 비하여 유의미하게 사회적 문제해결능력이 낮았다. 사회적 문제해결능력의 하위영역인 긍정적 문제지향, 합리적 문제해결기술의 긍정적 요인에서는 탈북난민들이 낮았고, 부정적 문제지향, 충동/부주의 반응양식, 회피 반응양식은 높게 나타났다. 사회적 문제해결이란 개인이 일상생활에서 마주치는 모든 종류의 문제 상황에 보다 효과적 또는 적응적으로 대처하려는 인지적, 정서적, 행동적 과정을 의미한다. 따라서 비효과적인 사회적 문제해결은 우울증, 불안, 공격성, 자해self-harm, 자살행동, 물질남용, 정신분열병, 양극성 정동장애 등과 같은 심리적·정신적 문제와 밀접한 연관성을 가지게 되는 것이다Ireland, 2001. 본 연구에서도 사회적 문제해결능력의 부족은 무망감과 우울에 밀접한 관련성을 가졌다. 또한 탈북난민, 저소득주민과 일반주민에게서 사회적 문제해결능력은 무망감과 우울관계를 완화조절 하는 요인으로 작용함을 알 수 있었다.

본 연구에서 탈북난민의 경우에 정신적 위기는 인구사회학적 요인에 따라 차이가 나타나는 부분을 발견하였다. 탈북난민들은 정착기간, 북한에서의 사회경제적 지위, 결혼여부, 동거가족의 수에 따라 사회적 문제해결능력의 차이가 있었다. 특이한 점은 정착기간이 2년이 될 때까지는 사회적 문제해결능력이 점점 높아지다가 2년 이후에는 오히려 낮아지는 것을 발견할 수 있었다. 이것은 현재 탈북난민들에 대한 사회적 문제해결능력에 대한 체계적인 개입이 부족하여 초기에는 사회성이 높아지는 것처럼 지각될 수 있다. 그러나 정착기간 2년이 지난 후부터는 독자적인 생존을 시도하게 될 때 부딪히는 수많은 사회적 장벽에 힘들어 하는 것으로 생각된다. 따라서 실제적인 사회적 문제해결능력의 훈련과 교육이 필요함을 알 수가 있다. 북한에서의 중상위 계층이 하위계층의 사람들보다 사회적 문제해결능력이 높은 것으로 나타나기 때문에 하위계층에 대한 고려가 더욱 필요하다. 또한 미혼인 경우와 동거가족이 1명밖에 없는 경우에 사회적 문제해결능력이 부족한 것으로 나타났기 때문에 이에 대한 체계적 개입이 요구된다.

사회적 문제해결은 사회적 능력으로서 중요한 하나의 사회생활 수단으로 인식되고 있다. 따라서 탈북난민들의 사회적 문제해결능력을 향상시키기 위해서는 사회적 문제를 바라보는 인지적 측면, 문제를 해결하는 실제적 기술의 측면, 대처양식의 측면으로 나누어서 접근하여야 할 것이다.

먼저 탈북난민들이 사회적 문제 상황에서 부정적 또는 긍정적 지향성인가에 따라서 사회적 문제를 해결하는 정도가 다를 것이다. 탈북난민이 사회적 문제에 대한 인지 전략적 차원에서 비효과적인 대처를 하는 사회적 문제해결 능력을 소유하게 될 때 무망감 등의 심리적・정신적 문제에 취약성을 드러내게 될 것이다. 본 연구에서와 같이 탈북난민의 무망감 지속은 우울을 초래하기 때문에 사회적 문제해결능력은 우울에도 직・간접적 영향을 미친다는 것을 알 수가 있다.

탈북난민이 남한생활에서 발생하는 사회적 문제 상황에서 긍정적 지향성을 높이기 위한 인지 행동적 개입에서는 몇 가지 고려점이 있다. 탈북난민과의 라포rapport를 형성하는 것이 가장 우선이고, 탈북난민의 실제적인 어려움을 경감시켜주고 희망을 북돋워 주어야 할 것이다. 사회적 문제 상황에 대한 탈북난민의 기대를 확인하고 필요하다면 그것을 성취할 수 있는 방법을 제시할 수 있어야 한다. 탈북난민과의 상호관계를 통하여 확인한 남한사회의 문제에 대하여 긍정적 지향성을 가질 수 있도록 목표를 설정하여야 할 것이다. 설정된 목표에 따라 사회적 문제를 해결하고, 부정적 사고와 믿음을 수정하고, 대처 전략을 배우고, 필요한 기술들을 습득시키고, 역기능적인 행동들을 수정할 수 있게 하여야 할 것이다. 남한에서의 재적응에서 인지왜곡이 너무 심하여 사회생활이 어려운 탈북난민에게는 전문가를 통한 인지치료를 받게 하는 것도 하나의 방법이 될 것이다. 인지치료의 대상자를 적절히 사정하는 것이 중요하다. 그리고 대상자는 정신의료기관이나 임상전문가집단에 의뢰하는 것이 바람직할 것이다. 의뢰 이후에도 세심한 배려가 지속적으로 필요할 것이다.

다음은 남한사회의 사회적 문제상황에 대한 실제적 해결기술에 관한 부분이다. 인지행동적 전략과정으로 실제적 해결기술을 습득시키기 위해서는 탈북난민들이 진정으로 필요한 문제에 한정 될 것이다. 탈북난민들이 남한에서의 문제상황의 실제해결을 위해서는 운전과정, 법률적 문제, 자격취득과 취업의 문제, 시장구매활동, 허위구인광고 구별법, 이력서 및 자기소개서 작성법 등일 것이다. 탈북난민들이 실제생활에 필요한 문제를 해결하기 위한 정책적·실천적 노력이 필요할 것이다. 이러한 노력은 탈북난민들이 남한사회에 대해서 최초로 이해하게 되는 하나원의 교육에서부터 지역사회에 정착할 때까지 지속적으로 이루어져야 하는 것이다.

지역사회에 거주하는 탈북난민들이 지역사회주민들과의 대인관계에서 문제점을 가지고 사회적 문제를 해결하지 못하는 상황에서 개입은 다음과 같이 실행될 수 있을 것이다. 먼저 대인관계의 문제에 대한 평가를 탈북난민이 스스로 할 수 있게 하여야 할 것이다. 탈북난민이 남한의 주민과 상호관계에서 부적절한 장면을 구체적으로 파악하고 경우에 따라서는 역할 연기를 시행할 수도 있을 것이다. 그러나 주의해야 할 점은 이것은 이론적이어서는 안 되며 탈북난민들이 실제 도움이 된다는 지각을 할 수 있어야 효과가 나타날 것이다. 그러한 평가는 남한체제에 관한 것, 문화적 차이에 관한 것, 상대방의 개인적 견해차에 관한 것, 탈북난민 자신의 견해에 관한 것 등으로 나뉘어서 평가할 수 있을 것이다. 평가의 적절성과 실제성을 확인한 후 해결의 실제과정에 관해서 의논하고 지속적 관심이 필요할 것이다. 그러나 이러한 접근은 탈북난민의 교육수준과 연령 등에 의해서 영향을 받을 수 있기 때문에 인구사회학적 특성에 따라서 달라야 할 것이다. 본 연구에서도 북한에서의 사회경제적 지위가 중상위계층의 경우에 하위계층보다 남한에서의 사회적 문제해결능력이 높았음을 실증하고 있기 때문이다.

마지막으로 탈북난민들의 사회적 문제상황에 관한 대처양식에 관한 것이다. 본 연구에서도 사회적 문제해결에서 충동/부주의 반응양식을 가지거나 회피 반응양식을 가지는 경우에 사회적 문제해결능력의 결함이 생긴다는 것을 발견하였다. 또한 충동/부주의 반응양식이나 회피 반응양식을 가지는 경우에는 무망감과 우울을 높일 수 있으며 스트레스에도 정적 상관을 보였다.

사회적 문제상황에서 개인이 받는 피해를 최소화하기 위해 행하는 노력을 대처coping라고 할 수 있을 것이다. 문제상황에서의 대처양식은 크게 문제중심적 대처와 정서중심적 대처로 나뉘어질 수 있을 것이다. 문제중심적 대처는 문제에 관하여 직접적으로 제거하거나 감소시키는 것을 말하며, 정서중심적 대처는 문제를 회피적 방법으로 대처하거나 충동적 방법 등의 부적절한 방법으로 대처하는 것을 말한다. 본 연구에서도 사회적 문제해결능력의 하위변인들 중에 충동/부주의 반응양식과 회피 반응양식이 무망감과 우울에 영향을 미치고 있음을 확인할 수 있었다. 이러한 관계는 탈북난민뿐만 아니라 남한의 저소득주민과 일반주민에게도 공통적으로 나타나고 있음을 알 수가 있었다. 그러나 탈북난민들에게는 충동/부주의 반응양식과 회피 반응양식이 저소득주민과 일반주민보다 높게 나타났다는데 문제의 심각성이 있는 것이다.

본 연구를 중심으로 탈북난민들이 남한에서 사회적 문제상황에 노출되었을 때 다음과 같은 대처행동이 나타날 수 있을 것이다. 첫째, 적극적 대처는 사회적 문제상황을 제거하거나 줄이려는 의도에서 적극적인 조치를 취하는 것이다. 이러한 대처행동을 개인적으로 행하는 탈북난민들은 문제의 해결뿐만 아니라 정신건강상의 문제에서도 도움을 얻을 것이다. 둘째, 긍정적 지향의 대처는 가능한 한 사회적 문제상황을 긍정적 입장에서 자신의 성장을 위한 기회로 삼는 것을 말한다. 그러나 사회적 문제상황이 자신의 능력범위를 벗어나게 될 때에는 불가능한 대처이다. 따라서 탈북난민들의 경우와 같은 사회적이고 연속되는 문제상황이 발생하는 경우에는 어렵게 될 가능성이 높다. 셋째, 긴장완화 대처는 사회적 문제상황에서 오는 심리적 부담과 정서적 혼란을 줄이기 위하여 필요한 활동을 하는 것을 말한다. 탈북난민들의 경우에는 이러한 긴장완화 대처를 할 만한 사회적 자원과 경제적 능력이 부족하기 때문에 상당한 어려움이 있을 것이다.

넷째, 공상적 사고대처는 현재의 노력과 상관없이 사회적 문제상황에 대해 일방적인 공상을 하거나 비현실적인 희망을 갖는 것으로 상상이나 공상 속에서 만족을 추구하는 행동을 말한다. 만약 탈북난민들이 이러한 사회적 문제상황에서 공상적 대처를 한다면 사회적으로 고립되고 위축되는 결과를 초래할 것이다. 다섯째, 자기비난 대처는 자신의 능력을 의심하거나 비난하는 것으로 사회적 문제상황에 대한 대처곤란을 자기 자신에게 귀속시키는 행동을 말한다. 이는 탈북난민들이 우울증 등의 정신건강상의 문제를 초래할 수 있는 대처방법이다. 여섯째, 일탈행동 대처는 사회적 문제상황을 처리하려는 노력을 줄이거나 사회적 규범에서 벗어나는 정신적·행동적 활동을 말한다. 본 연구에서와 같이 충동/부주의 반응양식을 보일 가능성이 있는 대처방법이다. 이는 사회적 문제행동을 유발하고 적응하는데 사회적 문제를 보일 수 있는 방법이다. 일곱째, 사회적 지지추구 대처는 타인으로부터 충고나 조력, 그리고 동정과 이해를 얻으려고 노력하는 것을 말한다. 탈북난민들의 경우에는 사회적 지지를 해 줄 수 있는 자원이 부족해서 일부에 해당되는 대처방법이라고 할 수가 있을 것이다.

3) 사회적 지지망의 구축

탈북난민들의 사회적 지지가 남한의 일반주민 뿐만 아니라 저소득주민보다 통계적으로 유의미하게 낮았다. 특히 정서적 지지가 남한의 일반주민과 저소득주민보다 낮았다. 사회적 지지의 기능적 측면인 정서적 지지와 도구적 지지는 스트레스, 무망감과 우울을 완화하는 중요한 사회적 요인임을 탈북난민뿐만 아니라 일반주민과 저소득주민에게서 똑같이 경험적으로 검증하였다. 사회적 지지는 무망감과 우울과 같은 심리적 정신적 문제를 완화할 수 있는 사회적 요인임을 본 연구를 통하여 실증하였다. 따라서 탈북난민들의 사회적 지지를 높일 수 있는 방안이 검토되어야 할 것이다.

사회적 지지는 우울과 알코올중독과 같은 위기상태에 있는 개인을 보호해 준다. 또한 사회적 지지는 병원에서 필요한 약물복용의 양을 줄이거나 회복을 강화시켜 준다. 적절한 사회적 지지는 심각한 신체적·심리적 위기상태에 있는 개인을 보호하는 스트레스 완충작용을 하는 것이다. 탈북난민들과 유사한 경험을 하는 난민들의 경우에 재정착하는 과정에서 경험하게 되는 적응의 문제는 고용, 죄책감, 원조요청방법, 심리적 디스트레스distress 등으로 인하여 발생하며, 그 중에서도 사회적 지지의 부족으로 적응에 심각한 문제를 초래한다. 난민의 연구에서도 사회적 지지가 심리적 문제를 조절하고 완화하는데 크게 기여한다고 밝히고 있다. 이러한 사회적 지지는 구조structure와 기능function을 포함하는 다차원적 모델로 개념화되고 있다.

본 연구에서는 사회적 지지의 구조적 관점보다는 네트워크의 서비스 또는 관계의 기능에 관심을 가지는 기능적인 측면의 사회적 지지를 다루었다. 기능적 측면의 사회적 지지는 지지적 유대의 구조적·상호작용적 특성과 사회적 망 구성원간의 상호교환을 포함하는 사회적 지지망을 통하여 확보될 수 있다. 사회적 지지의 구조와 기능은 별개의 문제가 아니며, 구조적인 사회적 지지가 객관적 실체라면 기능적 사회적 지지는 주관적 지각이라고 할 수가 있다. 주관적인 사회적 지지의 지각이 스트레스를 완화하고 적응을 유용하게 하는 요인이라는 연구들이 많이 있다. 그러나 이러한 주관적 사회적 지지는 객관적이고 구조적인 사회적 지지망이 형성되고 작용하지 않으면 도달될 수 없는 문제이다. 본 연구에서는 사회적 지지의 기능적 측면이 탈북난민의 스트레스, 무망감, 우울증에 영향을 미치는 요인이라는 사실을 밝혔다. 따라서 주관적인 사회적 지지를 지각할 수 있는 구조를 확보할 수 있는 사회적 지지망의 형성과 개입에 관심을 가져야 할 것이다.

탈북난민에 대한 사회적 지지망 개입 이전에 개입 차원의 결정을 위한 준비 작업으로써 정보수집이 필요할 것이다. 즉, 탈북난민이 제공받는 사회적 지지의 구조 기능적 특성은 무엇인지, 탈북난민의 욕구와 지지망의 제공능력 간에 얼마만큼의 차이가 존재하는지, 이러한 차이가 사회적 지지망 개입에 의해서 감소될 수 있는지 등의 문제를 먼저 밝혀내야 한다.

사회적 지지망에 대한 사정이 이루어지고 난 후에는 탈북난민들에게 사회적 지지망을 얼마만큼 이용할 것인지를 정해야 한다. 따라서 현재 제공받고 있는 사회적 지지의 구체적 내용과 가능한 서비스 수준에 따라 개입이 달라질 것이다. 탈북난민들이 현재 사회적 지지의 구체적 내용은 대부분 비공식적이고 개인에 따라서 큰 차이를 보이고 있다. 특히 북한에서 하위계층에 속했던 사람들이 중상류계층의 사람들보다 사회적 지지에 대한 지각이 낮았다. 탈북난민들의 개인, 가족, 집단 및 지역사회 등의 수준에서 개입할 수 있는 전략을 소개하면 다음과 같다.

첫째, 개인 및 가족수준에서 개인적 망 개입기법과 자원봉사자 연계 개입기법을 활용할 수 있다. 개인적 망 개입기법은 탈북난민에게 도움이 되는 기존의 사회적 유대를 강화하거나 소원해진 관계를 활성화시키고 새로운 유대를 맺도록 돕는 기법이다. 자원봉사자 연계기법은 개인의 사회적 망에 자원봉사자를 연계시켜 새로운 망 자원을 형성시켜 주는 접근법이다. 자원봉사자 연계기법은 탈북난민들과 관련 있는 공공기관의 협조가 필수적이다. 특수한 클라이언트집단인 탈북난민에 관여하는 자원봉사자에 대한 교육도 반드시 공사적 기관에서 행해지고 난 다음에 활용되어야 원래의 취지에 맞는 사회적 지지를 형성할 것이다.

둘째, 집단수준에서는 지지집단이나 상호 부조망을 이용한 개입기법이 있다. 이는 탈북난민의 남한생활이나 인권에 관심이 있는 각종 NGO, 사회복지관련 기관에서 집단 혹은 망을 통해 지지를 제공할 수 있을 것이다. 그리고 탈북난민들이 상호 부조망을 형성해서 사회적 지지를 획득하는 것도 바람직하고 긍정적인 것이다. 그러나 우리나라의 경우에는 자조집단이 활성화되지 못하는 사회적 경향이 있으며, 몇몇 리더들의 헌신적 희생이 있어야 될 것이다. 바람직하지 않게 집단이 형성될 경우에는 오히려 해악이 생기는 경우도 발생할 것이다. 따라서 초기에는 자조집단에 의한 상호 부조망을 형성하기 위해서는 집단전문가들이 개입하는 것이 바람직할 것이다.

셋째, 지역사회 수준에서는 지역사회 도움 제공자를 통한 지지 자원을 확충하는 개입이나 지역사회의 권한을 강화시키는 개입기법이다. 이는 탈북난민들에게 지역사회의 보호제공자를 육성하여 지지 자원을 확충하거나 지역사회 문제해결 능력을 강화시키고자 하는 접근법이다. 현시점에서 탈북난민들에 대한 지역사회 보호제공자의 발굴은 공공기관과 민간기관의 협력을 통해서 하는 것이 효과성과 효율성 면에서 바람직할 것이다. 탈북난민을 위한 사회적 지지망 개입은 자신의 변화뿐만 아니라 이들을 둘러싼 환경집단, 지역사회, 국가 간의 효과적인 균형을 이루어야 할 것이다. 탈북난민에 대한 사회적 지지망 개입은 개인의 정신내적 현상에 초점을 두기보다는 개인과 환경을 동시에 고려하는 다면적 개입이기 때문에 생태체계론적 관점에서 보아야 할 것이다.

탈북난민에게 생태체계적 관점에서 사회적 지지망 개입을 실시할 때 관련 전문직이 수행하여야 할 역할은 다음과 같다. 첫째, 관계망을 이용할 수 있도록 탈북난민들을 준비시키고 탐색하여야 한다. 탈북난민들은 지지망에 대한 욕구를 많이 지니고 있으나 사회적 지지자원이 상당히 부족하므로 관계망에 있는 구성원들과 효과적으로 접촉할 수 있도록 준비시켜야 한다. 따라서 탈북난민들과 관여하는 전문가는 지지망의 구성원들과 상호작용을 관찰하여 이들의 의사소통능력을 사정하여야 할 것이다. 가능하다면 역할연습 등을 통하여 관계망 구성원과의 효과적인 의사소통 기법을 가르쳐야 할 것이다. 둘째, 비공식적·공식적 원조자를 지지하고 교육하여야 할 것이다. 비공식적 · 공식적 원조자들은 탈북난민들을 도와주면서 개인적 만족감을 얻기도 하고 좌절감이나 소진을 겪게 될 수도 있을 것이다. 전문가는 이들의 만족감과 좌절감을 동시에 이해하고 개입할 수 있어야 한다. 따라서 비공식적 · 공식적 원조자들이 탈북난민들의 욕구를 보다 잘 이해하고 욕구에 반응할 수 있도록 교육시켜야 할 것이다. 셋째, 공식적 지지망을 개발하여야 한다. 탈북난민들이 지지집단이나 자조집단 혹은 다른 조직화된 집단에 참여하도록 격려하여야 할 것이다. 이러한 공식적 지지망을 확보하여 탈북난민들이 참여하게 하여 상호작용의 범위를 넓힐 수 있도록 하여야 한다.

탈북난민의 경우에 사회적 지지자원이 감소되는 것이 아니라 없거나 부족한 것으로 정리할 수 있다. 탈북난민들은 급격한 재적응의 문제에 직면하여서 스트레스를 가져올 수 있는 삶의 사건들은 증가하지만 이러한 스트레스적 삶의 사건에 무력한 개인들이다. 따라서 탈북난민들에게는 공식적인 사회적 지지망을 우선적으로 확보하도록 해야 한다. 공식적 지지망의 확보 속에서 비공식적 지지망의 지원과 지지망 속에서의 상호관계에 대한 이해와 훈련이 뒤따라야 할 것이다.

제 6 장

탈북난민의 외상과 정신보건서비스

Traumatic Experiences of North Korean Refugees

1 _ 지역사회 정신보건서비스

2 _ 정신보건서비스 실천전략

3 _ 정신보건서비스 전달체계

1 _ 지역사회 정신보건서비스

- 욕구사정
- 정책 및 프로그램 옹호
- 정책 및 프로그램 계획
- 정신건강 교육

2 _ 정신보건서비스 실천전략

- 서비스 원칙과 단계
- 거시적 실천
- 중범위적 실천
- 미시적 실천

3 _ 정신보건서비스 전달체계

- 전달체계의 유형
- 이론적 전달체계
- 실제적 전달체계

제6장

탈북난민의 외상과 정신보건서비스

1. 지역사회 정신보건서비스

탈북난민들의 외상과 같은 정신적 위기에 대처하는 정신보건서비스는 지역사회를 기반으로 제공하는 것이 가장 효과적이다. 지역정신보건사업은 만성의 중증정신질환을 가진 정신장애인과 가족뿐만 아니라 전체 지역을 대상으로 예방 및 교육하는 업무가 중요하게 포함되어 있다. 이것의 역동적 수행을 위해서는 정신보건서비스 전달체계 내에서 의료를 포함한 사회복지, 교육, 종교, 교정, 노동을 포함하는 다양한 인접체계와의 원활한 관계가 요구되고 있다.

따라서 탈북난민의 정신보건서비스도 지역사회중심으로 실천전략과 방안들을 확립하여야 한다. 탈북난민과 같은 난민들의 지역사회 정신보건서비스 개발과정은 지역사회 욕구 사정, 정책 및 프로그램 옹호, 지역사회 자문과 정책 및 프로그램 기획, 지역사회 정신건강 교육으로 구분할 수 있다신창식 외, 2007; 최송식, 2008; Potocky-Tripodi, 2002; 213-228.

1) 욕구 사정

지역사회에 거주하는 탈북난민의 정신건강/건강 이슈들과 문제들을 확인하는 단계이다. 지역사회 욕구 사정의 방법은 조사연구, 주요 정보제공자 인터뷰, 관찰, 포커스 그룹, 포럼 등을 활용할 수 있다. 또한 기존에 존재하는 이차적인 정신건강 공식자료와 정신건강 서비스를 받은 비율을 조사할 수 있다. 이러한 욕구 사정은 개입 계획의 근거를 마련하기 위하여 보고서 형태로 만들어야 한다. 지역사회 욕구 사정은 다음과 같은 질문을 우선적으로 할 수 있다.

① 지역사회의 탈북난민들에게 흔하게 일어나는 정신적 위기는 무엇인가?
② 탈북난민들의 정신적 위기에 대처할 수 있는 지역사회 자원은 무엇인가?
③ 정신보건서비스의 중복 또는 차별과 같은 문제들이 있는가?
④ 정신보건서비스의 범위를 어떻게 정할 것인가?
⑤ 정신보건서비스에 접근하는데 장애물은 무엇인가?

2) 정책 및 프로그램 옹호

지역사회에 거주하는 탈북난민들의 정신적 위기에 대한 욕구 사정이 끝나면 이를 바탕으로 계획하고 실행하여야 한다. 지역사회에서 정신보건서비스를 실시하기 위해서 중요한 한 가지 방법이 옹호이다. 정책 옹호는 일반적으로 국가적 차원에서 탈북난민들의 정신건강 문제를 해결하기 위한 방법이지만, 지역사회 차원에서도 독특한 요구를 해결할 수 있는 정책을 시행할 수 있도록 하기 위해서 필요하다. 탈북난민의 정신보건서비스를 실시를 효율적으로 실시하기 위한 지역사회 옹호의 단계는 다음과 같다.

[1단계: 분석]

분석은 모든 다른 효과적인 활동과 마찬가지로 탈북난민의 정신건강 증진을 위한 정책 및 프로그램 옹호에서도 첫 번째 단계이다. 공공 정책에 영향을 미치는 옹호는 정확한 정보와 문제, 문제와 관련된 사람, 정책들, 조직들, 의사결정권자들에 접근 가능한 방법들에 관한 심층적 이해가 바탕이 되어야 한다. 다음과 같은 핵심 질문들을 통해서 이룰 수 있다Potocky-Tripodi, 2002.

① 문제가 무엇인가?
② 문제와 관련되어 현재 존재하고 있는 정책은 무엇이며, 이것들이 어떻게 작동되고 있는가?
③ 문제 해결을 위하여 정책을 어떻게 변화할 수 있는가?
④ 어떤 형태의 정책법적, 제도적 변화가 필요한가?
⑤ 제안된 정책 변화에서 재정적 문제가 있는가?
⑥ 정책변화와 관련된 이해당사자들옹호자와 지지자, 반대자, 정책결정자, 이해관계를 결정하고 있지 못한 사람은 누구인가?
⑦ 변화된 정책의 차별화는 무엇인가?
⑧ 주요결정자에게 영향을 미치는 사람과 방법은 무엇인가?
⑨ 정책 형성과 관련된 의사소통 구조는 어떠한가?

[2단계: 전략]

탈북난민의 지역사회 정신보건서비스를 실시하기 위한 옹호는 전략이 필요하다. 옹호전략은 분석단계를 통해서 구축되며 세부 내용은 다음과 같다.

① 전략을 달성할 집단을 확인하라.
② 관련 있는 집단을 파악하라.
③ SMART(구체적이고 명확성, 측정가능성, 달성가능성, 타당성, 시간 제한성) 목표를 세우라.
④ 주요결정자를 설득할 수 있는 독특하고 유익한 이슈들을 만들어라.
⑤ 옹호 목표에 맞는 정책 변화 모델을 개발하라.
⑥ 연합하고 지지를 이끌어낼 수 있는 계획과 자원들을 확인하라.
⑦ 지지자들에게 가장 적합한 활동들을 계획하라.
⑧ 합의를 이끌어 내고, 반대를 최소화하면서 공통된 관심 분야를 찾아라.
⑨ 실행 계획과 예산을 준비하라.
⑩ 개인적 접촉, 지역사회 매체, 대중매체, 이메일, 인터넷과 같은 다양한 의사소통 채널을 확인하라.
⑪ 과정을 모니터하고 결과를 평가할 지표들을 개발하라.
⑫ 이해하기 쉽고 누구나 지지할 수 있는 제안된 정책 또는 변화된 정책에 대한 명칭을 만들어라.

[3단계: 동원, mobilization]

탈북난민의 정신보건서비스를 실시하기 위하여 지역사회의 중요기관 및 사람들과 연합하는 것은 옹호를 강화한다. 탈북난민들을 위한 모든 활동들은 지지자들과 파트너에게 진정성을 보여주도록 구성되어야 한다. 이를 통하여 정책 결정자들과 모든 연합체에 긍정적 영향을 최대화하게 되며, 반면에 반대자들의 반응을 최소화할 수 있다.

① 의도된 청중들, 변화에 영향을 미치는 지지자들, 옹호 목표, 주요 활동과 시간계획 및 평가 지표와 같은 활동 계획을 개발하라.
② 연합 구성원들에게 책임감을 명확하게 부여하고 특별한 사건과 활동

들을 모니터하라.

③ 연합체를 구성해서 유지할 수 있는 네트워크를 구축하라.

④ 옹호를 실천하고 훈련하도록 조직하라.

⑤ 지지를 얻는데 불일치하는 주요 사실과 자료들을 확인하라. 또한 지지를 이끌어낼 수 있는 자료와 문서들을 정리하여 보관하라.

⑥ 현 상황을 정책 결정자들의 관심에 연결하라.

⑦ 바람직한 행동을 명백히 정리하라.

⑧ 위임된 행동의 긴급성과 우선순위를 강조하라.

⑨ 사건을 공론화하고 핵심 참여자를 믿게 하기 위해서 뉴스 매체의 표지에 선정되도록 하라.

[4단계: 실행]

탈북난민들의 지역사회 정신보건서비스를 옹호하는 모든 파트너들이 함께 지속적으로 참여하는 것이 중요하다. 중요한 메시지를 반복하고 이유를 유지하도록 다음과 같은 활동을 실시하여야 한다.

① 다른 관점과 반대의견에 대해서 빠르게 반응하고 모니터를 하라.

② 계획된 활동을 지속적이고 체계적으로 수행하라.

③ 모든 연합체를 유지하기 위한 수단으로 결과물들을 제시하라.

④ 개인적 접촉을 포함한 미디어 지지를 유지하고 개발하라.

⑤ 논쟁을 두려워하지 말고 그것을 유리하게 전환하라.

⑥ 어떠한 불법적 또는 인종차별적인 활동도 하지마라.

⑦ 정책결정자들에게 책임성 있게 보여라.

⑧ 공적 의견을 모니터하고 긍정적 변화를 공론화하라.

⑨ 정책 결정자의 역할과 연합 파트너를 믿어라.

[5단계: 평가]

탈북난민을 위한 지역사회 정신보건서비스 옹호는 다른 지역사회 캠페인과 마찬가지로 주의 깊게 평가해야 한다. 옹호는 자주 부분적 결과만 얻게 되므로, 옹호팀은 무엇이 성취되었으며 앞으로 수행해야 할 일이 무엇인지를 규칙적이고 명확하게 측정해야 한다. 과정평가는 결과평가보다 더욱 어렵지만 중요하다.

① 과정 지표들을 측정하라.
② 특별한 사건과 활동들을 평가하라.
③ 초기의 SMART에 근거해서 변화를 평가하라.
④ 변화를 측정하기 위한 지표들을 가지고 최종결과를 비교하라.
⑤ 정책 변화에 기여한 핵심 사실들을 확인하라.
⑥ 의도되지 않은 변화를 파악하라.
⑦ 결과를 공유하고, 이해당사자들이 이해할 수 있도록 성공을 공유하라.

3) 정책 및 프로그램 계획

옹호와 더불어 정신적 위기를 해결하기 위해서 지역사회에 거주하는 탈북난민들에 대한 자문과 정책 및 프로그램을 기획해야 한다. 지역사회 수준의 정책과 프로그램은 예방, 선별, 치료 및 지지를 포함해야 한다. 효과적인 지역사회 자문과 정책 및 프로그램 계획을 위해서는 비용과 노력의 중복 방지, 부족한 자원 극대화, 지역사회 이해를 위한 다양한 이론 통합, 클라이언트의 욕구에 근거한 포괄적 서비스, 정신보건서비스 접근성 강화, 기관 간 의사소통 증가 등이 선행되어야 한다. 또한 지역사회의 탈북난민 관련자들, 정신의료 전문가들, 공공 정신보건 기관, 지역사회 기관들, 종교기관, 지역사회 노동 조직들, 미디어, 학계 등에서 적극적인 참여가 있어야 한다. 지역사회 수준의 정책 및 프로그램 계획을 위한 모델Centers for Disease Control, USA, 1995을 탈북난민들에게 다음과 같은 단계로 적용할 수 있을 것이다.

[단계 1: 중심 기관의 선정과 역할 결정하기]

중심 기관은 주요 방향을 결정하고 역할을 명확히 설정하여 계획의 이행을 위한 장기 비전을 지역사회와 기관 종사자들에게 제시해야 한다.

[단계 2: 중심 기관의 조직화 능력 사정하기]

기관의 직원과 지도자는 조직화의 준비를 위한 리더십을 사정해야 한다. 이러한 사정은 기관의 구조를 파악하고, 지역사회 지지와 지역사회를 이끌 수 있는 직원들의 능력이 있는지를 파악해서 달성할 수 있다.

[단계 3: 필요한 조직화를 구축하기 위해서 기관 계획을 수립하기]

일단 어떤 기관이 조직화 능력을 사정하고 나면, 내적 강점을 발견하여 약점을 극복하고 지역사회의 개입을 위한 조직의 효과성을 강화할 수 있다.

[단계 4: 지역사회 조직화와 파워 구조 사정하기]

중심 기관은 주요 지역사회 기관, 지역사회 지도자, 관심 집단 그리고 지역사회 구성원들과 파트너십을 가지고 일해야 한다. 이러한 일에 참여하는 주요 사람들과 조직을 확인하는 것은 성공의 기본 조건이며 지역사회 리더십의 필수요건이다. 기관은 파트너십의 전략을 개발하기 위한 공식적, 비공식적 조직화와 파워 구조를 사정해야 한다.

[단계 5: 공공 정신보건에 대한 강력한 지지층을 구축하기 위해서 지역사회를 조직하고 공공 정신보건과 파트너십을 확립하기]

중심 기관은 탈북난민의 정신보건 욕구를 사정하고 정신건강 문제를 파악하고 조정을 위해서 지역사회 집단들과 회합해야 한다. 기관 직원들은 정신적 위기의 결과들과 전략들에 관한 초점을 알아야 한다.

[단계 6: 정신건강 욕구와 활용 가능한 지역사회 자원 사정하기]

지역사회 사정은 가장 중요한 지역사회 정신건강 문제를 확인할 수 있는 정보를 제공한다. 지역사회 사정은 공식적, 비공식적 정보들이 모두 포함되어야 한다. 또한 그것은 지역사회 지도자, 집단, 기관 그리고 개인들의 인식과 가치를 확인해야 한다. 그리고 정신건강의 기존 자료들과 주요한 정신건강 문제를 조사하고 취약집단의 정신건강 위험수준을 파악해야 한다.

[단계 7: 지역 우선순위 결정하기]

지역 우선순위를 결정할 때는 주요한 정신보건 기관, 지역사회 조직, 주요 관심 집단 그리고 개인들이 참여해야 한다. 지역사회 사정을 위해 수집된 정보는 우선순위를 결정하는데 도움을 준다. 우선순위의 선택은 지역사회 개입을 위해서 표적이 된 정신건강 문제들 중에서 지역사회 집단들 사이의 협상을 통해서 결정된다.

[단계 8: 결과와 과정 목표를 선정하기]

지역사회 구성원들은 궁극적 목적을 선택해서 지역사회 정신건강 문제를 해결할 수 있는 결과와 과정 목표들을 협상해야 한다. 목적과 목표들은 측정 가능해야 한다.

[단계 9: 지역사회 개입 전략 개발하기]

지역사회 개입방법의 개발은 지역사회 목적과 목표들을 선택하여 성취할 수 있는 수단을 제공한다. 일단 개입방법들이 선택이 되면, 책임감이 부여되어서 기관들과 조직들이 헌신할 수 있도록 해야 한다.

[단계 10: 실행 계획을 수행하기]

목적, 목표, 지역사회 개입을 위한 전략을 세우는 것은 중요한 단계이지만, 성공의 요지는 개입 활동과 서비스들을 수행하는 활동 계획을 세우는 것이다. 활동과 서비스를 위한 시간 계획을 세우고 책임감을 부여하는 것이 이 단계의 필수적 부분이다.

[단계 11: 지속성 확보를 위한 평가와 모니터하기]

향상된 정신건강 상태는 지역사회 노력의 효과성을 보여주는 것이다. 만약 효과적인 개입방법이 선택되었다면 지역 과정 목표의 성취는 정신건강 증진을 가져오게 된다.

4) 정신건강 교육

지역사회 수준의 정신건강 교육은 지역사회 거주자들의 정신건강에 부정적 영향을 미치는 요인들을 변화시키고 건강한 행동을 증가시켜서 정신건강 증진을 목표로 한다. 지역사회 수준의 개입은 개인보다는 집단을 대상으로 실시한다. 지역사회 수준의 교육 프로그램은 탈북난민들의 정신건강 문제에 대한 인식을 향상하는 것에 목표를 둔다. 예를 들면 이용가능한 정신보건 기관, 예방의 방법, 치료 서비스, 알코올, 약물 등의 정신건강과 관련된 행동들을 수정하기 위한 전략들이다. 지역사회 교육은 전단지, 방송 매체, 다양한 교육 재료들과 이벤트를 통하여 이루어질 수 있다. 탈북난민을 위한 공공기관의 정신건강 교육은 다음과 같은 기준Centers for Disease Control, USA, 1995; pp.27-37으로 실시할 수 있을 것이다.

[효과적인 공공 정신건강 정보제공 프로그램을 위한 기준]

① 공공 정보제공은 다른 정신건강 교육을 지지해야 하고 위험을 줄이는 것이어야 한다.

② 공공 정보제공은 지역사회 사정에 근거한 욕구에 의해서 이루어져야

한다.
③ 공공 교육의 목표는 예방에 중점을 두고 현실적 사정에 근거해야 한다.
④ 메시지는 표적 대상의 가치, 욕구 그리고 관심에 근거해야 한다.
⑤ 지역사회 대표자들이 계획과 프로그램 개발에 포함되어야 한다.

[효과적인 공공 정신건강 정보제공 프로그램]
① 계획을 통해서 적절한 시간과 자원들을 확인하기
② 표적대상을 어떻게 동기부여 할 수 있는지를 기존자료를 통해서 확인하고, 필요할 때만 새로운 조사를 하라
③ 표적대상이 관심을 가질 수 있는 메시지와 구성요소들을 만들어라
④ 기존의 질 높은 공공 정신건강 교육을 활용하라
⑤ 표적대상에게 전달될 수 있는 방송 매체와 지역사회 통로를 이용하라
⑥ 지역사회의 다른 기관들과 협력하라
⑦ 적용 대상이 누구이며 어떻게 변화시켜야 하는지에 대한 두 가지 관점에서 접근하라
⑧ 공공 교육에 필요한 시기와 방법을 확인하라
⑨ 장단기 공공 정신건강 교육의 목표들을 세워라

2. 정신보건서비스 실천전략

1) 서비스 원칙과 단계

(1) 실천 원칙

심리정신적 위기를 겪고 있는 탈북난민에 대한 개입은 세심한 배려가 필

요하다. 이들은 사회환경적 조건에 익숙하지 않으며 문화적 차원에서도 혼란을 경험하게 되어 정체감의 혼란과 자존심의 손상을 입게 될 수도 있다. 또한 탈북난민들은 상황적 독특성을 가지는 집단임과 동시에 인류 보편적 특성이 존재한다는 사실을 인식할 수 있어야 한다. 따라서 탈북난민의 정신적 위기에 관여하는 전문가는 개입을 하기 전에 기본적인 접근원칙을 가져야 한다. 이는 효율적이고 효과적인 접근일 뿐만 아니라 탈북난민의 존엄성과 인권을 강조하는 것이라 할 수 있다.

탈북난민의 정신건강 문제에 관계하는 전문가들은 다음과 같은 대처원칙을 가지고 있어야 한다. 그 원칙에는 탈북난민의 문화를 인정하고, 그들을 지역사회 내에서 임파워먼트를 향상하고, 동등한 입장에서 질적으로 높은 개입을 통해서 문제들을 예방해야 한다는 것이 포함되어 있다엄태완, 2007a에서 재인용.

[전반적 원칙]

• **문화적 유능성**cultual competence**의 원칙**: 문화적 유능성은 가치와 상황이 다른 서비스 체계내의 행정가와 실천가들에게 효과적인 개입을 가능하게 만드는 지식, 기술, 태도 등을 포함한다. 회복과 재활은 문화적 유능성을 실현하는 지식과 기술을 가지고 탈북난민, 그들의 가족 그리고 지역사회를 소비자 관점으로 서비스를 제공할 때 더욱 가능하다. 문화적 유능성은 정신건강의 문제에 대하여 정상적인 행동, 신념 그리고 가치를 결정하는데 유용하게 작용하며 사정과 치료에서도 필요한 개념이다.

• **소비자**consumer **관점의 원칙**: 탈북난민들에 대한 개입 과정에서 가장 중요한 참여자는 본인과 그 가족들이라는 원칙이다. 가능하다면 서비스는 다문화의 관점을 유지하고 탈북난민들이 살고 있는 지역사회에서 가족들의 삶의 방식 속에 이루어져야 한다.

• **지역사회 중심 개입의 원칙**: 탈북난민 서비스의 연속성을 강조하며 조기 개입, 예방적 노력과 최소한의 제한 원칙이다. 탈북난민들이 생활하고 있는 지역사회의 친밀하고 가치 있는 자원들을 활용해야 한다.

• **관리보호**managed care**의 원칙**: 탈북난민들을 위한 정신보건서비스의 비용 효율성은 서비스를 제한하거나 단절할 때 달성되는 것이 아니라 효과적이고 질적으로 높은 서비스를 할 때 나타난다는 것이다. 효과적인 전달체계는 성과와 긍정적 결과를 강조하는 개별화된 맞춤 서비스를 제공할 수 있다. 이러한 체계는 탈북난민들을 치료적 파트너로서 동참하게 만든다. 이러한 체계는 경제 원리가 아니라 지속적 보호의 원칙을 고수하게 된다.

• **자연적 지지체계 활용의 원칙**: 탈북난민의 개입에서 가족과 같은 자연적인 지지체계를 활용하는 경우에 긍정적 성과물을 더 많이 얻는다는 원칙이다. 북한에서의 정신건강증진을 위한 전통적인 치료방법이 있다면 사용할 수 있다. 또한 많은 탈북난민들이 가족의 기능을 중요시하고 애정을 가지고 있다.

• **협력과 임파워먼트의 원칙**: 탈북난민들 및 그들의 가족은 정신적 위기를 해결하는 과정에서 효과적인 협력을 할 수 있는 능력이 있다는 것이다. 이러한 협력의 과정에 많이 참여할수록 회복과 기능향상의 기회가 더욱 자주 올 수 있으며, 향상된 기능을 지속적으로 유지할 수 있다. 이들에 대한 임파워먼트는 자아존중감을 향상하고 스스로 위기에 대처할 능력을 강화시킨다는 원칙이다.

• **전체주의**holism **관점의 원칙**: 탈북난민들을 위한 임상실천과 정책과정에서 전체주의적 관점이 효과적, 효율적이라는 원칙이다.

• **피드백 강조의 원칙**: 탈북난민들의 정신보건서비스에서 합법적인 피드백의 기회를 통하여 바람직한 성과와 개입의 질을 향상시킬 수 있다는 원칙이다. 피드백을 의미 있게 활용하지 않는다면 정신건강 서비스와 정책은 탈북난민들의 욕구를 충족시키지 못할 것이며 높은 만족도를 유지할 수 없다. 정신보건서비스가 문화적인 특정한 상황을 이해하지 못한다면 탈북난민들의 정신적 위기의 문제는 해결되지 않을 것이다.

• **접근성 강화의 원칙**: 탈북난민들의 정신건강 증진을 위해서 지역사회 전문가들이 이들에게 쉽게 접근할 수 있어야 한다. 또한 탈북난민들에 대한 정신건강 서비스는 지리적, 심리적, 문화적인 접근성을 높여야 개입의 효과가 높고 비용이 줄며 긍정적 성과가 나타난다는 원칙이다.

• **보편성의 원칙**: 탈북난민의 위기상황건강, 정신건강 문제, 생활사적 사건 등은 수입이나 사회경제적 지위에 관계없이 보편적으로 치료 또는 개입되어야 한다는 원칙이다.

• **통합**integration**의 원칙**: 탈북난민들은 신체적 건강 문제가 발생할 가능성이 높다. 따라서 탈북난민들은 신체적 건강, 정신건강, 물질남용 등의 서비스를 포괄적으로 실시해야 높은 효과성을 확보할 수 있다는 것이다.

• **질적 향상의 원칙**: 탈북난민들의 정신보건서비스는 문화적으로 유용한 수준 높은 질적 서비스가 문제를 예방하고, 개입효과를 높이고 비용을 절감한다는 원칙이다.

• **과학적 접근의 원칙**: 탈북난민들에 대한 서비스는 다양한 객관적인 자료들에 근거하여야 한다는 원칙이다.

• **성과중심의 원칙**: 탈북난민들은 정신보건서비스를 자신들의 문제 해결 정도를 가지고 평가한다. 탈북난민들의 정신보건 요구를 객관적으로 측정해서 근거를 제공할 수 있는 서비스가 되어야 한다. 탈북난민들의 서비스에서 실제적 성과에 근거한 서비스가 만족도를 높이고 이들의 자조에도 긍정적 역할을 한다는 원칙이다.

• **예방중심의 원칙**: 탈북난민들의 정신건강 문제에 대한 정책과 서비스는 예방을 강조하는 지역사회 교육 프로그램 등을 활성화해야 한다는 것이다. 목표는 개인과 가족을 더욱 건강하게 만들고 정신건강 문제의 초기 경고를 파악하여 예방적 서비스를 제공하는 것이다. 예방적 서비스는 정신병과 같은 심각한 문제의 사건에 대처하거나 감소시킬 수 있는 방법이다.

(2) 단계별 서비스의 접근

탈북난민들은 정착 단계에 따라서 다양한 정신적 위기에 직면할 수 있다. 이러한 탈북난민의 심리정신적 위기 극복과정에서 인지적 유연성의 부족과 문화적 정체감의 고정 상태가 유지된다면 상당한 어려움을 가지게 될 것이다. 이주는 새로운 정착지의 사회경제적 체계를 받아들여야 하고, 이주민은 자신의 사회경제적 상황의 변화와 다른 풍습, 신념, 생활사건, 정서적 · 사회적 자원에 대처해야 하는 압박감을 가지게 된다.

탈북난민들과 같은 이주난민들의 적응은 연령, 성별, 이주 전 경험, 가족과 친구로 부터의 고립, 소속감의 부재, 정체감의 상실, 경제적 어려움, 차별, 건강서비스에 대한 문화적 차이, 성역할 및 경력의 변화, 정신건강과 관련된 정보의 부족, 희망부재, 사회적 제약, 정신건강서비스에 대한 접근성 제약 등으로 차이를 보인다[Omeri, et al., 2006]. 또한 재정착의 기간에 의해서도 다르게 나타나는데, 이주 후 거주한 기간이 2년 이하인 집단의 주 스트레스는 이주과정의 스트레스이고, 5년 이상 집단의 주 스트레스는 생활사건과 생활스트레스이었다[Young, 2001].

탈북난민들이 재정착지에서 겪는 심리정신적 위기와 정신건강의 문제는 시기에 따라 다르게 나타난다. 따라서 시기에 따른 정신건강 서비스가 제공되어야 할 것이다. 일반적으로 이주난민들의 심리정신적 위기 단계와 정신건강 문제를 4단계로 나누어 살펴보면 〈표 6-1〉과 같다. 이 단계는 이주난민들이 재정착국에 도착 직후부터 7년 동안의 단계별 과업과 부적응 시의 정신건강 문제들을 보여주고 있다. 또한 이러한 문제들은 이주 이전의 심리정신적 위기와 관련이 있음을 나타내고 있다. 각 단계들이 모든 연령과 성별 및 다양한 경험을 가진 탈북난민에게 공통적으로 적용되는 것은 아닐 것이다. 하지만 탈북난민들의 적응시기에 따른 문제와 전반적인 욕구를 파악하여 구체적 서비스를 제공할 때 의미 있는 자료이다.

표 6-1 _ 난민의 심리정신적 위기 단계와 정신건강 문제

단계	과업	정신건강 문제
도착 초기단계 (1주-6개월)	주변 환경 익히기, 동료 난민 만나기, 정착국 생활에 열중하기	지남력 장애[disorientation], 슬픔, 분노, 죄책감
불안정화 단계 (6개월-3년)	생존 도구[tools] 획득하기, 언어 배우기, 새로운 관습과 역할 배우기, 지지 집단 만들기	적개심, 새로운 문화에 대한 저항, 부정[denial]
새로운 시도와 안정화 단계 (3-5년)	융통성 있는 문화적응 역할 적응 지속하기 다른 난민들과 관계 지속하기	실패의 두려움, 고립, 미성숙한 문화, 정체감 상실
정상[normal] 생활로 복귀 단계 (5-7년)	융통성 있는 문화적응 유지하기 새로운 세대를 위한 현실적 기대 조성하기, 긍정적 정체감 형성하기, 영속적인 성격변화 기대하기	경직성[rigidity], 세대 간 갈등
보상상실[decompensation]의 시기 (1주-7년)	생존 욕구에 대처하기, 정체감 수정하기, 새로운 문화에 재적응하기, 의무 수행하기, 과거, 현재 및 미래를 연결하기	정신병, 정체감 장애, 우울증, 가족위기 지속

출처: Potocky-Tripodi(2002). p.259.

2) 거시적macro 실천

탈북난민들의 정신건강 문제에 대한 거시적 차원의 개입은 이주과정에서 나타나는 다양한 위험요인들을 경감시키는 것이다. 예를 들면, 탈북과정의 심리사회적 고난을 경감하기 위해서 국제적 차원으로 인권문제를 다루는 것이다. 일시적 보호과정에서는 심리사회적 치료의 질적 수준을 향상하고 재정착단계의 스트레스 문제에 관하여 교육하는 것 등이다. 정착과정에서는 탈북난민들을 위한 예방 전략이 실패 하였을 경우는 가장 신속하고 접근성이 높은 방법을 개발하는 것이다.

탈북난민의 정신건강 증진을 위한 지역사회 차원의 거시적 접근은 지역사회 욕구 사정, 정책과 프로그램 옹호, 지역사회 컨설턴트, 정책과 프로그램 기획, 지역사회 정신건강 교육 등이다. 이를 통하여 탈북난민의 정신건강 서비스에 접근성을 강화하고 지역사회 교육을 통하여 정신건강 문제를 예방하는 것이 목표가 되어야 한다. 그러나 지금까지 탈북난민들에 대한 지역사회 중심 예방활동이나 계획은 관심을 끌지 못하고 있다. 거시적 차원의 개입은 탈북난민들이 이주의 각 단계마다 위험요인을 감소시키는 것에 초점을 두어야 한다. 남한이주 과정에서도 재정착의 스트레스에 대처할 수 있는 다양한 서비스를 기획하고 실천하여야 할 것이다.

탈북난민들이 재정착 단계에서의 정신적 위기를 해결하기 위한 거시적 차원에서 예방노력은 다음과 같이 할 수 있다. 첫째, 탈북난민 정착을 위한 서비스 기관의 예산 증가를 위한 노력, 둘째, 다문화 또는 북한문화를 이해하기 위한 학교 커리큘럼의 개발, 셋째, 탈북난민이 향후 남북주민의 생활에 미칠 수 있는 긍정적 효과에 대한 공공 교육, 넷째, 탈북난민이 새로운 지역인 남한사회에서 겪는 어려움과 편견과 낙인이 미치는 영향에 대한 남한주민의 인식 강화, 다섯째, 탈북난민의 정신건강에 대한 정보를 수집하고, 조사, 실천, 평가, 연계를 총체적으로 담당하는 국가적 차원의 지원이 필요하다.

3) 중범위적meso 실천

탈북난민들의 정신건강 증진을 위한 중범위 수준에서의 실천은 기관의 서비스 효과성을 강화하는 조직 개발과 다학제적 팀의 협력 전략을 확립하는 것이 중요하다. 이러한 과정에서 서비스 전달을 향상하기 위하여 기관을 자문하고, 탈북난민들의 욕구에 근거한 새로운 서비스와 프로그램을 개발하도록 기관을 원조하고, 효과적이고 질적으로 향상된 서비스를 기관이 지속하도록 하고, 탈북난민을 위하여 서비스를 연계하도록 하는 것들이 포함된다. 우선 탈북난민들의 정신건강 증진을 위한 중간수준의 서비스는 문화를 기반으로 하는 것이어야 한다. 문화는 클라이언트의 접근성과 서비스 반응에 상당한 영향을 미치는 것이다. 우선 탈북난민과 유사한 경험을 하는 난민들을 위한 중범위적 실천 방안들을 살펴보면 다음과 같다.

(1) 난민을 위한 중범위적 실천

난민들을 위한 중범위 실천에 논의하기 이전에 정신보건서비스의 질과 접근성을 향상하기 위해서 기관과 전문가들은 다음과 같은 사실들을 명심해야 한다신창식 외, 2007; 최송식, 2008; Potocky-Tripodi, 2002.

- 모든 스텝들이 난민들에게 진심을 가지고 효과적으로 일할 수 있도록 하는 태도, 행동, 지식 그리고 기술들을 습득시키고 지원해야 한다.
- 모든 스텝들이 수행 가능한 목표, 계획, 정책, 과정들을 문화적, 언어적으로 적절한 포괄적 서비스 관리 전략을 세워야 한다.
- 난민들의 정신건강서비스를 계획하고 전달하는 과정에 지역사회와 서

비스 대상자들을 공식적으로 참여시켜야 한다.

- 난민들의 문화적 역량이 강화된 서비스 전달체계에서 활동하는 행정 및 임상 스텝들을 지속적으로 교육하고 훈련해야 한다.
- 언어적으로 문제 있는 난민들에게는 이중언어bilingual가 가능한 기관 또는 전문가에게 의뢰해야 한다.
- 난민들의 정신건강 서비스 과정에서의 불공정, 문화적 차별, 접근의 어려움, 서비스 거부와 같은 문제들을 해결할 수 있는 구조를 만들어야 한다.
- 난민들에게 문화적, 언어적으로 타당성 있는 정신건강서비스를 수행하기 위한 지침서를 만들어야 한다.

[조직개발, organization development]

정신건강서비스 전문가의 문화적 역량을 강화하기 위해서는 그가 속한 기관의 문화적 역량을 강화하는 것이 필요하다. 문화와 언어 장벽을 극복하기 위하여 기관은 이중언어 사용자, 이중문화의 정체성을 가진 지역사회 정신건강 전문가, 전문 통번역가를 활용할 수 있다. 이중언어와 문화의 정체성을 가진 지역사회 정신건강 전문가를 활용하는 것이 문화적 차이를 극복하는 하나의 방법이 될 수 있다. 그러나 이러한 사람들은 많지 않다. 이는 서비스 자격을 가진 외국인을 교육하거나, 그 문화에 속한 전통적 치료자를 훈련시키거나 관련학과의 학생들에게 언어를 교육하는 방법이 있지만 쉬운 것은 아니다. 특히, 정신보건서비스의 경우에는 언어와 문화가 효과성에 중요한 역할을 한다.

따라서 정신보건 전문가는 아니지만 이중언어와 문화를 가지고 정신보건서비스 영역에서 활동하는 사람들을 지속적으로 훈련하고 교육하는 것이 중요하다. 이들은 대상자들을 아웃리치 하고, 정신보건 전달체계 내에 참여를 촉진하고, 전문가들에게 문화를 교육하고, 서비스의 지속성, 조정 그리고 질적으로 향상된 서비스를 난민들에게 제공할 수 있게 한다. 외국의 경우에는 정신보건기관에서 언어 장벽을 해소하기 위한 전문기관을 활용하고 있지만, 한국에서는 비공식적 자원을 활용해야 하는 현실이다. 난민들이 정신건강서비스 전달체계 내에서 언어 장벽을 해소할 수 있는 장치가 마련되어야 할 것이다. 이중언어만 가능한 사람들의 경우에는 문화를 이해할 수 있도록 교육하는 것이 필요하다. 또한 정신보건서비스의 경우에는 단순한 통역과는 다른 상황이 많이 발생할 수 있으므로 이러한 교육도 필요하다. 따라서 단기간에 관련 인적 자원을 확보하는 것이 어렵고 자원봉사자들만을 활용하는 것도 한계를 가지게 된다.

가장 좋은 방법은 정신보건서비스 기관 또는 연합체를 위한 전문 통번역가를 채용하는 것이다. 이 경우에는 장기적인 관점에서 바람직하지만 재정확보의 문제가 가장 큰 걸림돌이다. 또한 대도시에서는 여러 서비스 기관을 관할하는 전문가를 둘 수도 있지만 지방에서는 더욱 힘든 상황이다. 다른 대안은 지역사회의 대학에 그 언어를 전공한 학생들을 활용하는 방법이다. 장기적 대안은 아니지만 학생이 어느 정도 정신보건 훈련을 받는다면 서비스 체계 속에 포함될 수 있을 것이다. 난민들의 정신건강 증진을 위해서 서비스 기관이 문화적, 언어적으로 역량을 가질 수 있도록 만드는 것이 중요하다.

[다학제적 협력, interdisciplinary collaboration]

정신보건서비스는 정신의학자, 정신과간호사, 임상심리학자, 정신보건사회복지사 등을 비롯한 각 전문가들이 그들의 전문적 기능과 책임을 토대로 서로간의 상호작용과 기술의 합동을 위한 숙련된 과정에 의해서 이루어진다최송식, 2008. 여기에 난민의 경우에는 이중언어 또는 이중문화를 가진 전문가 또는 자원봉사자가 참여하게 된다면 더욱 복잡한 관계가 된다. 정신보건영역에서 팀워크의 필요성이 요구되는 이유는 정신장애가 생물학적 · 심리학적 · 사회환경적 요인들이 복잡하게 얽혀 발생되기 때문에 총체적 환경에서 전체로서의 인간으로 보아야 하기 때문이다. 이러한 영역에서 문화와 언어가 상이한 난민들의 경우에는 한층 더 복잡한 접근이 필요하다. 정신보건기관에서는 이러한 이해를 바탕으로 기관의 목표와 전체구조를 잘 이해하는 방향에서 서비스를 수행하여야 한다. 일반적으로 팀워크가 진행되는 과정은 다음과 같다Germain, 1984.

- **역할분리단계**: 이 단계에서는 각 분야의 성원들이 각자의 익숙한 기능과 역할에 따라 작용하려는 경향이 있어 협조에 대한 서약은 추상적 또는 이론적 수준에 머문다. 역할분리는 불안과 경쟁을 억제하는데 명백히 기여하나 언어화되지는 않는 단계이다.

- **과대평가와 실망단계**: 이 단계에서는 각 분야의 성원들이 분담된 협력목표를 성취하는데 있어 복잡성을 인식하고 그 해결을 위해 서로가 의존한다. 그러나 각 성원들은 서로가 다른 성원들의 지식과 기술을 과대평가하고 동시에 목표를 성취하는 데 필요한 과업의 복잡성을 지나치게 단순화하며, 그 자신의 지식과 능력 및 전문적인 지식의 범위 내에서 작용하려고 한다. 따라서 한 팀으로 만난다 하더라도 환자의 욕구와 치료의 환경적 맥락에 관한 솔직한 전문적 전망이 통합되지 않아 실망과 분노 그리고 엄격한 학문 분야로서의 역할에 대한 고집이 남아 있는 단계이다.

- **현실적 평가단계**: 분담된 목표를 성취하는데 다른 분야의 성원들이 어떻게 기여하는가를 점차적으로 인식하게 됨으로써 현실적 평가가 일어난다. 한 분야가 타 분야를 넘어서서 우위를 차지하는데 쏟는 노력이 적을수록

일상화된 사고와 행동에 더 많이 도전하도록 향해지며, 전문직 영역들도 덜 엄격하게 되는 경향이 있는 단계이다.

• **조정단계:** 이 단계는 통합적인 협력을 향한 진보가 분명해지는 단계로써 각 전문 영역들의 차이점들이 인정되고 그것이 언어화되며 만족스러운 조정이 이루어지게 된다. 각 전문가들은 자신이 갖고 있는 관점에 따라서 정보를 수집하고 공유하여 공동의 목표를 향해 나아가게 된다.

• **역할의 통합단계:** 환자-전문 분야라는 전후관계에 기초된 사고를 떠나 건강과 질병에 연관이 있는 환자-환경관계라는 관점으로 움직이는 단계이다. 따라서 분담된 목표와 과업에 관해 서로 견해를 주고받을 수 있는 개방적 분위기가 형성되고, 과업활동도 쉽게 협상 또는 수용되어지며, 타전문직의 훈련, 지식, 교육, 철학, 가치 대한 이해와 존중이 이루어지게 되는 단계이다.

난민들에 개입하는 정신보건조직은 팀워크에서 발생할 수 있는 갈등들을 해결하도록 노력해야 한다. 이러한 갈등은 문제를 파악하고, 규칙을 만들고, 팀의 신뢰 분위기를 조성하고, 팀 활동에 대한 다른 전문가의 동의를 얻는 노력을 통하여 해결할 수 있다. 난민들에게 정신보건서비스를 수행할 때 다양하고 포괄적인 관계들을 조정할 필요가 있다는 것을 서비스기관은 반드시 알아야 한다.

(2) 탈북난민에 적용

탈북난민의 정신건강 증진을 위한 중범위적 서비스는 지역사회 내의 관련기관들의 정신건강서비스 효과성을 향상하기 위한 조직적 활동을 의미한다. 이러한 조직적 활동은 기관 행정가들에게 정신건강서비스 전달을 강화하는 방법을 컨설턴트 하는 것, 관련기관에서 탈북난민의 정신건강 증진을 위한 중범위적 서비스는 지역사회 내의 관련기관들의 정신건강서비스 효과성을 향상하기 위한 조직적 활동을 의미한다. 이러한 조직적 활동은 기관 행정가들에게 정신건강서비스 전달을 강화하는 방법을 컨설턴트 하는 것, 관련기관에서 탈북난민민의 욕구를 인지하고 새롭고 향상된 서비스와 프로그램을 개발하는 것, 탈북난민의 욕구에 효과적으로 대처하도록 지속적으로 서비스 질을 향상할 수 있도록 기관을 원조하는 것 등이다.

탈북난민의 정신건강과 관련된 조직의 기능을 향상시킬 수 있는 방법은 다학제적 협력interdisciplinary collaboration과 조직 개발organizational development이라고 할 수 있다. 다학제적 협력은 의사, 사회복지사, 간호사, 심리사 및 다른 정신건강관련 전문가들이 탈북난민의 정신건강을 효과적으로 증진할 수 있도록 원조하는 것이다. 관련전문가들은 탈북난민의 탈출 과정, 이주 후 스트레스, 정신건강 신념, 문화적 가치 등의 문제를 공유할 수 있어야 한다. 또한 다른 전문직과의 사례협력, 컨설턴트, 교육 등을 통하여 탈북난민의 남한 주민과의 문화적 차이를 인정하고 세계관과 경험의 차이를 전문집단 간에 서로 확인해야 한다.

또한 전문직들 간에 탈북난민들의 사회문화적인 차이를 인지하고, 그들의 관점을 설명하고, 저항하고 방어하는 요인들을 감소시키고, 숨겨진 욕구를 이해할 수 있는 방안을 강구해야 한다. 또한 전문가들은 탈북난민들을 스트레오 타입으로 대하는 것을 방지하고 개별화의 중요성을 인지해야 한다. 탈북난민의 정신건강과 관련된 조직의 개발을 위해서 서비스의 지속적 향상, 프로그램 기획과 평가의 지속, 시스템 개선을 위한 리더십 향상, 접근성 부재의 장벽 해소, 조직의 모든 사람들의 관심을 향상시키는 혁신들이 필요할 것이다. 지역사회수준에서 탈북난민을 위한 서비스 내용은 〈표 6-2〉과 같이 살펴볼 수 있을 것이다.

표 6-2 _ 중범위적 실천전략

서비스	내용
서비스 아웃리치outreach	탈북난민들이 이용할 수 없는 서비스 확인하기, 기존의 서비스와 프로그램 옹호하기
고위험 서비스 아웃리치	탈북난민들의 위기상황을 발견하고, 이를 극복할 수 있는 서비스를 옹호하기
지역사회 및 기관 자문	탈북난민들을 위한 지역사회 중심 서비스를 개발하도록 자문하기, 관련기관에 서비스 전달을 강화하기 위한 자문하기
교육 및 프로그램개발	탈북난민들의 정신건강 증진을 위한 교육프로그램에 참여하고 구조화하기, 욕구에 맞는 프로그램 개발하기
정책과 프로그램 옹호	탈북난민들의 욕구에 잘 대처할 수 있는 정책과 프로그램 형성 및 수행을 지원하기, 관련기관의 유용한 프로그램 옹호하기
지역사회 및 기관 연계	탈북난민들, 그들의 가족들과 관련기관 및 지역사회가 접촉하고 관계하도록 하기

출처: 엄태완(2007a). pp.300-301.

4) 미시적(micro) 실천

일반적으로 난민들이 재정착국에서 경험하는 대표적인 심리정신적 문제는 문화적응 스트레스, 우울증과 불안, 외상후 스트레스, 물질남용 등이다. 문화적응 스트레스에 대한 개입은 예방모델에 강조를 두고 스트레스를 경감시켜서 우울증과 같은 정신건강의 문제를 유발하지 않도록 하는 것이다. 난민들의 문화적응 스트레스 및 정신건강증진을 위해서 중요한 4가지 개입은 사례관리case management, 위기개입crisis intervention, 지지적 상담supportive counseling, 정보제공 및 사회기술 훈련information and skills training 이라고 할 수 있다Potocky-Tripodi, 2002. 우선 난민들의 정신적 위기를 해결하거나 감소시키기 위한 미시적 접근방법을 살펴보고 탈북난민들에게 적용하기로 한다.

(1) 사례관리

사례관리는 난민과 이주민들의 재정착 초기 단계에서 생존 욕구 충족을 위해서 필수적인 사항이다. 사례관리의 내용에는 주택, 교육, 언어 교육, 직업 훈련, 고용, 건강케어 및 다른 필요한 자원들이 포함되어야 한다. 난민들과 이주민들의 사례관리에 포함된 내용들이 충족되지 않았을 경우에 스트레스는 경감되지 않을 것이다.

① 특성

사례관리에 대한 개념은 매우 다양하게 인식되며, 최근에는 보호관리care management, 보호조정care coordination 그리고 서비스 조정service coordination과 같은 용어들도 등장하고 있다이종복 외, 2007. 사례관리의 정의를 '복합적인 니드를 가진 사람들의 기능화와 복지를 위해 공식적, 비공식적 지원과 활동의 네트워크를 조직·조정·유지하는 것'으로Moxley, 1997 본다면 난민의 정신보건서비스를 전달하는 적절한 방법이라고 할 수 있다.

또한 양옥경2006은 사례관리가 정신보건을 실천하는 데 있어 가장 핵심적이고 중추적인 역할을 담당 하며, 사회기능상 복합적인 욕구를 가진 사람들의 기능향상과 복지를 위해 일련의 다양한 서비스를 문제의 심각성 정도 및 해결과정의 수준에 따라 단계별로 그러나 각 단계간의 지속적 연관성이 있도록 총체적이고 통합적으로 제공하는 문제해결과정이라고 하였다. 이것은 난민들과 같이 복합적인 욕구를 가진 사람들에게 개별화된 서비스를 제공할 수 있는 방법이다. 난민들은 사회적, 문화적 상황에 익숙하지 않기 때문에 적절한 서비스 네트워크 내에서 서비스들이 조정되고 통합되어야 하는데 사례관리가 가장 적절한 접근 방법이다.

따라서 사례관리는 난민들의 정신건강과 같은 장기적인 보호의 연속성이 필요하고, 다양하고 복합적인 욕구를 가진 사람들에게 포괄적인 접근을 통하여 효과적으로 서비스를 제공할 수 있다. 이와 같은 사례관리의 특성을 정리하면 다음과 같다이근홍, 1999.

- 다양하고 복합적인 욕구를 가진 개인을 대상으로 한다.
- 욕구를 가진 개인의 사회적 기능과 독립을 극대화하기 위해 보호의 연속성과 책임성을 보장한다.
- 문제해결과 치료보다는 욕구충족과 보호에 더 중점을 둔다.
- 서비스의 효과성과 효율성을 높이기 위해 포괄적인 서비스를 제공하고 서비스의 조정과 점검을 실시한다.
- 사회환경과의 상호작용에 관심을 집중시키며 다양한 지원체계의 광범위한 서비스를 활용한다.
- 출장원조, 안내와 의뢰 등과 같은 적극성을 가지는 개입을 한다.
- 욕구를 개별화하고 개입과정의 참여와 자기결정을 중요하게 생각한다.
- 개별적인 개입과 지역사회 실천기술을 통합한 형태이다.

이와 같은 주요 특성을 갖고 있는 사례관리는 난민들의 정신보건을 위해서 다양한 자원체계를 확보하는 것이 중요하다. 따라서 사례관리자는 난민들의 정신보건 욕구를 충족시키기 위해서 지역사회의 자원체계를 조정하고 통합하기 위해서 미시적 수준부터 거시적 수준까지의 자원체계를 이해하는 것이 필요하다. 또한 이러한 과정에서 난민들의 욕구에 따른 조정에 그들이 직접 참여할 수 있는 방법을 고안해야 한다.

② 원칙과 영역

사례관리자는 개인, 가족, 기관 및 지역사회에 개입해야 할 지식과 기술을 필요로 하는데Hull and Kirst-Ashman, 2004, 이는 난민의 경우에도 마찬가지이다. 사례관리를 미시적, 중간적, 거시적 영역에서 직접 및 간접개입의 영역으로 구분한다면 보다 명확해 질 것이다표 참고. 사례관리는 난민들의 재정착 초기 단계에서 생존 욕구 충족을 위해서 필수적인 사항이다. 사례관리의 내용에는 주택, 교육, 언어 교육, 직업 훈련, 고용, 건강케어 및 다른 필요한 자원들이 포함되어야 한다. 난민들의 사례관리에 포함된 내용들이 충족되지 않았을 경우에 스트레스는 경감되지 않을 것이다.

표 6-3 _ 사례관리 실천 개입의 초점과 영역

분류	미시적 영역 (개인, 가족)	중간적 영역 (가족, 기관, 조직)	거시적 영역 (지역사회, 정책, 국가)
직접개입: 난민과 함께with	위기개입 서비스 제공	지역사회 지지집단을 구성하여 난민 원조	권익을 위해서 난민을 조직화
간접개입: 난민을 대신하여on behalf of	치료 기관으로 난민을 의뢰	난민을 의뢰하기 위해 서비스 기관들과 네트워크 결성	관련법과 제도 개정을 위한 로비활동

출처: 황성동(2007)에서 재구성.

표 6-4 _ 사례관리에 대한 두 가지 차원의 시각

구분	클라이언트 차원의 사례관리 (client 중심 서비스 제공)	시스템 차원의 사례관리 (기관의 서비스 조정 및 관리)
차원	사례관리 실천의 개념 (서비스의 제공 및 조정)	사례관리 시스템의 개념 (행정 · 프로그램지원, 시스템조정, 동원)
	과정적 미시적 차원	거시적, 시스템적 차원
	임상적 모델(과정 강조)	서비스 시스템 중심(서비스 조정, 전달체계의 갭 해결)
	클라이언트 중심 모델	서비스 시스템 중심 모델
사례 관리자	임상실천가	서비스 관리자 및 행정가
역할	문제해결자, 상담자, 프로그램 개발자,기록유지자, 평가자	계획자, 지역사회조직자, 서비스 조정 및 중개가
필요 기술	임상적 지식 및 기술	프로그램 및 정책개발, 조정 및 관리기술
공통 지식	클라이언트와 의사소통능력, 지역사회 내의 자원 시스템에 대한 지식	

출처: 황성동(2007). p.213.

③ 시각과 모델

일반적으로 서비스 제공체계로서 사례관리에 대한 시각은 아래 〈표 6-4〉와 같이 정리될 수 있다. 클라이언트 중심 사례관리는 난민의 정신건강증진을 위해서 직접적으로 개입하는 차원을 말한다. 여기에는 임상 또는 전문가 모델에 의해서 상담 관련 기술들을 적용하는 것이 될 것이다. 시스템 차원에서는 정신보건 관련 기관들의 서비스들을 확인하여 난민들의 정신건강증진을 위하여 서비스를 조정하고 연계하는 것이 핵심역할이 될 것이다. 그러나 난민의 사례관리에서는 클라이언트 중심과 시스템 차원의 사례관리를 동시에 보는 관점을 가져야 할 것이다.

표 6-5 _ 정신보건영역의 모델 비교

분류	제너럴리스트 모델	임상모델	자원봉사자 모델
기능	사정, 계획, 연결 및 조정, 옹호, 지지적 상담, 모니터링, 평가	제너럴리스트generalist의 기능 외 상담 및 치료 추가	의료검진, 지역자원 파악 등에 난민과 동행
초점	서비스의 조정, 연계	상담 및 치료	일상생활 지원활동정신장애인 개입과 다름
적용	정신보건센터	상담기관 등	보건소, 정신보건센터

출처: 황성동(2007)에서 재구성.

사례관리 모델에 관한 분류 중 가장 보편적이라고 할 수 있는 일반제너럴리스트모델과 임상모델을 비교해보면 아래 〈표 6-5〉과 같다. 일반모델의 사례관리자는 교육적 배경이나 훈련 배경과 상관없이 모든 전문가와 비공식적 자원을 조정하는 과업을 담당하며, 광범위한 과업을 수행할 수 있는 다양한 능력을 소유하고 있어야 한다. 임상모델에서는 사례관리자가 정신보건영역에서 다양한 이론과 경험을 가지고 상담 또는 개인치료를 실시할 수 있어야 한다.

④ 기능 및 실천과정

사례관리 개념의 정의에 대해서는 다양한 견해가 있지만 사례관리자나 사례관리팀의 역할과 기능에 대해서는 대체로 의견의 일치를 보고 있다 Rose, 1992. 사례관리자들이 수행하는 핵심적 기능은 사례관리기법의 역할에 있어서 워커가 실제 행하는 활동인 것이다. 이러한 기능은 사례관리기법의 모델이 서비스 중개자 모델이냐 아니면 임상모델이냐에 따라 다소 그 내용이 다를 수 있다. 그러나 일반적인 사례관리기법의 기능으로는 클라이언트의 발견, 사정, 계획, 연결 및 조정, 모니터링 및 권익옹호가 있다. 한편 사례관리자는 직접적 개입으로 위기개입, 교육 및 단기치료개입을 할 수 있고, 간접적 개입으로 중개 및 촉매 역할, 자원개발자 그리고 클라이언트의 옹호자 및 서비스 조정자의 역할을 한다최송식, 2008; 황성동, 2007. 탈북난민을 위한 사례관리도 클라이언트 발견부터 사후관리의 단계로 실시 할 수 있을 것이다.

⑤ 난민 사례관리의 실제

사례관리는 자원에 대한 접근성과 기술이 부족하여 필요한 서비스를 제대로 받을 수 없는 난민들에게 중요하다. 효과적인 사례관리를 위해서는 지역사회 서비스와 프로그램에 관한 지식을 알고 의뢰기관의 전문가와 좋은 관계를 유지하여 의뢰를 원활히 수행할 수 있어야 한다. 사례관리자는 난민의 욕구를 충족할 수 있도록 조정하는 타협과 갈등해결 기술이 있어야 한다. 또한 사례관리자는 이주난민의 위기상황을 다룰 수 있는 능력과 필요한 서비스를 즉시 제공할 수 있는 대처기술이 필요하다. 난민을 위한 사례관리도 일반적인 방법과 큰 차이가 없으나 의뢰, 연계 및 중개하는 기능이 필수적으로 수반된다. 난민의 경우에는 문화적으로 역량 있는 사례관리가 중요하며, 필요하다면 통역가를 동반하는 사례관리를 실시해야 한다.

표 6-6 _ 사례관리의 실천과정

과정	내용	탈북난민에 적용
클라이언트의 발견	사례관리 대상이 되는 지를 사정하는 것이다. 여기에는 초기접수intake, 의뢰referral, 그리고 선별과정screening이 포함된다.	탈북난민의 발견 및 발굴
사정	임상면접 기술을 이용해 현재 클라이언트의 심리적, 사회적 기능의 수준을 결정하는 것을 말한다. 이 사정은 보통 진단의 과정을 포함하지만 그 초점의 정도는 모델의 형태에 따라 달라질 수도 있다표 8, 정신상태 점검표 참고.	탈북난민 상담 및 조사, 생리심리사회적 사정, 강점관점의 사정 실시
서비스 계획	사정단계에서 얻어진 정보를 기초로 해서 종합적인 서비스 계획을 수립하는 과정이다.	우선순위, 장단기 목표 설정, 자원파악
서비스 이행: 상담, 치료, 연결 및 조정	서비스 계획에 따라서 이루어진 업무를 수행하는 것이다. 사례관리자는 클라이언트에게 필요한 서비스의 정도를 결정해야 한다. 그리고 계속적으로 그 서비스를 이용할 수 있도록 하는데 필요한 모든 노력을 다하는 것이 연결 및 조정이다.	탈북난민과 정신보건센터 및 정신보건관련 기관 연결, 심각한 경우 입원서비스
모니터링	이는 서비스 전달을 감시 또는 감독하는 것을 말한다. 사례관리자는 서비스 전달체계를 통해서 클라이언트의 변화나 진척 상황을 추적한다.	정신보건센터 및 관련 기관의 서비스 점검, 입원상태의 평가
재사정	일반적으로 초기 사정 후에 프로그램의 구조에 따라 다르지만 6개월에서 1년간의 정규적으로 계획된 간격으로 행하는 공식적 검토 작업이다.	탈북난민의 정신건강 상태에 대해서 재사정 함.
사례종결	사례관리에서 종결은 상당히 어려운 부분 중의 하나이다. 종결은 클라이언트와 원조망이 사례관리자에게 의존하지 않고 충분히 능력을 갖추었을 때 이루어진다.	탈북난민의 능력, 독립성, 욕구의 최종 평가를 통해서 함.
사후관리	사례서비스가 종결된 후 클라이언트에 대한 재사정reassessment, 모니터링 등을 통해 필요한 후속조치를 취하여 사후관리를 한다.	문제 재발생 사전 방지를 위해 탈북난민에 대한 지속적 관리
권익옹호 전체과정을 통하여	이는 사례관리 전반적 과정에서 행해져야 한다. 사례관리에 있어 권익옹호는 두 가지 차원 즉, 클라이언트 차원개인의 욕구와 최선의 이익 고려과 서비스시스템 차원시스템 즉 서비스기관 간의 긴장 및 갈등방지에서 행해진다.	탈북난민의 문제에 대한 홍보, 예방 교육, 관련단체들과 정책 결정 과정에 참여

출처: 황성동(2007)에서 재구성.

표 6-7 _ 정신상태 점검표 Mental Health Checklist

Ⅰ. 외모와 태도
_____ 적절한 옷차림
_____ 단정함
_____ 위생상태가 좋지 못함
_____ 시선접촉 회피
_____ 협조적
_____ 조심스러워함

Ⅱ. 행동과 운동성
_____ 지연된 운동성
_____ 긴장된 운동성
_____ 떨림
_____ 틱장애
_____ 상동증적 움직임

Ⅲ. 언어
_____ 정상적 말하기
_____ 사고의 비약
_____ 말이 느림
_____ 말하지 않음
_____ 사고 차단
_____ 우원증
_____ 사고의 지연
_____ 사고 이탈
_____ 보속증
_____ 부적절하게 말함
_____ 지리멸렬
_____ 시끄러움

Ⅳ. 지남력
_____ 시간
_____ 장소
_____ 사람
_____ 여기 온 이유

Ⅴ. 정동
_____ 적절함
_____ 부적절함
_____ 단조로움
_____ 둔감함

Ⅵ. 기분/감정
_____ 정상
_____ 우울
_____ 고양됨
_____ 화남
_____ 두려워함
_____ 비관적임

Ⅶ. 사고내용
_____ 망상
_____ 편집증적
_____ 과대적
_____ 신체화
_____ 관계 사고
_____ 영향(감응) 사고
_____ 강박적/공포

Ⅷ. 인지
기억력
_____ 장기 기억 곤란
_____ 일시적 기억 곤란
_____ 단기 기억 곤란
주의력과 집중력
_____ 자극될 수 없는 주의력
_____ 유지될 수 없는 주의력
축적/지능
_____ 평균
_____ 정상 이하

Ⅸ. 지각
_____ 환각
_____ 환청
_____ 환시
_____ 기타
_____ 착각

Ⅹ. 통찰과 판단
_____ 자살가능성
_____ 살인가능성
_____ 판단부족
_____ 정신건강문제 부정

출처: Sands(2001). p.88.

표 6-8 _ 문화적으로 역량 있는 사례관리

- 난민들이 실제적인 문제로 보는 것에 집중해야 한다.
- 복잡한 현 상황재정, 사회적 욕구 등을 분석해야 한다.
- 서비스를 이용할 수 있게 정보와 기술이중언어 자료 등을 제공해야 한다.
- 정확한 이름을 사용해야 하고 그들의 문화에서 기대되는 의례를 갖추어서 접근해야 한다.
- 사례관리자인 자신을 노출해야가족, 생각 등 난민들과 믿는 관계를 형성할 수 있다.
- 난민의 가족을 포함시켜야 한다.
- 전통적인 치료 또는 개입을 원하는지를 파악하고 지지해야 한다.
- 세대 간 갈등에 대하여 확인해야 한다.
- 일어난 문제의 간접적인 영향도 확인해야 한다.
- 서비스들을 조정할 수 있어야 한다.
- 대중교통을 활용하는 방법을 숙지시켜야 한다.
- 단기지원이나 교통수단을 제공할 자원들을 확보해야 한다.
- 사례관리를 수행하는 직원들이 난민들의 지역 활동축제, 기타 집단만남 등에 업무시간이외에도 참석할 수 있게 격려해야 한다.
- 지역사회에서 가장 신뢰할 수 있는 원조자들과 좋은 관계를 형성해야 한다.
- 난민의 문화적인 일을 수행하는 사람들과 좋은 관계를 유지해야 한다.
- 자기옹호를 지지하고 지원해야 한다.
- 지역사회의 서비스 기관과 자원봉사 단체를 연결해야 한다.
- 인내하는 것이 중요하다.

출처: Raiff and Shore(1993). Potocky-Tripodi(2002). p.243에서 재정리.

표 6-9 _ 통역가를 동반한 사례관리

과정	내용
사전 전화통화	통역가의 스케줄을 확인하여 참여가능 여부를 확인하고, 사례관리자가 성취되기를 원하는 것을 설명한다. 그리고 난민과 통역가의 배경을 탐색해서 관계를 형성하기 좋은 매칭인지성별, 나이, 기타 경험 등를 확인하고 이주난민 접촉 전에 통역가와 사전 토의 일정을 정한다.
사전 토의	난민과 사례관리 과정의 비밀보장을 숙지시키고, 사전 미팅의 목적을 설명하면서 통역가와 라포를 형성한다. 사례관리자는 난민의 이름을 어떻게 불러야 할지를 통역가에게 배우고 문화적으로 민감한 부분을 설명해야 한다. 또한 통역의 타이밍을 정하고, 접촉에서 자주 사용되는 단어들을 정리해야 한다. 난민에게 소개할 방법과 통역가의 피드백을 위한 근거 규칙을 만들어야 한다세션 중에 제공할지 아니면 세션 이후에 제공할지, 비언어적인 부분과 언어 패턴 등을 포함할지에 관해서.
접촉	모든 사람에게 시작초기에 통역가를 소개하고, 의사소통을 위한 근거 규칙에 대해서 난민의 동의를 얻어야 한다. 이주난민이 한국어에 대한 이해가 어느 정도인지를 확인하고 진행해야 하며, 쉬운 한국어로 진행해야 한다. 또한 난민이 통역가와 사례관리자의 관계를 중단하려고 할 때는 민감하게 대처해야 한다. 난민의 비언어적 표현을 중요하게 생각하고 통역가와 이주난민의 대화 동안의 역동을 잘 살펴야 한다.
사후 토의	세션 중에 적절하게 토의되지 않았던 부분을 확인하고 문제점과 오해들을 토의해야 한다. 필요하다면 사후관리 스케줄을 서로 확인해야 한다.

출처: Raiff and Shore(1993). Potocky-Tripodi(2002). pp.244-245에서 재정리.

(2) 위기개입

위기개입은 난민들이 정착과정에서 적절한 서비스를 받지 못하는 상황에 유용하다. 위기는 이전에 배운 대처기제로 문제를 해결할 수 없을 때 발생하게 된다. 위기 상황이 되면 긴장감과 불안이 증가하게 되고, 위기해결에 지속적으로 실패하면 성격적·정서적 문제를 드러내게 된다. 난민들은 이전의 대처전략이 새로운 상황에서는 효과적이지 못할 뿐만 아니라 사회적 지지체계도 부재하기 때문에 위기에 취약할 가능성이 높다Egli et al. 1991. 위기개입은 스트레스를 줄이고 증상을 경감하며, 자아존중감을 회복하여 문제를 억제하고 부적응을 예방하는 것이다.

위기개입은 시간제한적인 단기개입으로 다음과 같은 특징을 갖는다. 위기개입은 제한된 목표, 작업 동맹의 강화, 초점 유지, 치료자의 적극적 개입, 신속한 초기 사정, 치료적 유연성, 개입의 강화, 감정정화의 격려 등을 특징으로 한다Egli et al. 1991. 위기개입의 단계는 위기 사정, 우선순위 설정, 감정정화 원조, 문제를 해결할 수 있도록 성격적, 사회적 대처 자원을 배열하도록 원조, 미래의 유사 문제 대처방안 마련으로 진행된다. 또한 위기개입은 지지적 상담의 많은 방법들이 활용된다. 위기개입에서는 사례관리의 방법도 활용되는데, 이는 많은 위기가 필요한 자원들을 획득함으로써 해결되기 때문이다.

난민들의 외상 경험에 대한 위기개입도 중요하다. 외상으로 인해 발생하는 외상후 스트레스 장애는 불안장애의 한 형태이다. 불안장애에 대한 개입과 마찬가지로 불안유발상황을 노출하는 것이다. 또한 외상과 관련된 기억과 감정에 초점을 맞추고, 낙인과 비난을 피하게 하고, 외상 반응에 관한 정보를 제공하고, 불안을 관리하는 것과 같은 개인 내부적 자원들과 직업, 가족, 사회적 지지와 같은 외부 자원을 강화하고, 개선할 수 있다는 희망을 유지하는 것 등이다Vonk and Yegidis, 1998. 외상후 스트레스 장애 치료의 기본적인 목표는 증상을 경감하고, 더욱 만족스러운 생활을 가능케 하며, 클라이언트가 그들의 상황을 더 잘 이해할 수 있게 돕고, 더 폭넓은 사회적 지지체계를 구축하게 하는 것이다.

난민들의 외상 경험이후에 신속한 위기개입은 만성적인 외상후 스트레스 장애를 예방할 수 있다. 따라서 이주 직전에 예방개입의 프로그램이 중요하며, 사회적 지지의 확대, 외상 디브리핑debriefing, 스트레스 감소훈련 등을 대상자들에게 신속하게 실시해야 한다Keane, et al., 1992. 난민들의 외상후 스트레스 장애에 개입하는 치료자는 그들이 이야기 하는 공포스럽고 비인간적인 문제에 대한 역전이countertransference에도 유의해야 한다. 이주난민들의 이야기에 지나치게 압도되어 그들을 영웅시 하거나, 지나친 집중으로 인하여 치료자가 외상후 스트레스 증상을 경험할 수도 있다. 따라서 치료자들이 적절히 대처할 수 있는 방법을 인식하고 강구해야만 한다.

(3) 지지적 상담

지지적 상담은 공감적 이해를 하며, 충고와 제안 및 격려를 통하여 문제를 해결하고, 난민, 그들의 가족, 지역사회 및 재정착국에서의 사회적 관계를 증진하는 것이 포함된다Egli et al., 1991. 또한 지지적 상담은 부적응적 사고를 변화시키는 것을 목적으로 하는 인지 재구축의 기술도 포함된다.

(4) 정보제공 및 사회기술 훈련

정보제공 및 사회기술 훈련은 난민들이 새로운 문화에서의 일상생활과 관습을 배우고, 이러한 관습과 일상생활을 효과적으로 대처하는 기술을 습득하는 과정이다. 이러한 개입은 주로 집단적으로 이루어지며, 난민들이 자연스럽게 모이는 언어교육장, 직업훈련센터, 종교기관에서 행하여진다. 개입은 전문가 또는 난민 중의 준전문가에 의해서 행해지고 있다Gonsalves, 1992. 집단세션은 교육적이고 구조적이며, 횟수는 한 번부터 몇 주간 지속적으로 이루어지기도 한다.

(5) 인지행동 개입

난민들의 우울과 불안에 가장 효과적인 개입방법은 일반인에게 효과가 입증된 인지행동 개입이다. 부가적으로 우울에는 대인관계 개입이 효과적으로 알려져 있다. 인지행동 개입과 대인관계 개입은 개인과 집단 모두 가능하다Dulmus and Wodarski, 1998. 난민들의 우울과 불안은 이주 스트레스를 개인적 탄력성resiliency과 일차적 예방노력이 효과적으로 대처하지 못할 때 발생한다. 이러한 우울증과 불안은 일반적으로 신체화 경향을 보이는 경우가 많다.

인지행동 개입이 효과적이기 위해서는 문화적, 언어적 문제가 해결되어야 가능하다. 난민의 우울과 불안에 대한 인지행동개입은 표적 증상의 설정, 적극적・지시적, 구체화, 정신신체적인 전체주의 관점, 문화적인 중립, 개인적 욕구에 대처, 통찰중심 개입보다 언어적 어려움이 적다는 등의 유용성이 있다. 또한 인지행동개입은 불교나 힌두교의 종교적 믿음체계와 히스패닉계의 건강신념체계와 조화될 수 있는 방법이다.

대인관계에 문제를 가지는 단계는 ①슬픔, ②가족, 친구 또는 동료들과의 대인관계 갈등, ③역할 변화, ④외로움, 사회적 고립과 같은 대인관계 결함의 과정을 거친다Egli et al. 1991. 난민들에 관한 대인관계 개입을 활용한 연구결과는 거의 없지만 위에서 열거한 네 가지 범위의 과정을 잘 이해하고 활용할 때는 유용한 개입방법이라고 할 수 있다.

(6) 물질중독 치료

난민들의 물질남용 문제도 심각한 정신건강 문제이다. 모든 치료에서와 마찬가지로 사정assesment이 중요한데, 난민들의 경우에는 그 문화권에서 허용되는 알코올과 다른 약물의 규범을 인지하는 것이 필요하다. 난민들의 불안, 우울, 외상후 스트레스 장애 등의 정신건강 문제가 물질남용과 연관되어 있을 가능성도 크다. 이 부분에 대한 정확한 사정이 필요하며, 일단 물질남용의 문제가 정확하다면 일반적인 중독개입 프로그램으로 개입하여야 할 것이다. 난민들의 물질남용의 개입에서는 특히 가족의 역할이 중요하다. 또한 물질남용의 대상이 청소년, 여성, 노인 등에 따라 차이나는 개입이 이루어져야 한다.

(7) 탈북난민에 적용

탈북난민들과 유사한 경험을 하는 난민들의 정신건강 증진을 위한 중요한 개입은 사례관리, 위기개입, 지지적 상담, 정보제공 및 사회기술 훈련임을 알 수 있었다. 이를 바탕으로 탈북난민의 정신건강 증진을 위한 미시적 차원의 개입방법을 살펴보도록 하자.

사례관리는 탈북난민들의 재정착 초기 단계에서 생존 욕구 충족을 위해서 필수적인 사항이다. 사례관리의 내용에는 주택, 교육, 언어 교육, 직업훈련, 고용, 건강 케어 및 다른 필요한 자원들이 포함되어야 한다. 탈북난민들의 사례관리에 포함된 내용들이 충족되지 않았을 경우에 스트레스는 경감되지 않을 것이다.

위기개입은 탈북난민들이 정착과정에서 적절한 서비스를 받지 못하는 상황에 유용하다. Egli 등1991에 의하면 이주난민들은 이전의 대처전략이 새로운 상황에서는 효과적이지 못할 뿐만 아니라 사회적 지지체계도 부재하기 때문에 위기에 취약할 가능성이 높다고 하였다. 탈북난민들도 유사한 상황을 경험하고 있다정병호 외, 2006. 탈북난민을 위한 위기개입의 목적은 스트레스를 줄이고 증상을 경감하며, 자아존중감을 회복하여 문제를 억제하고 지역사회 부적응을 예방하는 것이다. 일반적인 위기개입의 방법이 탈북난민의 문화와 상황에 맞게 적용되어야 할 것이다.

지지적 상담은 일상생활의 기능을 더욱 향상하고 스트레스로 인한 증상을 경감하는 것이 목적이다. 탈북난민을 위한 지지적 상담은 공감적 이해를 하며, 충고와 제안 및 격려를 통하여 문제를 해결하고, 남한 및 지역사회에서의 사회적 관계를 증진하는 것이 포함되어야 한다. 탈북난민을 위한 지지적 상담은 부적응적 사고를 변화시키는 것을 목적으로 하는 인지 재구축의 기술도 필요하다.

정보제공 및 사회기술 훈련은 탈북난민들이 새로운 문화에서의 일상생활과 관습을 배우고, 이러한 관습과 일상생활을 효과적으로 대처하는 기술을 습득하는 과정이다. 이러한 개입은 주로 집단적으로 이루어지며, 탈북난민들이 자연스럽게 모이는 언어교육장, 직업훈련센터, 종교기관에서 할 수 있다. 개입은 전문가 또는 탈북난민 중의 준전문가에 의해서 이루어질 수 있다. 집단세션은 교육적이고 구조적이며, 횟수는 한 번부터 몇 주간 지속적으로 이루어질 수 있다.

표 6-10 _ 미시적 실천 내용

서비스	내용
사례발견 및 아웃리치	서비스가 필요한 탈북난민들을 원조하고 확인하기
사전준비	원조가 필요한 탈북난민들에 대한 서비스를 계획하고 접근성을 확보하기
사정	탈북난민들의 서비스 욕구를 확인하고 정신건강 문제에 관한 이슈들을 선별하기
서비스를 구체화하기	탈북난민들의 현재 및 사후 서비스 욕구를 구체화하기
심리사회적 평가	탈북난민들의 공식적인 심리사회적 사정 계획을 위하여 생물심리사회적, 문화적, 재정적 및 상황적 요인들에 관한 정보 수집
목표 설정하기	탈북난민들이 호소하는 문제에 관한 문제를 서로 협상하여 설정하기
직접적 임상 상담하기	정신건강 문제 및 상황과 관련된 상담하기
장단기 계획 세우기	탈북난민들의 이해와 참여 및 욕구를 바탕으로 현재와 미래의 서비스 계획하기
서비스 접근성 강화	탈북난민들의 서비스 접근성의 장벽을 경감시키기
정보 및 교육실시	탈북난민들의 심리사회적 위기극복을 위한 정보와 교육제공
심리적 지지 강화	전체주의적 예방모델에 의하여 심리사회적 안정을 강화하기
의뢰	이용가능한 서비스에 관한 정보제공 및 직접 의뢰하기
계속성 유지	서비스가 지속될 수 있도록 관련기관 및 전문가에게 연계하기
옹호	탈북난민들의 욕구를 충족시킬 수 있는 직간접의 정책이나 서비스에 대하여 옹호하기

출처: 엄태완(2007a). p.304.

또한 탈북난민들의 정신건강의 문제에서 중요한 관심은 우울과 불안이다. Dulmus와 Wodarski1998에 의하면 난민의 우울증에 대한 가장 효과적인 개입방법은 일반인에게 효과가 입증된 인지행동 개입이라고 보고하고 있다. 탈북난민들에게도 적용 가능성이 높은 개입이라고 할 수 있다. 탈북난민의 우울과 불안에 대한 인지행동개입은 표적 증상의 설정, 적극적 · 지시적, 구체화, 정신신체적인 전체주의 관점, 문화적인 중립, 개인적 욕구에 대처하는 방법으로 이루어질 수 있다.

탈북난민들의 외상후 스트레스 장애에 대한 개입도 중요하다. 일반적으로 외상후 스트레스 장애에 대한 개입 방법들이 대상자들을 중심으로 신속하게 이루어져야 한다. 탈북난민들의 물질남용의 문제에도 관심을 가져야 할 정신건강의 영역이다. 물질남용의 문제는 탈북난민들의 불안, 우울, 외상후 스트레스 장애 등과 관련되어 있을 가능성도 크다. 주로 탈북난민의 물질남용의 문제는 알코올에 집중되고 있다. 〈표 6-10〉은 탈북난민들을 위한 미시적 차원의 정신건강 증진을 위한 개입 내용을 설명하고 있다.

3. 정신보건서비스 전달체계

한국의 정신보건 정책은 지역사회중심의 정신보건개념을 바탕으로[1] 서비스전달체계를 구축하고 있다. 그러나 정신보건서비스 전달체계가 미흡하여 일반주민 뿐만 아니라 가장 일차적인 대상자인 정신장애인에 대해서

---

1. 정신질환의 특성상 입원중심 치료의 한계성을 극복하기 위해 지역사회중심의 패러다임으로 전환되는 과정에서 정신보건센터, 사회복귀시설, 알코올상담센터 등의 기관이 신설되고 지역보건소의 업무범위가 확대되고 있다. 신설·확대된 관련기관들은 지역사회 탈북난민의 정신적 위기에 관여할 수 있는 공식적 자원들이 될 수 있을 것이다.

도 불충분한 체계구축을 하고 있다. 이러한 상황에서 탈북난민들은 공식적인 정신보건 전달체계에서 소외될 가능성이 높다. 탈북난민들의 정신보건이 재적응에 중요한 역할을 한다는 사실이 확인된다면 서비스 전달체계를 새롭게 구축하여야 할 것이다. 현실적으로는 탈북난민들을 위한 정신보건 서비스 전달체계를 확립한다는 것은 인적, 재정적 차원에서 한계가 있다. 그러나 탈북난민들이 일반주민과 함께 지역사회공동체를 만들며 살아가는데 중요한 정신건강 문제를 체계적으로 지원해야 한다는 당위성은 인식해야 한다.

1) 전달체계의 유형

(1) 기존 체계 유지형

이는 탈북난민들의 정신건강 지원을 위하여 새로운 전달체계를 확립하는 것이 아니라 기존의 서비스 전달체계를 그대로 활용하는 것이다. 이를 위하여 기존의 공공서비스 전달체계 내의 자원들을 활용하는 방안을 수립하는 것이다. 이러한 전략 중에는 서비스연계 모델을 활용할 수 있는데, 다음과 같다전우택, 2000.

첫 번째 단계에서는 탈북난민들의 정신보건 서비스를 총괄적으로 연계하는 중앙연계기구를 설립한다. 두 번째 단계에서는 이 연계망에 포함될 모든 기관들을 선정한다예를 들어 국공립은 의무적으로, 사립기관은 신청기관에 한정하여. 세 번째 단계에서는 선정된 기관에 탈북난민 담당자를 지명하여 연계망을 구축한다. 네 번째 단계에서는 원조가 필요한 탈북난민들이 발생하면 공무원, 보호자, 관련 담당자 및 이주난민 자신이 중앙연계기구로 서비스를 신청한다. 다섯 번째 단계에서는 중앙연계기구가 그 탈북난민의 상황과 지리적 위치를 고려하여 가장 적절한 기관을 선택하여 탈북난민에게 알려주거나 의뢰한다. 여섯 번째 단계에서는 탈북난민들이 직접 그 기관에 찾아가서 자발적 서비스를 받거나, 비자발적 서비스가 필요하다면 그 기관은 적극적인 개입을 실시한다.

이 체계의 장점은 비용이 새로운 전달체계를 확립할 때보다 저렴하기 때문에 현실적으로 적용가능성이 높다. 전국에 있는 모든 정신보건서비스 기관들을 망라할 수 있기 때문에 탈북난민들의 접근성을 높일 수 있다. 또한 대규모로 정신보건기관들을 동원할 수 있기 때문에 대량 탈북난민 사태가 발생하였을 때 효율적으로 활용가능하다.

그러나 단점은 탈북난민의 특수한 상황과 문화를 고려하는 차원에서 전문성이 떨어질 수 있다. 전달체계 내에서 탈북난민을 담당하는 전문가가 수시로 바뀔 수 있기 때문에 일관성이 부족하고 개입역량의 축적이 제한적일 수 있다. 탈북난민을 위한 독립적 전달체계보다는 책임성이 부족하여 서비스 질이 떨어질 수 있다. 또한 연계망에 속한 기관들과의 협조체제가 이루어지지 않거나 불필요한 경쟁상황이 발생할 수도 있다. 이러한 문제를 조정할 수 있는 법률적, 제도적인 장치를 마련하지 않으면 문서상의 서비스에 그칠 가능성이 높다

(2) 독립 체계 구축형

이 체계는 탈북난민의 정신보건을 위한 독립적 전달체계를 확립하여 전문성을 가진 기관과 서비스를 제공하는 것이다. 독립체계의 가장 큰 장점은 탈북난민들의 정신건강 문제를 전문적으로 개입할 수 있다는 사실이다. 즉 탈북난민들의 상황과 문화적 특수성을 충분히 인식하여 세심하고 배려있는 실질적 개입이 가능하다. 독립 체계는 탈북난민 정신건강 프로그램의 영속성을 확보할 수 있기 때문에 인적 교체가 직접 서비스 질로 연결되지는 않는다. 탈북난민을 위한 공적 전달체계가 확립되면 관련 기관의 협조

를 유기적으로 확보할 수 있다. 또한 탈북난민의 정신보건욕구는 시간에 따라서 다양하게 나타난다. 이러한 욕구에 따른 대응이 독립 전달체계에서는 신속하게 이루어질 수 있다.

그러나 독립 전달체계의 가장 큰 단점은 시설과 전문가 확보에 따른 재정을 확보하는 것이 어렵다는 사실이다. 또한 탈북난민의 급작스런 증가에 따른 대처는 기존 체계보다는 탄력적으로 대응하기가 어렵다. 예를 들면, 수천 명 이상의 탈북난민들이 한국에 일시적으로 입국하는 경우에는 체계적으로 접근하기가 어려울 것이다. 물론 기존 서비스 전달체계를 활용하는 모델에서도 쉬운 문제는 아닐 것이다. 탈북난민을 위한 정신보건 기관이 대도시 중심으로 설립된다면 접근성의 어려움을 가지는 사람들이 발생할 수 있다. 탈북난민을 위한 독립 전달체계를 확립한다고 할지라도 인적, 물적 자원들을 전국에 골고루 배치하는 것은 한계를 가지게 된다. 또한 독립 전달체계에서는 전문 인력을 확보해야만 그 기능을 발휘할 수 있다. 탈북난민의 정신건강을 증진할 수 있는 전문 인력은 단기간에 양성될 수 없다. 전문적이지 않은 개입은 지속될 수 없으며 효과적이지도 않아서 탈북난민들의 적응에 어떠한 도움도 줄 수가 없다. 마지막으로 탈북난민을 위한 정신보건 전달체계는 남한주민으로부터 소외를 강화하고 새로운 낙인을 찍을 수 있다. 원래 정신보건 영역의 서비스에 대한 편견을 일반주민들이 가지고 있으므로 이중적 낙인으로 어려움을 겪을 수 있다.

2) 이론적 전달체계

탈북난민의 정신보건서비스 전달체계의 모형을 실제적으로 이해하기 위한 사례를 파악하는 것이 필요하다. 윤여상과 김성회2006는 탈북난민의 정신건강 향상을 위한 이론적 모델을 제시하고 있다. 이 자료는 해외에서

부터 국내 거주 지역 단위까지 이들의 입국과 정착과정의 동선을 고려하여 연속적이고 유기적인 정신건강 통합지원 시스템을 설계하였다. 이 모델은 해외체류부터 한국사회 정착 탈북난민에 이르기까지 각 단계별로 적절한 수준의 정신건강 지원서비스를 제공하고, 이에 대한 정보를 서로 공유함으로써 이들의 성공적인 한국사회 정착을 돕도록 되어 있다. 따라서 이 모델의 기본 구성은 〈그림 6-1〉에 나타나 있듯이 민간과 정부영역을 포괄하고 있으며, 대상자와 담당자기관, 역할, 지원수준을 명시하고 있다윤여상 · 김성회, 2006: 102-110.

그림 6-1 _ 정신건강 통합지원 이론적 모형

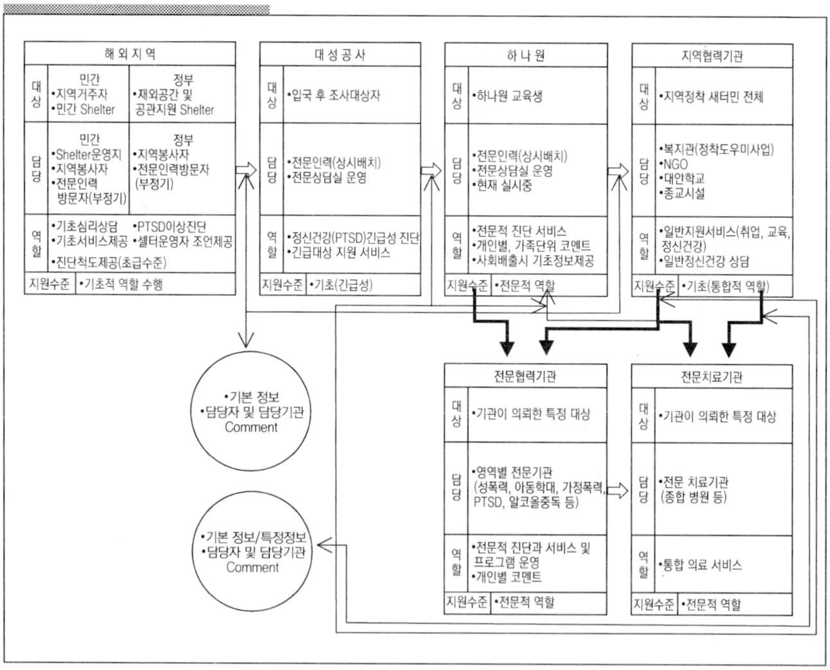

출처: 윤여상 · 김성회(2006). p.102.

① 해외지역

탈북난민들은 해외 체류 기간에 가족과 이별, 체포 및 송환에 대한 공포, 고문, 극단적인 생활환경으로 심리정신적으로 어려움을 겪고 있다. 따라서 탈북난민 정신적 문제는 해외거주 단계에서부터 적극적인 개입과 지원이 필요하다. 현실적으로는 해외지역의 환경적 조건 때문에 서비스 개입이 거의 불가능한 상황이다. 그러나 재외공관이나 민간차원에서 운영되고 있는 은신처에서 이들의 심리정신적 안정을 위한 서비스가 제공될 수 있으며, 국내 입국 후에도 대성공사나 하나원에서 서비스를 연속적으로 실시한다면 더욱 효과적일 것이다.

② 대성공사

탈북난민들은 국내 입국 직후 대성공사에서 기본적인 조사와 심사를 받게 된다. 탈북난민들의 조사과정은 불가피한 측면이 있지만 여기에서 남한사회를 부정적으로 생각하지 않도록 고려해야 한다. 이 기간 동안에 탈북난민들은 남한생활을 최초로 체험하기 때문에 대성공사의 조사기법, 그리고 조사원들과 생활관리자들에 대한 인권교육 등이 필요할 것이다. 대성공사의 생활에서도 심각한 외상적 체험을 한 탈북난민들은 심리적 불안이나 스트레스를 최소화하도록 전문가의 개입 또는 자문이 상시적으로 가능하도록 해야 할 것이다.

③ 하나원

하나원은 현재 충분하지는 않지만 전문인력과 상담실이 상시적으로 운영되고 있으며, 각종 심리검사와 상담서비스가 제공되고 있다. 하나원이 심리정신적 위기의 통합지원 시스템이 구축될 경우 정부와 민간을 연계하는 정보교환과 의견제공의 중심적 역할을 수행해야 함에도 불구하고 보안시설이라는 한계와 탈북난민 인적정보의 특수성 때문에 중심적 역할 수행에 어려움을 겪을 수 있다윤여상 · 김성희, 2006.

④ 지역협력기관

지역사회에 배치된 탈북난민을 위한 주요한 지원활동은 지역협력기관이 수행하고 있다. 지역협력기관은 지역사회복지관을 비롯하여 시민단체, 종교단체, 대안학교 등을 들 수 있다. 이들 중에서도 탈북난민 밀집지역에 위치한 사회복지관이 가장 중심적인 역할을 수행하고 있으며, 이들은 서비스 대상자와의 접근성과 적정 규모의 대상자 확보라는 장점을 갖고 있기 때문에 정신건강 서비스 제공의 1차적 주된 기능과 전문협력기관의 연계망 유지의 중요 역할을 담당하게 된다. 따라서 지역 복지관과 민간단체들은 정신건강 사업의 1차적 사업자로서 지역의 센터 기능을 수행하면서 전문협력기관 및 전문치료기관과의 협업Co-work이 필요한 전문영역의 경우에는 지역내 또는 지역외 전문기관과 협업 체계를 유지하여 전문적인 서비스 제공에 기여해야 할 것이다윤여상 · 김성희, 2006.

⑤ 전문협력기관

탈북난민의 심리정신적 문제는 일상적 현상이 아니라 전문적인 영역에 포함되기 때문에 전문가 집단의 지원과 참여가 필요하다. 따라서 전문적인 개입이 필요한 정신건강의 문제인 아동학대, 외상후 스트레스 장애, 성폭력, 가정폭력, 알코올중독 등의 분야는 아동, 여성 관련 전문협력기관과 협력을 하거나 지원을 받는 것이 필요하다. 이러한 전문협력기관의 활용은 탈북난민과 관계하는 지역사회복지관의 연계자원들을 이용할 수 있다.

⑥ 전문치료기관

탈북난민들 중에서 심각한 정신적 문제를 보이는 경우에는 지역 단위 또는 전국 단위로 분야별 전문치료기관을 선정하여 이들이 심리적 또는 경제적 부담을 최소화 한 상태에서 치료를 받도록 해야 할 것이다. 현재 탈북난민들이 집중되어 있는 수도권에는 국립의료원과 서울대학교 병원에서 기관 단위 또는 담당의 수준에서 정신보건서비스를 제공하고 있다. 탈북난민 정신건강 통합지원 시스템의 가장 중요한 구성 기관은 하나원과 지역사회 협력기관, 그리고 전문협력기관이며, 이러한 기관들 간의 유기적인 협조와 정보의 흐름이 통합지원 시스템의 성과를 결정하게 될 것이다. 따라서 이들 구성기관들 간의 유기적인 협조체계를 유지하기 위하여 정기적인 실무자 회의를 운영할 필요가 있다. 정신건강 지원 사업 담당 실무자 회의는 탈북난민후원회 또는 지역사회복지관에서 사무국 역할을 담당하는 것이 합리적일 것이다윤여상 · 김성회, 2006.

⑦ 사회정착 이후 영역별 통합지원 시스템

탈북난민들이 지역사회로 배치되기 이전에 하나원에서는 정확한 심리 정신적 사정을 통하여 지역사회에서 필요한 정신보건서비스 내용을 확인하고 연계하는 것이 필요하다. 탈북난민들이 거주하는 지역사회의 복지관이나 정신보건센터 등에 의뢰하는 것이 필요하다. 또한 지역사회협력기관과 전문협력기관간의 협업 수준과 대상자별 주무 기관의 선정이 효과성 제고에 중요한 영향을 미칠 것이다. 따라서 지역사회협력기관에 정신건강 전문 인력이 상근할 경우 이들의 개입이 우선적으로 이루어져야 하지만 성폭력, 아동학대, 가정폭력, 알코올 중독, PTSD, 고문피해 등의 수준이 심각한 경우 전문협력기관과 협업체계를 갖추는 것이 필요하다윤여상 · 김성회, 2006. 그러나 탈북난민들은 고문, 투옥, 제 3국에서의 민감한 문제 등을 안전한 환경에서 표현하기를 원하기 때문에 보다 전문적이고 책임 있는 협력기관 또는 전문가를 필요로 한다. 윤여상과 김성회2006가 제시한 지역사회에 배치된 탈북난민을 위한 정신건강 증진을 위한 서비스체제는 다음과 같다.

▌그림 6-2 _ 사회정착 이후 영역별 정착지원 시스템 모형

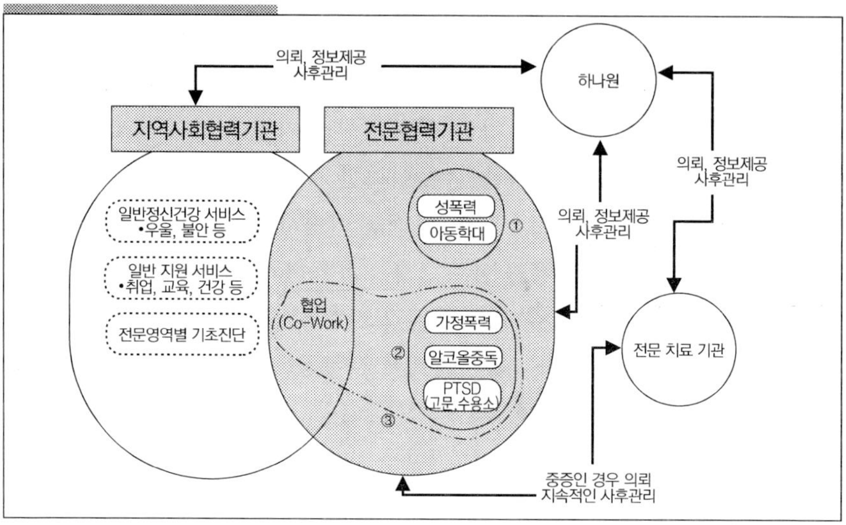

출처: 윤여상 · 김성회(2006). p.107.

〈그림 2 설명〉 상황에 대한 예시임.
① ② : 전문협력기관 내 협력체계를 통한 지원서비스Co-Work
③ : 지역사회협력기관과 전문협력기관 간의 협력체계를 통한 지원서비스Co-Work

3) 실제적 전달체계[2]

탈북난민들과 다른 난민들은 여러 가지 사회문화적 차원에서 차별성이 있겠지만, 특히 언어에서 다름이 클 것이다. 정신보건서비스는 비언어적인 요소가 크지만 일차적으로 말을 통해서 정서적이고 정신적인 관계를 형성하여야 한다. 이러한 상황에서 볼 때 탈북난민을 위한 정신보건서비스는 다른 난민들보다는 용이하게 이루어질 수 있을 것이다. 그렇다고 남

2. 엄태완. 2006. “새터민의 재적응 토대마련을 위한 정신보건서비스 전달체계 모색”. 『통일정책연구』. 15(1): 의 내용을 바탕으로 함.

한과 북한의 문화가 유사하다고 성급하게 생각하는 것은 바람직하지 않다. 남북의 문화적 차이를 바탕에 두고 정착단계별로 신중하게 접근하는 것이 중요하다.

(1) 현 정신보건서비스 내용과 한계

탈북난민들은 북한탈출 결정, 과정 및 남한생활에서 상당한 정도의 정신건강문제에 노출되어 있기 때문에 일차적인 치료개입이 중요하다. 탈북난민이 입국하면 합동신문과정을 거쳐 보호결정을 처리하고 정착지원사무소하나원에서 약 3개월간의 적응교육을 받게 된다. 이 기간부터 체계적이고 전문적인 정신건강서비스가 이루어져야 하지만, 현재는 정서적 불안감 해소를 위한 프로그램이 주를 이루고 있다.

이 단계에서 외국의 난민의 경우와 마찬가지로 위기분류triage, 디브리핑debriefing 및 응급서비스가 이루어져야 한다. 탈북과정의 외상이나 스트레스를 정확히 사정하여 심각한 손상이 있는 탈북난민에게는 즉각적인 치료개입이 이루어져야 한다. 특히 아동과 청소년들은 외상적 경험에 의한 인지적 장애를 초래할 수 있기 때문에 시기적절하고 전문적인 치료개입이 필요하다. 디브리핑은 외상적이고 왜곡된 경험을 확인하고 남한이라는 새로운 환경에 현실감을 심어주고 정보를 제공하는 것이 목표가 되어야 할 것이다. 외상적 사건과 연관된 감정과 행동 및 신체적 반응이 분석되어 새로운 상황을 이해할 수 있도록 하여야 할 것이다.

북한전문가에 의한 집단치료나 집단개입도 개인이나 가족 모두에게 유용한 서비스를 제공할 수 있다.[3] 이러한 집단적 개입은 무능감, 감정의 부적절, 퇴행된 행동을 표현하게 하여서 환경에 대한 자신의 통제력을 서서

3. 탈북난민 중에서 교육과 훈련을 통하여 이러한 과정에 참여할 수 있는 전문가 또는 준전문가를 양성하여 활용할 수 있을 것이다.

히 회복하게 할 수 있다. 이 단계에서 정신보건 치료 팀과의 의미 있는 의사소통은 치료를 받는다는 느낌과 함께 유기감 및 무력감을 해소할 수 있다.

하나원을 퇴소하는 초기의 개입은 새로운 지역사회에 통합하기 위해 필요한 주택, 취업, 교육을 적절히 공급하는 것과 관련될 것이다. 탈북난민을 포함한 이주자들은 경제적, 문화적, 차별 등의 심리사회적 요인이 정서에 영향을 미치기 때문이다김연희, 2006; Omeri, et al., 2006. 탈북난민들의 경우에 남한사회 적응에 부정적인 평가가 긍정적인 평가보다 높고, 남한생활에 가장 큰 어려움은 경제적 문제라고 하였다서윤환, 2004. 경제적 문제는 정신건강과 밀접한 연관이 있다는 연구결과들이 있기 때문에Dooley and Prause, 2002 탈북난민들이 지역사회적응 초기에 북한과 다른 경제체제에 기인하여 발생하는 문제에 대한 서비스가 이루어져야 할 것이다.

마지막으로 탈북난민들이 남한사회에서 생활하면서 발생하는 적응 또는 문화적응과정에서 발생하는 문제들을 해결하기 위한 정신보건서비스 및 기관과의 접근성을 높이고 연계를 강화하는 것이 될 것이다. 이 과정에서 아동과 성인 대상자들을 분류하여 개입하는 것이 효과적이라고 알려져 있다. 난민의 경우와 마찬가지로Pumariega et al., 2005 지역사회중심의 정신보건서비스가 탈북난민의 아동, 성인, 가족들에게 가장 바람직한 개입 방안이 될 것이다. 이러한 접근은 지역사회내의 자연발생적 강점과 지지가 강화되어 가족전체의 임파워먼트를 향상하고 아동의 양육과 욕구에 적절히 대처할 수 있게 한다. 또한 전통적 역할과 가치갈등을 가지며 변화하는 가족구조와 응집력에 혼란을 느끼는 노인들에게도 긍정적인 정신보건서비스가 될 것이다.

탈북난민은 남한주민과 다른 차원의 독특한 위기를 경험한 사람들이 많다. 위기는 성장의 기회가 될 수도 있지만, 탈북난민들이 경험한 극단적 위기는 정신건강의 문제를 일으키는 원인이 될 가능성이 높다. 이러한 집단적 문제는 개별적 상황으로 대처하기 보다는 사회제도적 차원으로 다루어져야 한다. 그러나 현행 남한의 정신보건 구조에서 충족되기는 어려울 것 같다. 또한 탈북난민은 남한주민과 다른 차원의 문화적 관점에서 정신건강서비스가 개발되고 전달되어야 한다. 탈북난민은 언어문제, 남한사회의 이해부족, 문화적 차이에 의해서 적응의 어려움을 호소하는 것으로 나타났다 이금순, 2004. 탈북난민의 경우에 증상을 표현하는 방법이 남한주민과 다를 수 있으며, 이는 상이한 진단적 사정을 하게 되어 서비스의 접근과 수용에 문제를 가지게 할 수도 있다.

또한 탈북난민의 정신건강서비스에 중요한 조건은 남북한 문화의 차이를 교육하고 지원하는 서비스체계를 개발하여야 한다는 것이다. 문화적응은 물리적, 생물학적, 사회제도의 변화와 함께 대인관계와 심리내적인 변화가 포함되어 고립과 단절감 및 일탈행동의 높은 위험을 내포하고 있다 Nwadiora and McAdoo, 1996. 남북한의 문화적 규범과 가치의 차이를 교육하고 문화적 통합을 지원하는 것은 정신건강증진과 밀접한 관련성을 가진다. 이러한 탈북난민의 심리사회적 위기상황에서 나타나는 정신보건욕구와 독특성은 기존의 남한 정신보건서비스 전달체계로는 한계를 가질 수밖에 없다. 다음으로 탈북난민의 정신보건 욕구를 확인해 보자.

(2) 정착단계별 정신보건 욕구

탈북난민들은 이주 전의 외상과 적응 스트레스로 인하여 신체적 · 심리적인 불안정을 유발할 수 있으며, 이러한 사실은 이들이 정신건강의 고위험 대상자로 분류될 수 있음을 말한다. 탈북난민들은 이주 전후의 정신적 문제들로 인해 우울증과 PTSD의 증상을 가지고 있거나, 문화적응 스트레스로 어려움에 직면해 있을 수 있다. 탈북난민들에게 남한 중심의 문화 배경을 중심으로 관여하는 것은 바람직하지 않지만, 문화적응 과정에서 발생할 수 있는 스트레스에 각별한 관심이 필요할 것이다. 외국의 난민의 경우에도 이주 전후의 외상으로 인한 PTSD와 우울 등을 경험하고 있다. 이들의 정신건강을 위협하는 고위험 요인으로는 정신증상의 정도, 빈곤, 교육, 지속적인 실업, 낮은 자아존중감, 병약한 신체 등이다Hsu, et al., 2004. 이는 탈북난민의 정신건강증진을 위하여 개별적인 상황들이 고려되어야 함을 보여준다.

탈북난민들의 적응은 물리적, 사회적, 경제적, 문화적 측면의 다차원적 변화와 충격의 과정이라고 할 수 있다. 탈북난민들의 적응을 위해서는 이와 같은 다차원적 모든 요소들이 고려되어야 하며, 여기에 개인적 특성을 통합하여야 한다. 이 과정에서 남한사회의 경제적 대처를 위한 제도와 개인적 능력의 향상, 남한주민들과 공동체를 형성하기 위한 지역사회 통합의 과제들이 해결되어야 한다. 성별, 연령 등과 관계없이 나타날 수 있는 탈북난민의 정신건강 문제는 남한사회에서의 재적응과 관련성이 있다. 즉, 탈북난민의 정신건강증진이 탈북난민의 적응을 보장하는 요인이 될 수는 없지만, 필수적 요인으로 간주될 수는 있다.

탈북난민 성인들은 자신이 겪은 외상과 상실감의 충격으로 가정폭력, 음주, 도박과 같은 역기능적 행동패턴을 유발할 수 있다. 탈북난민 아동이나 청소년들도 성인과 비슷한 정신적 문제로 고통을 받을 수 있으며, 학업적 기능과 정신건강의 문제가 상관이 높기 때문에 이후 삶에 지속적으로 영향을 미칠 수 있다. 이주민의 경우에 2세대정착지 도착 후 출생한 세대가 이주 1세대의 아동과 청소년보다 물질남용, 행동장애, 섭식 장애 등의 문제가 더 많다는 보고들이 있다.

탈북난민의 경우에도 남한에서 출생한 아동에 대한 정신건강의 문제에 점차 관심을 가져야 할 것이다. 연령이 높은 탈북난민 노인들은 북한문화의 가치와 남한문화의 가치 사이에서 융통성을 발휘하여 통합할 가능성이 낮을 것이며, 가족적 · 사회적 지지가 부족하거나 신체적 질병이나 문제를 동시에 가지고 있어서 정신건강 문제에 취약성을 가지게 될 수 있다. 탈북난민 여성들의 경우에도 성폭력 등의 독특한 문제가 정신건강과 깊은 관련성이 있는 것으로 나타났다. 정신보건의 욕구는 개인이 인식하지 못하는 수동적 욕구와 능동적 욕구가 혼재되어 있다는 가정 하에, 지금까지의 연구결과들을 바탕으로 탈북난민의 정신보건 욕구정도를 정리하면 〈표 6-11〉과 같다.

표 6-11 _ 탈북난민의 정신보건 욕구

구분	초기(하나원 교육단계)	중기(지역사회 노출단계)	지속기(지역사회 적응단계)
전반적 욕구	탈북난민의 외상적 사건의 접근여부, 노출 기간 및 외상적 경험의 강도를 종합적으로 조사, 평가된 개별적 개입.	이주후의 심리적, 정신적 불안과 증상에 대한 전문적 개입	남한사회에 문화적응 하면서 표출되는 심리 사회적 문제빈곤, 소외, 외로움, 대인갈등 등에 대한 지지적 개입
대상별 욕구	아동 · 청소년: 수동적 이주에 대한 이해와 외상에 대한 집중개입[4] 여성[5]: 성적 문제 등에 대한 정신치료적 개입 노인: 신체적 쇠약에 따른 정신신체 개입	아동 · 청소년: 학교 및 또래적응을 위한 개입 성인: 직장초기의 적응 불안과 스트레스에 대한 개입	아동 · 청소년: 가족, 동료, 지역사회의 지지적 사회망 개입 성인: 문화적응의 실패 또는 왜곡으로 인한 일탈행동, 정서적 문제 개입 노인: 문화적응과정의 소외현상 극복을 위한 개입
미해결문제	외상후 스트레스 장애, 급성 정신병 등	불안, 우울 등 급성 신경정신증, 왕따 등	만성 우울증, 자살사고 및 행동, 부적응적 일탈행동, 물질남용, 도박중독, 섭식장애 등

출처: 엄태완(2006). p.299.

4. Lin 등[1979]은 미국에 정착한 베트남 난민에 관한 연구에서 나이가 젊을수록 적응에 유리하고 적응에 따른 정신건강상 이상이 적게 나타나는 반면에, 나이가 많을수록 적응과정에서 정신병리가 더 많이 나타난다고 하였다. Digdon과 Gotlib[1985]은 연령에 따라 우울증의 차이가 있는지에 관한 연구를 하였다. 첫째, 청소년들은 성인에 비하여 사건의 원인을 외부

현행 남한의 정신보건 전달체계는 서비스의 포괄성 부족과 부적절성 등의 문제가 지적되며 효과적・효율적으로 이루어지지 않고 있다. 남한의 서비스전달체계의 미흡함은 탈북난민의 정신건강증진을 위한 서비스 제공에서도 문제점을 가질 수밖에 없다. 이러한 남한의 정신보건서비스 전달체계상의 문제를 극복하기 위하여 탈북난민을 중심으로 새로운 서비스전달체계를 수립하는 것은 예산상의 문제뿐만 아니라 인적자원의 확보에서도 어려움을 겪을 것이다.[6] 따라서 현재 탈북난민의 정신건강증진은 기존의 정신보건서비스 전달체계 범위 내에서 인접 자원의 조정 및 연계를 통하여 이루어지는 것이 가장 타당해 보인다.

(3) 전달체계 재구성

지금까지 한국의 정신보건서비스 전달체계를 고찰하고 탈북난민의 정

적 원인에서 찾으려고 하는데, 청소년들은 자기중심적인 세계관을 가지고 있어서 원인과 결과에 대하여 부정적 추론 양식을 성인들에 비하여 덜 사용하는 경향이 있다. 둘째, 청소년들은 "지금 그리고 여기에서"의 사고를 가지고 있다. 이러한 사고는 부정적 사건의 장기 결과를 파국적으로 몰고 가는 경향이 성인에 비하여 적으며, 이는 우울증의 생성을 방지하는 역할을 할 것이다. 마지막으로, 청소년들은 그들이 부정적 특성characteristics을 소유하고 있다는 것을 알 수 없다고 하였다. 따라서 탈북난민 아동·청소년의 경우에 남한이주 초기에 외상적 경험에 대한 적극적 치료와 개입은 이후의 정신건강문제에 적응을 용이하게 할 수 있을 것이다.

5. 엄태완2004의 연구에서 난민연구의 결과들을 종합하여 여성들이 남성들에 비하여 훨씬 심각한 정신건강의 문제를 가지고 있다는 결과들을 제시하였다. 또한 여성들은 강간과 성폭행으로 심각한 정신건강장애의 고위험 집단이고, 재정착 과정에서 심리적 위험에 직면할 수 있다. 디스트레스 수준에서 성차는 처음에 그들의 재정착국에 도착했을 때가 아니라 재정착과 문화적응의 기간에 출현하게 된다. 정신건강의 측면에서 회복율에서도 남성은 상당한 회복을 보여 주지만, 여성난민의 심리적 상태는 여전히 변화되지 않은 채 남아있게 된다. 이것은 이주전 문화의 성차와 문화적응 과업에 기인한 것이다Rumbaut, 1990. pp. 53-91.
6. 정신보건영역의 인적자원은 한정적이며, 영역의 특성상 단기간에 우수한 인력을 확보하는 것이 불가능하기 때문이다. 또한 새로운 전달체계는 법적·행정적·제도적인 장치가 필요하며, 보건복지전체의 상황과 조정이 필요하기 때문에 욕구에 따른 비용효과분석이 요구된다.

신보건욕구를 살펴보았다. 탈북난민에 대한 정신건강증진은 일상생활의 기능을 향상하고 삶의 융통성을 높여주기 때문에 적응에 중요한 토대를 마련하는 것이다. 탈북난민 개개인에 대한 정신건강증진을 위해서 서비스 전달체계를 확립하는 것은 상당히 중요하다. 그러나 한국의 정신보건 전달체계가 미흡하게 구축되어 있기 때문에 탈북난민을 위한 새로운 전달체계를 구성하는 것은 현실성이 높지 않다고 판단된다.

탈북난민에 대한 새로운 정신보건서비스는 비용효과분석이 필요하겠지만, 다른 한국내의 이주민외국인 노동자, 결혼이주여성 등과의 형평성의 문제 등도 고려되어야 할 것이다. 하지만 향후 대규모의 탈북난민들과 난민들이 유입되는 상황을 가정한다면 적응에서 중요한 의미를 가지는 정신건강 문제에 전문적으로 개입할 수 있는 새로운 서비스전달체계의 확립이 필요할 것이다. 그러나 본고에서는 탈북난민의 정신보건서비스를 기존 전달체계 내에서 접근성과 포괄성 및 전문성이 확보되는 방향으로 접근하려 한다.

탈북난민에 대한 정신보건서비스는 남한입국 초기의 정착교육단계인 하나원 과정과 이후의 지역사회 생활과정으로 분류할 필요가 있을 것 같다. 탈북난민은 남한입국 초기에 심리적 안도와 환상 및 불안 등이 교차하기 때문에 심리정서적 개입이 필요한 시기이다. 이 시기에는 외상 등으로 인한 정신의학적 개입이 시급히 필요한 개인들도 발생할 것이고, 지속적인 정서적 지지와 교육을 통하여 심리정서적 안정을 확보해야 하는 개인들도 있을 것이다. 현재 조직적인 팀이 이러한 문제를 관리하고 전문적으로 개입하고 있으나 통합적으로 지역사회와 지속적인 연결을 추진하고 있지는 못하다. 따라서 이러한 개입을 통합적으로 할 수 있는 보다 활성화된 정신보건팀이 하나원 내에 필요하다. 이 팀은 탈북난민 개개인의 정신건강을 사정하고 분류하여 개인치료, 집단치료, 사회적 지지 등의 다양한 방법으로 개입하며, 정신병psychosis적인 문제는 입원치료와 같은 집중개입도 가능케 하여야 할 것이다. 또한 활용 가능한 전문가집단을 확보하고 체계적인 원조계획을 수립하는 역할을 해야 할 것이다.

그림 6-3 _ 탈북난민 중심의 정신보건서비스 전달체계

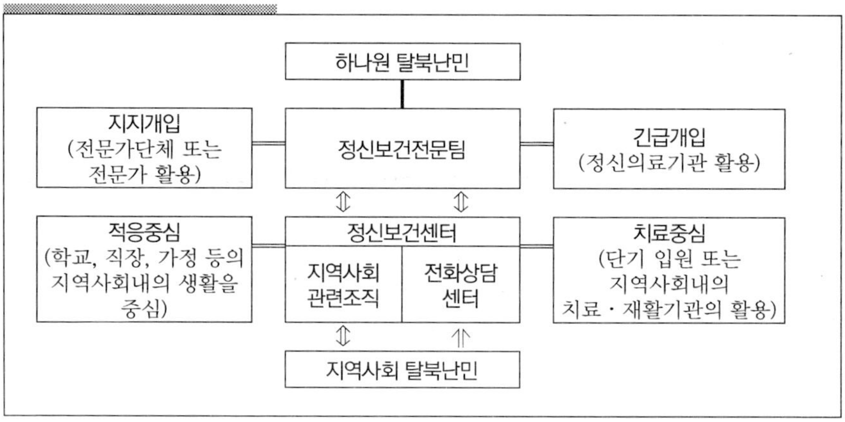

출처: 엄태완(2006). p.311.

지역사회 정착과정에서 발생하는 개인적 · 사회적 요인에 의한 정신건강의 문제는 정신보건관련 기관과 정신보건상담전화 및 알코올상담센터와 유기적 관계를 맺도록 되어 있는 지역사회 정신보건센터가 일차적 조정과 관리기능을 가지는 것이 바람직할 것으로 생각된다. 지역사회 관련조직의 아웃리치outreach나 상담전화 등을 통하여 확인된 탈북난민의 정신건강증진을 체계적으로 관리, 연계, 조정하는 역할을 정신보건센터에서 하여야 할 것이다. 정신보건센터는 탈북난민의 정신건강상태를 사정하여 지역사회 내 적응중심으로 개입할 지, 치료중심으로 개입할 것인지를 판단하여야 한다. 적응중심으로 분류된다면, 지역사회 내에 거주하면서 전문가단체나 공식적인 기관 또는 전문가를 통한 심리사회적 지지가 중요한 서비스가 될 것이다. 치료중심으로 분류된다면, 지역사회내의 정신의료기관이나 사회복귀시설 또는 알코올상담센터에 연계해야 한다. 그리고 지속적인 사례관리와 사후관리가 관련기관에 의해서 이루어질 수 있도록 해야 한다. 다음에서는 각 하위 전달체계의 기능과 역할 및 조정의 과정을 살펴보기로 하겠다.

[하위체계의 기능과 역할]

① 하나원 정신보건팀: 탈북난민을 위한 정신보건서비스 전달체계에서 새롭게 존재해야 하는 조직이다. 지금까지의 연구결과들을 살펴보면 탈북난민들은 남한입국 이전에 상당한 정도의 심리정서적 외상을 경험하고 있다. 이러한 탈북난민의 특성을 이해하는 정신보건전문가팀의 전문적 접근은 심리적 안정과 정신증상을 감소시켜 향후 남한생활 적응에 상당히 긍정적 영향을 미칠 것이다. 300명 정도의 인원을 대상으로 최소한 6-10명 정도의 팀 접근이 필요한데, 탈북난민이 가지는 다양한 정신보건욕구를 충족시킬 수 있으며 집단치료 등의 실질적인 개입이 가능하기 때문이다.

현행 정신보건법에서 보면2008년 개정된 정신병원의 입원환자를 기준으로 정신과 전문의는 60명당 1명이고 정신보건전문요원은 100명당 1명으로 명시되어 있다. 남한에 입국한 탈북난민들이 모두 정신질환을 가지고 있다고 판단되지는 않지만 각 개인 마다 체계적인 심리정서적 개입을 위해서는 위의 기준을 근거로 300명의 탈북난민이라면 다양한 분야의 최소 전문가는 6-10명 이상이 되어야 할 것이다. 이들 전문가는 정신과 전문의, 정신보건전문요원 등이 될 수 있겠지만, 상주근무의 문제, 급여조건 등을 고려할 때 정신보건전문요원 중에서 선발되는 방법이 가장 현실적인 것 같다.

정신보건팀의 서비스는 하나원 내의 지지개입과 외부의 응급개입으로 분류할 필요가 있을 것이다. 내부개입은 전문가팀의 일상적 개입과 외부전문가의 지원 하에 이루어질 수 있다. 외부개입은 정신증상이 심각히 나타나는 탈북난민을 대상으로 정신의료기관의 협조 하에 치료·재활의 문제가 논의될 필요가 있다. 하나원 정신보건팀의 기능과 역할은 다음과 같이 정리될 수 있을 것이다. ①탈북난민의 정신건강 사정, ②지지적 서비스 ③디브리핑debriefing, ④외부치료기관과의 연계 및 치료개입, ⑤아동·청소년과 성인서비스 분류, ⑥여성에 대한 세심한 개입, ⑦탈북난민에 대한 개입을 하는 공·사적 전문가 교육, ⑧기타 탈북난민의 정신건강증진을 위한 기획 및 조정, ⑨지역사회 정신보건센터와 정보교류-이는 탈북난민의 사생활 보호와 인권침해의 소지가 있으므로 관련규정을 엄격히 적용하여야 할 것이다.

② **지역사회 정신보건센터:** 지역사회에 거주하는 탈북난민의 정신보건서비스 개입의 중추기관이라고 할 수 있다. 정신보건센터는 남한의 지역사회 중심 정신보건을 실천하기 위하여 만들어진 기관으로 정신질환 예방, 정신질환자 발견·상담·진료·사회복귀훈련 및 사례관리, 정신보건시설 간 연계체계 구축 등의 지역사회정신보건사업을 기획·조정 및 수행하는 기관으로 명시되어 있다. 정신보건센터는 정신과 전문의를 비롯하여 정신보건전문요원인 간호사, 임상심리사, 사회복지사들이 팀을 이루고 있다. 정신보건센터는 기존의 많은 역할을 수행해 오고 있기 때문에 탈북난민의 정신건강증진을 위한 중심기관이 된다는 것은 업무과중이 될 수도 있다.

그러나 지금까지 정신보건센터, 사회복귀시설, 낮병원 그리고 알코올상담센터가 서로의 역할 중복 또는 업무 중첩의 문제로 혼란을 초래하고 있다. 정신보건센터가 지역사회내의 정신보건사업을 기획하고 조정하는 역할을 수행하려 한다면 관련기관들과 다른 업무를 개발해야 할 것이다. 그 중의 하나가 새로운 지역에서 문화적응을 해야 하는 탈북난민, 외국인 노동자, 결혼이주여성 등을 아웃리치하고 연계, 조정 하는 역할을 수행해야 한다. 즉 현행 공식적인 정신보건전달체계에서 탈북난민들의 정신건강증진을 위한 접근성과 전문성을 가장 잘 확보할 수 있는 기관이라고 할 수 있다.

정신보건센터의 전문가들은 하나원의 정신보건팀에서 탈북난민의 특성에 대한 이해와 교육을 받는다면 충분한 역할을 해 낼 수 있는 인적자원이라고 할 수 있다. 정신보건센터의 개입은 탈북난민들이 지역사회내의 생활과정에서 정신건강증진을 위한 서비스를 수행할지, 단기입원 등의 체계적인 증상완화를 위한 개입을 해야 할지를 분류해야 할 것이다. 그리고 지역사회내의 자연적 지지자원들과 활용 가능한 관련조직들에 대한 정보와 연계가 지속적으로 가능하도록 구조화되어 있어야 할 것이다.

정신보건센터의 기능과 역할은 다음과 같이 정리될 수 있을 것이다. ① 지역사회 탈북난민의 적응 사정, ②지지적 서비스, ③외부치료기관과의 연계 및 치료개입, ④하나원 정신보건팀과의 교류, ⑤아동 · 청소년과 성인서비스 분류, ⑥탈북난민의 지역사회 적응강화를 위한 멘토링 제도 구축[7], ⑦지역사회 탈북난민과 교류하는 민간영역의 실천가 교육, ⑧문화적응 스트레스 개입, ⑨정신보건상담전화, 알코올상담센터 및 정신의료기관과 탈북난민에 대한 정보 교류-치료개입을 위한 한계범위 내에서 이루어져야 한다.

③ **지역사회 관련조직**: 탈북난민과 직접적으로 관련 있는 공 · 사적기관은 공식 학교, 대안학교, 사회복지관, 동사무소, 각종 비영리단체, 보호경찰, 종교단체 등이라고 할 수 있다. 지역사회 내에서 탈북난민들의 적응에 밀접한 관련성을 가지는 기관들이라고 할 수 있다. 그러나 이러한 조직들은 탈북난민들의 탈북전후의 외상과 문화적응과정에서의 스트레스, 심리정신적 문제와 일상생활과의 관계에 관한 경험과 지식이 부족한 경우가 많

---

7. 지역사회의 정신과 의사협회 또는 정신보건전문요원 협회, 학회 등과의 협력을 통하여 시도해 볼 수가 있을 것이다.

다. 이러한 경험과 지식의 부족은 탈북난민과의 관계를 악화시킬 수도 있으며 피상적 접촉에 그치게 될 수도 있다. 지역사회내의 탈북난민과 관련된 조직들의 정신보건에 관한 경험과 지식은 정신보건센터에서 제공될 수 있을 것이다. 정신보건센터에서 직접 시행할 수도 있지만 관련 전문가집단이나 기관에 의뢰하여 수행할 수도 있다.

그리고 이들 관련조직들은 다음과 같은 노력들이 행해져야 할 것이다. ①탈북난민의 적응강화를 위한 전문성 향상을 위한 노력, ②지역사회 지지망 확충, ③아웃리치를 통한 적응장애의 발견과 연계, ④심리사회적 지지강화, ⑤정신보건센터와 긴밀한 협조, ⑥지역사회내의 정신보건관련 기관 및 시설의 자원 확인

④ **정신보건상담전화:** 정신보건상담전화는 야간 및 일·휴무일에도 전화상담요원을 지정하여 운영하고 있는 제도이다. 전화상담요원들에게 탈북난민의 특성을 교육하여 위기상황에 적절히 대처하고 조치를 취하는 지식과 경험을 가지도록 하여야 할 것이다. 지역사회내의 정신보건관련 기관과 시설을 충분히 숙지하고 관련 전문가단체에 관해서도 이해를 하고 있어야 할 것이다. 정신보건상담전화의 기능과 역할은 다음과 같다. ①위기상황의 대처와 응급서비스, ②지역사회 정신보건기관 및 시설과 유기적 협조체제, ③정신보건센터와 협조체계

• **알코올상담센터:** 알코올상담센터는 알코올 문제에 관한 상담치료 체계의 핵심적 역할을 하는 조직이다. 탈북난민의 경우에도 알코올과 약물남용이 점점 증가되는 추세에 있다. 주류사회에 편입되지 못하는 일탈행동으로 청소년의 음주문제가 심각히 노출되고 있으며, 성인의 경우에도 알코올중독의 경향성이 나타나고 있다김연희, 2006. 알코올남용과 의존상태는 본인은 물론 가족전체에 악영향을 미치는 문제이기 때문에 세심하고 전문적인 개입이 요구

되는 문제이다. 탈북난민의 청소년과 성인에게 발생되는 알코올과 약물의 문제는 알코올상담센터에 체계적으로 연계하여 해결해 나가야 할 것이다.

알코올상담센터는 지역사회내의 아웃리치를 통하여 알코올 및 약물문제를 가진 탈북난민을 발굴하거나, 정신보건센터, 정신의료기관 및 관련조직들에 의해서 의뢰된 탈북난민에 대한 개입이 될 것이다. 알코올상담센터의 기능과 역할은 다음과 같다. ①탈북난민 관련 공·사적기관과 상호유기적 협조체제, ②탈북난민 알코올 및 약물 중독자 본인 및 가족개입, ③심각한 알코올문제를 가진 탈북난민 입원치료기관과 연계, ④정신보건센터와 상호협조체제

⑤ 기타 정신보건기관 및 시설: 기타 정신보건기관은 정신과 전문병원, 정신과 의원, 종합병원의 정신과 및 정신요양시설과 정신장애인 사회복귀시설 등이 될 것이다. 지역사회의 전문가들은 이들 기관에 탈북난민의 특성을 이해시키고 상호협조체제를 구축하고 자문을 구해야 할 것이다. 또한 탈북난민과 일하는 전문가들은 지역사회내의 이들 기관의 위치와 개입범위를 확보하여 위기상황이나 적절한 서비스가 필요한 경우를 준비하여야 할 것이다. 정신보건센터, 정신보건상담전화, 알코올상담센터 및 탈북난민과 관련되는 각종 기관에서는 지역사회내의 정신보건기관의 위치와 서비스내용을 숙지하고 있어야 할 것이다.

현재 한국의 정신보건서비스 전달체계가 정신장애인을 포함하여 일반주민들을 만족시킬 수 있는 수준이 되지 못한다. 어떤 측면에서 보면 문서상의 전달체계라는 비판도 받고 있는 실정이다. 이러한 상황에서 탈북난민의 정신건강증진이 중요하다고 할지라도 새로운 전달체계를 만들라는 요구는 현실성이 없어 보인다. 기존의 서비스전달체계 내에서 효율적인 접근성을 향상시키는 방안들을 모색하는 것이 실현가능성이 높은 것 같다. 따라서 지역사회 정신보건센터를 중심으로 기존의 전달체계를 포괄적으로

조정하며 하나원 내에는 보다 강화된 정신보건전문팀을 상설화하여 실질적 기능을 부여하여야 할 것이다.

한국에는 공·사적 정신보건관련기관들이 있지만 서비스 전달체계는 포괄성, 연속성, 적절성에서 많은 문제를 가지고 있다. 민간영역에 포함되어 있는 정신병원 등의 기관이 탈북난민의 정신보건서비스를 위한 중추적인 역할을 하기에는 한계가 많다. 탈북난민의 경우에 지역사회 내에서 공공성의 성격이 가장 강한 정신보건센터에서 포괄적인 기획과 조정의 역할을 담당하는 것이 바람직한 것 같다. 그러나 지역사회 정신보건센터에서 탈북난민의 정신건강 문제를 어느 정도 범위까지 관여 하느냐의 문제는 여전히 남아있다. 탈북난민의 문화적응을 포함한 재적응에서 나타나는 모든 심리정서적 문제에 관여할지, 아니면 심각한 신경증과 정신증의 문제에 관해서만 개입해야 할지는 실천경험과 연구들이 더 필요할 것 같다. 본고에서는 지역사회 탈북난민을 적응중심과 치료중심으로 분류하여 포괄적 개입을 강조하였다. 아직까지 1만 5천 명 정도의 탈북난민이 남한사회에 거주하기 때문에 충분히 가능한 방안이라고 할 수 있다. 그러나 향후 탈북난민이 크게 증가한다면 또 다른 방안들과 제도들이 필요하다.

탈북난민들이 남한의 지역사회 주민으로서 삶을 영위하는 과정에서 중요성을 가지는 정신보건서비스 전달체계를 제대로 정립하는 방안을 모색해야 한다. 탈북난민의 정신건강증진이 완벽한 적응을 보장하는 것은 아니지만, 촉진시킬 수 있는 요인임은 틀림이 없다. 탈북난민의 정신보건서비스 전달체계가 제도적·실천적으로 확보되지 못하고 있는 상황은 분명히 재적응과 관련하여 불리한 여건이라는 사실은 확실하다. 앞으로 본고에서 제안된 서비스 전달체계를 바탕으로 포괄성, 연속성, 전문성을 갖춘 체계의 구축이 필요하다고 본다.

제 7 장

탈북난민의 외상 개입모델

Traumatic Experiences of North Korean Refugees

1 _ 멀티레벨 모델MLM

2 _ 다문화 정신건강 사업단TPO

3 _ 탈북난민모델

1 _ 멀티레벨 모델MLM
- 과정
- 사례연구

2 _ 다문화 정신건강 사업단TPO
- 개요
- 개입단계

3 _ 탈북난민모델
- 전제조건
- 포괄적(전체적) 모델
- 지역사회중심 모델

제7장

탈북난민의 외상 개입모델

1. 멀티레벨 모델[MLM]

탈북난민의 외상과 같은 정신적 위기에 대한 개입모델은 외국의 난민사례에서 찾을 수 있다. 이주민과 난민들의 외상과 같은 정신건강 문제를 대처하기 위한 모델은 다양하게 있지만, 연속적인 과정으로 이루어지지 않고 각 과정을 독립적으로 활용할 수 있는 모델은 많지 않다. 또한 부가적인 자원이나 경제적 지원이 필요 없이도 가능하다면 더욱 바람직하다. 이러한 내용들을 충실하게 포함하여 Bemark과 Chung[2002]은 난민의 정신건강 문제에 효과적으로 대처할 수 있는 멀티레벨 모델[Multi-Level Model, 이하 MLM]을 개발하였다. MLM은 전문가들에게 이주민과 난민의 정신건강 예방과 개입을 위한 독특한 기술과 이해를 습득하게 하고 민감성, 사회정치적, 문화적, 심리적 현실감과 외상적 경험과 이주과정의 상실을 이해하도록 구성되어 있다. MLM은 4 단계[level]로 구성되어 있지만 독립적으로 활용이 가능하고 추가적인 자원이 크게 필요한 모델도 아니다. 이 모델은 난민들의 외상적 위기에만 개입 가능한 것이 아니라 전반적인 정신적 위기에 활용되는 통합모델이라고 할 수 있다.

1) 과정

[1 단계]는 '정신건강 교육mental health education'에 초점을 맞추어 일반적인 정신건강 내용과 과정을 교육하는 것이다. 1 단계에서는 치료적 관계를 설정하는 것이 중요한데, 이는 신뢰와 라포를 형성하는 것과 연관된다. 또한 이 단계는 서구의 정신건강 서비스에 익숙하지 못한 난민들을 위하여 서비스체계 등을 교육하고 과정을 명백히 밝히는 것이 포함된다. 난민의 정신건강 문제 개입의 가장 중요하면서도 일차적인 과제는 개입가(전문가)와의 신뢰관계가 형성 되어야 한다. 많은 난민들의 연구에서 밝혀진 공통된 내용이다.

[2 단계]는 '정신치료psychotherapy' 과정으로서 심각한 외상과 같은 문제에 대하여 개인, 집단, 가족의 범위로 전통적인 서구의 심리정신적 치료방법으로 개입하는 것이다. 정신치료의 단계에서는 난민의 이주 전, 이주과정, 이주후의 심리사회적 특성에 대하여 파악하는 것이 중요하다. 개인적 접근에서는 인지행동치료가 많이 활용되고 있으며, 사회적 · 가족적 네트워크를 형성하게 하고 Yalom의 집단치료 방법을 활용하거나 가족체계의 관점에서 가족개입을 하여 성과를 이루고 있다.

[3 단계]는 '문화적 임파워먼트[1]cultural empowerment'의 과정으로 이주 후 난

1. 임파워먼트는 이념적 배경과 접근방식에 따라서 '역량강화', '능력고취', '세력화', '권한부여' 등의 의미로 사용되고 있다. 임파워먼트의 사전적 의미는 힘을 부여하고, 권한을 부여

민들에게 문화적, 환경적 숙달감을 향상시키는 것에 초점을 맞춘다. 이주 직후 이주난민들은 심리내적이고 대인관계적인 문제 및 심리정신적 이슈들보다는 주택구입, 고용, 언어학습, 사회복지서비스 체계를 이해하는 것이 더욱 긴급할 수 있다. 난민들에게 사회시스템이 어떻게 작용하는지, 서비스에 어떻게 접근해야 하는지, 교육, 재정, 건강 및 고용과 관련된 문제를 해결하기 위해서 어디로 가야 하는지가 심리정신적 문제를 탐색하기 전에 현실적 과제로 나타난다. 이러한 문제의 중요성을 심리정신적 치료 이전에 고려하고 탐색되어야 한다.

3 단계에서 개입전문가는 정부 정책이나 인권 문제에 관하여 사회옹호의 역할을 수행하여 불공평하고 차별받는 난민을 위해서 노력해야 한다. 또 다른 문화적 임파워먼트의 내용은 난민들이 재정착국에서 직면할지도 모르는 민족주의, 차별, 억압에 대처하는 기술을 획득하는 것이 포함된다. 재정착국의 주민들은 난민에 대하여 적대감과 거부감을 가질 수 있으며, 이는 난민들의 문화적응을 더욱 어렵게 할 것이다. 따라서 난민들에게 새로운 문화에 숙달하기 위해서 필요한 전략이 무엇인지, 사회시스템이 어떻게 작용하고, 그 속에서 문제를 어떻게 해결하는지의 문화시스템에 관한 정보제공과 옹호를 하는 단계이다.

[4 단계]는 서구적 치료와 전통적 치료방법의 통합integration of western and indigenous healing methodologies 과정이다. 이를 위해서는 난민 개입전문가들과 지역사회 지도자, 종교 지도자 등이 협조적 관계를 형성하는 것이 중요하다. 난민들

하고, 능력을 부여하는 것으로 enable의 뜻을 가지고 있다. 즉, 임파워먼트는 개인이나 집단이 상대적으로 무기력한 상태에서 힘을 가진 상태로 이동해 나가는 것이며, 개인적 또는 대인관계적 및 정치적 힘을 증가시켜서 개인, 가족 및 지역사회가 그들의 상황을 개선하기 위한 행동을 할 수 있도록 하는 과정이라고 할 수 있다. 더 자세한 내용은 최명민 역, 『임파워먼트와 사회복지실천』, (서울: 나남출판, 2007)을 참고하기 바랍니다.

의 정신건강 증진을 위해서 지역사회의 다양한 여론 주도층 및 조직들과 연계 또는 관계가 체계적으로 이루어지는 단계이다. 따라서 MLM은 심리사회적 개입과 동시에 난민의 사회네트워크 구축, 사회문화적 배경의 이해, 난민의 삶의 과정이해 등을 추구하도록 되어 있다.

2) 사례 연구

(1) 니보롬[Niborom]의 사례[Bemark et al., 2003. pp.92-95]: 미국에 거주하는 35세 캄보디아 여성난민

① 현 상황

니보롬은 4년 전 3명의 자녀와 25세인 여성 사촌과 함께 미국에 왔다. 그녀의 12세, 15세, 17세의 자녀들은 학교 과제물을 제출하지 못하고 결석 및 지각 등을 포함한 학교 부적응을 보였다. 그녀는 학교의 여러 모임과 사회복지서비스 기관에 참석하여 이 문제의 해결을 위해서 노력하였으나 자녀들의 학교 부적응은 향상되지 않았다.

니보롬은 캄보디아 난민촌에서 생활하였으며 사회복지서비스 기관과 지역 교회의 지원을 받고 있다. 그녀는 6개월 전에 같은 교회에 다니는 54세인 백인 남성[Tom]과 연애감정을 교환하게 되었으나 자녀들과 사촌의 강한 거부감에 직면하였다. 그들은 탐과 어머니/사촌의 관계에 당황해 하면서 이웃에 있는 다른 캄보디아인의 집에서 밤늦게까지 지내곤 하였다. 자녀들은 캄보디아 난민촌의 지역사회에서 자신들은 조롱꺼리가 되었다고 심각하게 하소연하였다. 니보롬은 더 이상 캄보디아인 지역사회에서 환영받지 못하였고, 그녀의 아버지 또래의 남성과 사귄다는 혐오감으로 배척당하였다. 또한 그녀의 사촌도 탐과 만남을 중단하기를 강력히 요청하였으나, 니보롬은 자신의 고통과 두려움을 이해하는 오직 한사람이 탐이라고 주장하며 이 요구를 거절하였다. 니보롬은 탐과 같이 시간을 보내지 않을 때는 거의 혼자 있었다.

니보롬은 영어능력에 상당한 문제가 있었으며, 이것이 실직과 관련이 있을 것으로 추정한다. 지난 몇 달 동안 그녀는 무엇을 해야 할지를 모르겠다고 하소연하면서 혼란스러워했다. 니보롬은 캄보디아인 지역사회에서 지지체계를 상실하였으며 점차 혼자라는 느낌을 강하게 받았다. 그녀는 하루 종일 창밖만 응시하거나 TV를 보면서 괴롭게 보냈다. 니보롬은 최근에 지역사회뿐만 아니라 자녀들과 사촌도 그녀를 거부하면서 더욱 혼자라는 느낌을 받았다. 지난 몇 주 동안 니보롬은 그녀의 친구들과 관계를 단절하고 죽겠다고 말하였다. 그녀의 친구들에 의해서 니보롬은 정신건강 전문가에게 의뢰되었다.

② 현 문제

최근 3주 동안 상황이 나쁘게 진전되었으며, 니보롬이 탐을 저녁식사에 초대한 날에 위기상황이 발생하였다. 자녀들은 탐과 대화를 하지 않고 화를 내면서 집밖으로 나갔으며 가출하겠다고 말하였다. 니보롬은 통제할 수 없을 정도로 울기 시작했으며 '이 비참함을 끝내기' 위해서 죽겠다고 하였다. 이후로 니보롬은 탐과 자녀들에게 무책임하게 대했으며, 대부분의 시간을 혼자서 방문을 잠그고 있었다.

③ 위기의 과정

니보롬은 미국생활 내내 외로움을 경험하였으며, 자녀를 양육하는데 어려움을 겪고 있었다. 그녀는 교회와 사회복지서비스 기관, 사촌 및 캄보디아 난민촌 지역사회에서 어느 정도 지지를 받았지만 '텅빈 공허함'을 느껴왔다. 6개월 전에 같은 교회에 다니던 탐을 만나게 되었고, 그녀는 미국인을 만나서 좋았고 몇 년 만에 처음으로 웃게 되었다. 그녀는 탐과 데이트를 시작하였으며 지난 몇 달 동안에는 점점 더 많이 탐을 의지하였고 최근에는 자녀들의 문제에 대하여 조언을 구하기도 하였다. 탐은 기꺼이 도움을 주었다. 3주전에 니보롬은 탐과 자녀돌이 대화할 수 있도록 저녁식사를 초대하였다. 그러나 탐이 그들의 학교 문제에 대하여 이야기를 꺼내자, 그들은 침묵하고 식사를 거부하고 식당을 떠났다이것은 캄보디아에서 매우 무례한 행동이다. 다음날 그들은 어머니에게 탐은 자신들의 집에서 환영받지 못하며 다른 집으로 이사 가길 원한다고 하였다. 몇 일후 니보롬은 정신건강 전문가에게 의뢰되었다.

④ 핵심적 사정질문

- 니보롬은 자살할 것인가? 심층적으로 탐색하라.
- 탐의 존재 이전에 니보롬의 자녀들이 학교생활에서의 근본적인 문제는 무엇인가?
- 니보롬은 영어를 공부하고 있는가?
- 니보롬의 자녀들과 지역사회가 그렇게 심하게 탐과의 관계를 반대하는 이유는 무엇인가?
- 캄보디안 지역사회와 문화적 교감을 형성할 수 있는 방법이 있는가? 니보롬이 다시 지역사회와 관계를 형성할 방법이 무엇인가?
- 니보롬과 자녀와의 관계 및 그녀의 남편 부재의 영향을 탐색하라
- 니보롬의 전남편은 어떻게 존재하는가? 살아있는가 아니면 존재하지 않는가? 존재하지 않는다면, 폴 포트Pol Pot 정권하에서 수백만이 죽임을 당했을 때 사망했는가? 살아있다면 어디에 살고 있는가?
- 니보롬과 남편과의 관계는 어떠했는가?
- 생부와 자녀들과의 관계는 어떠했는가?

⑤ MLM 개입

[단계 1: 정신건강 교육]

니보롬은 그녀의 남자 친구인 탐과 다르게 미국 문화는 생소하고 캄보디아 문화에 익숙해져 있다. 그녀의 영어실력은 빈약하고 실직상태에 있다. 그녀는 정신치료에 대한 지식이 거의 없는 상태이다. 따라서 상담의 전체 과정에 대한 이해와 기대를 명백하게 제공하는 것이 중요하다.

[단계 2: 개인, 집단, 그리고 가족치료]

캄보디안 사회는 가족과 사회적 관계를 우선시 한다. 현재 니보롬의 중요한 문제 중의 하나는 그녀의 사촌과 자녀들로부터 거절당하는 것이다. 이것은 매우 고통스럽고 니보롬이 죽겠다고 말하는 원인이었다. 그러므로 문화적 맥락과 가족 체계에서 문제가 있으므로 가족치료가 개입 전략으로 제안되었다.

가족 치료 과정에서 자녀들의 생부 부재의 영향과 니보롬과 자녀들 및 사촌과의 관계를 탐색할 필요가 있다. 현재 가족 체제에서는 사촌의 역할이 중요하다. 또한 문화적 구조 내에서 자녀들과 사촌이 탐에 대한 반응을 탐색하는 것도 필요하다.

가족 관계의 규범을 문화적 구조 내에서 유지하는 것이 가족 내의 의사소통 패턴을 결정하는데 도움을 줄 것이다. 부모에 대한 무례는 캄보디아에서 흔하지 않으므로 이 부분을 중요하게 고려하여 조사하고 개입하는 것이 필요하다. 탐의 존재와 같은 경우에 다른 캄보디아인들은 어떻게 싫음을 표현하는지 탐색해야 한다. 부모와 자녀 간에 어느 정도의 불일치가 표현될 수 있으며, 어떻게 의견교환이 이루어지는지를 알아보아야 한다. 탐은 가족역동 속에 참여할 수 있겠는가? 이와 같은 질문들이 가족치료 과정에서 이루어져야 한다.

[단계 3: 문화적 임파워먼트]

니보롬에게 직면한 주요한 결정사항은 탐과의 관계를 지속할지 또는 단절할지에 관한 것이며 이를 가족과 함께 해결하려고 노력하는 것이다. 그녀의 이러한 결정을 지원하기 위해서는 미국에서 인종이 다른 커플이 어떻게 이해되고 있는지를 알게 하는 것이 필요하다. 그들에게 어떤 차별이 있으며, 그것을 어느 정도 받아들이고 참을 수 있는지를 알게 해야 한다. 만약 그녀와 탐의 관계가 더욱 진지하게 되었다면 자녀와 양부모의 관계에 대한 공식적이고 비공식적인 규칙과 법률 속에서 각자의 문화적 규범을 확인하는 것이 중요하다. 일반적으로 미국과 캄보디아에서 데이트는 어떻게 하며 이것을 가족과 지역사회는 어떻게 받아들이는가? 이 이슈는 문화적으로 다르고 가족체계 전체에 영향을 미칠 경우에는 중요하다. 특히 이것은 니보롬이 캄보디아에서의 관습적인 데이트 풍습을 알고 있기 때문에 중요하다. 따라서 정신건강 개입과정에서 니보롬이 데이트 관계의 규범과 기대를 명확히 아는 것은 유용하다.

[단계 4: 전통적 치료]

니보롬의 정신건강의 문제는 문화적 의례의 부재에 기인할 수도 있다. 예를 들면, 사랑한 사람의 사망남편이 사망한 사건과 같은에서 적절한 장례식과 애도는 남겨진 사람들의 내적인 평안과 또 다른 생활로 이동하도록 사람들을 돕는데 중요하다. 이것은 자녀와의 문제와 탐과의 관계에서 오는 니보롬의 문제를 해결하는데 기여할 수 있다. 특히 그녀의 사망한 조상에 대한 적절한 의식을 행할 수 있는 성직자를 만나지 못하고 있을 때는 더욱 의미 있다. 니보롬은 탐과의 관계를 유지하면서 두 가지의 문화에 포함되어 있으므로, 이 두 문화가 평화롭게 공존하기 위해서는 그녀 자신의 문화를 실천하는 것에 관심을 가지는 것이 필요하다. 따라서 니보롬의 자살문제를 포함한 현재의 문제를 사정하고 개입할 때 승려를 찾아가는 것은 매우 유용하다. 이것이 가족치료와 연결된다면 최고의 치료가 될 수 있다.

(2) 아밀Amir의 사례Bemark et al., 2003. pp.82-86: 미국에 거주하는 35세 보스니아 남성난민

① 현 상황

아밀은 35세인 보스니아 남성난민으로 무슬림Muslim이다. 그는 3년 전에 혼자 미국에 왔으며 현재는 도시의 대규모 보스니안 지역사회에 거주하고 있다. 보스니아 전쟁에 참여하였으나 포로로 붙잡히고 고문을 당하였다. 그는 3개월 후에 탈출에 성공하여 고국을 떠났다. 그의 가족은 아직도 보스니아에 살고 있는 조부모와 형제자매를 제외하고는 전쟁기간 동안 모두 사망하였다. 보스니아에 있는 그의 가족들은 아밀을 의지하고 있기 때문에 생활비를 매달 그들에게 보낸다.

아밀은 보스니아에서 중산층에 속했지만, 지금은 빵가게의 운전수로 일하고 있다. 보스니아에서 화학을 전공하였으므로 가족들을 원조할 수 있는 안정된 직업을 구하려고 하였다. 아밀이 미국에 도착하였을 때, 그는 ESLEnglish as a second language 그룹에 속하게 되었고 화학을 계속 연구해서 대학에 가기를 원하였다. 그러나 아밀은 보스니아에 있는 그의 조부모와 형제들의 재정적 의무감 때문에 영어능력 향상을 위한 반에서 공부하는 것을 연기하고 돈을 버는 것에 열중하였다. 따라서 그의 영어능력에 한계가 있었으므로 비숙련 노동에 종사할 수밖에 없었다.

보스니아에 있는 아밀의 조부모는 그들의 비참한 상황을 제기하고 돈을 요구하는 편지를 끊임없이 보냈다. 그 편지에서 조부모는 얼마나 궁핍하고 어렵게 생존하고 있는지를 하소연하면서 기회와 부의 땅인 미국으로 탈출할 수 있었던 아밀은 행운아라고 하였다. 아밀은 미국에서 개인적으로나 재정적으로 어려움 속에 있었지만 고국의 가족에게는 재정착의 어려움을 말하지 않았다. 대신에 그는 미국에서의 좋은 생활, 성공적인 일, 대학 과정의 어려움, 친구들, 충분한 임금 등과 같은 내용으로 그들에게 편지를 보냈다. 아밀은 대부분의 가족들이 죽임을 당한 끔찍한 곳에서 자신만 탈출한 것에 대한 죄책감을 가지고 있었다. 그는 자주 돈을 벌어서 고국의 가족에게 보내야 하며, 자신과 비교하면 가족들이 얼마나 고통스런 상황에 있는지를 생각하였다.

그는 부유한 지역에 빵 배달을 하면서 또 다른 삶의 방식을 보게 되었다. 매일 그는 부유한 집과 음식을 보게 되면서 부에 대한 더 많은 생각을 하게 되었다. 그는 강박적으로 부자가 되기를 바라면서 더 많은 돈을 그의 가족에게 보내기를 꿈꾸었다. 심지어는 자신이 소유하는 미국에 있는 큰 집에 가족들을 초대하는 상상도 하였다. 그는 백만장자가 되기 위한 사업을 하기 위해서 투자하였으나 어렵게 번 700달러만 손실을 보았다. 이후에 아밀은 두통과 복통을 호소하거나 외로움을 느끼고 가족들도 생각하지 않았다.

아밀은 가족을 지원하는데 집중하고 오랜 시간동안 일에만 매달렸기 때문에 다른 활동을 할 시간이 거의 없었다. 보스니아에서 아밀은 자주 친구, 가족들과 함께 음식, 커피, 웃음, 유머로 오후 내내 또는 저녁을 보내었다. 현재 그는 고립되었고 일만 하고 있으며 혼자 있는 시간이 대부분이다. 그는 주말이 되면 TV를 보거나 보스니아 지역사회에서 벗어나 술집을 방문하여 술을 마시거나 하루 밤 즐길 여자를 찾았다. 점차로 그는 혼자 있는 자신을 발견하였다.

② 현 문제

어느 토요일 저녁에 아밀은 자신의 보스니아인 그룹에 의해서 누군가의 집에 커피를 마시기 위한 모임에 초대되었다. 그는 참석이 불확실했지만 동의하였다. 그 모임에 참석하여 아밀은 다른 사람들이 웃고 농담하는 가운데에 있었다. 아밀은 그들을 잘 알지는 못했지만 이내 편안해졌고 전쟁이 시작되기 전의 보스니아 삶이 떠올랐다. 밤이 되고 시간이 흐르자 아밀은 새로운 친구들과 웃고 농담하는 자신을 발견하였다. 이것은 몇 년 동안 없었던 일이었다.

그 저녁 이후 집에서 그는 보스니아에서의 생활이 생각나기 시작했는데, 그의 부모, 두 명의 형제, 숙모, 삼촌 그리고 옆집의 노인, 친구들과 같이 죽은 사람들이 떠올랐다. 그는 더욱 과거 생활이 반영되어 혼란스러웠고 마침내 몇 년 만에 처음으로 울기 시작했다. 그의 마음에는 기억이 꼬리를 물기 시작하였으며 몇 년 동안 생각나지 않았던 기억들로 밤새도록 침대에서 흐느꼈다. 아밀은 아침이 되어서 일어나자 두려움과 방향감각을 상실하고 혼란된 모습을 발견하였다. 며칠이 지난 후에도 이러한 강렬한 느낌은 지속되었고 두통과 복통이 찾아왔다.

③ 위기의 과정

아밀이 탈출하는 과정에서 기아, 신체적 질병 및 심리적이고 신체적인 고문을 당했다. 그는 간신히 탈출하였으며 한번 이상의 죽을 고비를 넘겼다. 그가 마을에 돌아왔을 때 그의 가족들과 마을 사람들은 없었으며, 많은 사람들이 죽어 있었다. 그는 생각할 것도 없이 마을을 떠나서 비참한 경험을 한 끝에 극적으로 미국에 이주하였다.

생존을 위하여 아밀은 결코 보스니아에서의 삶을 뒤돌아보지 않았다. 그는 고문과 기아상태의 생각을 떠올리지 않으려고 노력하였으며, 자신의 마음에서 가족들을 지웠으나 때때로 악몽과 두통을 경험하였다. 몇 년 동안 그는 과거의 고통스런 기억을 잊기 위하여 미국의 보스니아 지역사회를 떠나서 회교 사원도 가지 않고 살았다. 아밀은 토요일 밤에 보스니아 집단 모임에 참여하였을 때 그에게 일어났던 모든 것을 기억하고 있다는 사실을 알았다.

④ 핵심적 사정질문

- 아밀은 종교적인가? 그렇다면 회교사원에 간 적이 있는가 또는 일상의 기도를 계속하고 있는가?
- 아밀의 고문 경험을 조심스럽게 탐색하라. 그는 이러한 경험을 누구에게 말한 적이 있는가?
- 그는 가족, 친구 및 이웃의 죽음을 개인적으로 어떻게 받아들였는가? 이러한 고통스런 상실에 대한 아밀의 욕구는 무엇인가?
- 아밀이 미국에 도착하기까지 무슨 일이 있었는가?
- 보스니아에 살고 있는 조부모와 형제자매와 아밀의 관계는 어떠한가?
- 미국에서 혼자 사는 어려움을 가족들과 함께 공유하지 못하는 이유는 무엇인가?
- 아밀은 화학을 계속 공부하고 싶어 하는가? 그렇다면 어떤 장기 목표를 세우는 것이 바람직하겠는가?
- 현재 생활에서 영어를 계속 공부할 방법이 있는가? 그렇다면 어떠한 방법이 있는가?
- 아밀은 돈을 버는 것에 관심이 있다. 아밀이 어떻게 현실적으로 이 목표들을 달성할 수 있을지를 검토하라.
- 아밀의 보스니아인 사회적 네트워크의 부족을 논의하라. 아밀은 보스니아인들과 더 많은 시간을 보내길 원하는가? 그렇지 않다면 그 이유는 무엇인가? 그렇다면 어떻게 해야 하는가?
- 아밀과 함께 어떻게 하면 더욱 의미 있는 관계들을 만들 수 있을지를 탐색하라.
- 아밀의 눈물의 근원이 무엇인지를 탐색하라.

⑤ MLM 개입

[단계 1: 정신건강 교육]

전통적으로 무슬림들은 정신건강 문제를 이방인들과 공유하지 않는다. 일반적으로 동성의 가족이 그 문제들을 해결하려고 한다. 그러므로 정신건강 전문가가 방문해서 아밀의 깊은 내적 생각과 감정을 말하도록 하는 것은 어렵다. 가족이외의 외부 전문가를 개인적으로 접촉하는 것에 대한 구조와 형식, 그리고 비밀보장이 아밀에게 중요한 이슈이다. 정신건강 전문가와의 관계와 역할에 대한 설명은 고문 희생자인 아밀에게 필수적으로 행해져야 한다.

[단계 2: 개인, 가족, 집단치료]

보스니아에서 다른 사람의 정신건강 문제를 원조하는 것은 전형적으로 사회적 네트워크를 통해서 이루어진다. 이것은 대개 커피와 음식을 먹으면서 친구와 가족들에 의해서 지역사회에 있는 가정에서 해결하려고 한다. 정신건강 문제를 보스니아에서 어떻게 개념화하는지에 관한 하나의 단어가 있다. 그 단어는 'prolupao'인데 이는 '자동차를 다시 움직이기 위해서 수리가 필요한 시점'이라고 번역할 수 있다. 따라서 이들에게 심리학적 문제는 어떤 사람에게 수선이 필요한 시기이므로 어떤 관심이 필요한 일시적 문제라는 관점이다. 이러한 관점은 심리학적 기능을 수행하기 위해서 자동차가 심각하게 파손되었다거나 완전한 수리가 필요하다고 보는 것과는 매우 다르다. 그러므로 보스니아인들의 이러한 정신건강에 대한 관점을 토대로 접근이 이루어져야 한다.

이러한 상황으로 볼 때, 아밀의 집단치료는 사생활과 비밀이 보장되는 보스니아 지역사회의 가정에서 행해지도록 권고 되었다. 이것은 안전하고 가족 같은 분위기의 치료를 위해서 지역사회 리더들과 함께 협동할 수 있는 문화적인 민감성을 가진 집단치료자가 수행해야 한다. 따라서 집단치료는 비공식적인 방법으로 고국에서 늘 했던 음식과 커피를 가정집에서 먹으면서 문화적으로 일치하는 방식으로 이루어져야 한다. 아밀은 집단에 참석하고 거실에 앉아서 고국에서와 같이 잡담과 유머를 포함하는 방식으로 문제들을 토의한다. 그 모임에서는 악몽, 집중력 상실, 더 나은 삶에 대한 열망, 보스니아에 있는 친척을 지원하는 것, 고립 그리고 문화적응 등에 관한 내용들을 토의할 수 있다. 가족과 고향의 상실도 다루어야 할 중요한 주제이다. 또한 아밀의 두통, 위장통과 같은 신체화 증상을 탐색하고 어떻게 이것들이 더 근원적인 심리학적 문제들과 연관되어 있는지를 알아보는 것이 중요하다.

[단계 3: 문화적 임파워먼트]

아밀이 영어를 학습할 곳을 찾는 것이 필요하다. 영어 학습 장소와 시간, 그리고 비용을 지원할 수 있는 방법을 탐색할 필요가 있다. 부가적으로 그의 친척들이 미국으로 이주하기 위한 재정적 지원정책, 가족 재결합 정책 그리고 이민 정책을 아는 것도 필요하다. 이러한 정보는 그의 친척들을 미국에 데려오기 위해서 여러 가지 방법을 고민하지 않고 주정부 또는 지방정부의 정책을 파악하여 신속하고 명확한 결정을 내릴 수 있을 것이다.

[단계 4: 전통적 치료]

미국의 보스니아 지역사회에서 정신적 문제를 가진 개인들을 잘 돌볼 수 있는 현명한 사람이 있을 수 있다. 이주 전 고문, 어려운 탈출과 수많은 상실을 경험한 아밀은 이러한 문제들을 도와왔던 보스니아 지역사회의 누군가에게 큰 도움을 얻을 수 있다. 부가적으로 아밀의 치료에 도움이 되는 코란을 말하고 지침을 제공하는 무슬림 촌장의 도움도 받을 수 있다.

(3) 헥터Hector의 사례Bemark et al., 2003. pp.110-113: 미국에 있는 15세 된 엘살바도르 난민 소년

① 현 상황

헥터는 학급 친구의 물건을 훔쳐서 고소되었던 15세 소년이다. 그는 미국에 11개월 동안 살고 있으며 친구가 없다. 그는 외로움과 우울 경향으로 학교 상담가에게 주 1회 정서적 지지상담를 받고 있다.

그의 배경에 대한 정보는 명확하지 않다. 그의 친척들 중 일부는 엘살바도르 전쟁에서 사망하였으나 자세한 사실들은 모른다. 헥터는 교사들에게 밝으나 다소 순종적으로 행동한다. 그는 친구가 없으며 학급 동료들은 그를 조금 이상하고 위축된 아이로 표현한다. 헥터는 몇 차례 동료그룹에 참여하기를 시도했으나 거절당했고 이후로 혼자 있으면서 점심도 혼자 먹어왔다. 반대로 헥터는 체육시간에는 상당히 공격적으로 행동하는데, 한번은 축구게임에서 다른 소년을 거칠게 다루어서 큰 부상을 입힌 적이 있다. 학교가 끝나면 대부분의 시간을 집에서 TV를 보면서 보낸다.

헥터는 미국에 그의 부모와 2명의 누나와 왔으며 중학생이다. 14세의 누나와 가족 중에 유일하게 영어를 유창하게 하는 17세 누나가 있다. 그의 큰 누나는 학교에 자주 결석하고 모든 수업에서 유급당하고 있다. 학교 상담가는 가까운 시간에 그녀가 학교에서 퇴학될 것이라고 말한다. 반대로 헥터는 매일 수업에 참석한다. 그의 선생님들은 그가 항상 깔끔하지만 매일 똑같은 옷만 입는다고 하였다.

비록 그의 가족들은 라틴계 사람들이 사는 마을에 살고 있지만 고립감을 느끼고 엘살바도르에 살았던 정감을 전혀 찾을 수 없었다. 그들은 추운 날씨를 싫어하고 모든 청구서를 지불하는데 어려움을 가지고 있다. 비록 교회와 기관이 그들을 지원하고 있지만, 헥터와 그의 가족은 의심이 많으며 대부분 그들의 스폰서와 사회복지사를 피한다.

② 현 문제

어느 날 체육시간에 헥터는 아팠다. 그는 양호실에 가는 것을 허락받아서 락커룸에 옷을 갈아입기 위해서 갔다. 이후에 3명의 학급 동료들이 돈을 락커룸에서 분실했다고 하였다. 그 사건에 대해서 헥터는 격렬히 부정했고 분노했다. 그는 학교 상담가에게 상담하는 것을 거부하고 '이 어리석은 학교에 다시는 오지 않겠다'고 말한 뒤에 떠나버렸다.

③ 위기의 과정

헥터의 집에서는 부모들과 그의 큰 누나의 불화가 증가하고 있었다. 헥터는 학교 상담가에게 그 상황을 말하였다. "나는 집에 있는 것이 힘들다. 그들은 항상 다툼에 있으며, 그다음에 부모님은 큰 누나에게 나처럼 행동하라고 하며 등교를 요구한다. 나는 중립적이지 않고 누나를 지원한다. 그러나 그녀는 집을 떠날 것이라고 말하는데, 이것이 나의 걱정거리이다". 학교 상담가는 헥터가 부모와 누나 때문에 더욱 힘들어하고 위축될 것이라고 하였다. 또한 학교 상담가는 지난날에 몇일 동안 헥터의 집에 전기가 끊어져서 숙제를 할 수가 없었다는 것을 알았다. 집안의 문제는 점점 증가해 가고 있으며, 2주전 학교에서 헥터가 락커룸 분실사건으로 고소되면서 더욱 심각해지고 있다.

④ 핵심적 사정질문

- 헥터는 친구를 원하는가?
- 헥터가 그의 동료 그룹으로부터 스스로 고립하는 이유가 있는가?
- 헥터는 엘살바도르에서 친구가 있었는가? 그렇다면 지금은 상황이 어떻게 다른가?
- 헥터는 엘살바도르의 전쟁에 영향을 받았는가? 어떤 외상trauma경험이 있는가?

• 가족 구성원 중 누군가가 엘살바도르 전쟁에서 사망했는가? 이것을 헥터가 어떻게 받아들였는가?
• 헥터의 가치체계를 명확히 인식시키기 위해서 사회적으로 받아들여지는 행동과 그렇지 않은 행동을 탐색하는 것이 유용하다.
• 헥터와 누나의 관계는 어떠한가? 그는 누나를 어떻게 생각하고 있는가?
• 헥터의 가정생활은 어떠한가?
• 헥터는 그의 부모와의 관계를 어떻게 묘사하고 있는가?

⑤ MLM 개입

[단계 1: 정신건강 교육]

헥터는 이미 학교 상담가와 정기적으로 만나 왔으므로 상담과정을 이해하고 있다. 따라서 헥터와 학교 상담가가 함께 그의 가족에게 정신치료, 가족치료가 어떻게 진행되는지를 설명할 수 있다.

[단계 2: 개인, 가족, 집단치료]

학교상담가는 헥터에게 개인적 지지서비스를 제공한다. 헥터 가족은 재정적 어려움과 장녀가 문제를 가지고 있다. 가족 내에서 존재감이 뚜렷하지 않은 차녀는 학교와 가정에서 어떻게 행동하는지 명확하지 않다. 따라서 헥터 가족은 가족치료가 결정되었고, 헥터는 집단상담을 하기로 하였다. 가족치료는 학교상담가가 과정과 목적을 설명하면서 준비할 것이다.

가족치료는 초기에 누나의 학교 문제와 헥터의 도난 사건을 체계적인 관점에서 접근할 것이다. 또한 가족의 빈곤이 심리적으로 미치는 영향을 살펴보아야 하는데, 이는 제때에 옷을 사 입지 못하는 가족현실과 관련이 있다. 추가적으로 가족치료는 이주전 외상에 대하여 알아볼 필요가 있다. 전쟁이 이 가족에게 어떤 영향을 미치었는지는 불명확하지만 엘살바도르 사람들은 확대가족과 사회적 네트워크를 가치 있게 생각하므로 전쟁 중에 가족에게 발생했던 일을 아는 것은 중요하다. 그러므로 이주전 외상의 탐색은 문화적응, 심리적 적응, 특히 가족역동에 미치는 영향을 이해하는데 중요하다.

헥터를 위한 집단 상담도 매우 유용하다. 헥터는 위축되고 동료들과 관계가 부족하여서 사회생활을 제대로 경험하지 못하고 있다. 헥터는 학교에서 유사한 적응 문제를 가지는 또래의 이주난민 소년들과 집단 상담에 참여할 필요가 있다. 이는 헥터가 그의 행동과 대인관계에 대한 통찰력을 높여 줄 것이다.

[단계 3: 문화적 임파워먼트]

헥터 가족은 일상생활에 필요한 경제력을 갖추지 못했으며, 이는 헥터의 숙제에도 영향을 미치었다. 그들은 미국에 온지 1년 미만으로 전기, 전화, 상하수도에 대한 공적 원조의 정보를 모르고 있다. 그들에게 이러한 권리와 기본 서비스를 확보하는 단계를 교육하는 것은 중요하다. 이것은 관련 기관에 전화하는 것, 위치, 서비스 문서작성 요령 및 공공 기관에 대한 정보와 지원에 대한 기대를 포함한다. 이러한 학습과정이 문화를 습득하는 첫걸음이 되는 것이다.

[단계 4: 전통적 치료]

가족의 원조 요청 행동과 치료에 대한 시각을 알아보는 것이 중요하다. 명백히 이 가족은 헥터, 큰 누나, 부부 다툼 등의 문제로 미국에서 부적응을 경험하고 있다. 지역사회 내에 엘살바도르에서 온 성직자는 개인적, 가족적 문제를 원조할 수 있다. 엘살바도르 성직자의 문화에 근거한 치료개입이 가족치료, 집단치료와 혼합된다면 그들에게 더욱 유용할 것이다. 그는 헥터와 그의 가족과 같은 종교적 신념 체계에 근거하여 개입할 것이다.

2. 다문화 정신건강 사업단Transcultural Psychosocial Organization; TPO

1) 개요

(1) 등장 배경

난민에게 나타나는 심리사회적 위기와 정신건강의 문제를 일반적 방법으로 해결하지 못하는 한계를 극복하기 위하여 우간다Uganda 다문화 정신건강 사업단Transcultural Psychosocial Organization; 이하 TPO이 구성되었다Bemark, et al., 2003. TPO는 난민들의 정신건강의 문제를 해결하는데 있어서 개인의 적응유연성resilience, 가족과 지역사회의 지지 및 전통적인 치료healing를 중요하게 생각한다. TPO 프로그램은 지역사회community 중심의 접근을 기반으로 가족과 지역사회의 구조 내에서 이주난민의 임파워먼트를 고취시켜 정신건강의 문제를 해결하고자 하는 것이다. TPO는 처음에 난민들의 정신건강 문제가 전쟁과 폭행에 기인한 외상의 결과에 의해서만 발생한다고 보았다. 그러나 시간이 지나면서 난민들은 정신질환뿐만 아니라 생활 속에서 나타나는 사회적 이슈에서도 광범위하게 정신건강의 문제가 발생한다는 것을 파악하였다.

(2) 목표

TPO의 목표는 정신건강의 문제를 예방하고 치료하기 위하여 지역사회, 가족, 개인의 힘을 강화하여 스스로 지속적으로 문제를 해결할 수 있는 방안을 마련하는 것이다. 따라서 지역사회가 이주난민들의 심리사회적 문제를 이해하고 치료와 예방의 구조 속에 포함되도록 하는 교육이 중요하다. TPO 프로그램은 난민의 심리사회적 문제와 정신건강의 문제에 관하여 훈련받은 전문가가 지역사회의 지도자, 건강 전문가, 교사들을 교육하도록 고안되었다. TPO 프로그램의 전문가들은 상담가의 역할뿐만 아니라 프로그램 관리자와 전문가를 위한 교육도 담당하게 된다.

표 7-1 _ TPO 프로그램의 목표

[세부목표]

- 문화적으로 민감성 있는 지역사회 중심개입을 위해서 지역내의 토착 원조가들을 활용하는 것
- 문제해결을 위해서 장단기로 구분하여 치료하는 것
- 위기개입, 심리사회적 교육 및 지역사회와 아동청소년들에 대한 개입을 통하여 정신건강 문제를 예방하는 것
- 위기의 난민들을 위하여 문제를 예방하고 지역사회와 가족들이 임파워먼트 할 수 있도록 정신건강의 이슈들에 대한 지역사회의 인식을 증가하는 것
- 가족과 함께 그들 스스로 임파워먼트 하도록 격려하는 것
- NGO를 비롯한 지역사회의 공식 또는 비공식 조직의 사람들이 함께 협력하도록 하는 것
- 인권, 평화 및 화해를 증진하는 것

출처: Bemark, et al.(2003). p.197.

(3) 과정

TPO는 캐스케이드cascade 훈련 방식을 활용하기 때문에 상담가는 캐스케이드의 단지 출발점에 불과하다. 일단 훈련을 받고 난후에 그들은 교육이 가능한 지역사회 구성원들인 지역사회 지도자, 전통적 치료자, 건강 종사자 및 교사들을 교육한다. 이러한 교육은 지역사회가 난민들의 문제를 이해하는 계기가 되어 치료, 의뢰, 상담 등의 요청이 있게 된다. 지역사회의 토착민에 대한 교육은 정신건강의 문제를 가진 난민들에 대한 의뢰를 가능하게 만들어서 원조가 가능하게 된다. 이렇게 서비스가 연속적으로 이루어

지기 위해서 지역사회 토착민에 대한 교육이 전적으로 상담가로만 양성시키는 것이 아니라 프로그램의 관리자 또는 훈련가를 위한 훈련가가 되도록 하는 것이 중요하다.

이러한 효과적인 서비스는 정부의 공식적인 지원을 획득할 수 있다. 이 프로그램은 난민뿐만 아니라 정신건강의 문제를 가진 일반 대중에게로 확대되어 정부기관의 지원을 확보할 수 있다. 지역사회 토착 스텝(staff)은 지역 NGO가 되어서 훈련과 기술을 제공하고 프로그램을 지속적으로 실행하게 된다.

2) 개입 단계

TPO의 프로그램은 개인의 문제는 가족과 지역사회를 바탕으로 이해되고 해결될 수 있음을 강조하는 가족, 지역사회 중심의 접근법이다. TPO의 프로그램은 서로 연관성이 있는 9개의 범주로 나뉘어져 각각 예방과 치료개입의 단계로 구성되어 있다Bemark et al., 2003. 이러한 9 단계의 개입들은 사회적 상황, 다양한 커뮤니티, 인권, 정부정책, 정치, 환경, 문화, 관습, 사회경제적 지위 및 종교에 영향을 받게 된다.

① 1 단계: 생존survival 개입예방 중심

모든 원조의 일차적 과제는 난민이 생존을 유지하도록 하는 것이다. 의식주, 의료와 같은 생존에 필요한 도구들이 부족할 때 모든 사람들은 정서적 스트레스와 증상을 나타낼 수 있다. 이 단계에서는 난민들에게 정상감normalcy과 임파워먼트를 향상시켜서 무기력과 의존을 감소시키는 것이 중요하다.

[사례]

• 의존성과 학습된 무기력에서 벗어나서 정신건강을 증진하고 임파워

먼트를 향상해야 하는 이유를 원조 단체에 교육하기

- 많은 난민들이 지역사회 서비스와 접근방법에 대해서 알지 못하므로 지역사회자원에 대한 의뢰를 활성화하기

② 2 단계: 정치적political 개입예방/치료중심

정치적 개입은 인권, 평화, 민주주의, 갈등해결, 화해를 증진하는 과정이다. 만약 지역사회 내에 전쟁과 폭력의 원인 제공자들이 피해자들과 함께 거주할 때는 특히 중요한 과정이다.

[사례]

- 인권, 난민 권리와 아동 인권을 옹호하기
- 인권전문가 훈련하기
- 감옥에 수감되어 있는 사람에 대한 정신건강 지원
- 지역사회 평화와 화해를 위한 활동

③ 3 단계: 지역사회 임파워먼트 활동(예방/치료중심)

이 단계는 지역사회가 임파워먼트를 증진하고 스스로 힘을 구축할 수 있도록 돕는 것이다. 이러한 힘을 바탕으로 난민들과 같이 심리사회적 취약성이 있는 주민들을 지역사회 스스로 원조하도록 하는 것이다. 이 단계가 효과적이 되기 위해서는 지역사회 교육이 전체 지역사회에 확산되도록 해야 한다. TPO 프로그램의 전문가들은 지역사회 지도자, 종교 지도자, 교사, 건강 전문가, 청소년 지도자, 여성 지도자, 전통적 치료자, 공무원, NGO 관련자들을 훈련시켜야 한다. 또한 지역사회에서 난민들에 개입하는 전문가들은 위기개입의 이론과 실천에 능통하여 자살과 같은 심각한 문제를 예방할 수 있어야 한다.

[사례]

- 정신건강 증진 워크샵에 지역사회 참여시키기

④ 4 단계: 원조자들의 훈련과 능력 구축예방/치료중심

난민의 심리사회적 문제와 정신건강에 개입하는 모든 원조자들관련 직원들, 공무원, 교사, 사회복지사, NGO 관계자 등이 훈련을 받고 능력을 향상시키는 과정이라고 할 수 있다.

[사례]

- 지역사회 토착 스텝이 상담가로 인정받도록 훈련하기
- 공공기관의 종사자들에 대한 인식을 증진하고 기술들을 향상시키기
- 건강 전문가, 교사, NGO 관계자들을 훈련하기

⑤ 5단계: 가족 및 지지자들의 네트워크 구축치료중심

TPO 상담가는 가족과 지역사회 중심 접근법을 활용한다. 심리사회적으로 문제가 있는 난민을 원조하기 위하여 가족이나 지지자들과 원조 네트워크를 구축하는 단계이다.

[사례]

한 여성이 TPO 상담가에게 상담을 요청했다. 남편이 그녀를 떠나갔으며, 7명의 자녀들도 남편의 두 번째 아내가 되는 젊은 여성과 살기를 원한다는 내용이었다. 이 문화에서는 남자의 가족들이 그녀에게 이혼 위로금을 주어야 하며 그녀의 자녀들에 대한 책임도 있다. 두 번째 아내를 맞이하는 것은 받아들일 수 있지만 양쪽 모두 공정하게 이 문제를 조정하는 것이 중요하다. 따라서 TPO 상담가는 아내와 남편 가족들의 만남을 통해서 첫 번째 아내와 자녀들을 원조할 수 있는 방안을 찾도록 하였다. 가족들의 만남을 통해서 모든 사람들이 만족스러운 타협점을 찾았다. 그러나 이 여성은 분노와 슬픔이 지속되어서 상담가는 상담을 시작하였다.

⑥ 6 단계: 자조그룹self-help group 형성치료중심

난민들이 원조자에 의존하기 보다는 스스로 문제를 해결해 가는 구조를 형성하게 하는 것이다. 치료 자조그룹은 알콜 남용자, 미망인, 외상 경험 아동 등이고, 예방그룹은 알콜에 관한 심리사회적 교육, 스포츠 리그, 드라마 그룹, 아동과 청소년을 위한 전통 댄스 그룹 등이다.

⑦ 7 단계: 상담치료중심

상담은 난민의 심리사회적 문제를 해결하고 정서적 스트레스를 감소하는 방법으로 문화와 맥락에 따라 다르다. TPO 상담가들은 활동중심의 문제해결 접근법을 활용하여 개인과 가족들의 임파워먼트를 향상하도록 해야 한다Bemark, et al., 2003.

[상담을 위한 11 단계]

- Step 1: 모든 원조는 가족과 지역사회의 맥락에서 임파워먼트하여 자조그룹으로 이어지게 하라.
- Step 2: 원조과정에서 가족, 친구 및 지역사회의 잠재적 지지자들을 네트워크에 포함시켜라.
- Step 3: 원조 요청자와 그의 가족, 지지자 네트워크 그리고 원조자들이 신뢰관계를 형성하도록 하라(상담과정 전체에서).
- Step 4: 참여하는 모든 사람들을 경청하라(상담과정 전체에서).
- Step 5: 필요한 모든 정보를 조사하라(상담과정 전체에서).
- Step 6: 모든 참여하는 사람들의 감정 표현을 격려하라(상담과정 전체에서).
- Step 7: 편견 없이 모든 사람에게 열정, 공감, 정서적 편안함과 지지를 제공하라(상담과정 전체에서).
- Step 8: 문제를 사정하라(지속적으로 중요함).

- Step 9: 참여하는 모든 사람의 상황과 문화 및 능력을 고려하여 활동 계획을 개발하라.
- Step 10: 문제해결을 위한 계획은 단계적으로 세우도록 하라.
- Step 11: 원조과정이 해결되고 평가되었을 때 원조관계를 종결하도록 하라.

⑧ 8 단계: 정신치료psychotherapy 단계치료중심

이는 훈련과 슈퍼비전이 필요한 전문적 과정이다.

⑨ 9 단계: 정신의학적psychiatric 개입치료중심

이 단계는 정신병을 포함하여 정신지체 등의 다양한 정신의학적 문제에 개입하는 과정을 포함한다Bemark, et al., 2003.

[사례]

- 정신병의 치료를 위해서 약물치료와 지역사회 및 가족 교육과 개입을 동시에 실시한다. 정신보건 전문가들이 정신건강 증진을 위해서 훈련되고 이동 정신건강 클리닉을 활용한다.
- 정신병의 치료 중요성을 공공 및 민간기관의 관계자들을 이해하기 위한 옹호활동을 한다.
- 정신건강의 문제에 대한 의뢰를 증가시키기 위해서 지역사회 내에서 워크샵을 제공한다.
- 난민들은 질병, 열, 감염, 사고와 부상 등에 의해서 기질성 뇌증후군의 가능성이 크다. 이는 일반 건강관련 기관에서 치료하는 것이 어렵기 때문에 약물치료와 더불어 개인, 가족과 지역사회를 교육한다.
- 난민 가족들은 자주 지적장애 아동의 원조를 요청한다. 많은 아동들이 뇌손상의 문제를 가지고 있으며, 이는 고열에 의한 경우가 많으며 지속되는 경련의 문제도 포함하고 있다. 지적 장애 아동의 수는 많으며

대부분 전통적인 방법을 선호하거나 치료를 위해서 많은 돈을 쓰게 된다. 일부 지적 장애 아동은 유기되거나 지역사회에 버려지기도 한다. 아버지들은 지적 장애 아동의 어머니들을 버리는데, 이는 어머니들이 치료대상이고 이후의 출산에서도 지적 장애 아동을 낳게 된다는 두려움에 기인한다. TPO 상담가들은 가족에 대한 정서적 지지와 지적 장애에 대한 교육과 사랑을 제공하는 가족에 대한 격려와 열정, 그리고 그들의 부모들이 지적 장애 아동을 교육하는 방법 등의 서비스를 제공해야 한다Bemark and Chung, 2002.

3. 탈북난민모델[2]

1) 전제조건

난민의 사례를 통하여 탈북난민의 정신건강 개입도 다양한 이해가 전제되어야 함을 알 수 있다. 탈북난민의 심리정신적 위기에 개입하려면 개인적이고 사회적인 이해의 토대 위에서 직접 개입하는 전문가의 인식과 기술들이 포함되어야 한다.

먼저, 탈북난민들의 정신건강 위기를 유발하는 경험들을 이해하여야 할 것이다. 탈북난민들에 대한 이해의 영역은 사회정치적 배경, 개인력, 이주 이전의 외상, 과거 · 현재의 스트레스, 현 적응력, 문화적응, 민족적 정체감, 가치관 또는 세계관, 남한 주민의 낙인 또는 차별에 대한 인식 등이 될 것이다. 이러한 경험들은 탈북난민들에게 슬픔, 소외와 외로움, 심각한 자

---

2. 이 모델은 엄태완북한이탈주민의 심리사회적 위기대처 향상 전략: 난민과 이주민 모델의 적용을 통하여,『통일정책연구』, 2007)의 연구를 바탕으로 하였다.

존심의 손상, 우울, 불안, 편집증, 죄책감, PTSD, 물질남용, 공격성 등의 정신건강 문제를 일으키게 된다. 이러한 모든 상황을 직선적 인과관계로 이해하는 것이 아니라, 전체주의적holistic 관점에서 파악해야 한다.

다음으로 개입하는 전문가의 기본적 인식과 기술이다. 일차적으로는 개인, 가족, 집단과 관계하는 기술을 지니고 있어야 한다. 탈북난민들의 정신건강 문제를 해결하기 위하여 기본적인 관계형성과 상담기술이 필수적이기 때문이다. 또한 다른 난민과 마찬가지로 탈북난민들도 외상적 경험의 문제가 존재하므로 이에 대한 지식과 대처능력을 가지고 있어야 한다. 남북의 문화적 차이, 탈북난민의 남한생활에서의 문화적응의 과정과 영향에 대한 이해도 필요할 것이다. 탈북난민에 대한 남한의 정책과 제도, 사회적 인식 및 옹호기술과 같은 거시적 차원의 이해도 중요하다.

지역사회에서 탈북난민과 협력하기 위해서는 서비스 아웃리치outreach[3]에 관한 이념과 기술, 지역사회기관에 자문할 수 있는 능력, 탈북난민을 위한 교육과 프로그램능력, 연계와 의뢰의 기술이 필요하다. 또한 지자체와 같은 공공기관과 사회복지관과 같은 민간기관의 역할과 관계를 적절히 조정할 수 있어야 한다. 지역사회내의 탈북난민들이 심리사회적 위기대처의 이러한 과정이 원활하게 운영되는지를 확인하기 위하여 지속적으로 사정assessment하고 평가할 수 있어야 한다. 그리고 전문가 자신의 탈북난민에 대한 인식과 태도에 관한 점검도 필요하다.

---

3. 아웃리치는 탈북난민들과 같이 자신의 욕구를 충족시킬 수 있는 서비스와 자원의 정보에 대한 접근이 어렵거나, 그러한 것들을 자발적으로 구하려는 동기가 부족한 잠재적 대상자들로 하여금 서비스에 대한 접근성을 향상시키기 위해서 서비스 기관에서 활용하는 방법이다. 아웃리치의 방법으로는 교회, 노인회관, 동사무소 등지에 포스터나 간단한 인쇄물의 배포, 다양한 대중매체에의 광고, 공공장소에의 광고문 설치, 지역사회조직에서의 설명회, 가정방문 권유 등의 활동을 포함한다. 그 중에서 대중매체에 의한 광고가 가장 효과적인 방법이다이종복 외, 2007, p.84.

탈북난민들의 심리사회적 위기에 따른 정신건강 증진을 위한 개입과정은 전반적이고 모든 개인들에게 해당되는 포괄적 접근과 지역사회를 중심으로 하는 체계적이고 단계적인 접근이 필요하다엄태완, 2007b. 포괄적이고 전체적인 접근과 지역사회 중심의 접근으로 구분되어야 하는 이유는 다음과 같다. 첫째, 포괄적 접근은 정신건강의 위기를 겪을 수 있는 탈북난민 전체를 위한 접근 방향과 과제를 확인할 수 있다. 그러나 지역사회 차원에서 정신건강 문제가 있는 대상자에 대한 실제적 접근은 모호할 수 있으므로 지역사회중심의 접근 모델이 세부적 역할을 해야 하는 것이다. 둘째, 포괄적 접근은 중앙정부 차원의 모델인데, 개별지역 차원의 개입 모델이 필요한 것이다. 셋째, 포괄적 접근만으로는 개별 대상의 정신건강 위기의 문제를 감소하고 해결하는 것에 제한을 가지기 때문이다.

2) 포괄적전체적 모델

포괄적전체적 접근은 남한입국 직후부터 모든 탈북난민들을 4과정 속에 포함시켜 개입 방안을 모색하는 과정이다. 이러한 4과정은 반드시 일정한 순서대로 개입해야 하는 것은 아니다. 탈북난민에 대한 관련 기관과 전문가들이 이와 같은 전반적 모델을 이해하면서 주어진 상황에 맞는 단계에서 개입을 할 수 있다. 반드시 연속적 단계로 추진하지 않아도 효과를 얻을 수 있다.

[과정 1: 남한입국 직후에 심리정신적 위기교육]

이 단계는 디브리핑debriefing을 통한 지지와 안정이 필요하고, 탈북전후의 심리사회적 문제를 이해하여 남한적응에 미치는 영향을 최소화하도록 교육하는 과정이다. 현재 이러한 역할은 입국직후에는 경기도 안성의 정착지원사무소인 하나원이 될 수 있으며, 지역사회 내에서는 사회복지기관, 동사무소 등의 공공기관, 교회 등에서 전문가에 의해서 진행될 수 있을 것이다.

탈북난민의 심리정신적 위기를 이해하고 있는 전문가들이 교육에 참여해야 한다. 또한 유사한 경험을 가진 탈북난민들을 전문가로 양성하여 활용하는 방법을 고안해야 한다. 집단 교육의 경우에는 탈북난민들이 공감할 수 있도록 사전에 충분한 준비가 필요하며 집단상담과 집단치료의 역동성을 알고 있는 전문가들이 실시해야 한다.

그림 7-1 _ 포괄적(전체적) 접근모델

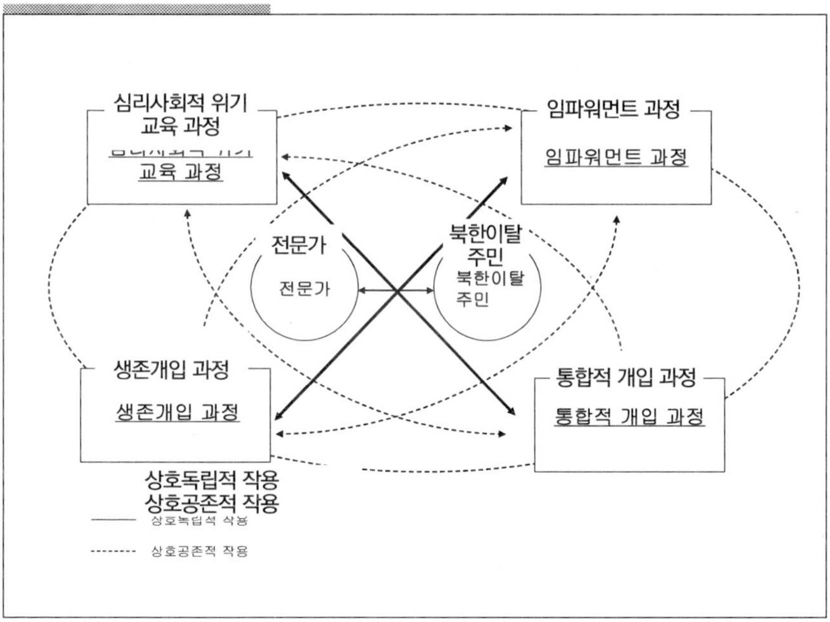

출처: 엄태완(2007b). p.190에서 재인용.

[과정 2: 생존개입]

생존survival의 차원을 어느 선까지 규정하느냐의 문제에 직면하게 된다. 현재 탈북난민이 남한 정착 후에 정착지원금, 교육지원, 의료지원, 생계보호, 취업보호, 신변보호, 탈북난민후원회 및 탈북난민지원지역협의회 등을 통한 지원이 이루어지고 있다. 기본 생존적 차원의 지원과 개입은 다른 이주난민과 비교해 보았을 때 탈북난민들의 경우에 미비하지는 않은 것 같다. 문제는 정착기간이 지속되면서 남한에서의 심리사회적, 경제적, 문화적 적응이라고 할 수 있다.

모든 원조의 일차적 목적은 생존을 가능케 하는 것이다. 심리적 스트레스와 증상은 의식주와 의료 같은 생존에 필수적인 도구들이 부족할 때 발생한다. 심리사회적 위기를 경험한 탈북난민들이 남한의 지역사회에 거주한 직후부터는 기본적인 생존도구들의 존재가 중요하다. 따라서 전문가는 탈북난민에 관한 제도와 정책에 관하여 상세히 아는 것이 필수적이다.

[과정 3: 임파워먼트empowerment 단계]

이 과정의 핵심은 탈북난민들을 남한주민이나 제도에 의존하게 하는 것이 아니라, 스스로 역량을 강화하고 힘을 부여하여 문제들을 해결하고 이에 따른 책임도 스스로 인식하게 하는 것이다. 임파워먼트 단계는 탈북난민들에게 문화적, 환경적 숙달감을 향상시키는 과정이다.

지역사회에 거주하기 시작하는 초기의 탈북난민들에게는 심리내적이고 대인관계적인 문제의 해결을 강조하기 전에 주거, 고용, 언어, 학습, 사회복지서비스 체계를 이해시키는 것을 우선시 하는 것이 중요하다. 이전의 경험과 현재의 스트레스로 인한 심리사회적 위기를 개인내적 문제에 한정하여 개입하기에는 이른 시기이다. 탈북난민들에게 사회시스템이 어떻게 작용하는지, 교육, 재정, 건강 및 고용과 관련된 서비스에 어떻게 접근해야 하는지를 이해시키는 것이 우선시 된다.

이 단계에서 전문가는 탈북난민에 관한 정부 정책이나 인권 문제를 옹호하고 사회적 불공평과 차별을 해소하도록 노력해야 한다. 또한 탈북난민들이 임파워먼트를 획득하도록 하기 위해서 새로운 문화에 숙달하기 위한 전략과 사회시스템의 작용, 문제해결을 위한 문화시스템의 정보를 제공하고 옹호를 해야 한다.

[과정 4: 통합적 개입]

통합적 개입의 주체가 어디인가에 관한 논의가 현 상황에서 있을 수 있지만, 탈북난민들과 관여하는 모든 기관과 전문가들은 이러한 전반적인 방향을 숙지하고 있어야 할 것이다. 탈북난민들이 기본적인 생활에 적응하고 안정된 후에 이전의 심리사회적 문제를 해결하는 시기이다.

이는 심각한 외상으로 인한 재적응의 문제, 남한적응 과정에서의 심리사회적 위기, 새로운 문화적응 과정에서 나타나는 다양한 심리정신적인 문제이다. 이에 대한 개입을 위해서 전문가는 지역사회의 다양한 기관과 지역사회 지도자, 종교지도자, 치료자들과 관계를 형성하여 개입할 수 있어야 한다. 통합적 개입 단계에서는 이주난민들의 적응 스트레스에 대한 4가지 중요한 개입으로 알려진 사례관리, 지지적 상담, 정보제공 및 사회기술 훈련, 위기개입의 방법이 활용될 수 있을 것이다Potocky-Tripodi, 2002.

탈북난민들도 주택, 교육, 언어 교육, 직업 훈련, 고용, 건강케어 및 다른 필요한 자원들이 포함되는 사례관리를 실시하여야 한다. 또한 일상생활 기능을 더욱 향상하고 스트레스로 인한 증상을 경감할 수 있도록 지지적 상담을 하여야 한다. 정보제공 및 사회기술 훈련을 탈북난민에게 실시하여 새로운 문화에서의 일상생활과 관습을 배우고, 이러한 관습과 일상생활을 효과적으로 대처하는 기술을 습득하도록 해야 한다. 탈북난민들이 정착과정에서 적절한 서비스를 받지 못할 경우에 위기개입이 이루어져서 스트레스를 줄이고 자아존중감을 회복하여 재적응에 도움을 주어야 한다.

3) 지역사회중심 모델

탈북난민에 대한 4과정 모델이 전체적이고 포괄적이라면, 지역사회중심의 6단계 모델은 지역사회 내에서 심리사회적 위기에 있는 탈북난민들에 대한 구체적이고 단계적인 접근이라고 할 수 있다.

탈북난민의 심리사회적 위기와 정신건강의 문제를 지역사회 중심의 접근을 기반으로 지역사회의 구조 내에서 해결하고자 하는 것이다. 이는 탈북난민의 심리사회적 문제를 예방하고 해결하기 위하여 지역사회, 가족, 개인의 힘을 강화하여 스스로 지속적으로 문제를 해결할 수 있는 방안을 마련하는 것이다. 따라서 지역사회 전체의 합의가 중요하고 훈련받은 전문가가 지역사회의 지도자, 건강 전문가, 교사들을 교육하여 문제해결과정에 포함시키는 것이 중요하다.

[1 단계: 환경조성]

탈북난민의 지역사회내의 인권을 향상하고 민주주의 가치관을 인식시키고, 남북주민의 인식 차이를 좁히는 것이다. 탈북난민 또는 가족 간의 갈등이나 문제에 대하여 개입하는 단계라고 할 수 있다. 지역사회 적응초기에는 탈북난민간의 갈등이 스트레스를 유발하거나 지지적 자원으로 활용되지 못할 수도 있다. 탈북난민들이 지속적으로 상호 지지적 관계를 형성할 수 있도록 조정하는 것이 중요하다.

탈북난민들이 정착초기에 접촉하는 남한주민들은 공식, 비공식적으로 제한적이다. 소수의 남한주민들과의 관계가 이후의 남한사회 전체에 대한 태도를 형성할 수 있으므로 신중한 접근이 필요하다. 또한 위기 이후의 가족역동은 다양하게 변화될 수 있다는 사실을 전문가들은 알아야 한다. 탈출과정의 경직된 가족체계가 남한사회의 정착과정에서 융통성 있는 긍정적 가족체계로 변화된다고 하더라도 가족갈등이 일어날 수 있다.

지역사회에서는 탈북난민들이 기본적인 의식주의 문제를 해결하는 것에 초점을 두어야 한다. 탈북난민들은 남한사회에 대한 환상, 외상과 같은 특별한 경험의 생존에 대한 자신감 등으로 일상적 생활의 의미를 깨닫지 못할 수도 있다. 이들에게 의식주의 문제를 해결하는 기본적인 생활의 중요성을 일깨워 주는 것이 필요하다. 전문가는 탈북난민의 심리사회적 위기와 정신건강의 문제에 관하여 인식하고 있어야 하는 단계이다.

그림 7-2 _ 지역사회중심 모델

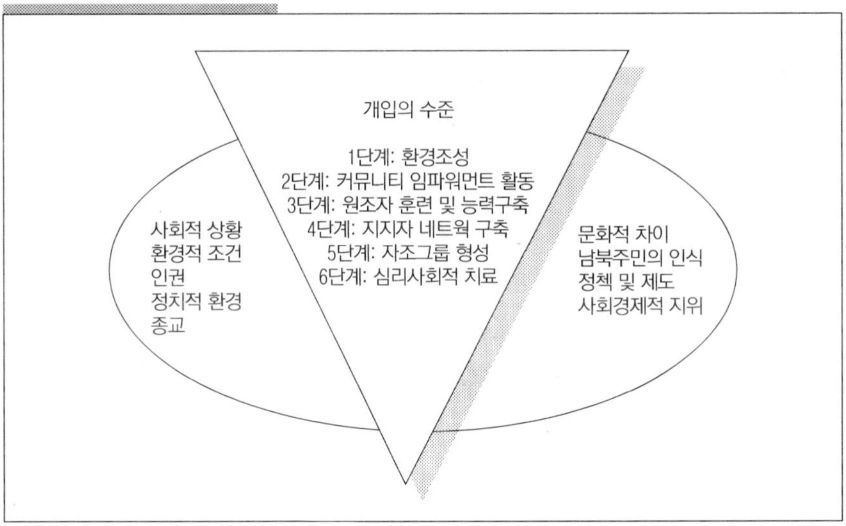

출처: 엄태완(2007b). p.192에서 재인용.

[2 단계: 지역사회 임파워먼트 활동]

이 단계는 지역사회가 임파워먼트를 증진하고 스스로의 힘을 자생하도록 돕는 것이다. 이러한 힘을 바탕으로 탈북난민과 같이 심리사회적 취약성이 있는 주민들을 지역사회 스스로 원조하도록 하는 것이다. 이 단계가 효과적이 되기 위해서는 지역사회 교육이 전체 지역사회에 확산되도록 해야 한다. 이는 탈북난민의 심리사회적 위기에 따른 재적응을 향상시키기 위한 지역사회 준비단계라고 할 수 있다.

1단계와 2단계는 지역사회의 전반적인 분위기를 조성하고 힘을 구축하는 단계라고 할 수 있다. 탈북난민들이 밀집되어 있는 지역을 중심으로 직접 실천할 수 있으며, 이는 향후 다문화시대를 위한 예비 지역사회 운동 또는 지역사회조직이 될 수 있을 것이다.

[3 단계: 원조자 훈련 및 능력구축]

탈북난민의 심리사회적 위기와 정신건강 문제에 개입하는 모든 원조자들관련 직원들, 공무원, 교사, 사회복지사, NGO 관계자 등은 훈련을 받고 능력을 향상시켜야 한다. 또한 지역사회에서 탈북난민들에 개입하는 전문가들은 위기개입의 이론과 실천에 능통하여 자살과 같은 심각한 문제를 예방할 수 있어야 한다. 이 단계는 탈북난민의 심리사회적 위기에 따른 재적응을 향상시키기 위한 지역사회 내의 관련 원조자 준비단계라고 할 수 있다.

[4 단계: 지지자 네트워크 구축]

심리사회적 위기와 정신건강의 문제가 있는 탈북난민을 원조하기 위하여 가족 및 지지자들과 원조 네트워크를 구축하는 개입이다. 탈북난민의 심층적 이해를 위한 교육과 훈련을 받은 전문가들이 지지망을 구축하여 개인 및 가족들과 유대를 강화하는 단계이다. 이 단계는 탈북난민의 심리사회적 위기의 문제를 해결하기 위하여 지역사회와 관련 원조자들을 통합하는 단계라고 할 수 있다.

[5 단계: 자조그룹 형성]

5단계와 6단계는 심리사회적 위기와 정신건강의 고위험 대상자나 증상 또는 문제유발 탈북난민들에 대한 예방 또는 직접 치료를 시행하는 단계라고 할 수 있다. 특히 6단계는 지역사회중심의 최종 단계로 이전에 문제가 해결된다면 필요가 없는 단계라고 할 수 있다.

탈북난민들이 원조자에 의존하기 보다는 스스로 문제를 해결해 가는 구조를 형성하게 하는 것이다. 치료 자조그룹은 알콜 남용자, 미망인, 외상 경험 아동 등이고, 예방그룹은 알콜에 관한 심리사회적 교육, 스포츠 활동 그룹, 아동과 청소년을 위한 그룹 등이다. 이 단계는 지역사회 내에서 탈북난민의 심리사회적 문제를 해결하는 것에 어려움이 있는 경우에 전문가 개입이전의 집단치유 단계라고 할 수 있다.

[6단계: 심리사회적 치료]

이 단계에서는 심리사회적 위기와 정신건강 문제에 대하여 적극적 지지를 통해서 해결할 수 있는 그룹, 심리사회적 상담이 필요한 그룹 및 정신의학적 개입정신과 입원과 약물치료 등이 필요한 그룹으로 세부적인 구분을 하는 것이 바람직하다. 또한 탈북난민의 심리사회적 문제를 해결하고 정서적 스트레스를 감소하는 방법은 남한주민들과는 문화와 맥락에서 다르다. 이러한 특성을 이해하고 훈련 받은 전문가에 의해 수행되어야 할 것이다.

제 8 장

탈북난민 외상의 회복

Traumatic Experiences of North Korean Refugees

1 _ 회복의 힘

2 _ 외상의 임상적 회복과정

1 _ 회복의 힘
- 접근 방법
- 심리내적 및 사회적 관계의 힘
- 일상의 유지를 위하여

2 _ 외상의 임상적 회복과정
- 치유를 위한 관계형성
- 안정화
- 재구성과 애도
- 삶의 의미와 관계회복

1. 회복의 힘[1]

탈북난민들이 이주과정에서 경험한 외상들이 남한의 일상생활에 어떠한 영향을 미치고, 이전의 기능으로 회복이 가능할 것인지에 대한 의견 일치를 보기는 어렵다. 왜냐하면 외상의 회복은 개인적, 사회적, 제도적, 문화적인 다양한 요인에 의해서 차이가 크기 때문이다. 탈북난민의 경우에도 외상의 정도와 기간과 같은 개인적 요인뿐만 아니라 남한사회의 사회보장제도, 사회적 지지, 지역사회의 자원 등에 따라서 다를 것이다. 이러한 영향요인들을 인정하면서 탈북난민들 스스로가 가지는 어떠한 힘들이 외상에서 회복하거나 일상적 삶을 유지하게 하는지를 살펴보려고 한다. 이는

1. 저자의 '북한이탈주민의 심리사회적 위기 대처과정의 긍정적 힘에 대한 질적 연구2009b' 내용을 중심으로 수정 보완됨.

탈북난민의 임상 실천과정에서 유용하게 활용될 수 있을 것이다.

1) 접근 방법

(1) 목적

외상과 같은 위기적 사건을 경험한 탈북난민들의 상황을 수동적이고 타율적인 접근이나 문제 중심의 해결방안을 시도하는 것은 한계가 있을 것이다. 탈북난민에 대한 사회적이고 정책적인 접근의 중요성을 강조하면서 이들 자체의 삶의 힘을 발견하여야 할 것이다. 탈북난민들의 미해결 과제들인 가족과의 이별, 고향에 대한 향수, 외로움, 슬픔과 같은 심리적 고통과 탈출과정의 외상trauma, 우울과 같은 정신적 문제, 사회적 차별과 낙인의 주제들에 집중한다면 이들의 긍정적 힘을 발견할 수가 없을 것이다. 지금까지 탈북난민들은 주로 지원 대상으로 간주되면서 그들이 가지고 있는 내적 힘이 무엇인지, 그리고 이것을 어떻게 발견하고 의미를 부여할지에 관한 논의는 부족하였다.

따라서 탈북난민들의 남한생활에서 나타나는 부정적 요인 또는 적응 중심의 차원에서 벗어나서 일상의 삶을 지속적으로 유지하게 하는 개인 내부적이면서 사회 관계적인 요인들을 탐구할 필요성이 제기되는 것이다. 이에 본 연구는 질적 접근을 통하여 외상과 같은 어려움을 경험한 탈북난민들이 남한생활의 위기적 상황에서 생존 또는 삶을 지속하게 하는 개인의 심리적이고 관계적인 주제들을 파악하여 효과적인 정신보건 지원방안들을 수립하고자 하는 것에 목적을 두고 있다.

(2) 분석대상 및 방법

① 연구 참여자

본 연구의 참여자는 경남지역에 거주하는 9명남: 4명, 여: 5명의 탈북난민들이다. 연령은 34세에서 73세의 범위이며, 모두 결혼 경험이 있다. 그중에서 5명은 현재에도 결혼생활을 유지하고 있으며 모두 1 명이상의 자녀들과 함께 생활하고 있다73세 연구 참여자의 경우에는 가까운 거주지에 살지만 동거하고 있지는 않음. 이들의 남한 생활은 3년 이상 7년 이하인 사람들로 모두 2000년 이후에 남한에 입국한 사람들이다. 구체적인 연구 참여자의 일반적 특성은 〈표 8-1〉과 같다.

표 8-1 _ 연구 참여자의 일반적 특성

사례	성별	나이	학력	출신지	탈북 년도	입국 년도	북한 주요 직업	남한 직업경력	가족 사항	비고
1	여	34	대졸	함북	2000	2001	군인 (6년, 소령)	막노동, 장사(가게)	2남	
2	남	47	중졸	함북	2000	2003	광부(20년)	노동어려움	부인과 2남	진폐증
3	여	40	고졸	함남	1994	2003	공장일	식당일 등	1남 1녀	북한 남편과 남한 이주 후 이혼
4	여	45	대졸	함북	1997	2002	공장일	포장마차, 주유소 등	1남 2녀	
5	남	35	대졸	황해도	1999	2003	군인	회사원	부인(남한)과 아들 1명	남한에서 대학원졸
6	남	47	고졸	함남	2002	2004	운전(20년)	막노동, 비정규직	부인과 딸2명	
7	여	44	고졸	함북	1999	2002	노동자	전자회사	남편과 딸2명	남한 남편
8	남	73	중졸	함북	2001	2005	농업, 군인(10년)	잡일	부인과 딸 및 손자(독립기거)	
9	여	36	대졸	함북	2003	2004	예술인, 장사	막노동, 비정규직	학령기 이전 아들 2명	

② 자료수집 및 분석방법

본 연구는 심층면담을 통해서 탈북난민들이 남한에서 일상적 삶을 지속할 수 있는 요인들이 무엇인지를 알아보는 것이었다. 심층면담은 2008년 2월부터 3월 말까지 이루어졌으며 연구자가 직접 실시하였다. 연구 참여자의 선정은 다음과 같이 이루어졌다. 본 연구의 목적을 충분히 이해하고 있는 사회복지관 및 관련단체의 담당자들을 통하여 참여자를 소개받았다. 그리고 그들과의 전화 통화를 통하여 연구의 취지를 설명하고 면담에 동의한 탈북난민들을 면담하였다. 탈북난민 1명 당 면담시간은 1시간 30분에서 2시간 정도 소요되었으며, 6명은 1회 면담하였고 나머지 3명은 2회 면담을 수행하였다. 면담의 핵심 질문은 '남한에서 많은 어려움을 경험하고 있음에도 불구하고 현재의 일상생활을 포기하지 않고 지속할 수 있는또는 있었던힘은 무엇인지를 자유롭게 이야기하는 것'이었다. 모든 면담은 참여자의 동의를 얻어 녹음하였고 면담 즉시 전사하여 내용을 검토하는 방식으로 진행하였다.

또한 본 연구는 질적 연구방법을 적용하였다. 구체적으로는 Patton2002의 주제분석thematic analysis 방법을 적용하였는데, 이는 연구 문제의 각 영역과 관련되는 면접 자료를 정리하고 영역별로 개념과 범주로 유목화하여 원자료를 축약하는 코딩을 실시한 후 자료에서 반복적으로 나타나는 유의미한 주제를 발견하는 과정 속에서 이루어졌다. 연구자는 면담을 실시하고 전사한 후에 면접 자료를 반복적으로 읽으면서 질문 영역별로 자료를 코딩할 수 있는 통일된 코드북을 만들었다. 이 코드북을 기초로 하여 개별 면담 자료를 재확인하는 반복과정을 통하여 재코딩하여 이를 바탕으로 모든 사례의 해당 내용을 전부 기록하였다. 그 후에 각 하위 항목 간에 유사한 내용끼리 분류하는 과정을 반복하였다. 이러한 과정을 통해서 각 주제별로 유사한 내용과 상이한 부분이 나타났는데, 이러한 주제별 특성들을 있는 그대로 기술하였다.

2) 심리내적 및 사회적 관계의 힘

연구 참여자의 심층면담에서 상위 주제들을 구분하여, 제시되어진 상위

주제들을 검토하는 과정을 반복하여 하위 주제들을 구체화하였다. 심리내적 영역과 사회적 관계 영역으로 구분하여 탈북난민들이 심리사회적 위기 상황에서도 삶을 살아가는 힘에 대한 긍정적 주제들은 다음과 같다.

▌표 8-2 _ 영역별 주제의 분류

심리내적 영역		사회적 관계 영역	
상위 주제	하위 주제	상위주제	하위주제
받아들이는 힘	· 관계의 실상파악	접촉하는 힘	· 새로운 문화수용의 재미
	· 마음에 삭힘		· 사회현실의 재빠른 인식
자아존중의 힘	· 가족책임감	노출하는 힘	· 열린체계
	· 독립심		· 사회로 손내밈
	· 비굴하지 않음		· 사회에 부딪힘
버티는 힘	· 배수의 진	연결하는 힘	· 어울림의 의미 발견
	· 비교우위		· 사회역동에 참여
	· 미래지향적 사고		· 차이에 대한 도전

(1) 심리내적 영역

심리내적 영역에서는 받아들이는 힘, 자아존중의 힘 그리고 버티는 힘의 상위주제들을 검토하면서 하위주제들을 구체적으로 기술하였다. 받아들이는 힘은 관계의 실상파악, 마음에 삭힘의 하위주제, 자아존중의 힘은 가족책임감, 독립심, 비굴하지 않음의 하위주제, 버티는 힘은 배수의 진, 비교우위, 미래지향적 사고로 구분하여 기술하였다.

① 받아들이는 힘

참여자들은 초기에 남한 사람, 사회 및 문화적 차이와 관계에서 어려움을 호소하거나 분노표출의 시도를 표현하였으나, 점차로 시간이 흐를수록 그러한 상황에 대한 현실인식과 대처를 시도하는 것으로 보였다. 일차적으로 참여자들과 남한 사회와의 문화적 차이는 대인관계에서 차별 또는 비판적으로 인식되어서 고통과 문제로 표현하였다. 그러나 현실적으로 나타나는 문제들을 받아들이면서 자신이 당면한 문제들에 집중하려는 경향을 보였다. 물론 이러한 자세를 사회 도전성이 부족하다고 판단하여 극복과제로 채택할 수도 있으나, 탈북난민들이 현실적 삶을 살아가는 하나의 방편이라고 할 수 있다. 또 다른 차원에서 참여자들은 모든 문제와 상황을 표출하지 않으면서 그대로 수용한다는 것이다. 일상의 모든 부분을 자신의 탓으로 돌린다면 심리정서적 문제를 수반할 수도 있으나, 삶의 일정부분에서 이러한 받아들임은 다른 개인적이고 사회적인 에너지를 활용할 수 있는 바탕이 될 수도 있을 것이다.

[관계의 실상파악]

참여자들은 남한사람들과의 관계는 시간이 필요함을 인식하고 개인적 차원과 사회적 차원의 해결이 필요함을 자각하고 있었다. 그리고 대인관계에서 자신만의 받아들이는 방식을 가지고 있었다. 자신의 실질적 욕구를 충족하기 위해서 불필요한 감정이나 에너지를 사용하지 않으려고 하였으며, 이러한 과정 속에서 현실에 집중하기 위해서 노력하였다.

"중국에서 오셨나 뭐 그러다 보면 어쨌든 부자연스러운 거예요. 그런 것들이 너무 할 수 없는 문제들이 뭐 어쨌든 우리가 할 수 없는 문제들이지 문제가 없는 건 아닌데 뭐 아이들이 그거 뭐 조금 고통이라든가... 우리가 여러 가지 부닥치는데 이왕 부닥치는 문제들은 어쩔 수 없는 문제들이라고 생각해요."[사례 3] "여기 사람들이(탈북난민) 그 시간이 지나면 많이 안 나아지겠습니까? 말투도 무언가 달라질 것이고, 여기 세월이 흐르다 보니 생각하는 거라든가 좀 나아지면 나아졌지 나빠지지는 않겠지요. 그런 문제에 대해서는 크게 신경 안 쓰는 편이예요. 당연한 거라고 넘기고 내가 할 수 있는 거를 고민합니다."[사례 4] "여기 분들이 '어 외국사람 외국 사람인가 외국 사람인가 봐요' 이런 다구요. 내보고 그러면, '네' 그저 그렇게 웃어 버리고 맙니다. 그런 그 사람들을 어찌 뭐라 하겠습니까? 그게 지내보니깐 그게 편안한 거예요. 처음에는 그저 중국 사람이라 하면 그저 그게 싫어 가지고 상대방이 말을 꺼낼까봐 겁이 났는데 이제는 그냥 마 늘 아무케나 말하겠으면 말해라 그러니 예 편안합니다."[사례 7] "말이 다르다 하면 '네네'. 말씨가 틀리네 '네네 말씨가 틀립니다'. 어디서 왔어요? '먼 데서 왔습니다.' 상대방도 웃습니다. 그래 돌아서 내가 생각하니 이래 편안한 편안하게 이렇게 하면 될 거 가지고 처음에는 왜 내가 이레 스트레스 받으며 그리 상대방이 뭐라 할 까봐 그랬는지 허허 지금은 막 대합니다."[사례 9]

[마음에 삭힘]

탈북난민들은 남한생활에 어려움을 스스로 감내해야 하는 어려움을 호소하고 있었다. 동시에 이 체험을 보듬어 가는 과정도 각자의 방법으로 다루고 있었다. 참여자들은 일상생활과 심리적인 문제들을 모두 외부로 표출하지 않으며 심리적인 에너지로 저장하고 있었다. 때로는 아래의 '사례 8'에서처럼 '근심은 뭐 하나도 없어요'라는 다소 역설적으로 표현하기도 하였다.

"어찌 보면 여기 있다 보니까... 아차... 내가 과정이 이리 궁금해서 지나친게 많이 있었구나 많이 느끼거든예... 지금도 그래 생각하고... 이런 부분에서는 잘못 됐겠구나 저런면에서... 잘됐겠구나 아... 모든지... 그런 걸 다 해결하려면 모든지 긍정적으로 생각해야 되는데..."[사례 5] "시방 생각나는 건 좋아요... 여기 와서 뭐 통 변한 것이 있나 그저 뭐 나라에서 주는 돈 가지고 그저 우리가 잘 조절해가지고 잘 쓰면 그저 기리면 되는 거지... 근심은 뭐 하나도 없어요."[사례 8] "지나가면 아파트 들어가는 입구에 앉아가지고 수군수군 하는거를... 참 기분이, 아... 저 사람들이 우리보고 머라 머라 하는 거구나... 뭐 그런 거를 말 안해도 알지요. 알면서 그냥 속으로만..."[사례 9]

② 자아존중의 힘

연구 참여자들은 북한 탈출과정의 본능적 생존과 남한에서의 편견과 낙인의 상황에서도 인간 존엄성을 확인하려는 끊임없는 노력과 태도를 보였다. 북한탈출의 죄책감은 가족에 대한 책임감으로 나타났으며, 이는 남한에서 경제적 이득을 획득하는 이유로 표면화되었다. 남한사회에 의존한다는 사회적 인식과 자신의 느낌을 거부하기 위해서 독립심을 부각하기 위해서 노력하였다. 이 과정에서 본인들에게는 어느 정도의 심리적 문제를 가질 수도 있지만 현실세계에서 독립적인 삶을 살아가는 데는 유용한 기제가 될 수도 있다. 또한 참여자들은 사회적 현실에서 조금 벗어나는 경우도 있었지만 자신의 정체성을 유지하려고 노력하였다.

[가족책임감]

참여자들이 탈출과정과 남한생활의 어려움에서도 살아남거나 견디는 또 다른 힘은 가족에 대한 책임감이었다. 탈출과정에서 자신들의 삶의 포기는 자녀들의 생존에도 직접적으로 영향을 미치게 된다는 사실에 생의 집착을 가져오는 에너지를 사용하였다. 참여자들의 책임감이 개체의 생존본능보다 앞서는 것은 아니지만 일상적 삶을 이끌어 가는 하나의 하위요인이었다.

> "일단은 우리 목적은 한국에 와서 국적만 취득해가지고 온전한 신분으로 이래 사회인으로써 살 수 있는 게 그게 제일 큰 그거 였었거든요. 중국에서 너무 신분이 없이 가슴 졸이면서 살아왔기 때문에. 그러면서 돈을 벌어가지고 북한 가족들한테 '어떻게하면 연락을 해서 보내줄까, 가족들 을 살려주까' 그래서 오직 그 생각뿐이 없었죠."[사례 1] " 마음이 편했고 이제부터는 어떻게 '이 아이들 데리고 어떻게 살아야하나' (중략)

그러면서 그 다음부터는 북한가족들 걱정, 생각… 살아있을까? 예 그전까지는 너무나도 절박한 상황이니까 가족들 생각도 안나더라고요 오직 살아야 된다는 거 그 생각뿐, 내가 살아야 가족도 있고 이러니까 내 생각뿐이 못했는데 이제는 마음의 여유가 좀 생기고 하니까 가족들 걱정도 하게 되고…"[사례 4] "그럭저럭 마음먹으니깐 되는가 봐요. 내가 우리 그 큰 딸 보고도 그래요. 나 못살아도 작은 애 계산하고 산다남한으로 데려오기 위해서. 우리 둘째 언제 데리고 올지는 몰라도 꼭 데리고 오겠다 싶어 가지고 내가 자꾸 계산 하면서로 무슨 책상을 구입해도 이거 OO 오면 같이 써야 한다. 뭐 집구조도 내 마 다 그거 계산 하면서 살았어요."[사례 7] "우리… 내 조금 모다 둔 돈. 우리 딸이 조금 모다 둔, 그 정부에서 주는 돈을 좀 절약해서 빡빡 긁어서 ㅇㅇ만원을 그렇게 냈어요. 그리고 데리고 와서 시방… 그게 전부였습니다."[사례 8]

[독립심]

참여자들은 자신의 삶을 사람이나 제도에 의존하지 않겠다는 의지를 표현하였다. 자신의 모습이 다른 사람들에게 의존적으로 보여질까봐서 의도적으로 밝고 힘차게 외부로 드러내었다. 물론 그러한 모습이 내적으로 많은 에너지를 소비하는 것은 사실이지만 실제 삶을 수행하는 데는 유용한 기제가 되는 것이다.

"요양원에 가있으라는데… 뭐 요양원에 가있으면 뭐합니까, 거기, 못사는거 뻔히 아는데 고쳐지지도 않는데 뻔히 고치지도 못하는 거를 거져 차라리 내혼자 어디 마음 편하게 집에 있고 내가 어디 나가고 싶을 때 나가는게 낫지 병원에 요양원에 들어가 있으면 또 나가지도 못하고 정신적으로도 더 타격받는데요."[사례 2] "그만큼 사는 것도 진짜 그런 거는 어쩔 수 없는 거죠. 애들도 적응해가지고 뭐 힘든 일은 있거든 그러니까 그

> 건 걔네가 넘어야 할 산이고 내가 대신해 줄 수도 없는 일이 시간이 흐르면 조금씩 조금씩 많아지겠죠."[사례 3] "근데... 나가서는 아무생각 없어요. 나가서 일할 때는 진짜 모든 사람들이 걱정 없는 사람 같다고... 밝다고 힘든 것도 많겠는데 밝다고...(중략) 그래 내 표 낸다고 해서 그 사람들이 내... 뭐 도와줄 것도 아니고 오히려 그 사람들한테 좀 얕잡아 보일수도 있잖아요."[사례 4] "이 참... 자기 힘으로 살면서 물론 뭐... 자기 뭐 살면서 어려울 수도 있겠지... 근데...어려워도 자기 노력을 하고 해야 한 번씩은 운수도 따라오지 안그렇습니까? 무조건 요행수만하고 자기 근본적인 일은 딱 자기해야 될 건 안하면. 계속해서 떨어지지 않습니까."[사례 5]

[비굴하지 않음]

참여자들은 북한이라는 열등한 사회에서 오지 않았으며, 자신들 또한 열등하지 않기 때문에 비굴하게 생존을 위해 연연하지 않겠다는 의지를 표현하였다. 남한에 온 것이 삶의 실패를 의미하거나 투항이 아니라는 것을 강조하였으며, 역설적으로 남한사회에 후원금을 기부하여 이를 행동으로 직접 표현하기도 하였다. 이러한 주제들은 분명히 새로운 사회적 도전을 가능하게 하는 에너지가 될 것이다. 또한 장기적으로도 삶의 목표를 세우고 나아가는 힘이 될 것이다.

> "나는 남한사회에 투항 할라고 한게 아니다. 거... 내 아버지 명예 찾을라고 왔다 나는. 나 보고 그딴 소리 하지 말라. 투항이란 소리 하지 말라. 나는 처음부터 말했다. 나는 지금도 같다가슴을 두드리면서. 나는 투항이 아니라고 여기. 그래 내가 악이 바쳤다고."[사례 2] "너 북한에서... 대학을 졸업했다 해도 딱 드러네 놓고 말해요. (중략) 너 북한에서 대학교에서 대학을 나왔다 해도 여기 초등학생보다 수준이 못하다. 속으로 두고 보자고...

(중략) 복지관에서도 우리 때문에 많은 신경 써주잖아요 내 그래... 거기가 고마워서... 한때는 한 달에 많이는 아니고 그 후원... 그 복지관에 후원금이 들어가는 거 있거든요.(중략) 한국에 뭐 우리보다 못사는 사람도 많은데 그래도 멀리에서 왔다고 신경써 주시고 하는데 크게 보답 못해도 마음으로 그래서..."[사례 4] "원래는 뭐 솔직히 저희 ○○ 친구다 잘 안되는데 원래는 온 거를 보면 별의별 재간둥이 다 있어요. 이게 진짜 엄청난 사람들이 많이 왔어요."[사례 6] "아 말씨가 딱 틀리니깐 그러니깐 기 가 딱 죽는 기라 그래도 그냥 일해서 그래도 돈 벌어야 되겠다 싶어 가지고."[사례 7] "그러니까 북한이 이리... 시방 솔직히 말하면 뭐 북한이 이긴다 한국이 이긴다 결론날 수 없는 문제죠. 안그렇습니까? 이거 나뿐만 아니라 그래서 해봐야 아는 거거든요. 그래 시방 한국이 무조건 이긴다고 기럴 수도 없는 기구요. 그런... 북한이 무조건 이긴다고 할 수도 없는 기구 전쟁이라는 건 뭐."[사례 8]

③ 버티는 힘

참여자들이 지역사회에서 살아갈 수 있는 힘은 더 이상 돌아갈 수 있는 심리적 또는 실제적 장소가 없다는 사실에 기인하였다. 남한의 일상을 유지하는 또 다른 주제는 탈출 전 및 탈출 과정과의 비교를 통하여 안정 또는 의미를 개인적으로 부여하는 것이었다. 이는 단기적 또는 남한 생활의 특정한 문제들에 대처하는 인식에 긍정적으로 영향을 미칠 수 있다. 마지막으로 남한에서의 삶을 버티어 가는 힘은 과거에 얽매이는 것이 아니라, 현재에서 미래를 바라보는 사고패턴을 유지한다는 것이었다. 이러한 미래가 자신이나 자녀의 신체적, 심리적, 사회적 안녕에 국한된다고 하더라도 현재를 움직이는 힘이 된다는 사실이었다.

[배수의 진]

참여자들은 남한이라는 사회에서 생활하면서 누구도 자신을 대신해서 삶을 살아 줄 수 없다는 깨달음으로써 삶의 에너지를 최대한 사용하였다. 이러한 에너지의 지속적 사용이 길어진다면 소진의 문제가 발생할 수 있지만, 단기간의 삶의 적응과 문제해결에는 중요한 주제가 되는 것이다. 또한 이들은 심리적 장소뿐만 아니라 지리적으로도 되돌아 갈 곳을 상실했다는 사실을 느끼게 된다. 이는 상실감과 향수에 빠질 수 있는 요인으로 작용할 수도 있지만 신체와 정신을 앞으로 나아가게 하거나 적응으로 향하게 동기부여 하는 요인이 될 수도 있다.

"해야 된다는, 내가 이거 아니면 아무도 이거 대신해줄 사람이 없으니까 내가 해야 된다는 오직 그런 생각 때문에 견디고 버티고 했었는데... 그러면서 저는 그때는 한달에 한번씩 영양제 링겔 맞으면서 견디고 버티고 했을 꺼예요."[사례 1] "저도 있다 아닙니까 과거를 되풀이하고 싶은 생각이 없거든예... 아... 괴롭단 생각인데 이제 다시 그런 세월이 오면 차라리 죽고 말지..."[사례 5] "북한에 가면 우리 죽지요 못 삽니다. 마 이런 수용소나 이런데 가는 건 마 싹 다 병 다 들어 가지고 마 걷지도 못하게 내 보내는데 삽니까? 어지간 하면 못삽니다.(중략) 한국에서 다시 왔다하면 마 수용소에 들어가면 끝이지."[사례 7] "그럼요 그럴 필요도 없지... 이제... 죽어도 와야 되고 살아도 와야 되고 와보니까... 와보니까 내가 실지로. 우리가 듣던 거하고 생각했던 거하고 그렇지 않거든...실지로... 북한에서 들은 거 하고... 남한에 가게 되면 뭐... 다 죽이고... 생활도 곤란하고... 이제는 돌아갈 곳이 없지요."[사례 8] "시선이 따갑죠. 그러니까는 단적으로 나라배반이다.(중략) 나중에 그 땅에서 산다고 해도 그 딱지가 내 붙는 다는 거... 딱지가 붙어 다니면, 나를 계속 주시할 것이고 어디를 가든 나를 계속 감시할거 아니에요. 그러니까 그렇게 살 바에는 차라리 오히려 이쪽을 선택하는게 오히려 더 나은 거죠."[사례 9]

[비교우위]

연구 참여자들은 북한생활보다 남한이 신체적인 기본 욕구 충족, 개인적 자유 및 사회적 활동 영역에서 보다 안녕감을 가진다고 표현하였다. 개인의 가치와 상황에 의해서 차이는 나타나지만 남한 이주전과 비교하여 현재의 삶이 우위에 있다고 생각하고 있었다. 이러한 비교우위를 통한 안정감 및 적응적 태도는 장기적으로 영향을 미친다고 할 수는 없을 것이다. 그러나 분명한 것은 3-7년 된 탈북난민들이 일상적 삶을 유지하면서 가지고 있는 주제라는 사실이었다.

"아 내가 너무 긍정적이지 못하다... 북한에서 비하면 뭐 거기 어디 시 의원보다.. 북한에서는 책임, 비서 뭐뭐 그런 사람 있거든... 그런 사람들 생활보다도 몇 십 배는 낫고 뭐 하나 그렇게 긍정적으로 생각하면 진짜..."[사례 4] "그 힘든데... 그 상황을 잘 살아야 될건데요. 어떤 뭐 그래도 저는 하루하루 노력해보면 진짜 도저히 안 되는 사람은 어쩌겠습니까? 그렇다고 해서 탓할 거는 못된다 아닙니까 이렇게 생각합니다... 그래도 북한보다는 여는 밥은 먹고 산다 아닙니까."[사례 5] "별반 뭐 그런 거는 전혀 없는데 우리는 뭐 여기서는 사회적 압박 그런 거는 받지 않으니까 이북에 있을 때는 항상 긴장감을 딱 놓으면 안되거든예. 말 한마디 실수하거나 이러면 뭐 바로 어려우니까."[사례 6] "여기 온 사람 거의 다 그렇게 온 겁니다. 다 그런 겁니다. 우리 같은 거는 뭐 나라가 못사니깐 마 사람 자체가 다 그렇게 되고 값이 없습니다. 어딜 가나 중국이나 마 그런데 가도 값이 없습니다.(중략) 안 그래도 우리는 막 하늘이 도와 줬는지 그래도 막 그래도 여기 오니깐 그래도 사람 취급해주지 막 이래 진짜 우리를 너무 잘 해 주니깐 고맙긴 또 말이 없습니다."[사례 7] "여기와서 뭐... 먹고 입고 사는 거는 뭐 근심안하죠... 다 편안하죠..."[사례 8] "저는 뭐 행복하다고 볼까요 글쎄요 뭐 북한에서 사는 거 보다는 행복하겠죠. 그나마 자유가 있으니까 사람이 언어에서 자유가 있고 행동에서 자유가 있잖아요? 북한은 언어에 자유가 없고 행동에 자유가 없어요. 왜 그러냐 하면 조직적인 틀에 매여가지고 오늘 공장에서 회사에서 일을 한다고 하면은 일 끝나고도 바로 집에 갈수 없어요. 몇 시에 학습 있는데 집에 못 간다. 학습에 참여해야 되고 그거 끝나고 또 강연이 있는데 거기 또 참여해야하고, 그거다 끝나고 나도 뭐 있습니다 하면 참가해야하고, 그거를 빠지면은요, 또 비판받고 여기저기서 공격받고 뭐 또 나쁜 사람되고 이래 되니까 행동에 자유가 없고 언어에 자유가 없어요. 그러니까는 여기는 그런데로 자유가 있잖아요. 사람이 그니까 그게 좋은 거죠."[사례 9]

[미래지향적 사고]

참여자들은 자녀들과 자신들의 미래의 실제 생활에 대해서 고민하고 있었다. 자녀들의 교육에 대한 걱정과 자신의 노후에 겪게 되는 경제적 문제와 같은 현실적 상황들을 생각하고 있었다. 이는 현재의 삶을 미래와 연결하고 있다는 사실이기 때문에 당연히 지금의 생활에 영향을 미치게 된다. 이는 보다 장기적으로 탈북난민들의 현 생활에 의미 있는 동기부여 요인이 될 수 있을 것이다.

"지나간 과거에 얽매이지 말고 앞을 생각해야 되니까 자식들을 또 올바르게 키워야 되고 내가 겪고 살았던 이런 걸 되물리지 않기 위해서 잘 키워야 된다는 뭐 그런 생각도 있고..."[사례 1] "점점 나아지겠지요.(중략) 그래 그것도 그래 다른 집이랑 그 일단 흘러가는 대로 사는거 있잖아요. 근데 괜히 나만 막 조바심 나는거 있잖아요."[사례 3] "제일... 중요한건 내가 노년에... 어떻게 살아가야 되겠다... 하하하하하 그래, 죽음에 대해서는 단호해요. 난... 죽으면 죽고 말면 말고... 이렇게... 근데, 목숨이 질겨가지고 질질 끌어서 노후에 까지 살게 되면 그때 가서 힘이 없을 때 어떻게 해야되요? 그거가 문제지요."[사례 4] "살아가는 문제가 중요하죠. 살아가는 문제. 저 그렇게 된다면 어떻게 벌어서 먹고 살겠느냐 하는 게 가장 중요하겠죠. 그래서 내가 혼자 벌어서 우리식구가 먹고 살겠는가 하는 하하하 뭐 이런 생각도 들고."[사례 9]

(2) 사회적 관계 영역

사회적 관계 영역에서는 접촉하는 힘, 노출하는 힘 그리고 연결하는 힘의 상위주제들을 검토하면서 하위주제들을 구체적으로 기술하였다. 접촉하는 힘은 새로운 문화수용의 재미, 사회현실의 재빠른 인식의 하위주제로 구분하였고, 노출하는 힘은 열린체계, 사회로 손내밈, 사회에 부딪힘의 하위주제, 연결하는 힘은 어울림의 의미 발견, 사회역동에 참여, 차이에 대한 도전으로 구분하여 기술하였다.

① 접촉하는 힘

참여자들이 새로운 사회문화에 접촉하는 경험은 항상 어렵거나 불안을 나타내는 것만은 아니었다. 남한사회에서는 자신이 하는 만큼 대가를 지불한다는 사실에 동기부여 되고 있었다. 사회에 참여하면 어느 정도 물질적 욕구를 충족할 수 있으며, 개인의 상황이 따라서 다르지만 사회의 다양한 분야에서 원칙적으로 자유롭게 접촉할 수 있다는 사실에서 살아가는 힘을 얻고 있었다.

[새로운 문화수용의 재미]

탈북난민들이 입국 초기에 막연한 기대를 가진다는 사실과 달리 남한의 사회문화적 상황을 긍정적이고 새로운 도전적 현상으로 받아들이고 있었다. 이러한 사실들이 현실적 생활과 연결되는 사람들과 그렇지 않은 개인들과 차이는 있겠지만, 새로운 사회문화는 행동에 자극을 주는 동력이 충분히 되었다. 새로운 물질적, 심리적 현상의 재미가 어떻게 개인적 특성과 연결되어서 사회적 활동과 참여에 기여하는지에 관한 구체적 파악이 향후에 필요할 것이다.

"처음에 철없을 때 생각으로는 한국에 와보니까 너무너무 우리가 진짜 생각도 못한 완전히 낙원이지요. 별천국에 왔는데 이런 사회에서 못먹고 못사는 사람들은 이해가 안 되는거예요.(중략) 북한에는 썩어 빠지게 일을 해도 돈이라는 게 없거든요. 돈을 안주면서 일을 하거든요. 직장생활을 하거든요 근데 뭐 한 시간을 일하든 뭘 하든 돈이 딱딱 나오는데 '이런 사회에서 왜 못먹고 못사냐'. 이런게 이해가 잘 갔어요."[사례 1] "OO는 한국에 와서 딱 보니까 이쁜 옷도 많고 애기들... 키우는게 재밌게 키울 수 있는... 그런...조건이 많잖아요. 유모차도 있고... OO이 여기 와서 3살 되어서도 내가 유모차를 사서... 그거 끌고 싶어서...그랬어요... 그래... 그 유모차를 얼마 못써보고 또 다른 사람을 주기도 했는데."[사례 4] "예 정보도 예... 처음 학교만 가면예... 여기 사회 사람들 만나는면예 정보가... 좀 아니거든예... 야 너무 좋은 정보가 많이 잘 들어오는거예요. 아 이거 참 재미가 있는거네. 예 저한테는 빨리 어디 갈수 있는 곳이 좋은 조건이 되거든예... 그 예... 지금도 어쨌든 또 대학원 다니다보니까는 예... 사회의 고위층 사람들도 또 있고 뭐 이 사람들이 다 하는거 보고 예."[사례 5] "그저 한국에 도착해서 첫 기분이 와 남자들도 잘 생깃네. 하하하하하 남자들도 정복도 족족 입은 거보니.(중략) 이야 어떻게 한국은 이렇게 잘 꾸려났을까 이래 들어오니 우리가 움직여서 뭐 세상 구경해보고 살았어요. 갇혀서 살았죠. 그래 그저 구경도 해보고 한국에 와서 참."[사례 7] "자유도 있고, 제가 봤을 때는 여기는 자기가 부지런하면 살아요. 자기가 부지런하면 저축은 못하고 살겠지만도 유지는 하고 살아요. 큰돈은 저금을 못하겠지만.(중략) 그나마 여기 우리애들은 행복한거죠. 그땅에서 태어났다면이야 더 고생했겠죠. 저것보다 더 많이 못 먹고 크고, 뭐 여기서 태어났으니까 여러 가지를 다 먹어볼 수도 있고, 여러 가지로 지원도 할 수 있고."[사례 9]

[사회현실의 재빠른 인식]

참여자들은 북한을 탈출하여 중국에서 생활하면서부터 다양한 세상이 존재한다는 것을 인식하였다. 이러한 인식의 전환은 중국이나 제 3국에서 남한행을 결정하는 계기로 작용하였다. 남한에 도착한 이후에도 이 사회가 어떻게 움직이며 어떤 것에 가치를 부여하는지그러한 모든 가치가 바람직한지 아닌지를 떠나서를 파악하여 그 기준에 맞추려고 하였다. 남한 사회에서 생활하기 위해서 어떻게 사람들을 만나야 하며, 어떤 기준으로 삶을 살아야 하는지를 파악하였다. 또한 같은 탈북난민들을 어떻게 바라보고 접촉해야 하는지에 관한 인식도 가지고 있었다. 그 장점은 고향에 대한 그리움을 일정 부분 해소할 수 있지만 단점은 향수 등으로 인해서 외로움이 증가하거나 알코올 남용 등의 위험이 있다는 것을 경험하였다.

"그것이 있잖아요... '나는 평생 이렇게 살아야 되는가 보다'하고 살았습니다... 그런대 중국에 와보고 한국에 와보고 하니깐 사람의 생각이 달라지더라고요. 내가 너무도 머저리처럼 살았다는 것을 알겠더라고요." [사례 2] "여기 와보니까 어... 그전에 막 중국 살면서 하루하루 겨우 살았잖아요. 이렇게 살면 안되잖아요. 이제는 여기 왔는데 정말 내가 잘되는 꼴 보여준다고 여기 왔는데 여기 와서는 크게는 못해도 뭔가를 하나하나 차근차근 하면 살아야겠다.(중략) 그러면서 자꾸만 하나하나 가지고 싶은 거예요. 돈 한푼도 안쓰고 이렇게 모아두고 한푼 한푼 모아야 돈 몇푼 안되도 일단은 뭐 애들 공부시키려면 일단 엉덩이가 든든하지 않겠습니까 [사례 3]". "(중략) 노력하면 되죠. 확실하게 되죠... 되는데 내가 물론 능력이 안 되지만은. 부딪히는 것마다 내가 모르는 게 너무 많은 거예요. 아는 프로수%보다 모르는 프로수가 더 많으니까 부딪히는 게 좀 버거워요."[사례 4] "근데 장단점이 다 있습니다. 그...자주 만나다보면은 장점은 뭐냐면 그래 서로... 고향생각도하면서... 서로 울기도 하면서 하면 되는데...

단점이 있거든예 단점이 또 뭐냐면 자꾸 고향사람을 만나다 보니까예 고향생각을 안해야 될 때도 자꾸 날 때가 있거든 옛날이야기도 가끔 술이나 한잔하면서 또 나오고."[사례 5] "왜 그렇냐면은 지금 같은 사회에서 누가 남이 싫은 소리하는거 듣기 좋아해요. 그리고 여기 사람들이 살아가는 자체가 남한테 싫은 소리를 안해요. 속으로는 생각을 해도 표현을 안해요. 여기사람들 자체가, 그래서 그런 걸 봤을 때 나도 잘 못하면서 누구를 보고 누가 더 잘했다 이런 말을 할 필요가 굳이 없어요. 이 사회에는 나만 잘하면 되는거야."[사례 9]

② 노출하는 힘

참여자들은 남한사회에서 생활기간이 길어지면서 자신을 노출해야 한다는 사실을 인식하고 있었다. 남한사람들과의 관계에서도 마음을 열고 받아들이는 자세를 취할 때 상호간에 의사소통이 진실해질 수 있음을 표현하였다. 이러한 열린 마음으로 사회전체에 손을 내밀 때 원조 받을 수 있음을 알고 있었다. 이 과정의 원조는 개인의 심리적 문제, 자녀 문제, 경제적 문제로 확대될 수 있음을 확인하였다. 또한 단순히 수동적인 노출만이 아니라 보다 적극적인 사회를 향한 몸짓도 필요함을 직시하였다. 참여자들은 수차례의 도전 실패에도 지속적으로 일자리를 찾거나, 자녀에게도 지속적으로 용기를 불러일으키며 남한사회에 도전할 것을 지지하였다. 탈북난민들이 자신의 마음을 열고남한주민들도 열린 마음을 가지면서 남한사회에 원조를 요청하면서 지속적으로 부딪히는 것이 중요한 적응의 주제임을 알 수 있었다.

[열린체계]

참여자들의 변화는 자신을 남한의 다른 사람들에게 노출하는 것에 대한 두려움을 줄이고 있었다. 물론 시간적 과정과 개인적 특성 및 환경적 요인이 복합적으로 작용하겠지만 개인이 사회체계와 상호작용할 준비를 하는 것은 의미 있는 일이다. 또한 남북주민 모두 상호 열린체계로 있을 때 관계는 훨씬 수월하고 용이하다는 표현을 하였다. 열린체계는 개인적이거나 사회적인 고통을 노출하거나 받아들일 수 있는 힘이 있을 때 가능할 것이다. 이러한 주제는 삶을 살아가는데 중요한 긍정적 자원으로 작용할 것이다.

> "그래서 나이탓인가 조금은 솔직히 이렇게 이야기하는 것도 많이 변화한 거예요. 상태가 오픈 된거지".[사례 3] "아니 뭐 나이 들어서도 아니고 솔직히 친구도 한국 여자분이 친구가 있고 이렇게 되면, 내가 모르는 거는 물으면 좋잖아요".[사례 4] "저도 지금 한국 사람들 여자분들... 이렇게 몇 명 남자분들과 이렇게 대상하고, 한국사람 여자분은 한명 딱 이렇게 고정적으로 대상을 하고 있어요. 그는 보험회사 설계사인데 그냥 저하고 동갑이에요. 걔는 저하고 동갑이지만 나를 어떤 색안경을 쓰고 보는게 처음부터 없었어요.(중략) 니가 처음부터 나한테 그런 감정을 안가지고 그런 색다르게 보는거 없이 자연스럽게 나한테 접근해왔기 때문에 지금 이렇게 관계를 유지할 수 있었다고 얘기를 했어요. 그렇게 다가오는 사람들한테는 저도 다가갈 수가 있어요. 그런데 상대방이 나를 아 저 사람이 어디 사람일까 이래 색안경을 끼고 보는 사람이면 내가 다가갈 수가 없어요".[사례 9]

[사회로 손내밈]

낯선 사회에서 원조를 요청하는 것은 어려운 일이다. 원조요청의 방법도 잘 모를 것이고, 원조에 대한 상대방의 인식도 부담이 될 것이다. 그러나 참여자들은 사회를 향해서 원조를 요청하는 용기를 보였다. 이렇게 사회로 향한 손내밈이 항상 그들이 바라는 바와 같이 성공하지만 않았지만 그 과정에서 삶을 살아가는 긍정적 에너지를 확보하고 있었다. 참여자들의 이러한 용기는 결코 무시될 수 없는 중요한 적응 자원이라고 할 수 있다.

"그러니까 그런식으로 만사를 힘들게 하고 힘들게 사는 그러니까 만사가 힘들어지는거지 아프면 아프다고 도움청하고 이러면 도움 받는 거예요. 그때 그걸 못한거지 내가 좀 손해 보지 내가 좀 참지 내가 뭐 안가지고 말지 뭐 이런식이예요(중략). 내가 어느 순간부터 내가 이리 문제가 있다고 아니까 그래도 고칠 수는 없으니까 내 힘으로는 안되니까. 그러니까 쉽게 할 수 있는 방법을 아는 사람이 있는가 하면 그렇지 못한 사람은 더 늦게 터득 한다던가 그렇게".[사례 3] "그러니까 간단히 한마디로 말하면 스스로가 많은 물음표를 달고 사는거예요 나에 대해서도 그렇고 이 세상에 대한 모든 게 다 물음표가 많은 거예요. 많은데 아무리 고민을 거듭해도 답이 안 나오는거라요. 국어문제라든지, 애들 교육문제라든가, 동네 문제라든가 다가 근데 이런 거는 명쾌하게 그러니까 여기서 말하는 심리상담사같은 그런 사람들을 만나고 싶었던거예요. 가서 내가 시원하게 터놓고 그다음에 그분들에게 명쾌한 대답을 해줄 거 같고 이럴 때는 이렇게 당신이 마음을 먹고 이런 식으로 하면 지내는게 편해질 것입니다 그런 기대를 하고 간거예요".[사례 4] "학교 안가겠다고 (중략) 안 되겠다 싶어 가지고 선생님한테 전화 했지요. 얘네 아 들이 이런데요. 좀 어찌 도와 달라고요. 적응 못해서 자꾸 이러는데 나 한번만 3학년 졸업해야 되겠는데 한번만 좀 도와 달라고 선생님한테 이 학생증 좀 바꾸어 달라고 (중략) 그러니깐 선생님이 그런가 싶어 우리집에도 오시고... 그 선생님 괜찮드라구요. 아줌마 선생님인데."[사례 7]

[사회에 부딪힘]

참여자들의 사회순응 여부를 떠나서 어떠한 형태로든지 사회와 부딪히는 장면의 연속이 사회 속에서 생활을 지속할 수 있는 자원이었다. 북한의 실상을 밝히고 싶다는 개인적 의무감부터 기본적 생존권의 획득을 위한 활동까지 다양한 사회적 도전을 준비하거나 시도하고 있었다. 어떤 경우에는 개인적 열등감의 극복을 위해서 사회에 도전하는 자세를 보이기도 하였으며, 개인적 이익을 위해서 끊임없이 사회의 문을 두드리기도 했다. 이러한 사회와의 작용-반작용이 이들의 일상을 이끌어 가는 긍정적 힘이 됨을 알 수 있었다.

"나도 여기서도 살고 싶은 생각도 없으니깐. 북한실상을 나는 빨리 전 세계에 공개했으면 좋겠더라고요. 그게 내 바램입니다. 나는 여기 온 사람들하고 내 정신상태가 틀립니다."[사례 2] "그래도 뭡니까. 이미지를 좀 바꿔줘야 이런 사회에서 저한테 좋고. 기존의 이미지하고 계속 바뀌지 않고 하면은 어느 사람이 이야기 할라고 하겠습니까. 안그래도 핸디캡인데 자꾸 바뀌려고 하다가 보니 지금은 나아요."[사례 3] "취업 할라고 이력서를 몇 번씩 내고(중략) 이 사회에서 말없이 사는 사회는 못되는거구나 이런 느낌이 딱 들더라구예. 이렇게라도 그런 느낌이 들더라고예 야 이거 또 머해야 되는지도 모르겠더라고... 그래도 계속해서 뭘 좀 해야 먹고 사냐를 생각했죠."[사례 5] "그래 하다가 때려치워 가지고 아 안되겠다 싶어가지고 그 다음에 여기 노가다도 하고 하다 보니까 좀 개인적인 이런 사람들 있죠. 건설 이런거 하는 사람들 알아가지고 그런 사람들한테 공사를 따면 같이 해가지고 이런거 또 했어요."[사례 6] "저는 마 말투가 틀려도 마 다 조선말 이니깐은 마 그것은 괜찮 드라고요. 그건 편안해 좋드라구요. 중국에서 막 그 시달림에 그 생각 하면 마 이건 아무 것도 아니구나 싶어 가지고요."[사례 7] "진척이 된게 하나도 없는게 아니구요. 그렇게 질기게 하니... 거기 국방부에서 위로금을 지급해라 해가지고 위로금을 조금 받았어요."[사례 9]

③ 연결하는 힘

사회생활에 참여하기 위해서 일차적인 것은 그 사회역동 속에 있어야 한다. 연구 참여자들은 개인적 능력의 범위 안에서 사회참여를 갈망하고 직접 그 속에서 힘들게 포함되어 있었다. 자녀들의 교육도 남한사회의 일반적 흐름에서 고민하고 있으며 상이한 경제체제를 습득하면서 살아가고 있었다. 참여자들은 남한사회와 주민들과 함께 해야 하는 의미를 파악하고 있었다. 남한사회와 연결되어 있어야 심리적, 사회적, 경제적인 일상생활을 보다 편리하고 향상되게 할 수 있음을 인지하였다. 이를 바탕으로 남북의 차이를 판단하여 남한사회에서 그들의 사회경제적 지위를 확보하기 위한 노력들을 수행하고 있었다.

[어울림의 의미 발견]

참여자들은 탈출과정의 고통을 잊거나 남한사회 및 주민과의 동화를 위해서 사회참여를 시도하였다. 이 과정에서 남한체계와 함께 하는 의미를 발견하게 되었다. 이러한 인식의 전환은 또 다른 어울림을 시도하는 계기가 되어서 순환 반복적으로 작용하였다.

"그래 한국에 사시는 분들도 많이 알고 그런데, 북한에서 온 사람들도 좀 많이 알고 그런데 아 그래도 북한사람하도 대상하는 거하고 한국 사람하고 대상하는 거에 차이점은 북한사람들은 앉아서 말을 듣다보면, '니 어리고 누구 나쁘다 누구 어떻다' 거져 그런 소리밖에 나올게 없어요. 그러나 한국 사람하고는 한국분들 하고 같이 앉아 말하면은 생활은 이런 이런 식으로 생활해야 하고 사는 방법은 이렇게 하는게 좋고... 예, 그러니까는 더 들을 말이 우리가 배울게 더 많드라고요."[사례 2] "그러니까 회사 같은데 가서 그 5년간 시간이 긴 시간이... 시간이 길잖아요. 그 긴시간

안에 한국 사람들하고 막 어울려가지고 생활을 했다면 애들처럼. 애들은... 곰방 적응하더라고요."[사례 4] "아... 그러니까 매일 노가다판에 나갈 수는 없다 아닙니까 뭘해... 이사회에서 뭘 할라면예 보통 다른 사람들하고... 그 혼합이 되야 된다 아닙니까... 여기 사람들하고 같이 어울려야 된다 아닙니까."[사례 5] "이 사회에 적응할려면 하나라도 더 잘 아는게 좋잖아요... 내 생활에 필요한거... 근데 그 따라가는 분위기가 안되니까... 내 혼자 맨날 독단적으로... (중략) 대화를 하고 서로 시간을 보내고 시간이... 공간이 없으니까... 북한 이미지가 별로 쉽게 안 벗기지더라구요... (중략) 막 어울려서 어디가서 티가 안났으면 좋겠다. 뭐 그런 생각도."[사례 7] "그래요 이렇게 이렇게 어울려서 섞여 들어가니까 근데 그거이 아니고 이렇게 떨어져 나와 생활을 하다보니까 어울리는 면이 적으니까 그 생활이 부딪히는 면이 없잖아요. 이 사회에서 멀어질 수도 있다는..."[사례 9]

[사회역동에 참여]

사회적 가치가 인간 삶의 윤리적 원칙에 위배되는지에 관계없이 적응이라는 것은 그러한 가치 속에 포함되는 것이라고 할 수 있다. 참여자들도 혼란 속에 있는 남한의 교육제도와 경제적 가치의 극단적 추구 및 현재의 사회문화적 흐름에 동참하려는 모습이 나타났다. 탈북난민들에게 이상적인 적응을 요구할 수는 없다. 현재의 사회문화적, 법적, 제도적인 범위에서 크게 벗어나지 않는 사회역동의 참여는 지속적으로 격려되어야 할 것이다. 이것은 남한사회에서 일상적인 삶을 살아가는 중요한 주제가 되는 것이다.

"그러니까 없는 살림에 더 돈을 쪼개서 또 학원을 보내고 싶은데도 너무 비싸지 그러니까 막 그런걸 전전긍긍하면서 남 하는 것도 따라 해야 되겠고."[사례 3] "새벽에는 과일 따러 창원에 갔다가 4시에 일어나서 과

> 일 따러가믄 8시반, 빨리오면 8시 이렇게 오거든요. 그래 와서 밥은 뭐 막 급하게 퍼먹고 또 10시전에 나가믄 노점장사니까 다 내리고 챙기고 해야 되잖아요. 그래 10시경에 나가믄.. 저녁에 한 10시 반, 11시 이 때 되믄 들어오거든요. 그러니까 잠은 서너 시간 밖에 못자요."[사례 4] "힘듭니다. 그래서 내 마 좀 힘들더라고요. 그래가지고 지금 여기 이래 내려 왔는데 내 생활 해 보니깐 다 집 나름입니다. 정착하는 것도 다 제 나름이고 다르고 쫓아가기 바쁘고 그저 내 노력이 많이 있는 거 있는 것 같아요. 그게 제 노력이 들어가야 그것도 정착도 잘 되고 이래요. 우선 사는데 몰두하느라고요 그게 정신이 없고."[사례 7]

또한 참여자들은 지역사회의 범위 안에서 어떠한 형태로든지 참여하는 것의 중요성을 표현하였다. 학생의 경우에는 학교에서, 직장인의 경우에는 직장에서, 그리고 경제적 생활인은 그 터전 안에서 적응 또는 부적응의 형태를 보였다는 것이다. 사회라는 테두리 안에서 보이는 부적응이 사회적 위축의 상황에서 표면적으로 적응처럼 보이는 것보다 훨씬 유용하다는 사실을 알고 있었다.

> "바로 엎어버리고 돈도 안주겠다고 지랄해서 돈도 주라 노동부에 고발해버리겠다. 또 싸움질해서 돈을 기어코 받아가지고 또 돈 바로 안줘요. 실제 한국사람 같으면 돈 그렇게 안주고 못견디지 안그렇습니까? 그런데서 스트레스 억수로 많이 주는 기라예. 그래도 받아냈죠..."[사례 6] "아이는 사춘기 한참 사춘기 때 와 가지고 우리 큰딸이 내 사실 가슴 아프더라구요. 울며 학교 안 가겠다는거 내 보내 놓고 회사 가거든요. 그래 그런 우는 거 보내놓고 영 마음이 아픈 기라 한 3년 동안 울며 다녔어요. (중략) 안 다니고 내 그래 검정 보면 안 된다. 내 그럼 1년 만 더 댕기라그래 고등 고등에서 검정 봐라 그래서 얼려서 겨우 댕기는데..."[사례 7] "그렇

다고 내가 또 그 회사를 죽을 때까지 다닌다는 보장이 없어요. 애기들이 어리기 때문에 그러니까 이것저것 따져 보면 정말 이러지도 못하고 저러지고 못하고 그냥 이렇게 회사 가서 일해도 계약직으로 일하고 일용직으로 일할 수밖에 없어요. 그래도 벗어나면 안되잖아요."[사례 9]

[차이에 대한 도전]

사회참여에 대한 의미를 발견하고 사회역동에 참여하기 시작하면서 연구 참여자들은 사회적 격차에 대한 도전을 시도하였다. 사회현실에 대한 통찰적 인식은 욕구를 만들고 이는 다시 극복을 위한 도전을 시도하게 된다. 참여자들은 주위 환경의 영향과 개인적 특성에 의해서 자신의 나름대로 이 사회내의 차이와 차별에 대한 인식과 지향점을 찾았다. 남북주민 간의 차별뿐만 아니라 남한사회 내에서 그들이 어떠한 위치를 차지할 것인가를 고민하기 시작했다는 것이다. 남북의 차이에 대한 수동적 태도가 아니라 개인이 일상생활을 수행하거나 수행할 지리적 상황적 조건에 보다 능동적으로 접근한다는 사실이다. 이는 탈북난민들이 남한사회의 삶을 살아가는 중요한 실제적 요인이 될 것이다.

"주변에 몇몇 아는 분들은 부모 둘다 교사라서 그런가 기가 눌리는 거예요 막 자기 그 집 애를 교육하는 방식이나 이런걸 보면 나는 그때 발버둥만 치고 있는거지 막."[사례 3] "하도 많은 선택을 하고 있지요. 우리가 그러다가 생활 안하고 생각 없이 살면은 같은 상황에서 뭐 고민 안하고 답이 나오나요. 그 정도로 나는 자꾸 노력을 하다보니까(중략). 우리는 그래도 경제적으로 그 정도 상황이면 노후준비나 그런 거는 사치스런 애기고 일단은 하루하루 이것도 불안하고 또 애들도 저렇게 뭐 공부도 시키고 있지만 다른 사람들 하는 거 보면 뭐 아찔하고."[사례 4] "그러니까 빈부격차가 너무 심하다 보니까 야 참 심하다... 살기 힘들구나...(중략). 일단 한국사회를 알아야 이 사람들하고 휩쓸려가지고요... 마 이 사회가 어떻게 돌아가는지... 이 사회의 주 장점이 뭔지 단점이 뭔지 요런 거 다 파악해가지고 이사람들하고 어떤 관계를 했으면 어떻게 대인관계를 했으면... 아니 그 사람이 아니고 이 사회는 어떻게 대인관계를 하면... 그 살아남을 수 있겠다..."[사례 5] "졸업할 당시 그러드만 어느날 시험 치러 간다고 가드만 후에 합격 통지서 그래 가지고 OO대학 되어서 잘 댕기고 있어요(중략) 야 정말 그러는 말도 못합니다. 정말 내가 회사 댕기지. 야 울고 마 가슴 아프더라구요. 그러면 마 내색은 안하고 감싸주면 학교 못가는 거 어떻하겠어요. 그래 그래가지고 가슴 아파도 욕하며 욕했죠 자꾸 학교 못 간다면 안 간다면... 그래 가지고 앞에서는 모질게 해도 뒤에 가서는 가슴 아프고 그래 우리 딸이 지금에 와서는 다 어머니 덕이라면서..."[사례 7] "앞으로 어떻게 여기는 대학을 못가면... 특히 남자는 대학을 나와야 하잖아요... 대학까지는 보내야 하는데 어떻게 벌어서 대학까지 보낼 것인가... 그것도 고민이 됩니다."[사례 9]

3) 일상의 유지를 위하여

인간은 고통을 피하고 쾌락을 추구하는 본능을 기본 속성으로 가지고 있지만, 어떠한 경우에도 인간으로서의 존엄성을 유지하려고 투쟁하는 특별한 존재이다. 인간은 동물이지만 다른 동물과 달리 현재의 상태에 만족하지 않고 보다 나은 미래를 위해 노력하고 실천하는 존재이다. 인간은 동물적 존재이므로 다른 동물들과 마찬가지로 최선을 다해 생존을 도모하지만 인간 존엄성을 극도로 손상시키는 일을 당할 때는 죽음도 불사한다. 따라서 탈북난민들이 생존과정에서 경험한 인간 존엄성 상실의 체험들은 이후에 오랜 기간 동안 개인들의 삶에 영향을 미칠 수밖에 없다.

탈북난민들은 탈출과정에서 동물적 본능에 가까운 삶을 살거나 인간으로서의 대우를 받지 못하는 고문이나 고통을 경험하였다. 탈북난민들의 북한 탈출 결심은 쉽지 않았다. 개인의 내외부적인 밀어내는 힘이 강렬한 경우에만 실행하였다. 즉 이래도 죽고, 저래도 죽는 경우가 되어야 시도해 볼 수 있는 현실이라는 것이다. 중국이나 제 3국에서의 한국행 결정도 또 다른 밀어내는 힘의 작용이었다. '죽더라도 먹을 것이 있는 곳으로 가다가 죽자' 라는 심정은 또 다른 세상을 경험하고 재추진력을 가지게 하였다.

> "우리도 함 가볼까 이래 해서예 가는 사람은 없고, 이 사람들은 자기가 완전... 그 극도의 있다 아닙니까... 좀... 피할 수 없는 그 상황이 좀 안되면은예 절대 갈려고 안합니다."[사례 5] "또 잡아가겠다 그래요. 그래 그때는 내가 살아서 나가야 한다. 내가 이제는 어디를 가야만이 내가 사는 길이지 내가 여기 있으면 내가 죽는 길이다."[사례 2]

연구 참여자들의 탈북 결심 이후에 남한 입국까지의 과정에서도 순조롭지 않아서 투옥, 생존의 위기, 기아, 극단적 불안, 신체적 질병, 가족과의 이별 등의 어려움을 경험하였다. 그러나 이전의 소수의 연구김현경, 2007와 마찬가지로 일상의 위기와 극단의 외상적 경험 속에서 살아남을 수 있었던 내적 힘들이 있었다. 또한 탈출 과정과 같은 맥락으로 남한생활에서도 개인적인 수용 및 존중의 힘과 사회적 관계를 지속하는 긍정적 힘들을 가지고 있었다. 탈북난민들을 문제중심으로 파악하여 해결책을 제시하는 방법은 중요하고 어떤 부분에서는 반드시 필요할 것이다. 이와 함께 탈북난민들이 심리사회적 위기 상황에서도 위축되거나 사회와 단절되지 않고 지역사회에 거주할 수 있는 세부적인 주제들을 확인하여 강화하는 전략도 의미있다. 본 연구는 후자에 중점을 두어 연구 참여자들이 남한의 일상생활을 지속하고 유지할 수 있는 개인 내부적인 힘과 사회를 향해서 접촉하고 노출하며 연결하려는 주제들을 확인할 수 있었다. 연구결과들을 탈북난민의 일상적 삶에 적용하면 다음과 같다.

첫째, 현재 남한에 입국하는 탈북난민들은 탈북동기, 입국경위 등을 묻는 합동조사를 마친 후 하나원탈북난민정착지원사무소에서 3개월간의 사회적응 훈련을 마친 후에 주민등록, 임대주택 알선 등 정착준비 과정을 경험한 후 남한 지역사회 생활이 시작된다. 지역사회에 편입된 탈북난민들은 일정액의 정착지원금이 지급되며 일정 기간 취업알선, 의료 및 생활보호, 지역안내 등 정착 지원이 이루어진다. 이와 같은 사회적응교육체계와 지역사회 정착기반체계에서 이루어지는 사회복지 및 정신보건 정책 형성과 실천과정에서 탈북난민들을 강점 관점으로 바라보는 것이 중요하다. 본 연구를 통하여 탈북난민들은 능동적으로 책임감을 가지고 사회현실을 파악하여 공동체 형성을 스스로 할 수 있는 힘이 있음을 확인하였다. 탈북난민들을 위한 교육과 정책기획과정에서는 본 연구에서 밝혀진 참여자들의 역동적인 힘을 강화하여 지역사회에서 삶을 지속하는 전략과 방안들을 수립해야 할 것이다.

둘째, 일반적으로 탈북난민들과 유사한 이주난민들은 재정착국의 부적응자로 간주되어 치료와 조정의 대상으로 알려져 있다엄태완, 2007b. 따라서 이들의 심리적, 정신적, 사회적 문제해결을 위해서 다양한 방법들을 계획하고 전략을 수립하였다. 사회복지분야에서도 이러한 흐름과 맥락을 같이하여 교육, 적응향상을 위한 문제들을 사정하고 대안들을 제시하고 개입하였다. 탈북난민들의 경우에도 지역사회복지관을 중심으로 적응교육, 심리사회적 치료, 가족개입, 남한주민 인식개선, 정착도우미 지원 등을 통하여 적응 장애물을 제거하고 외부지원을 강화하기 위한 노력을 지속하고 있다. 이러한 과정에서 탈북난민들의 정신건강의 문제가 개인적, 사회적 적응의 중요한 과제로 인식되어이기영 외, 2009 해결책들이 제시되어 왔다. 여기에서는 주로 외부적 지원전략이 고찰되었으며, 탈북난민들의 역량이나 능력에 관해서는 상대적으로 간과한 측면이 있다. 그러나 본 연구에서 분석된 주제들을 통하여 탈북난민들은 스스로 삶을 살아가는 내적인 힘들이 있다는 사실을 발견하였다. 이에 근거하여 정신보건사회복지사가 탈북난민들의 정신건강의 문제에 개입할 때는 이러한 개인적 힘들을 이해하고 강화하여 일상생활을 유지할 수 있도록 해야 할 것이다.

셋째, 본 연구의 결과는 지역사회의 탈북난민을 위한 세부 프로그램에 활용할 수 있다. 북한이탈이주민의 지역사회 프로그램은 정신건강 및 심리상담, 초기 정착지원 및 사례관리, 사회적응, 취업지원, 지역사회 통합 및 인식개선, 지역 네트워크 및 인프라 구축으로 구분할 수 있다김선화, 2007; 이금순 외, 2005; 조정아 외, 2006. 탈북난민들과 같은 국가 또는 민족 간의 이주자는 정신건강의 문제에 취약성을 가질 가능성이 높기 때문에전우택, 2000 지역사회 프로그램에서 기본적이고 필수적인 내용으로 포함되어 있다. 일반적으로 이주민이나 난민들은 심리정신적 문제를 외부로 원조를 요청하는 힘이 부족하다고 알려져 있으나Potocky-Tripodi, 2002, 연구 참여자들은 사회적 관계를 시도하는 충분한 내적 힘을 가지고 있음을 확인하였다. 또한 이들은 탈출 전, 탈출과정, 남한사회에서의 스트레스를 받아들이는 힘을 가지고 있었다. 이는 탈북난민들의 정신건강 문제에 대한 개입과정에서 그들 스스로의 창조성과 자립성도 중요하게 생각해야 한다는 사실이다.

초기 정착 및 사례관리를 담당하는 전문가는 연구 참여자들이 기술한 자존심의 존중과 오히려 역설적인 남한 사회에 대한 이타심을 이해하면서, 탈북난민들이 남한사회의 새로운 문화에 적응하는 방법을 교육해야 할 것이다. 사례관리 담당자는 탈북난민들이 내면에 가지고 있는 열린 체계의 가능성을 확인하면서 어울림의 욕구도 표현되고 충족시킬 수 있도록 해야 할 것이다. 또한 정신건강의 증진을 위해서 문화체험, 탈북난민 화합, 자조모임, 가정결연, 멘토링 등의 다양한 사회적응 프로그램을 실시할 수 있다 이금순 외, 2005. 이 과정에서도 본 연구에서 확인된 참여자들의 사회에 접촉하는 힘을 활용할 필요가 있다. 탈북난민들을 단지 수동적 존재로 보는 것이 아니라 남한 사회문화 속의 능동적 참여자로 인식해야 한다.

마지막으로 탈북난민들을 위한 취업 및 지역사회통합 프로그램을 담당하는 전문가들에게도 이들이 사회에 부딪히는 힘이 있다는 사실을 알려줄 필요가 있다. 연구 참여자들은 경제적 욕구와 취업에 대한 도전의식도 있었으며, 남한의 일반주민들과 비교하는 욕구를 통해서 동기부여 되고 있었다. 지역사회 통합을 위해서 정신보건 영역에서는 탈북난민 지역협의회, 지원 민간단체, 보호담당관, 자원봉사단, 기타 관련기관들과 네트워크를 구성하여야 할 것이다. 이 과정에서도 본 연구결과에 의한 탈북난민들이 사회역동에 참여하고 사회 속에서 관계를 지속할 수 있는 힘을 적용하여야 할 것이다. 이는 지역 네트워크와 인프라 구축에서도 탈북난민들이 스스로 남한사회의 공동체에 참여할 수 있는 힘이 있다는 사실을 활용해야 한다는 것이다.

2. 외상의 임상적 회복과정

탈북난민들은 외상의 회복에서 창조적이고 탄력적인 힘이 있다는 것을 알 수 있었다. 이와 함께 탈북난민의 외상 회복은 6장에서 언급된 정신보건 서비스 범위 내에서 이루어질 수 있다. 그러나 외상은 상당히 복잡하고 민감하게 개인과 사회에 상호 영향을 미치므로 임상적인 직접 개입을 위한 보다 구체적인 내용들을 검토할 필요가 있다. 탈북난민들을 만나서 관계를 형성하고 스스로 외상의 문제에서 자유로워지거나 다시 고통을 경험하는 변증법적 과정을 살펴보면서 실천가들이 직접 고려할 수 있는 세부적인 사항들은 다음과 같다.

1) 치유를 위한 관계형성

외상적 사건을 경험한 탈북난민은 자신의 내적 힘을 소진하였으며 다른 사람과도 단절된다. 그러므로 탈북난민들은 개인내적 힘을 생성하고 새로운 사람과 지속적으로 연결을 시도해야만 외상에서 회복할 수 있다. 외상사건으로 인한 고통은 삶의 의미를 새롭게 정립하고 손상된 관계를 다시 연결하는 과정에서 점차로 감소될 수 있다. 외상을 경험한 탈북난민의 대인관계 회복은 자연발생적으로 나타날 수도 있지만 전문가의 원조에 의해서 수월해질 수 있다. 따라서 외상 경험의 생존자와 전문가 관계는 특히 중요하다. 외상사건에 관여하는 전문가와 탈북난민의 관계형성은 일반적 치료관계보다도 훨씬 중요하다.

(1) 탈북난민 중심의 관계

외상사건의 생존자는 심리적으로 손상되고 변형되었던 타인에 대한 신뢰감과 친밀감 및 자신에 대한 창조성과 능력, 정체감을 회복해야 한다. 인간은 이러한 힘을 영유아기 부터 다른 사람과의 관계에서 형성하였던 것과 마찬가지로 외상의 회복에서도 똑같은 관계가 필요하다. 그러므로 외상사건 생존자의 회복에서 첫 번째로 중요한 것은 그 자신의 역량을 재확립하는 것이다Herman, 1997.

탈북난민의 경우에도 외상의 회복에서 스스로 자신의 삶을 통제하고 의미를 추구하는 것이 중요하다. 외부 전문가와 관계자들이 지지하고 애정과 보살핌을 제공할 수는 있지만 외상의 회복 자체를 만들어주지는 못한다.

탈북난민들 스스로에게 힘을 부여한다는 기본 원칙을 가지고 전문가들은 관계를 형성하여야 한다. 한 탈북난민은 '내 절로(스스로) 아프고 내 절로(스스로) 다듬고... 그래야 되네요. 그 과정이 버겁지요' 라고 하였다. 이러한 위기 상황에서 전문가가 탈북난민이 스스로 통제력을 회복할 수 있도록 원조관계를 형성하는 것은 중요하다.

미국의 베트남 참전 군인들에 관한 연구에서 외상후 스트레스 장애를 보이는 대부분의 참전 군인들이 미국으로 돌아온 이후에 최소한 한 번 이상 정신적 문제로 병원을 방문하였다(Kulka, 1990). 탈북난민의 경우에도 복지관, 정신보건센터, 보건소, 병원에 외상성 증상을 호소하며 방문할 수 있다. 한 탈북난민은 외상성 증상으로 정신보건센터와 정신과 병원을 방문하였지만 형식적인 검사와 약물치료 강요로 치료를 그만 두었다고 하였다.

> "불면증이 너무 심했어요. 불면증 심하고 만사가 예민해져 있고. 우울한 거는 완전히 습관이 되어버렸어요.(중략) 막 한국에 왔을 때 치료받았으면 좋겠다. 그 충동을 받았지만. 작년에 큰 기대를 하고 병원에 갔었어요. 가면 상담도 해주고 심리적인 문제. 예를 들면 애들 교육문제라든가, 동네 문제라든가, 이런 것을 명쾌하게 말하는 심리상담사 같은 그런 사람들을 만나고 싶었는데. 가서 내가 시원하게 터놓고 이야기를 하고 싶은 기대로 갔는데... 약만 처방하고 가라고 하데요."(탈북난민 여)

이후에도 이 탈북난민은 정신보건센터에 갔지만 몇 가지 검사만 끝내고 전문가와 신뢰관계를 형성하지 못하면서 치료를 단절하였다. 이 경우에도 표면적으로는 생활상의 문제이지만 외상으로 인한 심리적 고통을 상당히 수반하고 있었으며 정신병자 취급 때문에 처음부터 솔직하게 이야기 하지 못한 것 같다. 이와 같이 탈북난민의 이야기에 대해 시간을 두고 진지하게 경청해 주는 전문가와 조직이 필요하다는 사실이다. 이 과정에서 탈북난민의 외상에 개입하는 전문가는 항상 이러한 관계가 수많은 인간관계의 하나이며, 회복을 위한 유일한 관계도 아니며 가장 좋은 관계도 아니라는 것을 알아야 한다. 탈북난민과 같이 외상 경험의 대상이 사람인 경우에는 더욱 전문가가 권력을 가진 독단적인 사람이라는 인식을 가지지 않도록 해야 한다.

탈북난민과의 관계에서는 사적인 욕심을 없애고 중립을 유지하면서 최대한 이들의 자율성을 존중하여야 한다. 탈북난민과의 관계에서 중립을 지킨다는 것은 외상으로 인한 그들의 심리적 갈등에서 특정한 편을 들거나 어떠한 결정을 강요하지 않는다는 의미이다. 그러나 무조건적인 도덕적 중립성의 입장을 취하라는 것은 아니며, 탈북과정에서 탈북난민과 그들의 가족들이 경험한 인권 문제에 대해서는 확실한 입장도 필요하다. 탈북난민에 개입하는 전문가는 공감적 지지도 중요하지만 이성적이고 지적인 판단도 필요하다. 이러한 과정에서 치료동맹을 형성하여 탈북난민 스스로의 회복력을 향상시켜야 할 것이다.

(2) 전이transference 관계

'전이'란 어린 시절 부모나, 다른 중요한 사람에게 느꼈던 감정을 자신도 모르게 치료자에게 옮겨서 체험하는 현상을 말한다. 전이에는 두 가지 종류가 있다. 좋았던 사람과의 좋은 감정을 옮겨서 치료자를 좋아하게 되는 긍정적 전이와 싫은 감정을 옮겨서 이유 없이 치료자를 미워하는 감정을 가지는 부정적 전이가 있다신경정신의학, 1997. 외상 사건을 경험한 탈북난민들은 특히 후자의 부정적 전이와 관련이 있을 가능성이 많다. 외상 사건으로 공포를 경험하게 된 사람들은 치료자와 같은 권위적인 인물 앞에서는 특징적인 정서반응을 보이게 된다. 이는 일반적인 치료관계에서보다도 훨씬 강력한 반응이며, 외상을 경험한 사람들의 전이는 단순히 두 사람 사이의 관계를 반영하는 것이 아니라 자신에게 외상적 경험을 하도록 한 제 3의 대상으로 인한 공포도 함께 존재한다Lister, 1982.

탈북난민들의 외상성 전이는 이러한 공포뿐만 아니라 무기력감도 동반하게 된다. 외상 사건이 발생하는 동안에 탈북난민들은 혼자 맞서서 고난을 헤쳐 나가야 하며 어떠한 도움도 받을 수 없다. 이 과정에서 이들은 버림받고 자신들이 무기력하다는 확신이 강할수록 전지전능한 구원자를 찾는 마음은 더욱 절박해 진다. 한 탈북난민은 감옥의 열악한 환경과 고문 속에서 무기력하고 절박한 심정을 다음과 같이 표현하였다.

> "내가 탈북을 하더라도 가족들은 무사하게 하고 내가 넘어가야지 내 하나 편할려고 가족들 죽이면은 나는 진짜 여기서 죽으면 안 되는데, 나가서 죽는 것보다 못하다. 오직 그런 생각뿐이 안했거든요. 그러면서 그때는 북한에서 하나님이 무엇인지 부처님이 무엇인지도 모르는데 그냥 엄한결순간적으로 나도 모르게에 학~ '나는 살고 싶습니다' 하는 막... 그런...의지 할려는 그런 기도가 막 나오더라구요. 기도라기보다는 막 간절한 막 그런게 나오더라구요. 하여튼 무조건 나는 여기서 살아서 나가게 해주십시오. 이런 간절한 그런 게 있었지요. 그래서 배고픔도 모르겠고 뭐 밥을 줘도 보름동안은 못 넘겨서 못 먹었었거든요. 그러니까 그 간수들이 '니가 얼마나 견디나 보자' 하면서 이거라도 더 달라고 할 그런 날이 있을 거다 하면서 그랬는데. 저는 보름동안 못 먹고 그다음부터 막 '아 이거라도 언제나 갈지 모르니까 일단 먹고 살아야 되겠다.' 싶어가지고 그거 막 먹으면서 2년을 버텼는데 배고픔이 무엇인지 추위가 무엇인지 모든 게 감각이 다 마비되어 가지고 아무것도 못 느끼겠더라구요."(탈북난민 여)

이들은 나중에 치료관계에서 전문가를 이상화하고 강한 기대를 가지고 공포의 재경험으로부터 보호받고자 할 수 있다. 그러나 이러한 탈북난민의 이상화된 기대에 전문가는 부응하지 못한다. 이 경우에 탈북난민들은 외상 경험에서 느꼈던 분노가 전문가에게로 대치될 수 있다. 전쟁에서 부상을 입은 군인의 분노는 자신을 죽이려는 적군이 아니라 치료하는 아군 위생병에게 향할 수 있다. 이들은 병원에서 치료하면서 복수심을 가지며, 이 복수심은 적이 아니라 서투르게 치료한 위생병과 병원 치료자에게 향한다. 외상을 경험한 사람들은 그들을 도우려는 치료자를 향해 분노를 느끼며 복수의 환상을 가진다[Herman, 1997]. 탈북난민의 경우에도 유사한 현상이 나타난다. 다음의 사례는 이를 보여 준다.

> "그게... 또 일이 안되면...뭐든지 뭐하면 바로 성질나고 악이 탁 나는 거라요. 도저히 뭐... 이거 하나 건드리면은 다 경찰이고 뭐고 아닙니까. 니 죽든지 내 죽든지 한번 해봐야 된다는 식으로예 진짜. 성격도 있다아닙니까... 되게 이상해지고예. 내가 지금생각해보면 아... 그때 참... 정신적으로 문제가 있은 것처럼.(중략) 악한... 이 야생 짐승처럼예... 어찌 보면 야생이지... 야생생활 하다시피 했으니까예... 막... 악으로 가득 차 있어요. 모든게 악으로... 그기 풀려져야 되는게 하루아침에 안 풀리지."(탈북난민 남)

이러한 상황은 치료관계에서는 더욱 직접적으로 나타날 것이다. 외상을 경험한 탈북난민들은 다른 사람과의 신뢰를 형성하는데 어려움을 겪는다. 전문가와의 관계에서도 마찬가지로 나타나서, 전문가의 능력을 믿고 의지하려는 마음과 의심과 불신감이 동시에 존재하게 된다. 만약 전문가가 자신을 도울 수 있다고 믿더라도 진정으로 자신의 외상 사건을 받아들일 수 있을지를 지속적으로 시험하게 될 것이다. Hendin과 Haas[1984]에 의하면 참전 군인들은 구체적인 전쟁 이야기를 듣고도 치료자가 견딜 수 있겠다는 확신해야만 신뢰감을 쌓는다고 하였다. 또한 탈북난민의 투옥과 고문, 중국 공안의 공포, 탈출과정의 배신 등의 외상 사건에서 가해자는 사람이다. 따라서 이들은 남한 사람이나 전문가들도 이들과 비슷한 부류로 인식하고 자신들을 억압하거나 관음증적인 의도로 캐묻고 있다고 의심할 수도 있다. 반복적이고 지속적인 외상을 경험한 탈북난민들은 전문가들도 어떠한 나쁜 의도를 가지고 접근한다고 추측할 수 있다. 이렇게 만성적인 외상을 경험한 탈북난민들은 그들의 대인관계와 성격구조에 왜곡을 가지고 와서 그들의 외상 사건을 두려워하기도 하지만 스스로 벗어날 수 없거나 심지어 유지하려는 경향을 보일 수도 있다. 다음은 탈북난민들이 대인관계와 성격적인 어려움을 나타낼 수도 있다는 것을 보여주는 사례이다.

> "정신력이라던가 그런 능력은 뭐 일단. 저도 웬만하면 완벽을 추구해야... 그래도 약간 허점을 보이면 이상한일이 생기고 약간만 뭐가 어째도 무서운 일을 당하고 그렇잖아요. 서로가 그런 면에서 엄청 피나게 노력을 했지요. 그러니깐 그게 너무 지친거예요. 이제는중국에서 10년을 그렇게 살다보니깐."(탈북난민 여)

탈북난민들은 다른 사람들의 적대적 반응으로부터 자신을 보호하기 위해서 전문가의 모든 말과 몸짓을 예민하게 관찰한다. 홀로코스트 생존자들은 치료자가 보이는 태도를 매우 민감하게 발견하고 이에 대하여 지나치게 예민하게 반응하였다[Tanay, 1986]. 따라서 탈북난민들은 그들을 도우려는 전문가가 항상 믿을 수 있을 것이라고 생각하지 않기 때문에 전문가의 태도와 반응을 잘못 해석하거나 왜곡시킬 수 있다. 따라서 지속적이고 심각한 외상 사건을 경험한 탈북난민과 관계하는 전문가는 이러한 특성을 사전에 충분히 인지하여야 한다.

(3) 역전이countertransference 관계

외상을 경험한 탈북난민들과 지속적으로 강렬하게 관계하는 전문가는 이들의 심리적 충격을 유사하게 경험하여 공포, 분노, 불안 등의 정서로 압도당할 수도 있다. 이를 외상성 역전이traumatic countertransference 혹은 간접 외상화vicarious traumatization라고 한다최현정 역, 2007. 이는 일과성 개입이 아니라 장기적으로 외상 문제에 정서적 에너지를 투입하는 사람에게 나타나는 문제이다. 이러한 문제는 외상 사건뿐만 아니라 다른 재난이나 정신질환 등과 같은 심각한 심리정서적 상황에 지속적으로 관여하는 사람들에게 공통적으로 발견되는 현상이다. 정신과 수련 과정의 한 전공의의 회고에서 보면, 환자들의 강렬한 감정의 지속을 경험하면서 소리치며 달아나고 싶은 과정에서 용기를 배우며 그들과 동행하는 방법을 배운다고 하였다이상열 역, 1999. 홀로코스트의 생존자들과 관계를 지속적으로 맺은 전문가들도 일관되게 보이는 정서적 고통이 있었다Herman, 1997.

탈북난민들의 외상 경험은 전문가로 하여금 인간의 잔인함과 알 수 없는 정서적 불안정 상황에서 자신의 취약성을 인지하면서 불안하거나 무기력에 빠질 수 있다. 탈북난민의 능력을 과소평가하거나 신뢰관계를 유지하지 못하거나 희망이 없는 상태로 간주해버릴 수 있다. 이를 극복하기 위해서 전문가들은 때때로 자신을 전지전능한 구조자로 인식하도록 만들 수 있다. 전문가가 탈북난민의 모든 문제를 해결하고 그들의 어려움을 자신과 동일시하여 공사를 구별하지 못한다면 이것도 외상성 역전이의 한 측면이라고 할 수 있다.

외상을 경험한 사람과 지속적으로 관계하는 전문가는 자기 내면의 분노, 혐오, 경멸, 연민 등을 만나게 되며, 이러한 영향으로 분노의 표출, 우울증의 발현, 방임과 유기하고 싶은 욕구는 모두 자신의 문제가 증상으로 나타난 것이다. 탈북난민들은 북한에 있는 가족 또는 탈북과정에서 자신만 살아남은 것에 대한 '생존자 죄책감'을 경험할 수 있다. 이와 유사하게 탈북난민에 관여하는 전문가는 '목격자 죄책감'을 보일 수 있다. 이는 탈북난민이 경험했던 고통을 자신은 면했다는 사실만으로 전문가가 죄책감을 느끼는 것이다. 그 결과 일상적인 편안함과 즐거움을 느끼지 못하고 탈북난민에 대한 개입이 충분하지 못하다고 자신이나 사회를 비난하거나 원망하며, 자신의 일상생활을 포기하고 탈북난민의 문제를 해결하기 위해서 헌신하는 태도를 보일 수도 있다. 이는 어느 정도는 탈북난민의 심리정신적 문제를 포함한 문제해결에 도움이 될 수 있지만, 전문가가 탈진하거나 탈북난민의 자발적 힘을 무시하여 결국에는 바람직하지 않게 작용하게 된다.

(4) 전문가 자신의 돌봄 관계

탈북난민의 외상으로부터 회복은 일직선으로 진행되는 것이 아니라 수개월, 수년 심지어 평생 동안 회복과 악화를 변증법적으로 반복할 수 있다. 이 과정에서 전문가는 정서적 균형을 지속적으로 유지하는 것은 쉽지 않다. 외상의 치료에서 전문가가 정서적으로 압도되는 것을 피하기 위해서 환자의 현실을 의심하고 부정하고, 해리나 둔감화 반응을 보이고, 외상 단서를 축소하거나 회피하고, 전문성을 빌미로 거리를 두려하고 드러내 놓고 환자를 버리는 반응 등이 있다최현정 역, 2007. 따라서 탈북난민의 외상에 관여하는 전문가는 주기적이고 구조화된 멘토 체계와 지지집단을 확보해야 한다. 이러한 집단에서는 외상과 관련된 전문적인 도움과 정서적인 반응을 표현하고 다룰 수 있는 자리가 되어야 한다.

탈북난민의 외상 경험과 그로 인한 증후군들을 지속적으로 경험하는 전문가들은 개인적인 삶과 전문가로서의 삶이 균형을 이루도록 해야 한다. 탈북난민들은 끊임없이 불신, 공포, 불안, 무기력, 죽음을 이야기하고 표현할 것이며, 이 과정에 집착하는 전문가들은 자신의 불안, 공포 그리고 죽음의 문제에 직면하게 될 것이다. 외상 사건을 경험한 탈북난민들은 자주 죽음과 관련된 극단적 이야기를 한다.

"그래, 죽음에 대해서는 단호해요 난... 죽으면 죽고 말면 말고.. 이렇게,.. 근데 목숨이 질겨가지고 질질 끌어서 노후에 까지 살게 되면 그때 가서 힘이 없을 때 어떻게 해야 되요? 그거가 문제지"[탈북난민 여]

"나는 당장 죽어도 여한이 없어요."[탈북난민 여]

"난 힘들어도 좋으니까. 차라리 다 죽어라. 내 형제들 다 죽어도 좋으니까. 나도 여기서 살고 싶은 생각도 없으니까."[탈북난민 남]

"난 애들이 어떻게 되든 지금 죽는 것에 대해서는 눈하나 깜짝 안해요."[탈북난민 여]

인간의 한계와 삶의 유한성에 대한 충분한 통찰을 가지지 못한 전문가는 이러한 자기 내부의 끊임없는 갈등으로 어려움을 겪을 수 있다. 따라서 전문가는 이와 같은 과정을 충분히 이해하고 있는 슈퍼바이저의 지도를 받거나 동료들의 도움을 중심으로 자기성찰을 지속해야 할 것이다.

2) 안정화

다른 심리사회적 위기와 마찬가지로 외상의 경우에도 회복은 크게 3가지 방향으로 흐르게 된다. 첫 번째는 외상 경험자가 이전의 기능상태 정도로 회복하는 것이고, 둘째는 이전의 기능 상태로까지 회복하지 못하고 어느 정도의 생물학적, 심리적, 정신적, 사회적인 장애를 가지고 삶을 살아가는 상태가 된다. 마지막은 외상의 위기를 통하여 자신의 삶을 재발견하고 통찰하여 보다 향상된 인격체로 성장하는 것이다. 외상의 회복은 세 번째가 가장 의미 있다고 할 수 있지만, 많은 경우에는 첫 번째와 두 번째의 과정을 거치게 된다고 할 수 있다. 이러한 회복의 과정을 많은 학자들이 단계적으로 구분하였지만, 외상의 회복이 단선적이지 않고 나선형으로 진행되기 때문에 반드시 시간 순으로 파악하는 것은 바람직하지 않다.

Scurfield1985는 전쟁 외상을 경험한 사람들의 회복과정을 신뢰감 형성과 스트레스 교육단계, 외상경험의 재체험 단계, 외상경험의 통합 단계로 구분하였다. Brown과 Fromm1986은 외상후 스트레스 장애의 회복과정을 안정화 단계, 기억의 통합 단계, 자기의 발달과 욕동의 통합 단계로 구분하였으며, Herman1992은 안전 단계, 기억과 애도 단계, 재 연결의 단계로 구분하였다. 이를 바탕으로 탈북난민의 외상 회복과정을 안정화, 외상의 재체험과 애도의 과정, 삶의 의미와 관계 회복의 과정으로 나누어 정리하였다. 이는 현재 탈북난민의 주요 외상 사건의 특성에 따라 구분한 것이다. 우선 탈북난민의 안정화 과정에는 다음과 같은 미시적 실천이 필요할 것이다.

(1) 맥락 파악하기

탈북난민들의 탈북과정의 외상은 긴장의 지속으로 증상이 위장되어 있을 가능성이 높다. 또한 남한에 정착하면서 신체적, 정신적 긴장이완으로 외상후 증후군이 발생하게 된다. 탈북난민의 외상후 증후군의 위장된 현상은 신체적 증상, 만성적인 불면과 불안, 지속되는 우울 및 대인 관계의 문제가 나타나게 된다. 이 과정에서는 탈북난민에게 외상 사건으로 파괴되었던 인류애와 이타심을 회복하도록 하는 것이 필요하다. 또한 자신에게 발생한 외상 사건을 올바르게 이해하고, 그러한 외상 사건을 경험한 인간들이 공통적으로 경험하는 증상문제들을 교육을 통해서 확인시키는 것이 필요하다. 이러한 교육을 통하여 외상후 증상에 대한 두려움을 줄일 수 있으며,

적절한 대비책도 강구할 수 있을 것이다.

탈북난민이 외상후 스트레스 장애로 고통 받고 있다면 충분한 정보를 제공하고 이와 유사한 경험을 하는 사람들과 집단적 교류를 통하여 자신만의 문제가 아니며, 결코 미쳐가는 과정이 아니라는 것을 확인시킬 필요가 있다. 만성적인 외상 경험을 한 탈북난민들에게는 그러한 경험이 그들의 성격구조를 변형시킬 수 있다는 것을 설명하는 것이 필요하다.

탈북난민들은 자신이 경험하는 무기력, 불안, 불면, 알코올중독 등이 발생하는 이유를 정확하게 인지하게 된다면 그들은 훨씬 안심하게 될 것이다. 그리고 이러한 문제는 모든 외상을 경험하는 사람들에게 공통적으로 발생하는 사실이라는 것을 확인하게 된다면 도움을 받아들이는 용기를 보일 것이다. 탈북난민들이 자신의 어려움을 표현하고 도움을 요청하는 것은 허약하다는 신호가 아니라 회복을 위한 단계를 밟아 나가는 것이라고 할 수 있다. 이와 같은 외상을 경험한 탈북난민을 위한 기본적인 교육은 CVT The Center for Victims of Torture의 자료를 참고할 수 있을 것이다 www.cvt.org.

[외상 생존자를 위한 정신건강 교육프로그램]

① 외상성 증상 바로알기

외상 이후에 나타나는 증상들은 외상 사건과 연관되어서 나타난다. 그러나 외상 이후의 증상들은 명확하게 겉으로 보이지 않는 경우도 있으며, 일차적으로 가족들이 변화된 행동과 정서를 확인할 수 있다. 외상으로 인한 증상은 가족이나 다른 사람과의 관계에 중대하게 영향을 미치고, 외상의 생존자들은 그들의 세계관, 인간관과 신념이 외상 사건으로 인해서 크게 변화된다. 어쩌면 그들은 외상을 경험하기 이전에 느꼈던 신뢰감과 연결감을 다시 느끼지 못할 수도 있다. 그러나 중요한 것은 외상 경험이 그들의 정서와 신체에 미치는 영향을 이해하는 것이 필요하다. 외상의 생존자들에게 그들이 비정상적이거나 미쳐가고 있거나 나약하지 않다는 것을 인식시켜 주는 것이 회복에 도움이 된다. 그들에게 나타나는 증상들은 극단적 스트레스 상황에서 인간 누구나 똑같이 경험하게 되는 현상이라는 사실들을 확실히 알려주어야 한다. 그 증상들은 다음과 같이 나타난다.

표 8-3 _ 외상 이후의 증상들

- 외상에 대한 생각과 이미지가 반복적으로 떠오름 · 외상과 관련된 악몽 · 심각한 정서적 스트레스와 외상을 각인 시키는 대상물건, 이미지에 심리적으로 불안한 반응 · 이유없이 누군가가 지켜보고 있다는 느낌 · 과민한 놀람 반응 · 쉽게 화를 잘냄 · 집중이나 단기 기억에서 장애를 보임 · 다른 사람들과 멀어져 있다는 느낌 · 무감각한 감정 · 기쁨이나 흥미의 부족 · 우울한 기분 · 식사 문제 · 에너지와 동기의 부족 · 희망이 없는 느낌 · 자살 사고 · 외상을 다시 기억나게 생각이나 상황의 의도적 회피

② 외상 이후 증상의 경과 과정

외상적 증상의 정도와 과정은 다양한 요인에 영향을 받는다. 외상 사건을 오래 경험한 난민들 일수록 증상이 나타나는 기간도 장기간이다. 아동기에 외상을 경험한 난민들도 외상의 회복기간이 길어진다. 따라서 아동기 이전에 외상 경험이 없고 정상적 발달과정의 난민들은 예후가 좋은 편이다. 또한 외상 사건을 경험한 이후에 반복적으로 증상이 나타난다면 그 기간도 길어지게 된다. 난민들의 외상에 대한 정보를 수집하여 지속적인 개입과 모니터링이 필요하다.

③ 정신보건서비스의 낙인에 대한 대처

일반적으로 정신보건서비스를 받는 것에 대한 두려움이나 사회적 낙인이 존재한다. 난민들이 정상적인 외상에 대한 대처를 하는 것도 그들이 소

위 '미친' 정신병을 가진 사람이라고 낙인찍힐 수 있다. 따라서 외상 생존자에 대한 교육은 정신적 대처에 대한 그들의 문화와 생각을 존중해야 한다. 외상의 생존자들은 전문가들이 고통을 감소시키고 빠른 회복을 시켜준다고 믿을 때 희망을 가지게 된다. 난민들의 경우에도 외상의 정도에 따른 적절한 개입이 필요하다.

④ 약물치료

외상을 경험하였다고 하더라도 정신과 약물을 복용하는 것에 대한 거부감은 대체로 큰 편이다. 외상을 경험한 난민들이 생물학적 개입에 대해서 부정적인 입장을 이해하고 설명해야 한다. 또한 약물치료가 필요 없는 경우에 지나치게 약물에 의존하는 것도 바람직하지 않다. 일반적으로 약물이 증상에 즉각적으로 효과가 없다고 복용하지 않는 경우가 많은데, 약물의 효과가 종류에 따라 수주 이후에 나타날 수 있음을 교육해야 한다. 또한 정신과 약물은 부작용이 나타나는데 이것도 시간이 경과하면서 해결될 수 있음을 알려야 한다.

⑤ 외상에 영향을 미치는 부가적인 스트레스

난민들의 외상에 영향을 미치는 심리사회적 스트레스를 이해하는 것이 필요하다. 다음과 같은 부가적인 스트레스로 인하여 시간이 지날수록 외상 문제가 심각해지는 경우도 발생하게 된다.

표 8-4 _ 부가적 스트레스

- 새로운 문화와 언어 배우는 스트레스 · 사회적 또는 가족적 네트워크의 부족 · 재정적 또는 직업적 어려움 · 법적 지위의 안정성 · 남겨진 가족에 대한 걱정 · 이전 사회적 지위의 상실 · 가족 구성원들의 역할 변화

⑥ 외상, 스트레스, 신체적 증상의 관계

외상을 경험한 난민들은 원인이 밝혀지지 않은 고통과 심리적 문제들로 인해서 어려움을 겪는다. 이러한 신체적 증상들은 정서적 문제와 연관되어 있을 가능성이 매우 크다. 또한 원인을 알 수 없는 고통과 신체적 증상은 탈출 과정의 기아, 전염성 질환, 두뇌 부상, 신체적 폭행 그리고 다른 치료받지 못한 만성질환에 기인할 가능성이 높다. 난민들에게 심리사회적 스트레스와 고통 및 신체적 증상은 상관이 높다는 것을 인식시키는 것이 중요하다.

(2) 내적 통제력 회복하기

외상과 같은 심리적 문제로 고통 받는 사람들은 그러한 정서에 압도당해서 자신의 일상적 삶을 살아가는 힘을 빼앗기게 된다. 즉 자신이 안전하지 못하며다른 사람과의 관계에서 마찬가지, 감정과 생각이 자신의 통제 너머에 있는 것으로 느낀다는 것이다Herman, 1997. 탈북난민들의 경우에도 외상으로부터 회복하기 위해서는 자신의 삶에 대한 스스로의 통제력을 가진다는 인식을 하는 것이 필요하다. 그러나 이러한 통제 능력의 회복은 자신이 내외적으로 안전하다는 확신을 가질 때 서서히 나타나는 것이다.

탈북난민들의 안정화하기 위한 대처는 생리적인 조절과 사회적으로 안전하게 만드는 것이 동시에 추진되어야 한다. 외상을 경험한 자신의 삶에 통제 능력을 확보하기 위한 생리적 조절은 기본적으로 건강에 주의를 기울이고, 수면, 운동 등의 신체적 기능을 적절하게 하고 외상으로 인한 일차적 또는 이차적 증상들을 통제하는 것을 말한다. 사회적으로 안전을 확보하기 위해서는 지역사회 생활이 안정되어야 하며, 경제적인 안정과 자유로운 이동과 활동이 보장되는 동시에 사회전체의 지지적 환경이 조성되어야 한다 Herman, 1997.

탈북난민의 경우에도 일차적으로 기본적인 의식주를 안정되게 지원하여야 한다. 이를 통하여 수면과 같은 생리적 리듬을 안정화 시키고 과민감성과 외상 침투증상을 감소시키도록 하여야 한다. 증상이 심각한 경우에는 약물치료도 가능하지만 탈북난민이 의존하도록 하는 것이 아니라 여러 방법 중에 하나로 선택하도록 해야 한다. 이를 통하여 스스로의 회복력을 지속적으로 강화할 수 있어야 한다. 이후 탈북난민들은 지역사회가 지지적이라는 인식을 하는 것이 필요하고 기본적인 경제적 안정이 무엇보다도 중요하다. 사회전체에서 보면, 외상 사건의 회복율은 사회보장제도가 안정적인 나라에서 높다는 연구들이 있다Schiraldi, 2000. 이와 같은 안전을 바탕으로 점차적으로 자신의 삶을 스스로 통제하고 조절하는 능력을 가지게 되는 것이다.

안정화 단계에서는 전문가가 지나친 욕심을 가지는 것은 금물이다. 이 과정에서는 탈북난민들 자기 자신이 내외적으로 안전하다는 인식을 가질 수 있는 환경을 마련해 주는 것이 가장 중요하다. 탈북난민들도 자신의 외상을 하루 빨리 해결하기 위해서 그들의 경험을 단편적으로 격렬하게 쏟아내어 단 한 번의 카타르시스로 모든 문제를 없애려고 시도할 수도 있다. 이러한 시도는 실망하게 되고 전문가를 원망할 수도 있다. 또한 탈북과정의 외상을 전문가가 과소평가하거나 현재의 문제를 축소한다면 탈북난민은 그렇지 않다는 것을 보여주기 위해서 극적인 행동을 보일 수도 있다. 탈북난민들이 경험한 외상 사건은 쉽게 망각 속으로 사라지지 않는다. 탈북과정에 자녀를 잃은 사람들은 자식의 생일날 잊고 지냈던 외상 사건이 강렬하게 재생되어 고통을 안겨 줄 수 있다. 시간이 지나면서 탈북난민들은 외상에서 벗어나서 새로운 생활에 성공하였다고 하는 순간에 다시 과거의 기억과 고통으로 이동하게 되는 과정을 반복할 것이다. 이는 회복으로 가는 지극히 정상적인 과정이라고 할 수 있다. 외상을 경험한 난민들을 위한 자가 대처 전략www.cvt.org을 탈북난민에 적용하면 다음과 같다.

① 내적 탄력성 회복하기

외상을 경험한 탈북난민들도 탈출 이전에는 개인적으로 잘 기능하였고 삶을 적절하게 살았다. 따라서 탈북난민의 강점과 이전의 성취를 자극하는 것이 필요하다. 현재의 문제보다도 미래의 계획과 목적에 보다 초점을 맞추고 개입하여 개인 스스로가 가진 능력을 일깨워 주는 것이 중요하다.

② 신체적 활동

탈북난민들에게 신체와 정신건강의 관련성을 설명하고 매일의 활동의 중요성을 인식시켜야 한다. 외상의 회복도 신체적 활동으로 기간을 단축시킬 수 있으며, 수면과 기분을 안정시키는데도 기여한다.

③ 이완 기법

탈북난민들이 이완 기법들을 익히고 활용한다면 외상성 증상으로부터 회복하는데 도움이 될 수 있다. 예를 들면, 대화하면서 걷기, 정원 가꾸기, 목욕하기, 음악듣기, 점진적인 근육 이완 그리고 녹음 테이프를 통한 구체적인 이완 방법에 따라 수행하기 등이 있다.

④ 영성과 종교

탈북난민들의 외상 경험으로부터의 회복은 그들의 영성과 종교에서 강력한 영향을 받는다. 따라서 외상에서 회복하려는 탈북난민들을 위해서 종교 지도자와 종교단체의 도움을 받는 것도 중요하다.

⑤ 삶의 의미를 회복하기

외상은 이전의 개인적 신념을 흩트리고 삶의 의미를 상실하게 한다. 탈북난민들도 개인적 삶이 안전하고 새로운 목적을 세우도록 도와야 한다. 이러한 과정을 만들기 위해서는 다양한 방법이 있겠지만 자원봉사, 경험을 활용하거나, 정치적 활동이나, 북한주민의 삶을 개선하겠다는 목적도 의미가 있을 것이다.

⑥ 고용과 습관

외상을 경험한 탈북난민들은 무조건 지역사회에서 고립되어 안정을 취하는 것은 오히려 증상을 악화시킬 수 있다. 다른 사람과 연결되어 있다는 것을 확인할 수 있게 일상적 일을 가지는 것이 중요하다.

⑦ 사회적 연결 강화하기

탈북난민들이 다른 사람들과 건강한 관계를 유지할 때 외상으로부터 빠른 회복을 기대할 수 있다. 특히 가족구성원이 없는 탈북난민들의 외상 회복을 위해서는 지역사회 지지가 무엇보다도 중요하다.

⑧ 부적절한 대처 피하기

탈북난민들이 외상을 인해서 나타나는 불면, 불안 등에 대처하기 위해서 알코올이나 약물을 남용하지 않도록 해야 한다. 이러한 것들은 초기에는 유용할지 모르나 장기적으로 또 다른 문제를 가지게 되는 것이다. 다른 사람과의 고립도 외상을 경험한 사람들의 일반적 대처이지만 이것이 장기화된다면 회복의 큰 장애물이 되는 것이다. 또한 탈북난민들은 외상에 기인한 의심의 증가, 사회의 불신, 부정적 인식의 증가 등으로 사회활동에 문제를 보일 수 있다.

⑨ 외상을 연상시키는 노출 감소하기

탈북난민들은 그들이 경험한 외상적 상황과 유사하게 노출되면 스트레스가 극심해지고 다시 증상이 나타날 수 있다. TV에서 북한 장면이 나오는 경우에도 다시 그 당시의 외상이 재경험되거나 자식을 잃은 경우에는 아이들과의 접촉에서도 스트레스를 겪게 될 수 있다.

3) 재구성과 애도

(1) 생애과정으로 재구성하기

탈북난민들의 외상 사건은 그들의 생생한 체험을 깊이 있고 완전하게 이야기하여 자신의 삶의 일부분으로 만들어야 한다. 외상의 과거가 현재를 지속적으로 붙들고 있는 것이 아니라 외상의 경험을 자신의 삶에 통합하는 과정을 겪어야 한다. 이를 위해서는 외상 사건을 그대로 다시 실제적으로 이야기하며 재구성하는 것이 필요하다. 그러나 이러한 외상의 공포를 다시 직면할 것인지 묻어둘 것인지에 대해서는 탈북난민이 스스로 결정해야 한다. 또한 과거의 기억을 불러내고 직면하면서 겪을 수 있는 불안과 고통의 수준이 견딜 수 있는 정도를 넘어선다면 일시 중단하거나 장기간 진행하지 않아야 한다.

외상 사건을 경험한 사람들은 전후 맥락을 정확하게 이해하는 것이 필요하다. 이는 자신의 과거와 현재를 연결하여 생애전체의 흐름을 균형적으로 재조정하는 것이 된다최현정 역, 2007. 탈북난민들이 그들의 외상을 모든 감각을 동원해서 점점 깊숙하게 접근하면서 이야기 한다는 것은 쉬운 일이 아니다. 전문가들도 마찬가지로 이들의 이야기에 압도되거나 외상의 재체험이 다시 이들의 고통을 증가시키는 것이 아닌지 고민할 수도 있다. 외상에서 나타난 그대로의 이미지와 신체적인 감각을 포함하지 않는 이야기는 힘이 없고 불완전하다McCann and Pearlman, 1990. 탈북난민들은 외상 사건에서 일어난 일들만 재구성하는 것이 아니라 그 때 무엇을 느꼈는지도 표현해야 한다. 그러나 이과정은 고통스러울 수도 있고 정서적인 위기를 가져올 수도 있다. 이 때 전문가는 이러한 문제들을 미리 예견하고 안전한 느낌으로 탈북난민 자기 자신의 감정과 생각을 지속적으로 표현할 수 있도록 해야 한다.

외상을 경험한 난민들은 시간이 지나면서 왜 자신만, 자신의 가족과 민족 또는 인종만이 이러한 경험을 해야 하는지에 의문을 가지며 원망하게 된다Bemark et al., 2003. 이주과정에서 희생된 가족과 동료들에 대한 죄책감을 가지고 살게 된다. 또한 지금까지 자신이 믿고 의지했던 신념들과 의미, 정의에 대한 혼란으로 당혹하게 된다. 탈북난민들의 경우에도 탈북과정에서 경험했던 수많은 사건들과 남북의 사회문화적 차이로 인하여 삶에 대한 관점과 가치에서 혼란을 경험할 수 있다. 이 과정에서 경험한 외상적 사건들은 인간성에 대한 궁극적 물음, 자기에 대한 새로운 도전과 신체적이고 감정적 변화에 대한 고통과 해결이라는 과제를 동시에 남길 수 있다. 전문가는 이러한 탈북난민의 이야기를 경청하면서 이들이 잃어버리고 혼란스러운 조각 기억들을 맞추면서 스스로의 통제 능력을 회복하도록 도와주어야 한다. 다음의 사례는 이와 같은 혼란된 탈북난민의 모습을 보여준다.

> "그러니까 간단히 한마디로 말하면 스스로가 많은 물음표를 달고 사는 거예요. 나에 대해서도 그렇고 이 세상에 대한 모든게 다 물음표가 많은 거예요. 많은데 아무리 고민을 거듭해도 답이 안나오는 거라요."[탈북난민 여]

그러나 모든 심리적 충격의 회복과정과 마찬가지로 완전하게 그 과정을 이해할 수도 없으며, 그들이 견딜 수 있는 만큼만 탐색하면서 모호한 삶을 살아갈 수 있는 방법을 체득해야 한다. 또한 탈북난민들의 외상 경험의 특성상 법적, 외교적 문제와 관련이 있는 경우도 있을 것이다. 이러한 증언들도 외상의 치유에 도움이 되므로 전문가들은 자유롭게 이야기할 수 있도록 조처를 취해야 한다. 탈북난민의 외상적 경험을 이야기 하는 것이 수치의 재경험이 아니라 인간 존엄성을 회복하는 것이 되어야 한다. 특히 성폭력과 관련 있는 탈북난민 여성들과의 개입에서는 중요하게 고려되어야 할 사항이다. 모든 외상과 마찬가지로 마술적으로 순식간에 문제들을 해결할 수 없다는 사실을 전문가와 탈북난민이 공통적으로 인지하고 있어야 한다.

(2) 애도하기

탈북난민들의 외상 이야기의 재구성을 통해서 침투와 과민감성 증상은 개선될 수 있지만 사회적, 직업적 그리고 가족적 문제는 변화되지 않을 수도 있다. 또한 외상을 재구성하는 과정에서 기억 너머에 있는 탈북난민의 공포와 직접 대면하는 일도 쉬운 일이 아니다. 이와 마찬가지로 탈북과정에서 가족구성원을 상실하였을 경우에 탈북난민들은 악몽이나 플래시백 증상을 쉽게 포기하려고 하지 않을 수 있다. 이러한 증상에는 상실한 가족구성원과 연결된 끈을 놓지 않겠다는 상징적인 의미이거나, 미해결된 죄책감을 표현하며 애도하는 과정일 수도 있다. 탈북난민들이 상실한 가족이나 친구 또는 동료들을 깊이 애도하는 경험은 필요하면서도 어려운 과정이다.

> "계속 거기북한 생각이 사실상 거기 생각이 제일 많습니다. 아직도 생각은 없어지는 것이 아니고 그러니깐 지금도 생각은 조금이라도 더 도와주어야 되겠다... 자꾸 그 생각이 납니다. 예 제가 이번에 또... 이 사람들을 만나봤지만 제 주머니돈을 다털어서 줬어요(중략) 이들은북한사람들 모르니깐 그러죠... 지금 그래서 제가 '다죽어라 다죽어라' 그랬습니다... 그렇게도 머리가 안돌고 어떻게 사냐고 다 죽어라고... 나는 이밥에 돼지고기도 먹기 싫어서 안먹는 사람이라고 내그래 놨는데."[탈북난민 남]

외상 사건의 생존자들은 애도하는 것이 너무나도 힘들기 때문에 복수 환상, 용서 환상, 보상 환상과 같이 위장되어 나타난다Herman, 1997. 탈북난민의 경우에도 북한과 탈북과정의 가해자들에 대한 분노와 보복에 대한 강렬한 모습을 보였다. 북한 정권에 대한 강한 적대감을 표시하거나 제 3국 탈출과정에서 본인들에게 피해를 준 사람들에 대한 분노를 표현하였다.

그러나 이러한 분노의 표출이 외상 사건에서 회복력을 가지는 것이 아니라, 오히려 본래의 외상만큼 그들을 괴롭히거나 공포와 불안을 악화시킬 수 있다. 복수 환상과 반대되는 용서 환상도 분노를 우회적으로 표현하는 것이다. 탈북난민들도 자신의 능력을 넘어 북한주민들을 도와주려고 하는 사람들이 있다.

보상 환상은 탈북난민에게도 자주 나타나는 문제이다. 이 보상 환상은 남한 전체 사회를 대상으로 하기도 하지만 지역사회 개별 구성원들에게 나타나기도 한다.

> "배신... 배신감... 그러니까 뭐 우리... 예를 들어서 뭐 이런 물이라도 주면 여기 사람이 고맙습니다 하고 몇 번이고 인사를 하고예 그때 후에라도 '너무 잘먹었습니다' 하고 그래 하거든예 그래하는데 그 배신감이라는게 있다 아닙니까. 아 진짜... 뼈저리게 몸에 배겼으니까는... 하루아침에 안 빠지거든예 그러니까 고마운거를 처음에 못 느낍니다. 어떤 경우에는 받아도 당연한 것처럼." [탈북난민 남]

탈북난민들의 애도 과정을 통하여 아직까지 남아 있는 생명과 창조의 힘을 발견하고 사용하여야 한다. 탈북난민의 애도 기간은 정해지지 않을 것이며 고통과 일상이 반복될 것이다. 많은 시간이 지나고 나면 외상 사건도 자신의 과거 일부가 되어서 이전만큼 그 경험이 감정과 사고를 강렬하게 자극하지 않을 것이다. 초기에 탈북난민들은 외상 사건이 영원히 자신에게 분리되지 않을 것처럼 일상의 공포와 불안으로 머물러 있을 것이다. 그리고 날마다 외상이 생각나고, 두렵고, 슬프고, 잊기 위한 고통스런 과정을 반복해야 할 것이다. 그러나 탈북난민 자신과 전문가 그리고 지역사회가 새로운 힘을 찾는다면 결코 외상이 이들 삶의 중심에 있지 못할 것이다. 점차로 탈북난민들의 외상은 과거의 경험이 되고 미래를 바라보면서 현재를 있는 그대로 받아들일 수 있는 하나의 현상이 된다.

> "그걸 느낀게 한 일년 넘게 한 이년 가까이 됐습니다. 그래 제가... 그 전에는 여기 와가지고 진짜... 너무 있다아닙니까 스트레스를 많이 받아가지고... 취업 할라고 이력서를 몇 번씩 내고예. 모든게 다 칼이라예... 고민이라 하면... 아차... 이 사회에서 말없이 사는 사회는 못되는 거구나 이런 느낌이 딱 들더라구예. 이렇게라도 그런 느낌이 들더라고예 야 이거 또 머해야 되는지도 모르겠더라고... '뭘 좀 해야 먹고 사냐'는 생각이 점점 들면서." [탈북난민 남]

4) 삶의 의미와 관계 회복

(1) 삶의 의미 재발견

외상의 경험은 지금까지의 인생에 의미를 주었던 신념체계들을 뒤흔들게 된다. 탈북난민들은 남북의 사회문화적 차이 속에서 새로운 삶을 살아야 하는 문제도 부가된다. 이들은 전혀 다른 세계를 경험하는 것이며, 여기에 인간 존재를 새롭게 조명해야 하는 외상적 사건도 겪었다. 시간이 지나면서 신체적, 심리적, 대인관계에서 알 수 없는 변화와 고통을 체험하며 무력감과 고립 속에서 살았다. 이 과정을 회복하면서 탈북난민들은 나는 누구인가, 인간의 존재 의미는 무엇인가, 죽음이 어떠한가, 나와 죽음은 무슨 관계인가와 같은 인간으로서 답 없는 질문을 던질 수 있다. 또한 지금까지 자신이 생각해 왔던 삶의 방식, 정의, 대인 관계 문제 등이 전혀 다른 방식으로 흘러가거나 인지된다. 이러한 변형된 삶의 방식의 혼란 속에서 탈북난민들은 자신의 신체, 주변 환경, 경제적 문제를 해결하면서 남한 사람들과 새로운 관계를 형성해 나가야 한다. 새로운 남한 사회에서 살아갈 힘을 발견하고 고립되지 않기 위한 노력은 삶의 의미를 새롭게 정립할 때 가능할 것이다. 이러한 과정의 탈북난민들에게는 이타심이나 자신의 경험을 정치적으로 표현하는 등 삶의 의미를 부여하는 것도 외상으로 인한 고통에서 벗어나는 한 방법이 될 수 있다.

"복지관에서도 우리 때문에 많은 신경 써주잖아요 내 그래... 거기가 고마워서 한때는 한 달에 많이는 아니고 그 후원... 그 복지관에 후원금이 들어가는 거 있거든요. 복지관에 하루는 그 물품 타러 오라해서 딱 가니까 거기에 뭐 후원... 회원... 하는 것이 책상위에 상담할 때 있더라구요. 이거 뭔데 하니까... 그런 설명도 하고. '내가 한 달에 만원씩으로라도 내가 하겠다' 해가지고 한 달에 만원씩 그렇게 해가지고... 진짜 탈북자들... 엄청 생각해 주고, 한국에 뭐 다 잘사는 것도 아니고, 우리보다 못사는 사람 많은데 그래도 멀리에서 왔다고 신경써주시고 하는데 보답받기는 크게 하고 보답 못해도 마음으로."[탈북난민 여]

(2) 자신을 보살피기

탈북난민들이 회복의 힘을 가지기 시작하면 과거와 같이 외상에 압도되어 무기력과 고립 속에서 자신을 방치하지 않는다. 자기 자신을 주체적으로 인정하고 과거를 이해하고 외상 사건을 바르게 인지하고 미래를 생각하게 된다. 탈북난민들이 외상에 속박되지 않고 자신을 찾아가는 과정에는 공포와 두려움에 부딪힐 수 있는 용기가 필요하다. 이 과정에서 탈북난민들은 자신의 긍정적 측면을 확인하고 외상으로 인하여 자신이 치른 대가를 이해할 수 있을 것이다. 가끔 탈북난민들은 자신들이 그렇게 위험한 사지死

地에서 살아 왔기 때문에 대단하다고 생각하여 다른 사람이나 사회로부터 고립을 자초하는 경우도 있다. 이때 전문가는 이들의 이러한 감각에 균형을 제공하도록 노력해야 한다. 그러나 성급하게 교육적으로 접근하는 것은 오히려 해로울 수 있기 때문에 그들 스스로 인류적 동일시를 회복하도록 기다리는 것이 필요하다.

(3) 세상과 연결하기

탈북난민들이 외상에서 벗어나거나 치유되어 간다는 표시는 외부환경에 대한 접촉이다. 탈북난민들은 외상의 공포에서 벗어나면서 두 가지 형태를 나타낼 수 있는데, 사회와 부딪히거나 도망가는 것이다. 또 다른 위험을 회피하기 위해서 자신 속으로 숨거나 위축되어 지내는 시간이 길어질수록 외상의 회복은 느려지거나 다시 반복될 것이다. 보다 적극적으로 남한사회에 부딪히는 것이 개인적, 사회적 생존에 유리하다. 탈북난민들은 사회전체의 구조에 포함되려는 노력과 동시에 남한의 지역주민들과 어떻게 관계할지도 중요하다. 외상을 경험한 탈북난민들은 기본적 신뢰를 상실하여 고통 받은 사람들이다. 또한 남한 사람들도 그러한 탈북난민들의 불신의 과정을 이해하고 있지 못하다. 따라서 관계의 질이나 양이 한정될 수밖에 없다. 탈북난민들은 남한 입국 초기에 가족이나 다른 탈북난민들과만 교제하거나 생활하는 모습을 자주 볼 수 있다. 이들의 변화의 시작은 남한주민과 관계를 맺으려는 의지와 인간에 대한 신뢰감을 회복하여 관계에서 긴장감이 이완되어 안정감을 가질 때 가능하다. 또한 탈북난민들이 다음 세대의 문화 전수자로서 자녀들에 대한 목표의식과 열린 마음을 가지는 경우에는 이미 세상을 향한 연결을 시도하고 있는 것이다.

(4) 외상과 함께 살아가기

탈북난민들은 시간의 흐름 속에서 개인적 과거로 외상 경험을 통합하고 살아간다. 어떤 시점이나 사건 속에서 외상은 다시 재현되거나 공포로 다가올 수도 있지만, 또 다른 개인적이고 사회적인 힘으로 삶을 지속하게 된다. 모든 외상과 마찬가지로 탈북난민의 외상 사건이 삶에 의미를 부여하고 긍정적으로 작용한다고 말할 수는 없다. 인간이 경험할 수 있는어쩌면 경험하지 않아도 되는 확률이 미미한 사건을 삶의 과정에서 만난 것뿐이다. 따라서 그 경험은 자신에게 영원히 분리되지 않으며 함께 해야 한다. Harvey1990는 외상적 경험으로부터 회복을 다음과 같은 일곱 가지 기준으로 정의했다Herman, 1997, 재인용.

첫째, 본인이 외상후 스트레스 장애 증상을 어느 정도 감당할 수 있다. 둘째, 외상 사건을 기억하더라고 정서적으로 견딜 수 있다. 셋째, 외상 사건에 대한 기억을 본인이 어느 정도 통제할 수 있다. 넷째, 일관된 정서와 기억으로 외상 사건을 바라보고 있다. 다섯째, 외상으로 손상된 자존심이 회복되었다. 여섯째, 대인 관계의 회복이 확연하게 나타난다. 일곱째, 외상 전체를 일관되게 바라보고 이해할 수 있다. 따라서 탈북난민의 외상도 완벽하게 해결하거나 문제를 없애기를 바랄 수는 없다. 어떤 탈북난민들은 평생 동안 외상이 삶에 의미 있게 작용할 것이다. 그들은 북한의 사회구조를 비판하는 증언을 하거나 탈북과정 또는 북한사회의 인권 문제에 대한 자신의 경험을 폭로하는 등으로 치유를 시도할 것이다. 이러한 탈북난민의 모든 활동과 행동이 남한사회 또는 남한주민들과 조화를 이룬다면 그것은 성공적인 문제해결 과정이라고 할 수 있을 것이다.

탈북난민의 충격적인 과거 경험은 현재의 삶에 의식적으로나 무의식적으로 영향을 미칠 수밖에 없다. 모든 사람은 과거와 단절된 현재가 있을 수 없으며 현재와 관련 없는 미래도 설명하기 어렵다. 다른 모든 사람들과 마찬가지로 탈북난민들은 그들의 상황과 이야기를 간직한 채로 살아갈 수밖에 없다.

"제가 있잖아요. 이렇게 지금까지 말한게 아 제가 이때까지 있잖아요. 어디 가서 하소연을 못했고 아직까지 누구한테도 이런 말은 제가 못했댔습니다. 그랬는데 이제라도 오늘 이렇게 하니깐 속도 후련하고 그리고 또 제가 말한 말은 거짓이 아니기 때문에 참고로 해가지고 많이 여기 한국 사람들한테도 많이 알려졌으면 하는게 제 바램입니다. (중략) 아 정말로 있잖아요 그런데 있잖아요 저희가 지금 제가 다른 분들한테도 부탁을 했는데요 이 기자분이라든가, 그렇지 않으면 영화감독이든가, 아니면 작가들을... 좀 만났으면 하거든요. 북한실태를 있잖아요 정확하게 알렸으면 하는게 좀 영화 같은 걸로 알렸으면 하는게."[탈북난민 남]

그 과정에서 그들 스스로의 창조적 힘과 이성적 노력도 필요하며 사회적 지지와 지원도 중요하다. 탈북난민들의 외상적 경험은 개인적 힘을 바탕으로 삶의 의미를 재확인하고 목적의식을 가질 때 회복과 연결될 수 있을 것이다. 또한 그들의 내적 의미의 중요성과 마찬가지로 외부적으로 다른 사람 또는 사회와의 관계가 무엇보다도 필요하다는 것을 알 수 있었다. 탈북난민의 외상 회복은 개인의 내적 의미의 재발견과 사회가 안전하게 연결되어 있다는 사실을 인지하고 경험할 때 가능할 것이다.

참고문헌

강성록. 2000. "탈북자의 외상척도개발연구". 연세대학교 석사학위논문.
국회인권포럼. 2005. "한국의 난민과 난민정책". 『2005 정책연구보고서』.
권석만. 1996. "우울과 불안의 관계". 『심리과학』. 5(1): 13-38.
권진숙·박지영. 2008. 『사례관리의 이론과 실제』. 서울: 학지사.
김기태. 1998. 『위기개입론: 일상생활의 위기와 극복방법』. 서울: 대왕사.
______. 2003. 『위기개입의 이해』. 부산: 서림출판사.
김기태·황성동·최송식·박봉길·최말옥. 2001. 『정신보건복지론』. 서울: 양서원.
김미혜·이금룡·정순둘. 2000. "노년기 우울증 원인에 대한 경로분석". 『Journal of Korea Gerontological Society』. 20(3): 211-226.
김분한·김금자·박인숙·이금재·김진경·홍정주·이미향·김영희·유인영·이희영. 1999. "현상학적 연구방법의 비교고찰-Giorige, Colaizzi, Van Kaam방법을 중심으로". 『대한간호학회지』. 29(6): 1028-1220.
김선화. 2007. "새터민 정착지원을 위한 사회복지 프로그램의 현황과 평가". 『새터민 1만명 시대, 지난 7년과 앞으로의 7년』. 북한이탈주민학회·한국사회복지사협회·한국노동교육원 공동 학술대회 자료집.
김성경. 2000. "그룹홈 거주 청소년의 심리사회적 적응에 관한 연구". 이화여자대학교 박사학위논문.
김순진·김환. 2000. 『외상후 스트레스 장애』. 서울: 학지사.
김영미·김중술. 1992. "우울증환자들의 사회적 문제해결능력". 『정신의학』. 128: 130-138.
김용신·김형기 역. 2009. 『다문화 시민교육론』. 경기: 교육과학사.
김용찬. 2006. "국제이주분석과 이주체계접근법의 적용에 관한 연구". 『국제지역연구』. 10(3): 81-106.
김인숙. 1994. "빈곤여성의 사회적환경요인과 심리적 디스트레스와의 관계". 서울대학교 박사학위논문.
김연희. 2006. "북한이탈주민의 정신보건에 관한 연구". 서울대학교 박사학위논문.
김영춘·김성진. 2005. 『남북한 통합과 통일인프라 확장방안』. 서울: 통일연구원.

김용찬. 2006. “국제이주분석과 이주체계접근법의 적용에 관한 연구”. 『국제지역연구』10(3): 81-106.

김정선 · 신경림. 2004. “성인여성의 우울과 스트레스, 사회적 지지에 관한 연구”. 『대한간호학회지』. 34(2): 352-361.

김지현. 2008. “한국 사회에서의 다문화주의와 교육”. 『철학연구』16: 29-52.

김태련 외. 2004. 『발달심리학』. 서울: 학지사.

김태현 · 노치영. 2003. “북한이탈 여성들의 삶 이야기: 해석학적 현상학을 통한 중국생활 체험 분석”. 『대한가정학회지』. 41(8): 1-17.

김한우 · 김지혜 · 김대중 · 이동수. 2002. “지속성 외래 복막 투석 환자의 우울 경향: 스트레스, 무망감, 부정적 대처의 관계”. 『한국심리학회지: 임상』. 21(3): 581-593.

김현경. 2007. “난민으로서의 새터민의 외상(truma) 회복 경험에 대한 현상학 연구”. 이화여자대학교 박사학위논문.

김현아 · 전명남. 2003. “MMPI에 나타난 북한이탈주민의 개인차 특성”. 『통일연구』. 7(2): 129-160.

김혜숙. 2000. “북한사람에 대한 고정관념, 감정과 태도”. 『한국심학회지: 사회문제』. 6(2): 115-134.

나동석 · 서혜석 · 이대식 · 곽의향 · 김미혜. 2008. 『정신건강론』. 경기: 양서원.

노대균. 2002. “탈북자의 개인차 요인이 적응 및 정신건강에 미치는 영향”. 중앙대학교 박사학위논문.

대한신경정신의학회. 1997. 『신경정신과학』. 서울: 하나의학사.

대한신경정신의학회. 2005. 『신경정신의학』. 서울: 중앙문화사.

문남철. 2004. “북한이탈주민의 이주요인과 이주패턴 및 이주경로-재외 거주공간 정책의 필요성-”. 『지리학연구』38(4): 497-511.

민성길. 2006. 『최신정신의학』. 서울: 일조각.

박경. 2003. “부정적 생활 스트레스와 대인관계 문제가 여성의 우울에 미치는 영향”. 『한국심리학회지: 건강』. 8(3): 813-824.

박영호 · 이금순 · 김수암 · 홍우택. 2009. 『북한인권: 국제사회의 동향과 북한의 대응』. 서울: 통일연구원.

박지영. 2002. “위기적 사건에 대한 정서적 반응과 사회사업개입모형”. 부산대학교 박사학위논문.
박민철 역. 1990. 『간추린 집단정신치료』. 서울: 하나의학사.
백영옥. 2002. “중국내 탈북 여성실태와 지원방안에 관한 연구”. 『북한연구학회보』. 6(1): 241-264.
사단법인 좋은 벗들. 1999. 『두만강을 건너온 사람들: 중국 동북부지역 2,479개 마을 북한 ‘식량난민’실태조사』. 서울 : 정토출판.
서윤환. 2004. “북한이탈주민 정착지원의 효율성 제고 방안”. 『대한정치학회보』. 12(2): 265-288.
손승길 · 김수청 · 김남희 · 한수선. 2009. 『삶, 문화 그리고 윤리』. 경북: 신지서원.
신승철 · 김만권 · 윤관수 · 김진학 · 이명선 · 문수재 · 이민준 · 이호영 · 유계준. 1991. “한국에서의 the Center for Epidemiological Studies-Depression Scale(CES-D)의 사용”. 『신경정신의학』. 30(4): 752-765.
신경림 · 조명옥 · 양진향. 2004. 『질적연구방법론』서울: 이화여자대학교 출판부.
신창식 · 김도환 · 노병일. 2007. 『지역사회 정신보건정책 및 서비스』. 서울: 다운샘.
신희석. 2002. “생의 의미가 중년 주부의 우울 성향에 미치는 영향”. 『한국심리학회지: 여성』. 7(1): 29-45.
양옥경. 2006. 『정신보건과 사회복지』. 서울: 나남출판.
엄태완. 2004. “북한이탈주민의 무망감에 의한 우울증 완충효과에 관한 연구”. 부산대학교 박사학위논문.
______. 2005. “남북주민 통합을 위한 정신건강전략: 남한 내 북한이탈주민, 저소득주민, 일반주민의 비교를 통하여”. 『통일정책연구』. 14(1): 297-324.
______. 2006. “새터민의 재적응 토대마련을 위한 정신보건서비스 전달체계 모색”. 『통일정책연구』. 15(1): 287-316.
______. 2007a. “북한이탈주민의 정신건강증진을 위한 사회복지실천 전략”. 『한국사회복지의 새로운 지평』. 경기: 공동체.
______. 2007b. “북한이탈주민의 심리사회적 위기대처 향상 전략”. “난민과 이주민 모델의 적용을 통하여”. 『통일정책연구』. 16(2): 173-197.
______. 2009a. “북한이탈주민의 남한이주 과정의 외상적 체험에 대한 현상학적 연구”. 『한국사회복지학』. 61(2): 189-213.
______. 2009b. “북한이탈주민의 심리사회적 위기 대처과정의 긍정적 힘에 대한

질적 연구". 『정신보건과 사회사업』. 32: 215-247.
엄태완 · 이기영. 2004. "북한이탈주민의 우울과 사회적 문제해결능력 및 사회적 지지와의 관계". 『정신보건과 사회사업』. 18: 5-32.
오수성 · 신현균 · 김상훈 · 김정호 · 최영미 · 신경란 · 정명인 · 김해진 · 박성록 · 이진 공역 2009. 『외상후 스트레스 장애 워크북』. 서울: 학지사.
오승훈 역. 2003. 『인권, 그 위선의 역사』. 서울: 은행나무.
오익수. 1991. "대인관계 문제해결에 대한 심리적 해결요인들 간의 인과적 관계". 전남대학교 박사학위논문.
유정석. 2005. "캐나다 이민-난민정책". 『민족연구』. 23: 141-157.
윤여상. 2001. 『북한이탈주민의 적응과 부적응』. 대구: 도서출판 세명.
윤여상 · 김성회. 2006. "새터민 정신건강 향상을 위한 통합 시스템 구축 방안 연구". 『2006년 통일부 정책연구 결과 보고서』.
윤여상 · 이금순. 2006. 『북한이탈주민 사회적응교육 표준교재 개발』. 서울: 통일연구원.
이경진 · 조성호. 2004. "청소년 자살 고위험 집단의 심리적 특성". 『한국심리학회: 상담 및 심리치료』. 16(4): 667-685.
이근홍. 1999. 『케이스 매니지먼트』. 서울: 서울대학교출판부.
이교덕 · 임순희 · 조정아 · 이기동 · 이영훈. 2007. 『새터민의 증언으로 본 북한의 변화』. 서울: 통일연구원.
이기영 · 윤경애. 2003. "북한이탈주민의 지방정착지원을 위한 지역사회 자원동원 전략: 부산지역의 사례를 중심으로." 『한국사회복지학』. 55: 103-130.
이기영 · 엄태완. 2003. "북한이탈주민의 무망감이 우울증에 미치는 영향". 『정신보건과 사회사업』. 16: 5-28.
이기영 · 박영희 · 엄태완 · 김현경 · 김현아. 2009. 『이주난민의 정신건강과 상담』. 서울: 나눔의 집.
이금순. 2004 "북한이탈주민의 사회적응 실태". 『북한이탈주민정착지원 발전방향』. 하나원 개원 5주년 기념 세미나.
이금순 · 김규륜 · 김영윤 · 안혜영 · 윤여상. 2005. 『북한이탈주민의 사회적응 프로그램 연구』. 서울: 통일연구원.
이남인. 2004. 『현상학과 해석학』. 서울: 서울대학교출판부.

이미정. 1993. “우울감이 사회적 문제해결에 미치는 영향”. 고려대학교 박사학위논문.

이부미. 2003. “탈북가정 유아의 남한사회 적응과정에 대한 연구: 탈북적응교육 훈련원(하나원)을 중심으로”. 『유아교육연구』. 23(2): 115-145.

이부영 역. 1983. 『인간과 무의식의 상징, *Man and His Symbols*』. 서울: 집문당.

이상열 역. 1999. “마주 앉는 용기: 정신과 수련 과정에 대한 한 전공의의 회고”. 『원광정신의학』. 15(1): 48-53.

이선혜. 1999. “정신보건서비스 전달체계의 강화방안에 관한 연구: 전달체계의 서비스 기능을 중심으로”. 『사회과학논총』. 8(1): 280-285.

이소래. 1997. “남한이주 북한이탈주민의 문화적응 스트레스에 관한 연구”. 이화여자대학교 석사학위논문.

이승종. 1996. “문화이입과정 스트레스와 유학생의 신념체계 및 사회적 지지와의 관계”. 연세대학교 석사학위논문.

이승환. 2004. “대규모 사고”. 『재난과 정신건강』. 서울: 지식공작소.

이영실 · 이윤로. 2008. 『정신건강론』. 서울: 창지사.

이영호. 1993. “귀인양식, 생활사건, 사건귀인 및 무망감과 우울의 관계 : 공변량구조모형을 통한 분석”. 서울대학교 박사학위논문.

이정우. 1997. “대량난민 발생 가능성과 한국측 대응방안”. 『평화연구』. 10(1). 서울: 경희대학교 국제평화연구소.

이종훈. 1996. “남한이주 북한동포 지원정책의 문제점과 정비방향”. 『현안분석』. 119호. 국회입법조사실.

이종복 · 이권일 · 김화순 · 오은경. 2007. 『사례관리의 이론과 실천』. 서울: 창지사.

유희정 · 황성훈 · 홍진표 · 김헌수 · 이철 · 한오수. 2000. “IMF에 관련된 경제적 스트레스가 정신건강에 미치는 영향”. 『신경정신의학』. 39: 65-77.

임채완 · 최영관. “중국 내 탈북자의 ‘난민적’ 상황과 그 대책: 연변 자치주지역 조사를 중심으로”. 『통일문제연구』. 서울 : 평화문제연구소.

전숙자 · 박은아 · 최윤정. 2009. 『다문화 사회의 새로운 이해』. 서울: 그린

정연중. 2003. “북한이탈주민에 대한 남한주민의 인식에 관한 연구”. 중앙대학교 석사학위논문.

전우택. 1997a. “난민들의 정신건강과 생활 적응에 관한 고찰 및 한반도 통일과정에서의 전망과 대책”. 『신경정신의학』. 36: 1-15.

______. 1997b. “탈북자들의 주요 사회 배경에 따른 적응과 자아정체성에 관한 연구”. 『통일연구』. 1: 109-167.

______. 1999. “남한에 있는 탈북자들의 심리적 갈등구조 및 그에 대한 해결방안”. 『통일연구원 학술회의 총서』. 99(5): 40-64.

______. 2000. 『사람의 통일을 위하여』. 서울: 오름.

전우택 · 민성길 · 이만홍 · 이은설. 1997. “북한탈북자들의 남한사회 적응에 관한 연구”. 『신경정신의학』. 36: 145-161.

정문용. 2004. “전쟁 스트레스”. 『재난과 정신건강』. 서울: 지식공작소.

정병호 · 전우택 · 정진경 엮음. 2006. 『웰컴투 코리아; 북조선 사람들의 남한살이』. 서울: 한양대학교 출판부.

정진경 · 양계민. 2004. “문화적응이론의 전개와 현황”. 『한국심리학회지: 일반』. 23(1): 101-136.

정진경 · 정병호 · 양계민. 2004. “탈북 청소년의 남한학교 적응”. 『통일문제연구』. 16(2): 209-239.

정향진. 2005. “탈북 청소년의 감정성과 남북한의 문화심리적 차이”. 『비교문화연구』. 11(1): 81-111.

조두영. 1993. 『임상행동과학』. 서울: 일조각.

조맹제 · 김계희. 1993. “주요 우울증환자 예비평가에서 the Center for Epidemiological Studies-Depression Scale(CES-D)의 진단적 타당성 연구”. 『신경정신의학』. 32(3): 381-399.

조영아 · 전우택. 2005. “탈북 여성들의 남한 사회 적응 문제: 결혼 경험자를 중심으로”. 『한국심리학회지: 여성』. 10(1): 17-35.

조영아 · 전우택 · 유정자 · 엄지섭. 2005. “북한이탈주민의 우울증 예측요인: 3년 추적연구”. 『한국심리학회지: 상담 및 심리치료』. 7(2): 467-484.

조정아 · 임순희 · 정진경. 2006. 『새터민의 문화갈등과 문화적 통합 방안』. 서울: 한학 문화.

조정아 · 서재진 · 임순희 · 김보근 · 박영자. 2008. 『북한 주민의 일상생활』. 서울: 통일연구원.

최명민 역. 2007. 『임파워먼트와 사회복지실천』. 서울: 나남출판.

최명민 · 이기영 · 최현미 · 김정진. 2009. 『문화적 다양성과 사회복지』. 서울: 학지사.

최이순. 2003. "알코올 중독자를 위한 사회적 문제해결 훈련 프로그램의 개발 및 효과". 계명대학교 박사학위논문.
최송식. 2008.『지역사회정신보건과 사례관리실천』. 경기: 공동체.
최현정 역. 2007.『트라우마-가정폭력에서 정치적 테러까지』서울: 플래닛.
한인영. 2001. "북한이탈주민의 우울 성향에 관한 연구".『정신보건과 사회사업』. 11(6): 78-94.
홍기형. 1997. "질적 접근으로서의 현상학적 연구방법".『한국 교육문제 연구소 논문집』. 12: 23-38
홍창형. 2004. "북한이탈주민의 외상 후 스트레스 장애에 대한 3년 추적연구". 연세대학교 석사학위논문.
황성동. 2007. "사례관리와 제너럴리스트 사회복지 실천".『한국사회복지의 새로운 지평』. 경기: 공동체.
구미알코올상담센터 내부자료(http://www.gmalcohol.or.kr/).
법무부 내부자료(http://www.moj.go.kr/)
보건복지가족부 내부자료(http://www.mw.go.kr/front/main.jsp)
보건복지가족부. 2009. 정신보건사업안내.
정신보건법. 2008년 10차 개정내용.
정신보건법 시행령.
통계청 내부자료(http://www.nso.go.kr/)
통일부 내부자료(http://www.unikorea.go.kr/)

Abela, J. R. Z., 1999. "The Hopelessness Theory of Depression: A Test of the Diathesis and Causal Mediation Components in Third and Seventh Grade Children." Unpublished doctoral dissertation. University of Pennsylvania.
Abela, J. R. Z., and Payne, A. V. L., 2003. "A Test of the Integration of the Hopelessness and Self-Esteem Theories of Depression in Schoolchildren." *Cognitive Therapy and Research* 27(5): 519-535.
Abramson, L. Y., Metalsky, G. I., and Alloy, L. B., 1989. "hopelessness depression: a theory-based subtype of depression." *Psychological Review* 96: 358-372.

Alcock, M., 2003. "Refugee Trauma-the Assault on Meaning." *Psychodynamic Practice* 9.3: 291-306.

American Psychiatric Association. 1994. *Diagnostic and Statistical Manual of Mental Disorders.* 4th ed.(DSM-Ⅳ). Washington, DC: Author.

Arredondo-Dowd, P. M., 1981. "Personal loss and grief as a result of immigration." *Personnel and Guidance Journal* 59: 376-378.

Baider, L., Ever-Hadani, P., and DeNour, A. K., 1996. "Crossing New Bridges: The Process of Adaptation and Psychological Distress of Russian Immigrants in Israel." *Israel Journal of Psychiatry* 59: 175-183.

Balian, K., 1997. "*Overview of issues and the United Nations role*". Paper presented at the meeting on Survivors of Torture: Improving our Understanding Conference, Washington, DC.

Barclay, H. H., 1998. "Validating tortured refugees: Reconnection in social work policy and practice." *International Social Work* 41: 211-226.

Baker, S. R., and Williams, K., 2001. "Short Communication : Relation between social problem-solving appraisals, work stress and psychological distress in male firefighters." *Stress and Health* 17: 219-229.

BarYosef, R., 1980. "Desocialization and resocialization: The adjustment process of immigrants." In E. Krausz, eds., *Studies of Israeli society: Migration, ethnicity, and community.* New Brunswick, NJ: Transaction Books.

Beck, A. T., and Steer, R. A., 1988. *Manual for the Beck Hopelessness Scale.* San Antonio, TX: Psychological Corp.

Beck, A. T., Steer, R. A., Beck, J. S., and Newman, C. F., 1993. "Hopelessness, depression, suicidal ideation, and clinical diagnosis of depression." *Suicide and Life Threatening Behavior* 23: 139-145.

Beck, A. T., Weissman, M. A., Lester, D., and Trexler, L., 1974. "The measurement of pessimism : The hopelessness scale." *Journal of Clinical Psychology* 42: 861-865.

BellSouth, J. W., 2002. "An Empirical Test of Crisis, Social Selection, and Role Explanations of the Relationship Between Marital Disruption and

Psychological Distress: A Pooled Time-Series Analysis of Four-Wave Panel Data." *Journal of Marriage and Family* 64: 211-224.

Bemak, F., 1989. "Cross-culture family therapy with Southeast Asian refugees." *Journal of Strategic & Systemic Therapies* 8: 22-27.

Bemak, F., and Chung, R. 2002. "Counseling and psychotherapy with refugees. In P. B. Pedersen, J. G. Draguns, W. J. Linner and J. E. Trimble, eds., *Counseling across cultures,* Thousnand Oaks, CA: Sage.

Bemak, F., Chung, R., and Pedersen, P., 2003. *Counseling Refugees: A Psychosocial Approach to Innovative Multicultural Interventions.* Connecticut: Greenwood Press.

Ben-David, A., and Lavee, Y., 1994. "Migration and marital distress: The case of Soviet immigrnats." *Journal of Divorce and Remarriage* 21: 133-146.

Ben-Porath, Y. S., 1991. "The psychosocial adjustment.." In J. Westermeyer, C. L. Willians, and A. N. Nguyen, eds., *Mental health services for refugees.* Washington, DC: U. S. Government Printing Office.

Berry, J. W., 1990. "Psychology of acculturation: Understanding Individuals Moving between Culture." In R. Brislin, eds., *Applied Cross-Cultural Psychology.* Newbury Park, CA: Sage.

________, 1997. "Immigration, Acculturation, and Adaptation." *Applied Psychology: An International Review* 46: 5-34.

________, 1998. "Acculturative Stress." In P. Organista, K. Chun, and G. Marin, eds., *Readings in Ethnic Psychology.* New York: Routledge.

Blair, R. G., 2000. "Risk factors associated with PTSD and major depression among Cambodian refugees in Utah." *Health & Social Work* 25: 23-30.

Bochner, S., 1986. "Coping with unfamiliar culturew: Adjustment or culture learning?" *Australian Journal of Psychology* 38: 347-358.

Brown, D. P., and Fromm, E., 1986. *Hypnotherapy and Hypnoanalysis.* Hillsdale, HJ: Lawrence Erllbaum.

Caplan, G., 1964. *Principle of preventive psychiatry.* New York: Basic Books.

Cassel, J., 1976. "The contribution of the social environment to host resistance."

American Journal of Epidemiology 104: 107-123.

Center for Communication Programs. 1999. "A Frame for Advocacy. Supplement to Population Reports." *Series Journal 49*. Baltimore: Johns Hopkins School of Public Health.

Center for Disease Control. 1995. *Guidelines for health education and risk reduction activities*. Atlanta: Center for Disease Control, National Center for Prevention Activities.

Chung, R. C.-Y., 2001. "Psychosocial Adjustment of Cambodian Refugee Women: Implication for Mental Health Counseling." *Journal of Mental Health Counseling* 23(2): 115-126.

Chung, R. C.-Y., and Bemak, F. 2002. "Revisiting the California Southeast Asian mental health needs assessment date: An examination of refugee ethnic and gender differences." *Journal of Counseling and Development* 80: 111-119.

Chung, R. C.-Y., Bemak, F., and Wong S., 2000. "Vietnamese Refugees' Levels of Distress, Social Support, and Acclturation: Implications for Mental Health Counseling." *Journal of Mental Health Counseling* 22(2): 150-161.

Cobb, S., 1976. "Social Support as a moderator of life stress." *Psychosomatic Medicine 36*: 300-314.

Cohen, S., Kamarck, T., and Mermelstein, R., 1983. "A global measure of perceived stress." *Journal of Health and Social Behavior* 24: 385-396.

Cohen, S., and Wills, T. A., 1985. "Stress, Social Support, and the Buffering Hypothesis." *Psychological Bulletin* 98(2): 310-357.

Colazzi, P. E., 1978. *Psychological research as the phenomenologist view it existential phenomenology*. New York: Oxford Univerity press.

Cuellar, I., and Paniagua, F., 2000. *Handbook of Multicultural Mental Health*. San Diego, CA: Academic Press.

Digdon, N., and Gotlib, I. H. 1985. "Developmental considerations in the study of childhood depression." *Developmental Review* 5: 162-199.

Dohrenwend, B. S., and Dohrenwend, B. P., 1981. *Stressful Life Events and*

Their Contexts. New York: Prodist.

Dooley, D., and Prause, J., 2002. "Mental Health and Welfare Transitions: Depression and Alcohol Abuse in AFDC Women." *American Journal of Community Psychology* 30(6): 787-814.

Drachman. D., and Paulino. A., 2004.. *Immigrants and Social Work: Thinking Beyond the Borders of the United States.* New York: Haworth Press.

Dulmus, C. N., and Wodarski, J. S., 1998. "Major depressive disorder and dysthymic disorder." In B. A. Thyer and J. S. Wodarski, eds., *Handbook of empirical social work practice: Mental disorders.* New York: Wiley.

D'Zurilla, T. J., 1986. *Problem-Solving therapy: A social competence approach to clinical intervention.* New York: Springer.

D'Zurilla, T. J., and Nezu, A. M., 1990. "Development and preliminary evaluation of the social problem-solving inventory psychological assessment." *Journal of Consulting and Clinical Psychology* 2: 156-163.

D'Zurilla, T. J., Nezu, A. M., and Meydeu-Olivares, A., 1999. *Manual for the Social Problem Solving Inventory-Revised.* New York: Multi-Health Systems.

Eaton, W. W., Muntaner, C., Bovasso, G., and Smith, C., 2001. "Socioeconomic Status and Depressive Syndrome: The Role of Interagenerational Mobility, Government Assistance, and Work Environment." *Journal of Health and Social Behavior* 41; 277-294.

Elliott, T. R., and Shewchuk, R. M., 2003. "Social problem-solving abilities and distress among family members assuming a caregiving role." *British journal of Health Psychology* 8: 149-163.

Egli, E. A., Shiota, N. K., Ben-Porath, Y. S., and Butcher, J. N., 1991. "Psychological interventions." In J. Westermeyer, C. L. Williams, and A. N. Nguyen, eds., *Mental health services for refugees.* Washington, DC: U. S. Government Printing Office.

Eshun S., 1999. "Cultural Variations in Hopelessness, Optimism, and Suicidal Ideation: A Study of Ghana and U.S. College Samples." *Cross-Cultural Research* 33(3): 227-238.

Fiennes, W., 2002. *The Snow Geese,* London: Picador.

Furnham, A., and Bochner, S., 1989. *Culture Shock, Psychological Reaction to Unfamiliar Environment.* Cambridge: Great Britain at the University Press.

Freud, S., 1920. "Beyond the Pleasure Principle", in Peter Gay, eds., *The Freud Reader.* London: Vintage. 1989.

Garland, C., 1998. *Understanding Trauma.* London: Karnac Books.

Germain, C. B., 1984. *Social Work Practice in Health Care*. New York: The Free Press.

Glassberg, R., and Aboud, F., 1982. "Keeping one's distance from sadness: Children's self-reports of emotional experience." *Developmental Psychology* 18: 287-293.

Graves, T. D., 1967. "Psychological acculturation in a tri-ethnic community." *Southwestern Journal of Anthropology* 23: 337-350.

Goldenberg, H., 1983. *Contemporary Clinical Psychology.* CA: Brooks/Cole.

Gonaalves, C. J., 1992. "Psychological stages of the refugee process: A model for therapeutic interventions." *Professional Psycology: Reserch and Practice* 23: 382-289.

Hankin, B. L., Abramson, L. Y., and Siler, M., 2001. "A prospective test of the hopelessness theory of depression in adolescence." *Cognitive Therapy and Research* 25: 607-632.

Heider, F., 1958. *The psychology of interpersonal relations.* New York: Wiley and Sons.

Herman, J., 1997. *Trauma and Recovery: The Aftermath of Violence-from Domestic Abuse to Political Terror.* New York: Basic Books.

Hendin, H., and Hass, A. P., 1984. *Wounds of War: The Psycological Aftermath of Combat in Vietnam.* New York: Basic Books.

Hoff, L. A., 1995. *People in Crisis.* San Francisco: Jossey-Bass Publishers.

House, J. S., 2001. "Understanding Social Factors and Inequalities in Health: 20th Century Progress and 21st Century Prospects." *Journal of Health and Social Behavior* 43: 125-142.

Hull, G., and Kirst-Ashman, K., 2004. *The Generalist Model of Human Services Practice.* Pacific Grove, CA: Brooks/Cole.

Hughes, C. C., 1993. "Culture in clinical psychiatry". In A. C. Gaw, eds., *Culture ethnicity and mental illness.* Washington, D. C.; American Psychiatry Press.

Hsu, E., Davies, C., and Hansen, D., 2004. "Understanding mental health needs of Southeast Asian refugees: Historical, cultural, and contextual challenges." *Clinical psychology review* 24(2): 193-197.

Ireland, J. L., 2001. "The Rslationship Between Social Problem-Solving and Bullying Behaviour Among Male and Female Adult Prisoners." *Aggressive Behavior* 27: 297-312.

James R. K., and Gilliland, B. E., 2001. *Crisis Intervention Strategies.* CA: Brooks/Cole.

Joiner, T. E. Jr., 2000. "A Test of the Hopelessness Theory of Depression in Youth Psychiatric Inpatients." *Journal of Clinical Child Psychology* 29(2): 167-176.

Kalshed, D., 1996. *The Inner World of Trauma.* London: Routledge.

Kapci, E. G., and Cramer, D., 2000. "The mediation component of the hopelessness depression in relation to negative life events." *Counselling Psychology Quarterly* 13(4): 413-423.

Kaplan, H. I., and Sadock, B. J., 1998. *Kaplan and Sadock's Synopsis of Psychiatry.* Baltimore: Williams and Willkins.

Kemp, C., and Rasbridge, L. A., 2004. *Refugee and Immigrant Health: A Handbook for Health Professionals.* Cambridge: Cambridge University Press.

Kessler R., Sonnega A., and Bromet E., 1995. "Posttraumatic stress disorder in the National Comorbidity Survey." *Archives General Psychiatry* 52: 1048-1060.

Keyes, E. F., 2000. "Mental health status refugees: An integrative review of current research." *Issues in Mental Nursing* 21: 397-410.

Keane, T. M., Albano, A. M., and Blake, D. D., 1992. "Trauma reactivation assessment and treatment: Integrative case examples." *Journal of Traumatic*

Stress 5(4): 545-555.

Krause, N., 1986. “Social Support, Stress, and Well-Being Among Older Adults.” *Journal of Gerontology* 41(4): 512-519.

Kulka, R. A., Schlenger, W. E., and Fairbank, J. A., 1990. *Trauma and the Vietnam War Generation.* New York: Brunner/Mazer.

Lazarus, R. S., and Cohen, J. B., 1977. “Environmental Stress”, In L. Altman and F. Wohlwill, eds., *Human Behavior and environment: Current Theory and Research 2.* New York: Plenum.

Lebret, S., Perret-Vaille, E., Mulliez, A., Gerbaud, L. and Jalenques, I. 2006. “Elderly suicide attempters: characteristics and outcome”. *International Journal of Geriatric Psychiatry* 21: 1052-1059.

Lin, K. M., Trzuma, L., and Mazuda, M., 1979. “Adaptional problems of Vietnamese refugees.” *Archives General Psychiatry* 36: 955-963.

Lin, K. M., Masuda, M., and Tazuma, L., 1982. “Adaptational problems of Vietnamese refugees. Ⅲ: Case studies in clinic and field-adaptive and maladaptive.” *Psychiatric Journal of the University of Ottawa* 7: 173-183.

Lincoln, Y., and E. Guba. 1985. “The impact of illness on later life marriage.” *Journal of Marriage and Family* 1: 65-172.

Lin, N., 1986. “Modeling the Effects of Social Support”, In N. Lin, A. Dean and W. Ensel, eds., *Social Support, Life Events, and Depression.* Orlando: Academic Press.

Lister, E., 1982. “Forced Silence: A Neglected Dimension of Trauma.” *America Journal of Psychiatry* 139: 872-876.

Marsella, A. J., and Yamada, A., 2000. Culture and mental health: An introduction and overview of foundations, concepts, and issues. In I. Cuellar and F. Paniagua, eds., *The handbook of multicultural mental health: Assessment and treatment of diverse populations.* New York, NY: Academic Press.

McCann, L., and Pearlman, L., 1990. *Psychological Trauma and the Adult Survivor: Theory, Therapy, and Transformation.* New York: Brunner/

Mazel.

Mcumurran, M., Fyffe, S., Duggan, C., and Latham, A., 2001. "Stop & Think! : social problem-solving therapy with personality-disordered offenders." *Criminal Behavior and Mental Health* 11: 273-285.

Metalsky, G. I., and Joiner, T. E. Jr., 1997. "The Hopelessness depression symptom questionnaire." *Cognitive Therapy and Research* 21: 359-384.

Miller, K. E., and Rasco, L. M., 2004. *The mental health of refugees: ecological approaches to healing and adaptatio.* New Jersy: Lawrence Erlbaum.

Moxley, D., 1989. *The Practice of Case Management.* Thousand Oaks, CA: Sage Publications.

Nicholso, B. L., 1997. "The influence of pre-emigration and postemigration stressors on mental health: A study of southeast asian refugees." *Social Work Research* 21(1): 13-19.

Nwadiora, E., and McAdoo, H., 1996. "Acculturative Stress among American Refugees: Gender and Racial Differences." *Adolescence* 31: 480-481.

Oberg, K., 1960. "Cultural Shock: Adjustment to New Cultural Environment." *Practical Anthropology* 7: 177-182.

O'Connor, R. C., Connery, H., and Cheyne, W. M., 2000. "Hopelessness: the role of depression, future directed thinking and cognitive vulnerability." *Psychology, Health & Medicine,* 5(2): 155-161.

Overmier, J. B., and Seligman, M. E. P., 1967. "Effects of inescapable shock upon subsequent escape and avoidance learning." *Journal of Comparative and Physiological Psychology* 63: 28-33.

Omeri, C. Lennings and Raymond, L., 2006. "Beyond Asylum: Implications for Nursing and Health Care Delivery for Afghan Refugees in Australia." *Journal of Transcultural Nursing* 17(1): 30-39.

Papadopoulos, R. K., 2002. *Therapeutic care for refugees.* London: Karnac Books.

Phan, T., 2000. "Investigating the Use of Services for Vietnamese with Mental Illness." *Journal of Community Health.* 25(5): 411-425.

Potocky-Tripodi, M., 2002. *Best Practices for Social Work with Refugees and Immigrants.* Columbia: Columbia University Press.

Pumariega, A. J., Rothe, E., and Pumariega, J. B., 2005. "Mental Health of Immigrants and Refugees." *Community Mental Health Journal* 41(5): 581-597.

Redfield, R., Linton, R., and Herskovits, M., 1936. "Insanity, Memorandum on the Study of Acculturation." *American Anthropology* 49: 701-801.

Rose, S., 1992. "Introduction." In S. M. Rose, edS., *Case Management and Social Work Practice.* New York: Longman.

Robinson, N. S., Garber, J., and Hilsman, R., 1995. "Cognitions and stress: Direct and moderating effects on depressive versus externalizing symptoms during the junior high transition." *Journal of Abnormal Psychology* 104: 453-463.

Rumbaut, R. G., 1990. "The agony of exile: A study of the migration and adaptation of Indochinese refugee adults and children." In F. L. Ahearn and J. Garrison, eds., *Refugee children: Theory, research, and practice.* Baltimore: Johns Hopkins University.

Ryan, A. S., and Epstein, I., 1987. "Mental health training for Southeast Asian refugee resettlement workers." *International Social Work* 30: 185-198.

Sands, R. G., 2001. *Clinical Social Work Practice in Behavioral Mental Health.* Needham Heights: Allyn and Bacon.

Schiraldi, G. R., 2000. *The Post-Traumatic Stress Disorder Sourcebook* LA: Lowell House.

Scurfield, R. M., 2006. "Post-Trauma Stress Assessment and Treatment: Overview and Formulations." In C. R. Figley, *Trauma and Its Wake*, New York: Brunner/Mazel.

Seyle, H., 1984. *The stress of life.* New York: McGraw-Hill, Inc.

Shaw, J., 1987. "Unmasking the Illusion of Safety." *Bull Menninger Clin* 51: 56-58.

Slaiku, K., 1990. *Crisis Intervention.* Boston: Allyn and Bacon.

Spotts, E., Neiderhiser, J. M., Hetherington, E. M., and Reiss, D., 2001. "The Relation between Observational Measures of Social Problem Solving and Familial Antisocial Behavior: Genetic and Environmental Influences." *Journal of Research on Adolescence* 11(4): 351-374.

Sternbach, R., 1966. *Psychosomatic diseases. Principles of psychophysiology: An introductory test and readings.* New York: Academic Press.

Szapocnik, J., and Fernandez, T., 1980. "Bicultural involvement and adjustment in Hispanic-American youth." *International Journal of Intercultural Relations* 4: 353-365.

Tanaka, E., Sakamoto, S., Ono, Y., Fujihara, S., and Kitamura, T., 1998. "Hopelessness in a Community Population : Factorial Structure and Psychosocial Correlates." *Journal of Social Psychology* 138(5): 581-590.

Tanay, E., 1986. "Psychotherapy with Survivors of Nazi Persecution", In H. Krystal, eds., *Massive Psychic Trauma.* New York: International Universities Press.

Ticho, H. F., 1971. "Cultural aspects of transference and countertransference." *Bulletin of the Menninger Clinic* 35: 313-334.

Vignes, A. J., and Hall, R. C. W., 1979. "Adjustment of a Group of Vietnamese People to the United States." *American Journal of Psychiatry* 136: 442-444.

Vonk M. E., and Yegidis, B. L., 1998. "Post-traumatic stress disorder." In B. A. Thyer and J. S. Wodarski, eds., *Handbook of empirical social work practice (Vol. I): Mental disorders.* New York: Wily.

Ward, C., Bochner, S., and Furnham, A., 2001. *The Psychology of Cultural Shock.* East Sussex: Routledge.

Westermeyer, J., Neider, J., and Callies A., 1989. "Psychosocial Adjustment of Hmong Refugees during Their First Decade in the United States: A Longitudinal Study." *Journal of Nervous & Mental Disease* 177(3): 132-144.

Wheaton, B., 1985. "Models for the Stress-Buffering Functions of Coping

Resources." *Journal of Health & Social Behaviors* 26: 352-364.

Williams, C. L. and Berry, J. W. 1991. "Primary prevention of acculturative stress among refugees. American Psychologist 46: 632-641.

Winnicott, D., 1971. *Playing and Reality.* Harmondsworth: Penguin Books

Yeh, C., 2003. "Age, acculturation, cultural adjustment, and mental health symptoms of Chinese, Korean, and Japanese immigrant youths." *Cultural Diversity & Ethnic Minority Psychology* 9(1): 34-48.

Ying, Y., 1999. "Strengthening intergenerational/intercultural ties in migrant families: A new intervention for parents." *Journal of Community Psychology* 27: 89-06.

Young, M. Y., 2001. "Moderators of stress in Salvadoran refugees: the role of social and resources." *International Migration Review* 35: 840-869.

Zastrow, C. and Kirst-Ashman, K., 1989. *Understanding Human Behavior and the Social Environment.* Chicago: Nelson-Hall Publishers.

Harvard Program in Refugee Trauma, 2009. http://www.hprt-cambridge.org

The Center for Victims of Torture, 2009. http://www.cvt.org

UNHCR, 2008. http://www.unhcr.org/cgi-bin/texis/vtx/home